SOMMAIRE

AVANT-PROPOS

La visite d'entreprise permet un véritable accueil des visiteurs sur les sites de production.

La visite d'entreprise est une tradition ancienne : déjà, au XVIIIe s, des voyages, dans les manufactures, favorisaient la diffusion des techniques par des visiteurs privilégiés. Mais depuis quelques années, elle représente une nouvelle pratique culturelle et touristique qui séduit de plus en plus.

Du côté des entreprises s'exprime la volonté de faire connaître les savoir-faire, de rassurer et d'être au contact direct des consommateurs. Du côté des visiteurs, l'envie de **« comprendre comment ça marche »,** de découvrir l'univers du travail et les coulisses des productions les plus diverses. Visiter une entreprise, c'est toujours une expérience unique qui marque par les informations qu'elle délivre et les émotions qu'elle suscite.

En 2014, **13 millions de visiteurs** ont ainsi franchi les portes de près de 2 000 entreprises. Cinq secteurs d'activité dominent : agroalimentaire/vins et spiritueux ; artisanat ; énergie et environnement ; mode et cosmétique ; industries technologiques. On y retrouve des grands noms de l'industrie française (Airbus, Peugeot, Arc International...), mais également des territoires qui ont misé, très tôt, sur le tourisme industriel (Saint-Nazaire avec l'industrie navale ; Grasse et la parfumerie ; les distilleries des Charentes...). Près de la moitié de ces entreprises ont plus de 50 ans et nous dévoilent, aussi, leur histoire passionnante à travers l'exposition de leur patrimoine (documents d'archives, machines, objets...).

Nous avons décidé de réaliser ce guide avec **l'Association de la visite d'entreprise (AVE),** référence en la matière, notamment avec son site : • entrepriseetdécouverte.fr •, sur lequel figure les 2 000 entreprises ouvertes au public. Nous avons sélectionné dans ce guide **450 entreprises,** représentant la culture économique des territoires français : grands noms, petites entreprises d'exception, acteurs du « Made in France ».

Bonnes visites !

Luc Fauchois,
Président de l'AVE

Philippe Gloaguen,
et l'équipe du guide du Routard

AVE

L'Association de la visite d'entreprise (AVE) est le partenaire choisi par le Routard pour la conception et la réalisation de ce guide. C'est, pour elle, une belle reconnaissance.

Créée, en 2012, à l'initiative de l'ADEVE (agence d'ingénierie spécialisée dans la visite d'entreprise), l'AVE s'impose, aujourd'hui, comme la référence dans le paysage du tourisme industriel en France.

Ses partenaires, services des ministères de l'Économie et des Affaires étrangères, entreprises, fédérations professionnelles, associations… sont les acteurs clés de cette filière. **Son comité scientifique,** composé d'experts et d'universitaires réputés, garantit la qualité de sa démarche et de ses actions. Ensemble, ils accompagnent l'association dans la réalisation de ses 3 missions :

– **La communication,** pour mieux faire connaître les entreprises qui ouvrent leurs portes, avec comme principale mission, la création et l'animation du site de la visite d'entreprise : • entrepriseetdecouverte.fr • Ce site recense 2000 entreprises qui accueillent le grand public. AVE collabore également avec un réseau qualifié de 250 journalistes (tv, radio, presse écrite). Elle est très active sur les réseaux sociaux et participe, avec de nombreux partenaires, à des journées de promotion des visites d'entreprise.

– **Le rassemblement** en réseau de l'ensemble des acteurs pour donner plus de poids à la filière : organisation de rencontres, échanges de bonnes pratiques, actions communes…

– **L'observation,** pour mieux connaître la filière, l'offre et la demande, les retombées économiques… C'est ainsi que l'association publie, notamment, tous les deux ans, les chiffres clés de la filière et les « tops 10 » des entreprises les plus visitées.

Les **400 adhérents** de l'association, entreprises et professionnels du tourisme, travaillent, avec elle, au développement des visites en nombre et en qualité. Parmi les gages de cette qualité s'inscrit la volonté de permettre aux visiteurs d'être au plus près des hommes et des femmes au travail, tout en respectant les contraintes de production, les normes de sécurité et d'hygiène. De même, l'association est attachée à la mise en valeur de l'histoire des entreprises, de l'évolution des techniques, des savoir-faire, tant dans la visite que dans la promotion des espaces qui leur sont consacrés.

Nous ne doutons pas que le guide que vous avez entre les mains sera un atout pour cette connaissance, cette promotion du travail et des savoir-faire que permet la visite des entreprises.

Cécile Pierre,
Déléguée générale d'AVE

OFFICE DE TOURISME ET DES CONGRÈS DE MULHOUSE ET SA RÉGION

Chers lecteurs, chères lectrices,

Déjà dans les années 1980, alors secrétaire d'État au Tourisme, j'avais lancé le concept de « tourisme de découverte économique » et j'étais convaincu de l'apport qu'offrait la visite d'entreprise, alors appelé « tourisme industriel », à un territoire. Aujourd'hui, la visite d'entreprise, notamment avec l'engouement du « Made in France », est en constante augmentation : en 2014, on compte plus de 13 millions de visiteurs dans les 2500 entreprises ouvertes régulièrement au public en France, soit 10 % d'augmentation par rapport à 2013 (1).

Mulhouse Alsace Agglomération réunissait tous les paramètres pour, à son tour, se lancer dans la structuration et le développement d'une offre de **tourisme de découverte économique (TDE)** : un patrimoine industriel passionnant, une innovation, des savoir-faire et des compétences toujours présents, ainsi qu'un pôle de musées techniques dont les collections sont reconnues mondialement. Ce projet, piloté par l'office de tourisme et des congrès (OTC) de Mulhouse et sa région, a ainsi vu le jour en 2012 avec, pour originalité, de créer du lien entre l'histoire industrielle du territoire et les entreprises d'aujourd'hui aux savoir-faire traditionnels, parfois d'excellence, et innovants.

Ainsi, nos visiteurs peuvent profiter d'un programme de visites d'entreprises à Mulhouse et dans le Sud-Alsace, auquel plus d'une trentaine d'entreprises adhèrent toute l'année, et d'une **application mobile** dédiée aux diverses facettes du TDE, **Mulhouse Terre D'Expériences.**

En attendant de vous accueillir à Mulhouse et dans le Sud-Alsace, je vous souhaite, chers lecteurs, chères lectrices, un bon divertissement en vous plongeant dans les pages de ce guide.

M. Jean-Marie Bockel,

Président de l'office de tourisme et des congrès de Mulhouse et sa région

Sénateur du Haut-Rhin

Ancien Ministre

(1) Sources : Association de la visite d'entreprise qui a pour objet la valorisation et la communication de la visite d'entreprise en France à travers entre autres, le portail • entrepriseetdecouverte.fr •

TERRE DE SEL

Le voyageur curieux est toujours enthousiaste !

À deux pas de chez soi ou sillonnant les régions de France, on se nourrit toujours du plaisir renouvelé de la découverte, de l'authenticité de la rencontre humaine, de la fierté de connaître les richesses du territoire.

On regarde une carte, on rêve et se dessinent de futurs voyages. Viennent alors à l'esprit des symboles qui vont enrichir le séjour. Cancale et ses huîtres, Espelette et son piment, Aix et ses calissons. Et qu'évoquent encore Camembert, Guérande, Agen, Saint-Émilion ? La liste des sites gastronomiques à visiter est sans fin. Et puis il y a le savon à Marseille, Airbus à Toulouse, L'Occitane en Provence… Le visiteur moins touriste que curieux et fier de sa culture prend plaisir à voyager. Les métiers sont beaux, les savoir-faire insoupçonnés, les produits magnifiques.

Accessible à tous, encore un peu privilégié, ce tourisme culturel a un bel avenir devant lui. Les entreprises qui ouvrent leurs portes, souvent dans une démarche de qualité, prennent du plaisir à vous satisfaire. **Profitez-en !**

Emmanuel Blanc,
Directeur Terre de Sel

L'OCCITANE

Amoureuse de nature, L'OCCITANE est sensible à la beauté simple. Celle que l'on retrouve dans une parcelle de terre, un sourire timidement esquissé, un souvenir surgi d'un parfum. Elle s'éprend des hommes, de la nature, et veille quotidiennement à ce que leur communion se fasse dans un respect mutuel. L'homme aura le souci de l'environnement, et la nature dévoilera en retour ses bienfaits.

Entre les récoltes d'ici et d'ailleurs, la découverte de nouveaux extraits végétaux, entre le développement de nouvelles gammes et l'ouverture de 3000 magasins dans le monde, la marque de soins inspirés de Provence prend aussi le temps de s'engager pour la vue, l'émancipation des femmes au Burkina Faso, ou le retour de l'amandier sur ses terres du Sud de la France.

Vous vous êtes sûrement déjà demandé comment les produits de beauté que vous utilisez étaient fabriqués. L'OCCITANE a décidé de lever le voile sur la fabrication de ses produits, en ouvrant les portes de son site de production situé à **Manosque.**

Guidés tout au long de votre visite au gré des senteurs, vous découvrirez notre **processus de fabrication.** Laboratoires, ateliers de pesée, émulsionneurs… jusqu'à l'étape même de conditionnement dans les tubes ou flacons. Une usine de 48000 m² dans laquelle se mélangent tradition et modernité, produits du terroir et innovations, mais surtout où **qualité et exigence** sont les maîtres-mots.

En plus de l'usine, vous pourrez également visiter le musée de L'OCCITANE et profiter du Jardin méditerranéen.

Au plaisir de vous accueillir !

Jean-François Gonidec,
Directeur général des Laboratoires M&L

FRAGONARD

L'amour du parfum en partage

En 1926, notre Maison se résumait à une parfumerie artisanale, où l'on distillait les fleurs et plantes de la région pour préparer nos concentrés de parfums. Notre arrière-grand-père, Eugène Fuchs, fondateur de la Parfumerie Fragonard, imagine alors un concept totalement nouveau : il propose à ses clients fidèles de visiter les ateliers de fabrication de l'usine. La vente directe de produits parfumés, agrémentée de la visite de l'usine, rencontre un vif succès auprès des touristes venus découvrir les charmes de la Riviera. 90 ans plus tard, ce concept reste non seulement d'actualité, mais conserve tout son attrait auprès des visiteurs de la Parfumerie Fragonard, qui viennent autant pour la découverte d'un artisanat, que pour se procurer des fragrances exclusives.

Être ouvert au monde, créatif et exigeant, voici la devise que nous avons reçue en héritage et perpétuons à notre tour. Si notre Maison a grandi, nous avons tenu à le faire à notre rythme, en prenant soin de conserver les valeurs que notre père, Jean-François Costa, nous a transmises : un travail de qualité, le respect de nos salariés et le goût du partage.

De génération en génération, cela fait 90 ans que nous partageons notre savoir-faire, notre métier de parfumeur, mais aussi notre belle région de Provence et notre ville de Grasse, dont la nature florissante, ainsi que ses arts et traditions séculaires, ont formé notre identité. Nous sommes heureuses d'accueillir dans notre Maison les visiteurs du monde entier, amateurs d'une parfumerie synonyme de qualité et d'originalité.

Agnès et Françoise Costa,
Arrière-petites-filles du fondateur de la Maison Fragonard

SAVONNERIE MARIUS FABRE

Notre arrière-grand-père, Marius Fabre, disait : « C'est dans les vieux chaudrons que l'on fait le meilleur savon. » Depuis 1900 et quatre générations familiales, à **Salon-de-Provence,** nous perpétuons la fabrication traditionnelle du savon de Marseille, cuit en chaudron. Notre secret de fabrication garantit un produit naturel, sain pour l'homme et respectueux de l'environnement.

Venez visiter notre fabrique et découvrez notre savoir-faire unique. Vous partagerez un peu du quotidien de notre maître-savonnier et vous serez plongé au cœur d'une authentique savonnerie, toujours en activité : la salle des chaudrons, où le savon mijote pendant dix jours, ainsi qu'une des dernières « salles des mises » en activité pour faire sécher le savon de Marseille. À l'issue de la visite des ateliers de fabrication, vous pourrez découvrir le musée du Savon de Marseille ainsi que notre gamme de produits naturels, réunis dans notre boutique d'usine.

Labélisé **« Entreprise du Patrimoine Vivant »** depuis 2009 par l'État français, nous sommes fières de poursuivre aujourd'hui l'aventure commencée en 1900 par notre arrière-grand-père, de la partager avec notre équipe et de la faire découvrir au plus grand nombre.

Marie & Julie Bousquet-Fabre,
Arrière-petites-filles de Marius Fabre

ADEVE

ADEVE est une agence d'ingénierie spécialisée dans la visite d'entreprise. C'est la **référence** en France depuis 1995.

Elle accompagne les entreprises, fédérations professionnelles et collectivités territoriales dans leur stratégie de mise en tourisme industriel.

Chaque entreprise, chaque territoire est unique et implique un accompagnement sur mesure selon l'expression de ses besoins :

- **Les études de faisabilité :** analyse technique et stratégique ; recommandations pour les sites de production qui souhaitent s'ouvrir à la visite.

- **L'accompagnement de projet :** mise en place d'un dispositif d'accueil du public, adapté à chaque entreprise (parcours de visite, espace patrimonial, espace de vente…).

- **Les formations** pour une maîtrise des contenus, des techniques de guidage et de gestion de groupes.

- **Les audits et conseils** sur des points stratégiques : gestion des contraintes de sécurité et d'hygiène, mise en place d'une stratégie de communication et de distribution de la visite…

La mise en place d'événements : des visites d'entreprise à l'échelle d'un territoire, d'un secteur d'activité ou à destination d'un public particulier.

En qualité d'expert de la visite d'entreprise, l'agence réalise des ouvrages et **guides pratiques** sur la filière.

L'ADEVE a largement contribué à faire de la France la référence sur la filière au plan européen. L'agence est sollicitée à l'étranger pour intervenir lors de séminaires pour accompagner les acteurs (entreprises et professionnels du tourisme) à développer la filière sur leur territoire.

Anne Aubineau,
Directrice associée de l'ADEVE

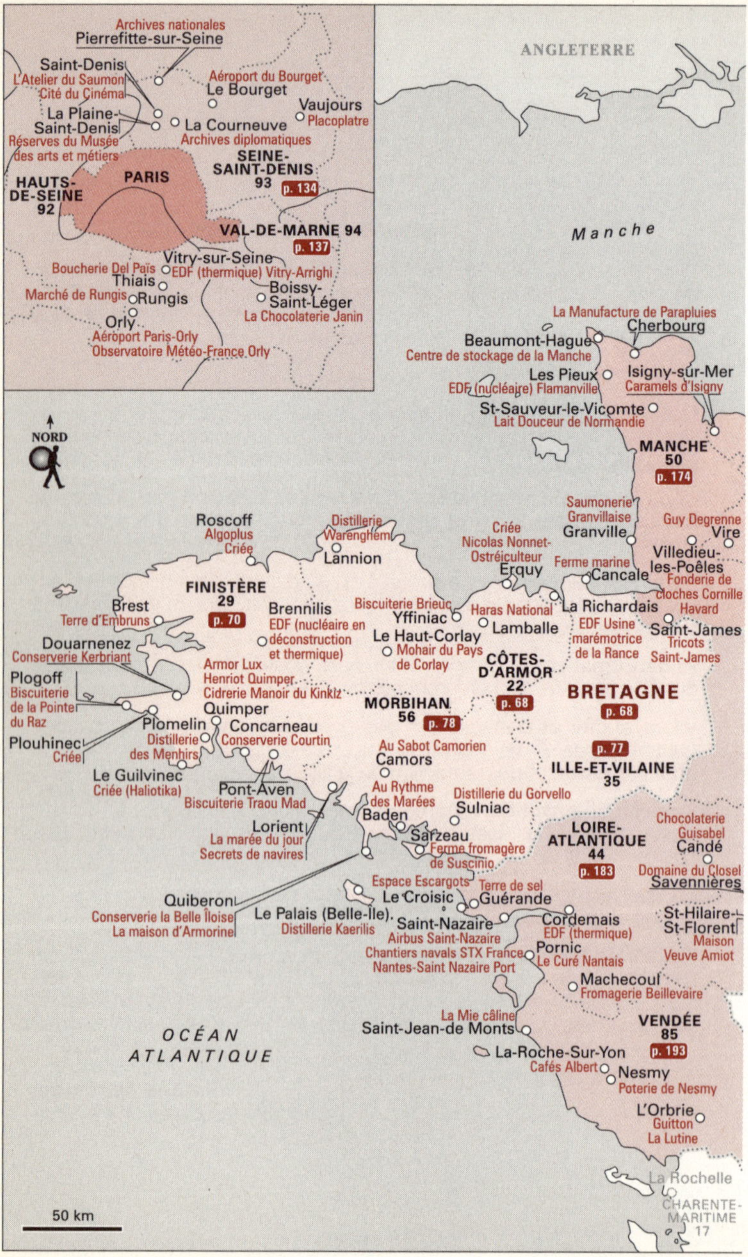
Archives nationales
Pierrefitte-sur-Seine
Saint-Denis
L'Atelier du Saumon
Cité du Cinéma
Aéroport du Bourget
Le Bourget
Vaujours
Placoplatre
La Plaine-Saint-Denis
La Courneuve
Archives diplomatiques
Réserves du Musée des arts et métiers
SEINE-SAINT-DENIS 93
p. 134
HAUTS-DE-SEINE 92
PARIS
VAL-DE-MARNE 94
p. 137
Vitry-sur-Seine
Boucherie Del Païs
EDF (thermique) Vitry-Arrighi
Thiais
Boissy-Saint-Léger
Marché de Rungis
Rungis
La Chocolaterie Janin
Orly
Aéroport Paris-Orly
Observatoire Météo-France Orly
ANGLETERRE
Manche
NORD
La Manufacture de Parapluies
Cherbourg
Beaumont-Hague
Centre de stockage de la Manche
Les Pieux
Isigny-sur-Mer
EDF (nucléaire) Flamanville
Caramels d'Isigny
St-Sauveur-le-Vicomte
Lait Douceur de Normandie
MANCHE 50
p. 174
Saumonerie Granvillaise
Granville
Guy Degrenne
Vire
Villedieu-les-Poêles
Fonderie de cloches Cornille Havard
Roscoff
Algoplus
Criée
Distillerie Warenghem
Lannion
Criée Nicolas Nonnet-Ostréiculteur
Erquy
Ferme marine
Cancale
FINISTÈRE 29
p. 70
Brest
Terre d'Embruns
Brennilis
EDF (nucléaire en déconstruction et thermique)
Biscuiterie Brieuc
Yffiniac
Haras National
Lamballe
La Richardais
EDF Usine marémotrice de la Rance
Saint-James
Tricots Saint-James
Douarnenez
Conserverie Kerbriant
Le Haut-Corlay
Mohair du Pays de Corlay
CÔTES-D'ARMOR 22
p. 68
BRETAGNE
p. 68
Plogoff
Biscuiterie de la Pointe du Raz
Armor Lux
Henriot Quimper
Cidrerie Manoir du Kinkiz
Quimper
MORBIHAN 56
p. 78
Plomelin
Distillerie des Menhirs
Concarneau
Conserverie Courtin
Plouhinec
Criée
Au Sabot Camorien
Camors
p. 77
ILLE-ET-VILAINE 35
Le Guilvinec
Criée (Haliotika)
Pont-Aven
Biscuiterie Traou Mad
Au Rythme des Marées
Baden
Distillerie du Gorvello
Sulniac
Lorient
La marée du jour
Secrets de navires
Sarzeau
Ferme fromagère de Suscinio
LOIRE-ATLANTIQUE 44
p. 183
Chocolaterie Guisabel
Candé
Domaine du Closel
Savennières
Espace Escargots
Le Croisic
Terre de sel
Guérande
Quiberon
Conserverie la Belle Iloise
La maison d'Armorine
Le Palais (Belle-Ile)
Distillerie Kaerilis
Saint-Nazaire
Airbus Saint-Nazaire
Chantiers navals STX France
Nantes-Saint Nazaire Port
Cordemais
EDF (thermique)
Pornic
Le Curé Nantais
St-Hilaire-St-Florent
Maison Veuve Amiot
Machecoul
Fromagerie Beillevaire
La Mie câline
Saint-Jean-de-Monts
VENDÉE 85
p. 193
OCÉAN ATLANTIQUE
La-Roche-Sur-Yon
Cafés Albert
Nesmy
Poterie de Nesmy
L'Orbrie
Guitton
La Lutine
La Rochelle
CHARENTE-MARITIME 17
50 km

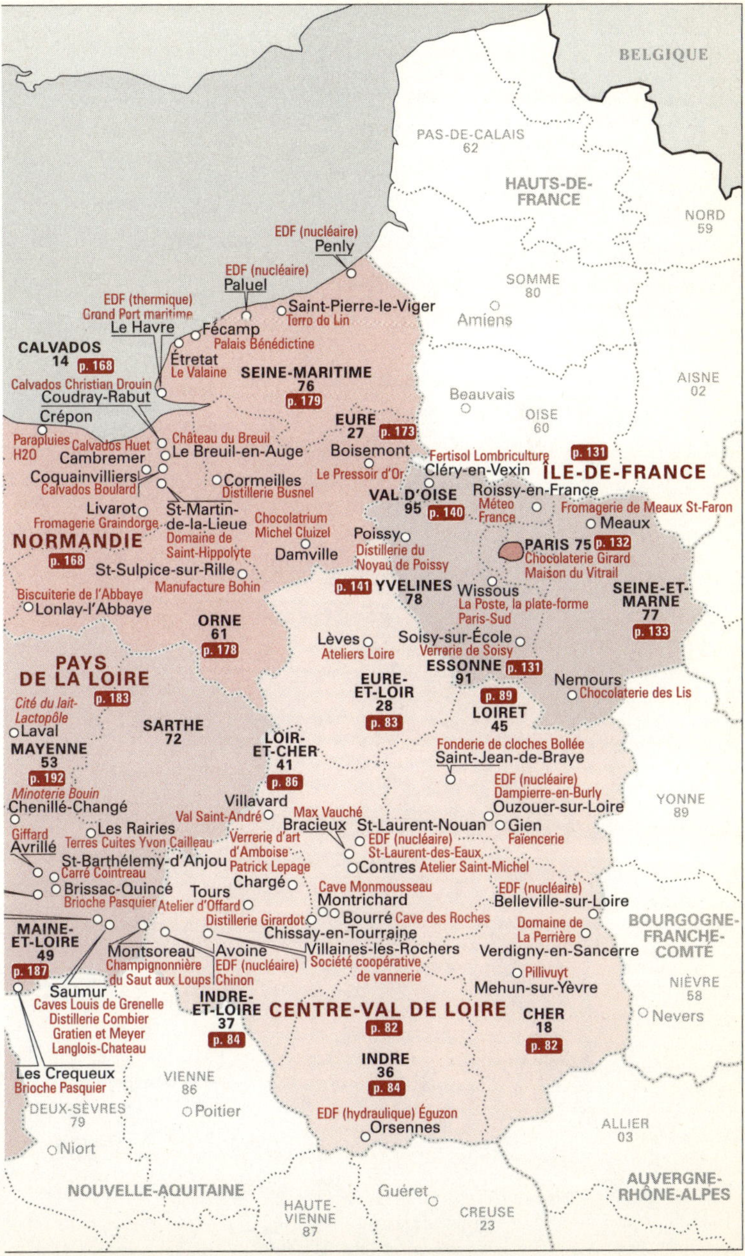
BELGIQUE
PAS-DE-CALAIS 62
HAUTS-DE-FRANCE
NORD 59
SOMME 80
Amiens
AISNE 02
Beauvais
OISE 60
EDF (nucléaire)
Penly
EDF (nucléaire)
Paluel
EDF (thermique)
Grand Port maritime
Le Havre
Fécamp
Palais Bénédictine
Saint-Pierre-le-Viger
Torro do Lin
CALVADOS 14 p. 168
Étretat
Le Valaine
SEINE-MARITIME 76 p. 179
Calvados Christian Drouin
Coudray-Rabut
Crépon
EURE 27 p. 173
Parapluies H2O
Calvados Huet
Cambremer
Château du Breuil
Le Breuil-en-Auge
Boisemont
Fertisol Lombriculture
Cléry-en-Vexin
p. 131
ÎLE-DE-FRANCE
Coquainvilliers
Calvados Boulard
Cormeilles
Distillerie Busnel
Le Pressoir d'Or
VAL D'OISE 95 p. 140
Roissy-en-France
Méteo France
Fromagerie de Meaux St-Faron
Meaux
Livarot
Fromagerie Graindorge
St-Martin-de-la-Lieue
Domaine de Saint-Hippolyte
Chocolatrium Michel Cluizel
Damville
Poissy
Distillerie du Noyau de Poissy
PARIS 75 p. 132
Chocolaterie Girard
Maison du Vitrail
NORMANDIE p. 168
St-Sulpice-sur-Rille
Manufacture Bohin
p. 141 YVELINES 78
Wissous
La Poste, la plate-forme Paris-Sud
SEINE-ET-MARNE 77 p. 133
Biscuiterie de l'Abbaye
Lonlay-l'Abbaye
ORNE 61 p. 178
Lèves
Ateliers Loire
Soisy-sur-École
Verrerie de Soisy
ESSONNE 91 p. 131
PAYS DE LA LOIRE p. 183
EURE-ET-LOIR 28 p. 83
Nemours
Chocolaterie des Lis
p. 89
LOIRET 45
Cité du lait-Lactopôle
Laval
SARTHE 72
MAYENNE 53 p. 192
LOIR-ET-CHER 41 p. 86
Fonderie de cloches Bollée
Saint-Jean-de-Braye
EDF (nucléaire)
Dampierre-en-Burly
Ouzouer-sur-Loire
YONNE 89
Minoterie Bouin
Chenillé-Changé
Villavard
Val Saint-André
Max Vauché
Bracieux
St-Laurent-Nouan
Gien
Faïencerie
Giffard
Avrillé
Les Rairies
Terres Cuites Yvon Cailleau
Verrerie d'art d'Amboise
Patrick Lepage
EDF (nucléaire)
St-Laurent-des-Eaux
St-Barthélemy-d'Anjou
Carré Cointreau
Contres
Atelier Saint-Michel
Brissac-Quincé
Brioche Pasquier
Tours
Atelier d'Offard
Chargé
Cave Monmousseau
Montrichard
EDF (nucléaire)
Belleville-sur-Loire
Distillerie Girardot
Bourré
Cave des Roches
Domaine de La Perrière
BOURGOGNE-FRANCHE-COMTÉ
MAINE-ET-LOIRE 49 p. 187
Chissay-en-Tourraine
Montsoreau
Champignonnière du Saut aux Loups
Avoine
EDF (nucléaire)
Chinon
Villaines-les-Rochers
Société coopérative de vannerie
Verdigny-en-Sancerre
Pillivuyt
Mehun-sur-Yèvre
NIÈVRE 58
Nevers
Saumur
Caves Louis de Grenelle
Distillerie Combier
Gratien et Meyer
Langlois-Chateau
INDRE-ET-LOIRE 37 p. 84
CENTRE-VAL DE LOIRE p. 82
CHER 18 p. 82
INDRE 36 p. 84
Les Crequeux
Brioche Pasquier
VIENNE 86
Poitier
DEUX-SÈVRES 79
Niort
EDF (hydraulique) Éguzon
Orsennes
ALLIER 03
NOUVELLE-AQUITAINE
HAUTE-VIENNE 87
Guéret
CREUSE 23
AUVERGNE-RHÔNE-ALPES

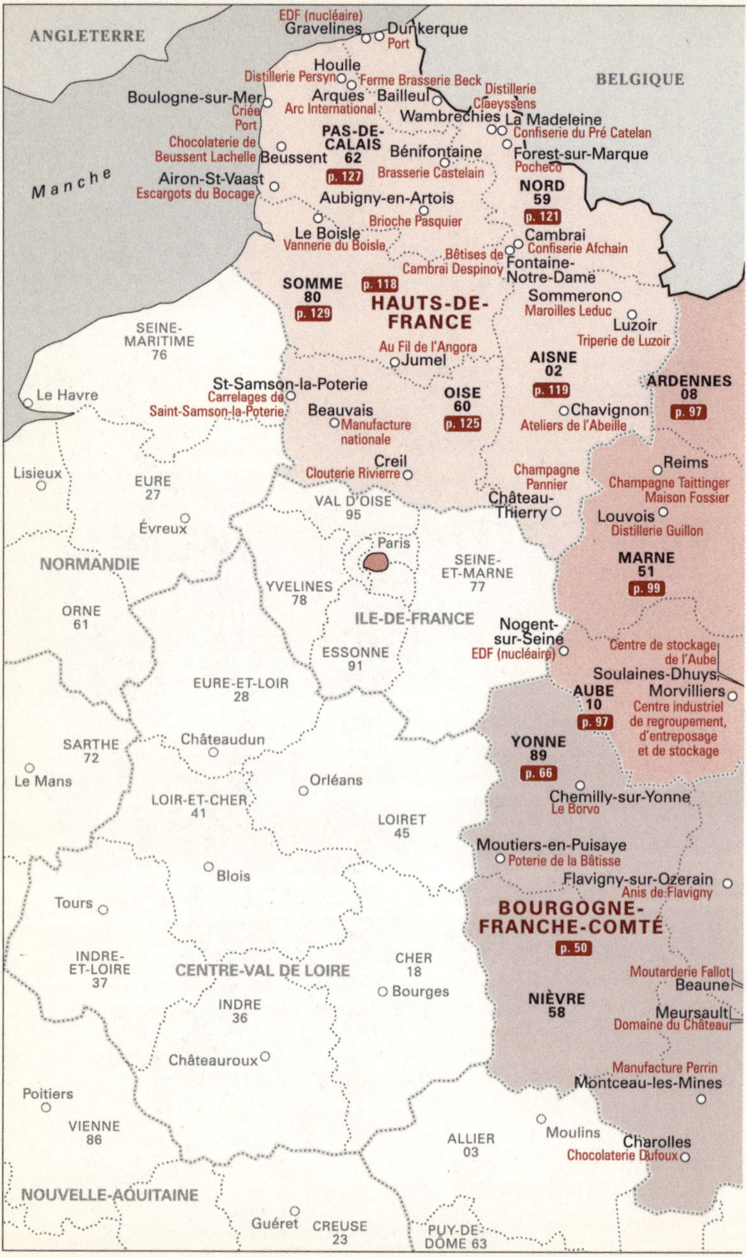
ANGLETERRE
BELGIQUE
Manche
EDF (nucléaire)
Gravelines
Dunkerque
Port
Houlle
Distillerie Persyn
Ferme Brasserie Beck
Distillerie
Claeyssens
Boulogne-sur-Mer
Criée
Port
Arques
Arc International
Bailleul
Wambrechies
La Madeleine
Confiserie du Pré Catelan
Forest-sur-Marque
Pocheco
PAS-DE-CALAIS
62
p. 127
Chocolaterie de
Beussent Lachelle
Beussent
Bénifontaine
Brasserie Castelain
Airon-St-Vaast
Escargots du Bocage
Aubigny-en-Artois
Brioche Pasquier
NORD
59
p. 121
Le Boisle
Vannerie du Boisle
Cambrai
Confiserie Afchain
Bêtises de
Cambrai Despinoy
Fontaine-
Notre-Dame
SOMME
80
p. 129
p. 118
HAUTS-DE-FRANCE
Sommeron
Maroilles Leduc
Luzoir
Triperie de Luzoir
SEINE-MARITIME
76
Au Fil de l'Angora
Jumel
AISNE
02
p. 119
ARDENNES
08
p. 97
Le Havre
St-Samson-la-Poterie
Carrelages de
Saint-Samson-la-Poterie
Beauvais
Manufacture
nationale
OISE
60
p. 125
Chavignon
Ateliers de l'Abeille
Lisieux
EURE
27
Creil
Clouterie Rivierre
Champagne
Pannier
Reims
Champagne Taittinger
Maison Fossier
VAL D'OISE
95
Château-
Thierry
Louvois
Distillerie Guillon
Évreux
Paris
NORMANDIE
SEINE-
ET-MARNE
77
MARNE
51
p. 99
YVELINES
78
ORNE
61
ILE-DE-FRANCE
Nogent-
sur-Seine
EDF (nucléaire)
Centre de stockage
de l'Aube
ESSONNE
91
Soulaines-Dhuys
EURE-ET-LOIR
28
AUBE
10
p. 97
Morvilliers
Centre industriel
de regroupement,
d'entreposage
et de stockage
SARTHE
72
Châteaudun
YONNE
89
p. 66
Le Mans
Orléans
Chemilly-sur-Yonne
Le Borvo
LOIR-ET-CHER
41
LOIRET
45
Moutiers-en-Puisaye
Poterie de la Bâtisse
Blois
Flavigny-sur-Ozerain
Anis de Flavigny
Tours
BOURGOGNE-
FRANCHE-COMTÉ
p. 50
INDRE-
ET-LOIRE
37
CENTRE-VAL DE LOIRE
CHER
18
Moutarderie Fallot
Beaune
Bourges
NIÈVRE
58
INDRE
36
Meursault
Domaine du Château
Châteauroux
Manufacture Perrin
Montceau-les-Mines
Poitiers
VIENNE
86
Moulins
ALLIER
03
Charolles
Chocolaterie Dufoux
NOUVELLE-AQUITAINE
Guéret
CREUSE
23
PUY-DE-
DÔME 63

NORD
ALLEMAGNE
LUXEMBOURG
SUISSE
ITALIE
EDF (nucléaire)
Chooz
EDF (nucléaire)
Cattenom
MEURTHE-ET-MOSELLE
54
p. 101
MOSELLE
57
p. 104
Cristallerie Schwalb
Sarreguemines
Cristalleries
St-Louis-lès-Bitche
Jouets Petitcollin
Étain
Dragées Braquier
Verdun
MEUSE
55
p. 103
Brasseurs de Lorraine
Pont-à-Mousson
Blénod-lès-Pont-à-Mousson
EDF (thermique)
Site Verrier
Meisenthal
BAS-RHIN
67
p. 106
Brasserie Meteor
Hochfelden
Plan incliné
Saint-Louis
Cafés Henri
Hoerdt
Cave du Roi Dagobert
Traenheim
EDF (hydraulique)
Strasbourg
Pains d'épices Lips
Palais du pain d'épices
Rozelieures
Maison de la Mirabelle
Bure
Andra
Meistratzheim
Gertwiller
Maison de la Choucroute – Le Pic
Confiserie des Hautes-Vosges
Distillerie G. Miclo
Dambach-la-Ville
Labonal
GRAND-EST
p. 96
VOSGES
88
p. 115
Plainfaing
Fromagerie Haxaire
Lapoutroie
Sélestat
Maison du Pain d'Alsace
Imagerie d'Épinal
Marckolsheim
EDF (hydraulique)
HAUTE-MARNE
52
Épinal
Garnier Thiebaut
Noll
Distillerie Lecomte Blaise
Gérardmer
Kaysersberg
Verrerie d'art
Gunsbach
Maison du Fromage – Vallée du Munster
La Bresse
Passavant-la-Rochère
Verrerie La Rochère
Chèvrerie du Brabant
Confiserie Bressaude
Fessenheim
EDF (nucléaire et hydraulique)
Fougerolles
Distillerie Lemercier Frères
Soultzmatt
Lisbeth – Les Sources
HAUTE-SAÔNE
70
p. 64
TERR. DE BELFORT
90
Western Candy's
Héricourt
HAUT-RHIN
68
p. 111
Kembs-Loecle
EDF (hydraulique)
Saint-Louis
Brasserie Saint-Louis
CÔTE-D'OR
21
p. 51
Sochaux
Musée de l'Aventure Peugeot
Rougemont
Cuirs du Moulin
DOUBS
25
p. 54
Fesches-le-Châtel
Cristel
Le Criollo chocolatier
Chalezeule
Fromagerie Liechti
Épenouse
Fournet Blancheroche
EDF (hydraulique) Refrain
Nuits-St-Georges
Cassissium
Mouthier-Haute-Pierre
EDF (hydraulique)
Morteau
Jean Obertino & Fils
Grand'Combe-Châteleu
Ébénisterie Laurent Vuillemin
Montagny-lès-Beaune
Veuve Ambal
JURA
39
p. 62
Pontarlier
Distillerie Pierre Guy
Gilley
Le Tuyé de Papy Gaby
La Cluse-et-Mijoux
Distillerie Les Fils d'Emile Pernot
SAÔNE-ET-LOIRE
71
p. 61
Saint-Antoine
Caves d'affinage du fort
Morbier
Gaudard A&P
Les Rousses
Caves d'affinage Juraflore
Fromagerie des Rousses
Hameau Dubœuf
Romanèche-Thorins
Lect
EDF (hydraulique)
Saut-Mortier
Édito Cigares
La Chapelle-de-Guinchay
AIN
01
HAUTE-SAVOIE
74
50 km
AUVERGNE-RHÔNE-ALPES

NORD-EST

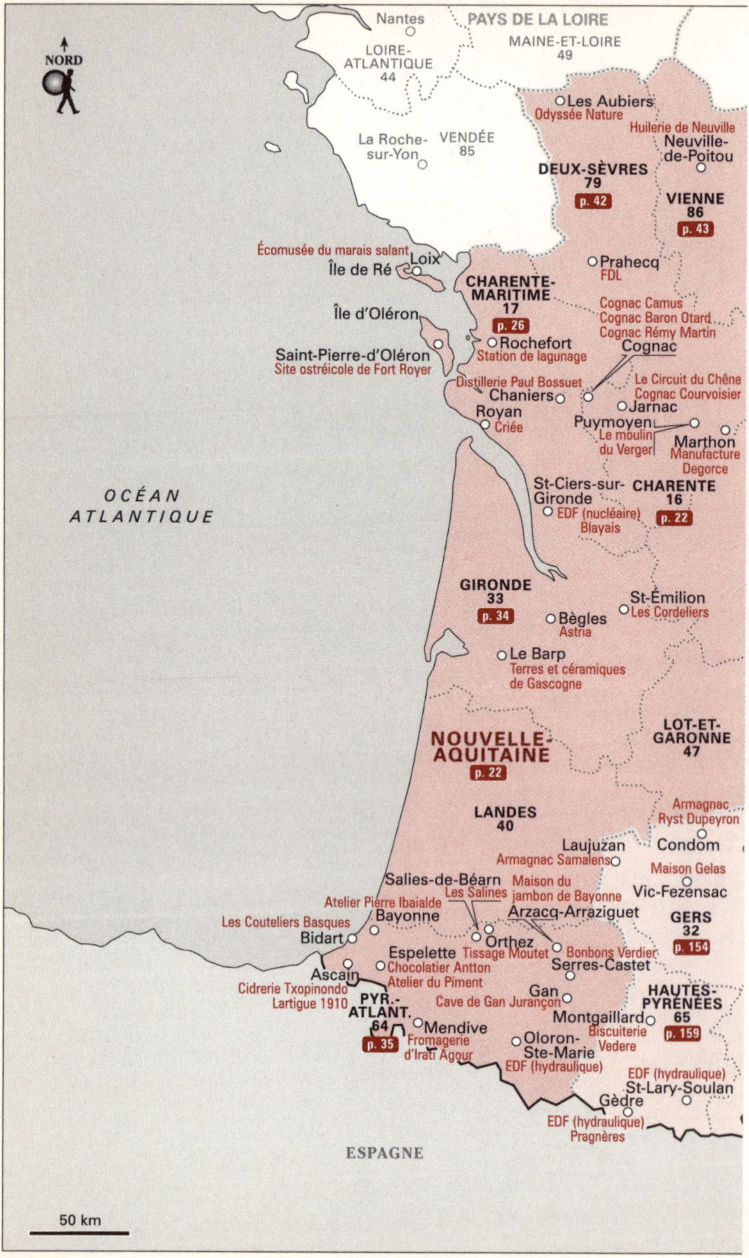
NORD
Nantes
PAYS DE LA LOIRE
LOIRE-ATLANTIQUE 44
MAINE-ET-LOIRE 49
Les Aubiers
Odyssée Nature
Huilerie de Neuville
Neuville-de-Poitou
La Roche-sur-Yon
VENDÉE 85
DEUX-SÈVRES 79
p. 42
VIENNE 86
p. 43
Écomusée du marais salant
Loix
Île de Ré
Prahecq
FDL
CHARENTE-MARITIME 17
p. 26
Île d'Oléron
Cognac Camus
Cognac Baron Otard
Cognac Rémy Martin
Cognac
Rochefort
Station de lagunage
Saint-Pierre-d'Oléron
Site ostréicole de Fort Royer
Distillerie Paul Bossuet
Chaniers
Le Circuit du Chêne
Cognac Courvoisier
Jarnac
Royan
Criée
Puymoyen
Le moulin du Verger
Marthon
Manufacture Degorce
OCÉAN ATLANTIQUE
St-Ciers-sur-Gironde
EDF (nucléaire)
Blayais
CHARENTE 16
p. 22
GIRONDE 33
p. 34
Bègles
Astria
St-Émilion
Les Cordeliers
Le Barp
Terres et céramiques de Gascogne
NOUVELLE-AQUITAINE
p. 22
LOT-ET-GARONNE 47
LANDES 40
Armagnac Ryst Dupeyron
Condom
Laujuzan
Armagnac Samalens
Maison Gelas
Salies-de-Béarn
Les Salines
Maison du jambon de Bayonne
Vic-Fezensac
Atelier Pierre Ibaialde
Bayonne
Arzacq-Arraziguet
Les Couteliers Basques
Bidart
Orthez
GERS 32
p. 154
Espelette
Tissage Moutet
Bonbons Verdier
Chocolatier Antton
Atelier du Piment
Serres-Castet
Ascain
Cidrerie Txopinondo
Lartigue 1910
PYR.-ATLANT. 64
p. 35
Gan
Cave de Gan Jurançon
HAUTES-PYRÉNÉES 65
p. 159
Montgaillard
Biscuiterie Vedere
Mendive
Fromagerie d'Irati Agour
Oloron-Ste-Marie
EDF (hydraulique)
EDF (hydraulique)
St-Lary-Soulan
Gèdre
EDF (hydraulique)
Pragnères
ESPAGNE
50 km

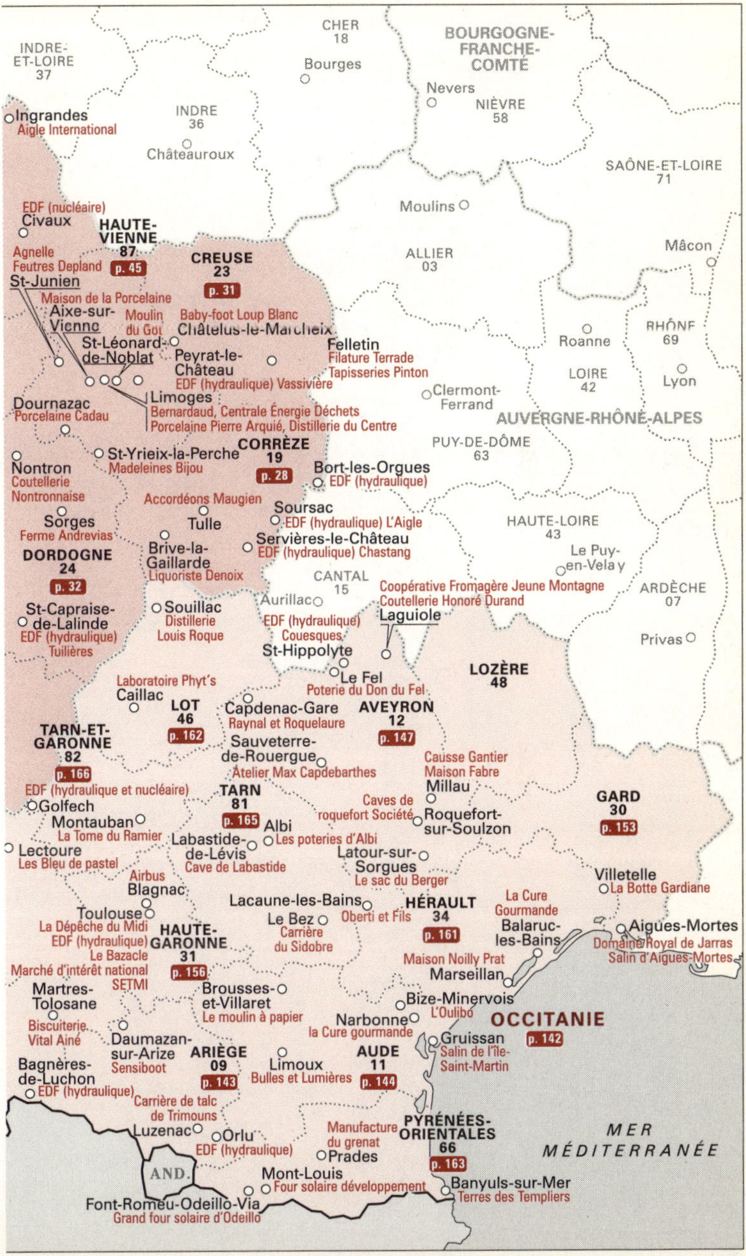
CHER
18
Bourges
BOURGOGNE-FRANCHE-COMTÉ
Nevers
NIÈVRE
58
INDRE-ET-LOIRE
37
INDRE
36
Châteauroux
Ingrandes
Aigle International
SAÔNE-ET-LOIRE
71
Moulins
EDF (nucléaire)
Civaux
HAUTE-VIENNE
87
p. 45
Agnelle
Feutres Depland
St-Junien
Maison de la Porcelaine
Aixe-sur-Vienne
CREUSE
23
p. 31
ALLIER
03
Mâcon
Moulin du Got
Baby-foot Loup Blanc
Châtelus-le-Marcheix
St-Léonard-de-Noblat
Felletin
Filature Terrade
Tapisseries Pinton
Roanne
RHÔNE
69
Peyrat-le-Château
EDF (hydraulique) Vassivière
LOIRE
42
Lyon
Limoges
Bernardaud, Centrale Énergie Déchets
Porcelaine Pierre Arquié, Distillerie du Centre
Clermont-Ferrand
AUVERGNE-RHÔNE-ALPES
Dournazac
Porcelaine Cadau
PUY-DE-DÔME
63
St-Yrieix-la-Perche
Madeleines Bijou
CORRÈZE
19
p. 28
Nontron
Coutellerie Nontronnaise
Bort-les-Orgues
EDF (hydraulique)
Accordéons Maugien
Tulle
Soursac
EDF (hydraulique) L'Aigle
HAUTE-LOIRE
43
Sorges
Ferme Andrevias
Servières-le-Château
EDF (hydraulique) Chastang
DORDOGNE
24
p. 32
Brive-la-Gaillarde
Liquoriste Denoix
Le Puy-en-Velay
CANTAL
15
Coopérative Fromagère Jeune Montagne
Coutellerie Honoré Durand
ARDÈCHE
07
Aurillac
St-Capraise-de-Lalinde
EDF (hydraulique) Tuilières
Souillac
Distillerie Louis Roque
EDF (hydraulique) Couesques
Laguiole
St-Hippolyte
Privas
Le Fel
Poterie du Don du Fel
LOZÈRE
48
Laboratoire Phyt's
Caillac
LOT
46
p. 162
Capdenac-Gare
Raynal et Roquelaure
AVEYRON
12
p. 147
TARN-ET-GARONNE
82
p. 166
Sauveterre-de-Rouergue
Atelier Max Capdebarthes
Causse Gantier
Maison Fabre
Millau
EDF (hydraulique et nucléaire)
Golfech
TARN
81
p. 165
GARD
30
p. 153
Caves de roquefort Société
Roquefort-sur-Soulzon
Montauban
La Tome du Ramier
Albi
Les poteries d'Albi
Labastide-de-Lévis
Cave de Labastide
Lectoure
Les Bleu de pastel
Latour-sur-Sorgues
Le sac du Berger
Villetelle
La Botte Gardiane
Airbus
Blagnac
Lacaune-les-Bains
HÉRAULT
34
p. 161
La Cure Gourmande
Toulouse
La Dépêche du Midi
EDF (hydraulique)
Le Bazacle
Marché d'intérêt national
SETMI
HAUTE-GARONNE
31
p. 156
Le Bez
Carrière du Sidobre
Oberti et Fils
Balaruc-les-Bains
Aigues-Mortes
Domaine Royal de Jarras
Salin d'Aigues-Mortes
Maison Noilly Prat
Marseillan
Martres-Tolosane
Biscuiterie Vital Aîné
Brousses-et-Villaret
Le moulin à papier
Bize-Minervois
L'Oulibo
OCCITANIE
p. 142
Narbonne
la Cure gourmande
Daumazan-sur-Arize
Sensiboot
ARIÈGE
09
p. 143
Limoux
Bulles et Lumières
AUDE
11
p. 144
Gruissan
Salin de l'île-Saint-Martin
Bagnères-de-Luchon
EDF (hydraulique)
Carrière de talc de Trimouns
Luzenac
Orlu
EDF (hydraulique)
Manufacture du grenat
Prades
PYRÉNÉES-ORIENTALES
66
p. 163
MER MÉDITERRANÉE
AND.
Mont-Louis
Four solaire développement
Banyuls-sur-Mer
Terres des Templiers
Font-Romeu-Odeillo-Via
Grand four solaire d'Odeillo

SUD-OUEST

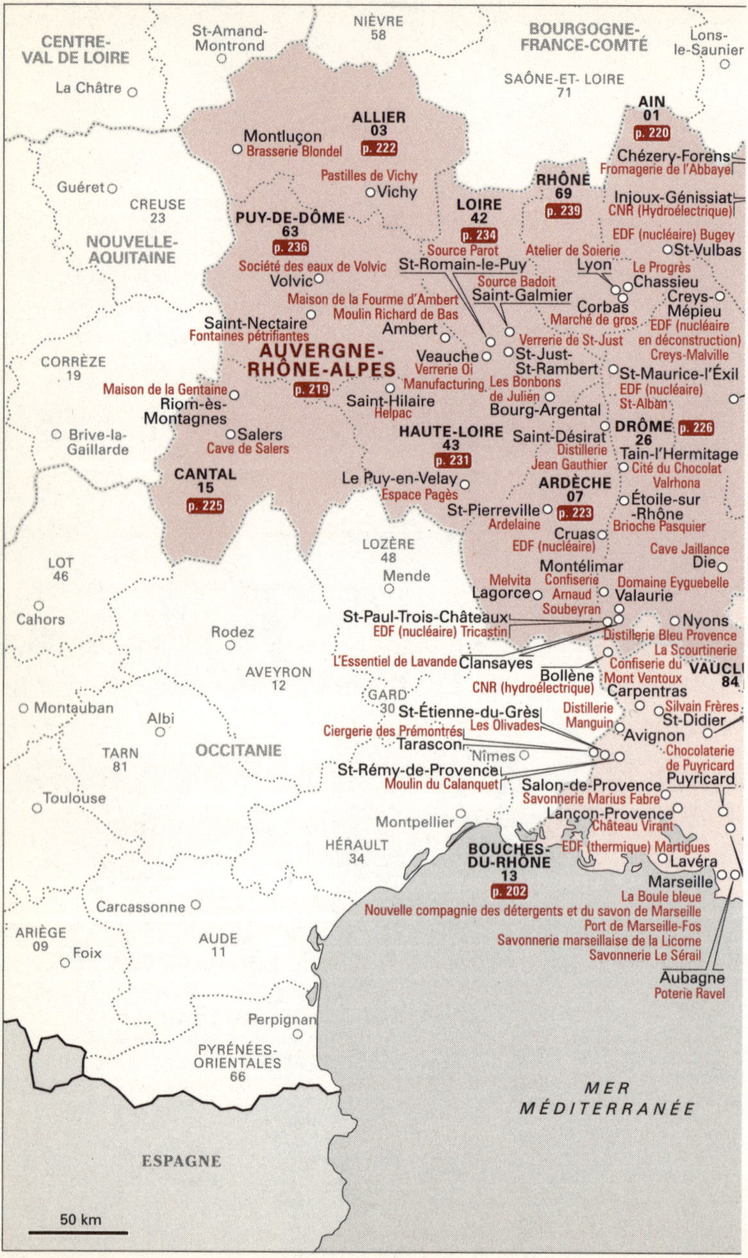

CENTRE-VAL DE LOIRE
St-Amand-Montrond
NIÈVRE 58
BOURGOGNE-FRANCE-COMTÉ
Lons-le-Saunier
La Châtre
SAÔNE-ET-LOIRE 71
AIN 01 p. 220
ALLIER 03 p. 222
Montluçon
Brasserie Blondel
Chézery-Forens
Fromagerie de l'Abbaye
Pastilles de Vichy
Vichy
RHÔNE 69 p. 239
Injoux-Génissiat
CNR (Hydroélectrique)
Guéret
CREUSE 23
LOIRE 42 p. 234
PUY-DE-DÔME 63 p. 236
EDF (nucléaire) Bugey
NOUVELLE-AQUITAINE
Source Parot
Atelier de Soierie
St-Vulbas
Société des eaux de Volvic
St-Romain-le-Puy
Lyon
Le Progrès
Volvic
Source Badoit
Chassieu
Saint-Galmier
Creys-Mépieu
Maison de la Fourme d'Ambert
Corbas
Moulin Richard de Bas
Marché de gros
EDF (nucléaire en déconstruction) Creys-Malville
Saint-Nectaire
Ambert
Fontaines pétrifiantes
Verrerie de St-Just
AUVERGNE-RHÔNE-ALPES p. 219
Veauche
St-Just-St-Rambert
CORRÈZE 19
Verrerie Oi Manufacturing
St-Maurice-l'Éxil
Maison de la Gentaine
Les Bonbons de Julien
EDF (nucléaire) St-Alban
Riom-ès-Montagnes
Saint-Hilaire
Helpac
Bourg-Argental
DRÔME 26 p. 226
Brive-la-Gaillarde
Salers
HAUTE-LOIRE 43 p. 231
Saint-Désirat
Cave de Salers
Distillerie Jean Gauthier
Tain-l'Hermitage
Cité du Chocolat Valrhona
CANTAL 15 p. 225
Le Puy-en-Velay
ARDÈCHE 07 p. 223
Espace Pagès
Étoile-sur-Rhône
St-Pierreville
Ardelaine
Brioche Pasquier
Cruas
EDF (nucléaire)
LOZÈRE 48
Cave Jaillance
LOT 46
Montélimar
Die
Mende
Melvita
Confiserie Arnaud Soubeyran
Domaine Eyguebelle
Lagorce
Valaurie
Cahors
St-Paul-Trois-Châteaux
Nyons
EDF (nucléaire) Tricastin
Distillerie Bleu Provence
Rodez
La Scourtinerie
L'Essentiel de Lavande
Clansayes
Confiserie du Mont Ventoux
VAUCLUSE 84
AVEYRON 12
Bollène
CNR (hydroélectrique)
Carpentras
GARD 30
Montauban
St-Étienne-du-Grès
Distillerie Manguin
Silvain Frères
St-Didier
Albi
Les Olivades
Ciergerie des Prémontrés
Avignon
TARN 81
OCCITANIE
Tarascon
Nîmes
Chocolaterie de Puyricard
St-Rémy-de-Provence
Puyricard
Moulin du Calanquet
Salon-de-Provence
Toulouse
Savonnerie Marius Fabre
Lançon-Provence
Château Virant
Montpellier
HÉRAULT 34
BOUCHES-DU-RHÔNE 13 p. 202
EDF (thermique) Martigues
Lavéra
Marseille
La Boule bleue
Nouvelle compagnie des détergents et du savon de Marseille
Port de Marseille-Fos
Carcassonne
Savonnerie marseillaise de la Licorne
ARIÈGE 09
AUDE 11
Savonnerie Le Sérail
Foix
Aubagne
Poterie Ravel
Perpignan
PYRÉNÉES-ORIENTALES 66
MER MÉDITERRANÉE
ESPAGNE
50 km

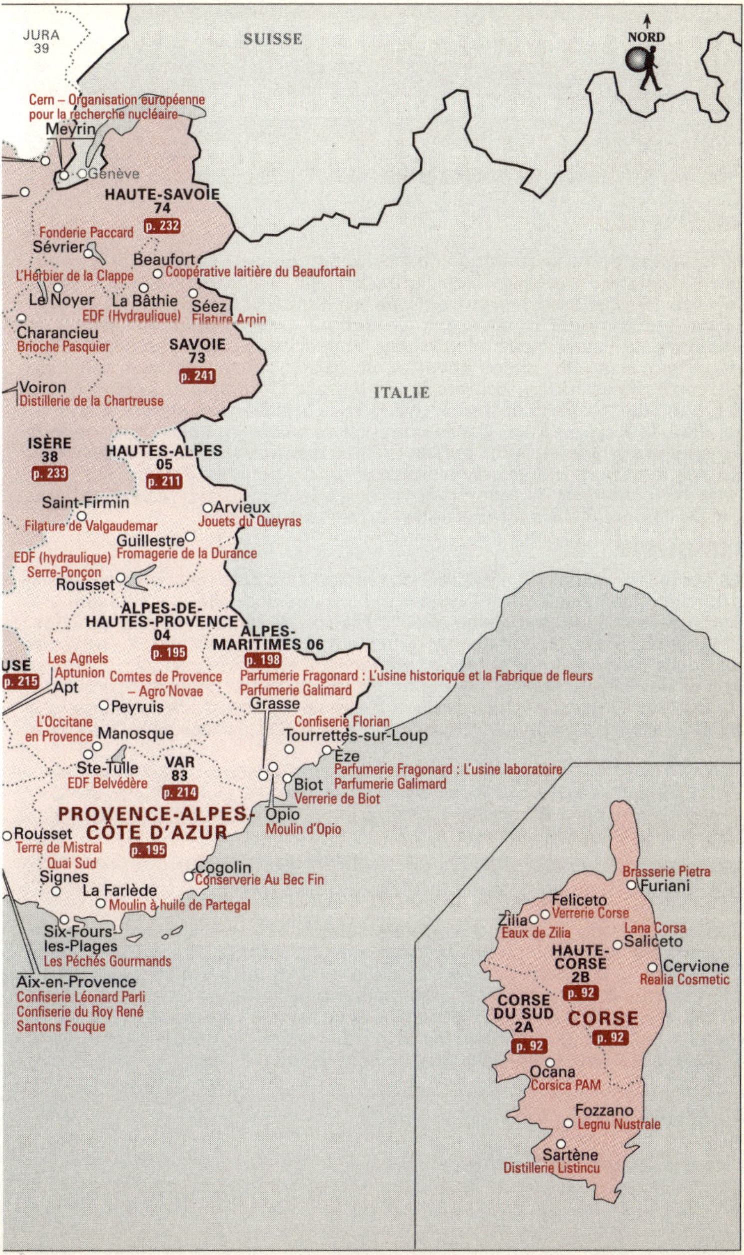
JURA
39
SUISSE
NORD
Cern – Organisation européenne pour la recherche nucléaire
Meyrin
Genève
HAUTE-SAVOIE
74
p. 232
Fonderie Paccard
Sévrier
Beaufort
L'Herbier de la Clappe
Coopérative laitière du Beaufortain
Le Noyer
La Bâthie
EDF (Hydraulique)
Séez
Filature Arpin
Charancieu
Brioche Pasquier
SAVOIE
73
p. 241
Voiron
Distillerie de la Chartreuse
ITALIE
ISÈRE
38
p. 233
HAUTES-ALPES
05
p. 211
Saint-Firmin
Filature de Valgaudemar
Arvieux
Jouets du Queyras
Guillestre
Fromagerie de la Durance
EDF (hydraulique)
Serre-Ponçon
Rousset
ALPES-DE-
HAUTES-PROVENCE
04
p. 195
ALPES-
MARITIMES 06
p. 198
USE
p. 215
Les Agnels
Aptunion
Apt
Comtes de Provence
– Agro'Novae
Parfumerie Fragonard : L'usine historique et la Fabrique de fleurs
Parfumerie Galimard
Grasse
Peyruis
L'Occitane
en Provence
Manosque
Confiserie Florian
Tourrettes-sur-Loup
Èze
Parfumerie Fragonard : L'usine laboratoire
Parfumerie Galimard
Ste-Tulle
EDF Belvédère
VAR
83
p. 214
Biot
Verrerie de Biot
PROVENCE-ALPES-
CÔTE D'AZUR
p. 195
Opio
Moulin d'Opio
Rousset
Terre de Mistral
Quai Sud
Signes
Cogolin
Conserverie Au Bec Fin
La Farlède
Moulin à huile de Partegal
Six-Fours-
les-Plages
Les Péchés Gourmands
Aix-en-Provence
Confiserie Léonard Parli
Confiserie du Roy René
Santons Fouque
Brasserie Pietra
Furiani
Feliceto
Verrerie Corse
Zilia
Eaux de Zilia
Lana Corsa
Saliceto
HAUTE-
CORSE
2B
p. 92
Cervione
Realia Cosmetic
CORSE
DU SUD
2A
p. 92
CORSE
p. 92
Ocana
Corsica PAM
Fozzano
Legnu Nustrale
Sartène
Distillerie Listincu

NOUVELLE-AQUITAINE
Aquitaine-Limousin-Poitou-Charentes

AQUITAINE

L'Aquitaine compte quelques champions nationaux de la visite d'entreprise, comme la cave de Gan Jurançon, qui arrive en 3e position dans le « Top 10 » national des entreprises les plus visitées avec 270 000 visiteurs, talonnée par la cave des Cordeliers, avec 250 000 visiteurs. Les secteurs de l'alimentaire et des vins et spiritueux, qui représentent les deux tiers des entreprises ouvertes au public, présentent des spécificités territoriales fortes, comme le vin dans le Bordelais et le jambon de Bayonne dans le Pays basque (atelier Pierre Ibaialde), ou encore le chocolat dans le Pays basque. Car les premiers ateliers de cacao hexagonaux se sont implantés au XVIIe s dans le Pays basque, faisant de Bayonne et de ses alentours le berceau historique du chocolat en France. De nombreux chocolatiers de renommée, tels que le chocolatier Antton et l'Atelier du Chocolat, jouent la carte de l'ouverture au public.

LIMOUSIN

Le secteur artisanal est très présent, rassemblant près de la moitié des entreprises. Il valorise souvent un savoir-faire traditionnel et haut de gamme, comme celui de la porcelaine avec la Maison de la porcelaine à Limoges, 2e visite régionale, du cuir avec la ganterie Agnelle, fournisseur des maisons de haute couture, ou de la tapisserie dans les ateliers historiques d'Aubusson et de Felletin. Mais le champion de l'étape est la centrale hydraulique de Bort-les-Orgues, 4e plus grande retenue de France et site emblématique d'EDF, installée dans le somptueux cadre naturel de la vallée de la Dordogne.

> *BONS PLANS : la chambre de commerce et d'industrie du Limousin permet de visiter une soixantaine entreprises dans le cadre de l'opération « Voyagez au cœur des entreprises du Limousin », de juillet à septembre. • visites-entreprises-limousin.com •*

POITOU-CHARENTES

Tout en haut du podium, les marais salants et l'ostréiculture jouissent d'un cadre particulièrement favorable à une économie maritime. Dans les terres, la tradition viticole s'articule surtout autour d'un produit emblématique, le cognac, avec des maisons historiques telles que Baron Otard, Rémy Martin, Paul Bossuet, Courvoisier… Les entreprises associées à la filière jouent aussi la carte de la visite d'entreprise, comme le Circuit du Chêne, spécialisé dans la fabrication de fûts.

CHARENTE (16)

Le Circuit du Chêne : *SNC Moine Frères, rue de la Boucle, Villeneuve-Chassors, 16200* ***JARNAC.*** *☎ 05-45-80-98-91. • moinesfreres.fr • Visite guidée slt. Visite sur 3 sites : il faut être véhiculé. Juil-août : mar-jeu à 14h, devant l'office de tourisme de Jarnac. Hors saison : sur rdv slt. Tarifs : 6,80 € ; 10-18 ans : 5,80 € ; - 10 ans : gratuit. Dégustation incluse. Visite de groupe sur rdv, pour 2-50 pers. Tarifs : 6,30 €/pers, gratuit pour les accompagnants des scolaires. Durée : 2h30.* ***Boutique :*** *lun-sam 14h30-19h et sam mat 10h-12h.*

Voici une passionnante balade, menée par les membres de la famille Moine, viticulteurs et bouilleurs de cru : un circuit complet qui rappelle que le cognac est bien le fruit d'une savante alchimie entre le bois, l'air et l'alcool. C'est de la qualité des ***barriques*** – où l'eau-de vie, se chargeant de tanins, gagnera sa profonde couleur ambrée – que dépend la qualité d'un cognac. On commence donc chez le fendeur de merrains : c'est lui qui choisit, sur pied, au cœur des forêts limousines, de superbes chênes centenaires. Du cœur du tronc, il va tirer de belles pièces (dans le droit fil du bois, sinon la barrique fuit !) qui sèchent à l'air libre pendant au moins 3 ans. La découverte se poursuit chez le tonnelier pour assister à la fabrication d'une barrique. Les douelles (pièces de bois qui, assemblées, formeront la barrique) sont toujours cintrées sur un brasero. Les tanins seront différents suivant le degré de brûlure du bois – ce que l'on appelle le « bousinage ». Le circuit se termine dans la distillerie, au coin de l'alambic, où l'on apprend tout sur la fameuse double distillation et sur la part des anges avant une dégustation : jus de raisin pour les petits, cognac et pineau pour les plus grands.
Label : Bienvenue à la Ferme, Vignoble et Découverte, les Étapes du Cognac.

Cognac Camus : *21, rue de Cagouillet, 16100* ***COGNAC.*** *☎ 05-45-32-72-96. • camus.fr • Visite guidée slt. Mai-sept : lun-sam 10h30-12h et 14h-18h (sf lun mat). Plusieurs formules : Classique (dégustation d'un cognac, 1h, 8,50 €) ; Connaisseur Borderies (2 cognacs, 18 €) ; Connaisseur Île de Ré (3 cognacs, 1h30, 20 €) ; Connaisseur Les Essentiels (3 cognacs, 1h30, 22 €) ; Rarissimes (3 cognacs, 2h, 80 €). - 18 ans : gratuit. Visite de groupe sur rdv, pour 5-50 pers. Tarifs : selon formule de visite. Groupe de plus de 10 pers : - 20 % sur les tarifs.* ♿ ***Boutique :*** *juin-fin sept, lun-sam 10h30-12h30 et 14h-18h (sf lun mat).*
Camus, spécialisée dans le haut de gamme, est l'unique grande maison de Cognac 100 % familiale et indépendante depuis sa fondation en 1863. Cette indépendance lui permet d'innover en proposant des cognacs issus d'un seul cru, comme le Camus Borderies XO, ou élaborés avec des raisins récoltés, distillés et vieillis sur l'île de Ré. Sans pour autant tourner le dos à la tradition et aux cognacs qui ont fait sa réputation ! La visite, qui privilégie la convivialité des petits groupes, commence par une présentation historique du site, des vignes et des différents terroirs, avant de revenir sur l'histoire de la maison familiale. Elle aborde ensuite les différentes phases de distillation puis de vieillissement d'un cognac et se termine dans le chai de dégustation.
Les + : Ateliers sur rendez-vous :
– Maître Assembleur : création de son propre cognac XO. Tarif : 160 €, la bouteille de cognac réalisée est offerte.
– Découverte des propriétés, visite des vignobles et déjeuner au château du Plessis, dans la maison familiale. Tarif sur demande.
Label : Vignoble et Découverte, les Étapes du Cognac.

Cognac Courvoisier : *pl du Château, 16200* ***JARNAC.*** *☎ 05-45-35-56-16. • courvoisier.com • Visite guidée slt. Visite classique avec dégustation : avr-oct ou sur rdv. À partir de 10 € ; 12-18 ans : 5 € ; - 11 ans : gratuit. 1h. Visite premium : tte l'année sur résa. À partir de 50 €. De 2h30 à 7h, avec brunch ou déjeuner au château. Visite de groupe sur rdv, à partir de 10. Tarifs : sur demande.* ♿ ***Boutique :*** *horaires variables selon la période. Consulter le site internet.*
Depuis 1811, c'est « officiellement » le cognac de Napoléon ! Certes, l'Empereur visita les entrepôts du négociant Emmanuel Courvoisier ; mais c'est en 1869 que Napoléon III décida d'en faire son fournisseur exclusif (une lettre exposée ici en atteste). Consécration suprême, la marque est servie à l'inauguration de la tour Eiffel lors de l'Exposition universelle de 1889.
L'histoire de la marque est évoquée à travers des objets publicitaires et autres vieilles bouteilles, exposées dans de grands foudres. Le guide vous expliquera tout sur l'élaboration du cognac (bel alambic traditionnel en cuivre), la fabrication des barriques – sans clous ni produits chimiques, attention ! –, les différents crus, les arômes (avec d'intéressantes barriques à parfum pour comprendre comment l'eau-de-vie s'imprègne de l'odeur du bois), les millé-

simes, etc. La visite traverse ensuite le chai, à l'odeur d'alcool omniprésente pour cause d'évaporation. On appelle joliment ça ***« la part des anges ».*** Un film très instructif de 10 mn sur l'art de fabriquer du cognac est projeté, et arrive enfin le moment de la dégustation, très sophistiquée lors des visites premium : les visiteurs se rendent aux bornes olfactives pour différencier les arômes du cognac, un casque sur la tête qui diffuse de la musique adaptée, le tout avec un vrai verre à la main rempli de vrai cognac ! Une expérience à la fois ludique et gustative.

Cognac Baron Otard : *château de Cognac, 16100* ***COGNAC.*** *☎ 05-45-36-88-86. • baronotard.com • Visite guidée slt (animaux interdits). Avr-fin oct: tlj (sf 1er mai). Nov-fin mars: sur demande. Tarifs : 10 € (dégustation de 2 cognacs incluse); 12-18 ans : 5 €; - 12 ans : gratuit. Visite de groupe sur rdv, pour 20-49 pers. Tarifs : 8 €/pers à partir de 20 pers (dégustation de 2 cognacs incluse). Durée de la visite : 1h.* ***Boutique :*** *avr-oct, tlj (sf 1er mai) 10h-12h et 14h-18h; nov-mars, se rens.*

Cette prestigieuse marque de cognac fut créée en 1795 par le baron Otard, un Écossais né en Charente et devenu maire de la ville. Pour installer son négoce, il acheta le château de Cognac en 1796, profitant de la Révolution. Cette très belle demeure était la maison natale de François Ier. On visite entre autres la salle au Casque (XIIIe s), où Richard Cœur de Lion célébra le mariage de son fils avec Amélie de Cognac. On s'instruit en même temps sur les méthodes de fabrication et de vieillissement du cognac : les chais du château sont les plus vieux de Charente et, paraît-il, les meilleurs (grâce à leur humidité) puisqu'ils sont juste au niveau du fleuve. Mais l'endroit le plus étonnant reste le « paradis », un ancien cachot où sont entreposés les cognacs les plus vieux (1820), recouverts de moisissures et de toiles d'araignée. On passe ensuite à la salle de l'Alambic (très beau, du XIXe s), où l'on apprend tout sur le maître de chai, la distillation et la tonnellerie, avant de découvrir la chapelle où François Ier fut baptisé et qui renferme désormais des tonneaux d'eau-de-vie !

Enfin, un musée sur l'histoire du baron Otard et de la marque, et une présentation des différents crus de la maison à l'aide de bornes olfactives, dernière étape avant la dégustation.

Label : Vignoble et Découverte, les Étapes du Cognac.

Cognac Maison Rémy Martin : *domaine de Merpins, 16100* ***COGNAC.*** *☎ 05-45-35-76-66. • visitesremymartin.com • Visite guidée slt. Mi-avr-fin sept, lun-sam 10h-16h30. Tarifs : à partir de 18 € ; 12-18 ans : 8 €; - 12 ans : gratuit. Visite de groupe sur rdv à partir de 20. Tarifs : à partir de 12 €/pers. Visites à la journée ou la ½-journée, comprenant différentes formules de dégustation et de visite. Tarifs : de 100 € à 1 200 €/pers, selon la formule choisie. ♿ (accès partiel). Durée de la visite : 1h30.* ***Boutique :*** *oct-mars, lun-ven 10h-12h30 et 14h-17h30; avr-sept, ouv sam aussi.*

La visite classique s'effectue au domaine de Merpins, à 4 km au sud-ouest de Cognac en direction de Pons, à bord d'un petit train sillonnant les vignes pour rallier les chais d'assemblage et de vieillissement. Tous les aspects techniques sont passés en revue (de la ***fabrication du cognac,*** bien sûr, à la ***tonnellerie***), émaillés comme il se doit d'***anecdotes historiques*** sur cette maison fondée en 1724. D'ailleurs, un petit tour dans le chai prestigieux où sont conservées les plus vieilles barriques permet de se faire une idée de l'ancienneté de la maison et de la pérennité du style. En un siècle, il n'y eut que quatre maîtres de chai ! Mais ce qui distingue vraiment Rémy Martin des autres grandes maisons de cognac, c'est l'attention toute particulière portée à la ***dégustation.***

À l'issue de la visite, les amateurs pourront déguster un VSOP et un XO, tous deux accompagnés de petites douceurs sucrées et salées. Les connaisseurs exigeants préféreront sans doute les ***visites prestiges*** où les cognacs sont « disséqués » autour de mets, au cours d'une expérience culinaire épicurienne (au siège, *20, rue de la Société-Vinicole)*.

Au fait, d'où vient cet alcool si prisé, cette liqueur des dieux ? D'un accident de l'histoire, comme souvent. Au XVIIe s, le coût du transport du vin depuis la France étant devenu exorbitant, Anglais et Hollandais ont l'idée de le distiller :

il prend ainsi moins de place ! Mais après une grave crise économique, des tonnes d'eau-de-vie se retrouvent invendues. Un petit curieux goûte un jour à cet alcool vieilli en fût et découvre à quel point il est devenu bon. La méthode est reprise avec succès et, au fil des années, le commerce du cognac remplace celui du vin… C'est ce qu'on apprend, entre autres, au ***musée des Arts du cognac*** *(Les Remparts, pl. de la Salle-Verte. ☎ 05-45-36-21-10. • musees-cognac.fr •)*. Dans un cadre qui réconcilie avec bonheur vieilles pierres et architecture contemporaine, ce musée captivant présente la grande aventure humaine, industrielle et commerciale du cognac : une ***muséographie ludique et didactique*** associant multimédia, ambiances sonore et olfactive.
Après une rapide introduction sur l'évolution des bouteilles à travers les âges, la première partie s'intéresse logiquement à l'***univers de la vigne :*** les saisons, les cépages, les terroirs, les vendanges, le tout agrémenté d'outils comme un curieux sulfateur à bât de mulet du XIXe s, ou un beau pressoir à vis du XVIIIe s. Changement de registre avec l'***art délicat de la distillation,*** où l'alchimie prend le pas sur les considérations climatiques, avant d'évoquer les métiers qui gravitent ou ont gravité autour du cognac (tonneliers, gabariers…). Une excellente introduction à la visite des caves.
Label : Vignoble et Découverte, prix national de l'œnotourisme.

HIPS !

Savez-vous que l'évaporation du cognac représente chaque année l'équivalent de 180 millions de bouteilles ? De quoi être quasi soûl rien qu'en respirant l'air du coin ! C'est d'ailleurs le cas des araignées vivant dans les chais, dont les toiles ne sont, paraît-il, jamais parfaitement géométriques…

Manufacture Degorce : *route de Grassac, 16380 **MARTHON**. ☎ 05-45-70-23-66. • degorce.com • Visite guidée de groupe slt (sf août), pour 5-10 pers. Résa par tél. Scolaires : à partir de 15 ans. Tarif : gratuit. Durée : 1h30.*

Les ***charentaises*** sont nées ici même, dans la vallée du Bandiat, qui relie Angoulême au parc régional du Périgord Limousin. Au temps de Louis XIV, Angoulême s'étant spécialisée dans la confection de manteaux en feutre pour la marine royale, ses habitants récupéraient les chutes pour s'en faire des chaussons. Les « silencieuses », comme on les appelait à l'époque, font un tabac à la cour : leurs patins de feutre évitaient aux domestiques d'arriver avec leurs gros sabots ! Depuis 50 ans, la manufacture Degorce – qui produit pas moins de 600 000 paires de chaussures par an pour la grande distribution – perpétue la tradition, tout en s'ouvrant aux nouvelles techniques issues du recyclage. On verra sur place toutes les étapes de fabrication, de la coupe à la finition, en passant par le piquage et l'injection des semelles.
Label : Origine France Garantie.

Le Moulin du Verger : *16400 **PUYMOYEN**. ☎ 05-45-65-37-33. • moulinduverger.com • Résa au ☎ 05-45-61-10-38. Visite guidée slt. Lun-ven : à 10h et à 15h30 ; sam, dim et j. fériés : à 15h30. Visite de groupe sur rdv, pour 15-50 pers. Tarifs forfait de 60 € pour 15 pers ; 4 €/pers supplémentaire. ♿ Durée de la visite : 2h. **Boutique :** lun-ven 10h-12h et 15h30-18h, sam, dim et j. fériés 15h30-18h.*

Installé dans la charmante vallée des Eaux-Claires, le dernier bastion de la papeterie artisanale est un tout petit moulin adorable dont l'origine remonte au XVIe s. Mais ce que l'on a conservé ici, outre un séchoir du XVIIIe s et des cuves en cuivre du XIXe s, est plus important que le décor : un secret de fabrication ancestral, hérité des Chinois (inventeurs du papier il y a 2 000 ans) et des Italiens (qui mirent au point la technique moderne au XIIIe s).
Antithèse d'une usine, le Moulin du Verger évoque plutôt l'atmosphère d'un

laboratoire d'alchimistes ! En 1972, alors que l'on croyait le moulin perdu, arrive le gérant actuel, un soixante-huitard érudit et volubile : Jacques Brejoux. Ce véritable passionné continue à jouer les irréductibles Gaulois de la papeterie, militant contre l'uniformisation et s'entêtant à fabriquer à la main du papier comme aux XVIIe et XVIIIe s ! C'est d'ailleurs aujourd'hui le seul moulin au monde à utiliser encore des chiffons de lin et de chanvre battus dans une pile à maillets. Seule concession à la modernité : le moulin utilise désormais l'eau du robinet, à la place de celle de la rivière... La visite est une démonstration passionnante, dans l'unique atelier, de la fabrication du papier.
Cette visite peut être complétée par une incursion au ***musée du Papier d'Angoulême*** *(☎ 05-45-92-73-43. • angouleme.fr/museep •)*, ancien moulin à papier, installé dans un bâtiment-pont qui permettait d'utiliser l'énergie hydraulique. Il accueille également une artothèque (un concept sympa : plus de 900 œuvres d'art prêtées aux adhérents • *www.artotheque-angouleme.fr* •).

CHARENTE-MARITIME (17)

Criée de Royan : *Royan Tourisme, 17200* ***ROYAN.*** *☎ 05-46-23-00-00. Résa par tél ou par mail • info@royan-tourisme.com • et en ligne : • royan-tourisme.com/sejourner/activitesdecouvertes • Visite guidée slt. Mi-juil-fin août : mer à 14h30 (rdv devant le palais des Congrès). Billet à retirer au plus tard la veille à 15h au palais des Congrès de Royan. Tarifs : 8 € ; - 12 ans : gratuit. Visite de groupe sur rdv, pour 10-40 pers. Tarifs : sur demande. Durée de la visite : 2h30.*
Troisième port de plaisance de la façade atlantique, Royan reste aussi un ***port de pêche*** important, réputé pour la qualité de ses poissons. L'office de tourisme propose de découvrir sa criée, où sont débarquées et revendues quotidiennement les précieuses marchandises. C'est l'occasion d'approfondir l'histoire de ce port et d'assister à la vente informatisée des poissons. Les soles, espèce phare de Royan, côtoient ici les bars et les maigres : en 2014, le port de Royan avait effectué un tonnage total de 985 tonnes ! À l'issue de la visite, ces poissons fins pourront être dégustés en sushis.
On peut suivre le trajet d'une bonne part de ces prises dans le marché central, deuxième de France et l'une des fiertés architecturales de la ville. Car Royan est une synthèse brillante du modernisme des années 1920, de l'Art déco des années 1930 et de la révolution brésilienne des années 1940. Aujourd'hui, rénovée, remise en valeur, cette architecture apparaît moderne et progressiste. Construit en 1955-1956, ce marché, un des symboles de la reconstruction de Royan, est couvert d'une coupole de béton ondulé d'environ 53 m de diamètre qui évoque une conque, un parachute ou un parapluie. Avec ses 10 m de hauteur, l'intérieur semble immense. On y trouve de superbes étals, des produits maraîchers régionaux de première fraîcheur et bien sûr des poissonneries du tonnerre.

Distillerie Paul Bossuet : *logis de la Folle Blanche, 2, chemin des Terrières, 17610* ***CHANIERS.*** *☎ 05-46-91-51-90. • logisdefolleblanche.fr • Visite guidée slt (enfants bienvenus avec leurs parents mais pas de groupes scolaires). Lun-sam 9h-12h et 14h-19h. Visite de groupe sur rdv, 10-60 pers. Résa par tél. Tarif : gratuit. ♿ Durée de la visite : 1h15.* ***Boutique :*** *lun-sam 9h-12h et 14h-19h.*
Le logis de la Folle Blanche : un château médiéval hanté par quelque fantôme féminin désespéré ? Non point, mais la réalité est presque à la hauteur du fantasme suscité : il s'agit d'un cépage produisant un vin très acide et très pâle (c'est la base du gros plant nantais actuel), particulièrement apte à la distillation. Sans doute originaire des Charentes, connu pour donner les eaux-de-vie les plus fines, il participa grandement à la célébrité du cognac et de l'armagnac avant de disparaître presque en totalité suite à l'épidémie de phylloxera au XIXe s. C'est donc en ***ugni blanc*** que sont plantées les vignes enserrées d'arbres chenus sur ce beau domaine, au centre duquel s'élève une jolie et typique demeure charentaise, datée de 1600. À tout seigneur tout honneur, la maison porte toujours le

nom du cépage qui fit la célébrité de son cognac. Devant le superbe alambic en cuivre puis au milieu des fûts, dans le chai de garde, le vigneron vous explique lui-même l'élaboration de ses produits : des cognacs bien sûr, des pineaux – résultat de l'assemblage de jus de raisins fraîchement pressés et de jeune cognac vieilli en fûts de chêne -, des cocktails comme le punch aux fruits de la passion, les crèmes et liqueurs de fruits au cognac de la propriété.
Label : Vigneron indépendant, les Étapes du Cognac.

Écomusée du marais salant : *route de la Passe, 17111* ***LOIX (Île de Ré).*** *☎ 05-46-29-06-77. • marais-salant.com • Visite guidée slt (mars-nov). Mars-mi-avr et mi-sept-nov : mar-sam 14h30-17h15. Mi-avr-mi-juin : lun-dim 14h30-18h. Mi-juin-mi-sept : lun-dim 10h-12h30 et 14h-19h. Tarifs : 5,50 €; 12-18 ans : 4,90 €; 8-12 ans : 2,70 €; - 8 ans : gratuit. Visite de groupe sur rdv, pour 20-50 pers. Tarifs : 2,80 €/pers; scolaires : 2,40 €/pers. ♿ Durée de la visite : 1h.* ***Boutique :*** *mêmes horaires que ceux du musée.*
On largue ici les amarres pour accoster sur « Ré la blanche », l'île qui rayonne en réalité de mille couleurs sous son ensoleillement généreux (2 600 heures par an) : plages de sable doré, fleurs aux teintes éclatantes, ciel azur et surfaces bleu-gris des terres argileuses des marais salants… C'est justement une initiation au fonctionnement des marais salants que propose cet écomusée, car leur rôle est fondamental dans les paysages, mais aussi dans l'économie de l'île.
D'abord orientée vers ***la pêche,*** c'est réellement au XIIe s, avec l'arrivée de moines cisterciens à l'abbaye des Châteliers, que l'île trouve sa ***vocation commerciale*** avec la vigne puis le sel, avec l'arrivée des moines de l'abbaye de Saint-Michel-en-l'Herm au XIIIe s. Certes, à la fin du XIXe s, avec l'évolution technique des moyens de transport, les marais salants de l'île de Ré ont connu, comme tous ceux de la côte atlantique, la ***rude concurrence des sels de Méditerranée*** et des sels de mines (sel gemme). Les sauniers sont passés de 330 au tout début du XXe s à 50 dans les années 1970 ; mais depuis 10 ans, on assiste à une reprise de l'activité salicole et ils sont aujourd'hui une centaine. Rendez-vous à Loix, petite presqu'île dans l'île, qui a toujours la configuration d'un îlot, entouré par le Fier d'Ars et la fosse de Loix, isolé du reste justement par les marais salants. Le bourg, typiquement rétais et paisible à souhait, a su préserver charme et authenticité. Sa situation isolée particulière en fait certainement l'un des endroits les plus préservés de l'île de Ré.
Dans l'écomusée, installé sur un ***site naturel exceptionnel*** en bordure du Fier d'Ars (environ 1 km avant le village, sur la gauche en bordure de la route de la Passe), on trouve d'excellentes explications des ***techniques de fabrication*** du sel et de la fleur de sel autour d'une maquette, que l'on complètera par une visite guidée d'un ***marais salant en activité.*** Suivant les saisons, on assiste à la récolte du sel, à la préparation du marais, et on découvre la faune et la flore spécifiques de ces marais. En été, et en fonction des conditions météo, possibilité sur réservation (cinq personnes maximum !) de s'initier au maniement des outils avec le saunier sur le marais. Visites également des écluses à poissons et sorties découverte sur l'estran sur réservation.
La boutique propose les produits du marais : gros sel marin extrêmement riche en minéraux, fleur de sel (celui qui est récolté en surface, plus fin et légèrement rosé), sel aux herbes, caramels et chocolats à la fleur de sel, salicorne, etc.
Les + :
– De mi-juin à mi-septembre, possibilité de visiter la Coopérative des sauniers.
– Animation : en juillet-août, « après-midi aux marais », pour enfants (10 €) et adultes (12 €) : atelier de 3h avec un saunier dans les marais.
Label : Pôle nature Charente-Maritime.

Station de lagunage de Rochefort : *Espace Nature, pl Colbert, 17300* ***ROCHEFORT.*** *☎ 05-46-82-12-44 (Espace Nature). • en-charente-maritime.com/tourisme/visites/poles-nature/station-lagunage-rochefort • Visite guidée slt. Tarif : 6 €. Visite de groupe sur rdv, pour 15-50 pers. Tarif : 4 €/pers. Durée de la visite : 1h45.* ***Boutique*** *lun-sam 10h-12h (12h30 le sam) et 14h30-18h30.*

Cette ***station d'épuration naturelle*** de 70 ha est un exemple de développement durable local. Elle traite de façon écologique et économique l'ensemble des eaux usées de la ville. Dans ce petit paradis écologique, on fabrique de l'électricité avec de la boue et l'on observe joyeusement canards et petits échassiers. En passant d'un étang à l'autre, les eaux usées se purifient progressivement, par l'action conjuguée du soleil, du vent et du plancton (genre daphnies). Au cours de la visite, vous découvrez le circuit de l'eau – des robinets au fleuve Charente –, le procédé naturel du lagunage, la valorisation des boues en compost et la transformation du biogaz en électricité. La qualité de certains de ces étangs et la tranquillité du site (zone de marais au bord du fleuve) en font un lieu d'accueil privilégié des oiseaux migrateurs. Plus de 2000 espèces ont été recensées par la LPO : canards, petits échassiers, cigognes...
Un observatoire des lagunes, en accès libre, a été aménagé, et des observations sont aussi organisées par l'Espace Nature.
Le + : programme sur demande par tél ou par mail : • *espace.nature@lpo.fr* •

Site ostréicole et naturel de Fort Royer : *association du site ostréicole et naturel de Fort Royer, BP 43, 17310* ***SAINT-PIERRE-D'OLÉRON.*** *☎ 05-46-47-06-48. • fort-royer-oleron.fr • Visite guidée slt. Fév-nov : à 15h. Juil-août : lun-sam à 10h30, 15h et 17h. Tarifs : 4,50 €; tarif réduit : 3,50 €; - 7 ans : gratuit. Dégustation : 5 €/pers. Visite de groupe sur rdv, pour 10-60 pers. Résa par tél ou par mail : • sitedefortroyer@gmail.com • Tarifs : 3 €/pers; scolaires : 2,10 €/pers. Dégustation : 4 €/pers. ♿ Durée de la visite : 1h15.* ***Boutique :*** *ouv fév-nov.*
C'est sur la charmante ***île d'Oléron,*** non loin de Boyardville, que se trouve ce site protégé où l'on découvre un milieu naturel très riche, avec un vieux village de cabanes ostréicoles ourlé de parcs : l'estran vaseux est partiellement couvert de parcs à huîtres et de formations dunaires qui ne cessent d'évoluer. Les balades, rondement menées, permettent d'en apprendre plus sur les pêches traditionnelles, sur l'histoire de l'ostréiculture et le savoir-faire des ostréiculteurs (élevage, affinage, expédition), mais aussi sur la faune et la flore des dunes et des marais.
Sorties en mer sur les parcs à huîtres à la marée – une huître sur deux gobées en France vient du bassin de Marennes-Oléron. Pour plusieurs raisons : d'abord, l'île d'Oléron abrite naturellement le site. En outre, celui-ci loge dans ses sols imperméables (ceux d'anciens marais salants) de petits écrins d'eau claire – ces longs bassins de 4 à 10 ares, profonds de 50 cm, et qu'on appelle justement « claires ».
Protégées par une appellation contrôlée, ces huîtres nécessitent 2 à 3 mois d'affinage qui occasionnent un étrange phénomène : une algue microscopique locale, la navicule bleue, teint les huîtres en vert, laissant au passage un petit goût d'herbe. On les déguste dans une cabane d'écaillage au milieu des claires et des chenaux. Nombreuses animations assurées par une équipe motivée et passionnée.
Les + : animations, ateliers découvertes pour les enfants et ateliers pour les scolaires.
Label : Oléron nature et culture, Vignoble et Découverte.

CORRÈZE (19)

Manufacture d'accordéons Maugein : *ZI de Mulatet, 19000* ***TULLE.*** *☎ 05-55-20-08-89. • accordeons-maugein.com • Visite guidée slt. Mar et jeu à 14h30. Visite de groupe sur rdv, pour 4-15 pers (sf entre Noël et Jour de l'an et les 3 premières sem d'août). ♿ Tarif : gratuit. Durée de la visite : 1h.* ***Boutique :*** *lun-ven 8h-12h et 13h30-18h30.*

Toutes les informations concernant la région sont à retrouver sur le site :
• entrepriseetdecouverte.fr •

Il y a eu jusqu'à quatre fabriques d'accordéons en Corrèze. Maugein, fondée en 1919, est la dernière. Artistes de baloches, vedettes pailletées et rockers gavroches, tous connaissent cette maison. Malgré la montée en puissance des grosses sonos dans les bals populaires, le piano à bretelles bénéficie d'un certain regain grâce à son utilisation dans des versions plus rock'n roll, dans la variété, le jazz, les musiques actuelles et les musiques du monde.
Aujourd'hui, 14 personnes fabriquent et façonnent les 3000 à 6000 pièces qui composent les accordéons chromatiques et diatoniques, de la caisse en aulne au soufflet en carton renforcé de cuir, jusqu'aux lames d'acier qui vibrent et produisent le son. La visite débute par l'ébénisterie (réalisation des sommiers et carrosseries), se poursuit par la mécanique (tables d'harmonie, claviers, registration), puis l'atelier de montage (notamment fabrication des soufflets). Vient ensuite le secteur de la musique, sa préparation et son installation dans l'instrument et l'accord au choix du client. Le parcours s'achève dans le secteur de la finition, de la mise au point et, éventuellement, de l'installation du système MIDI qui donne accès à des modules externes générateurs de sons (clavier-synthétiseur, expandeur ou arrangeur). En partant, ne manquez pas l'expo d'accordéons anciens. Une visite instructive et délicieusement musicale.
Label : Entreprise du Patrimoine Vivant.

EDF – Centrale hydraulique de Bort-les-Orgues : *barrage de Bort-les-Orgues, av. de la Gare, 19110* ***BORT-LES-ORGUES.*** *☎ 05-34-39-88-70. • edf.fr/dordogne • Espace EDF Bort-les-Orgues en visite libre ou guidée. Jours et heures d'ouverture : rens par tél. Tarif : gratuit.*
Autrefois, la vallée de la haute Dordogne était ponctuée de dangereux rapides, dont les bateliers avaient appris à déjouer les pièges. Lors de l'avènement du progrès industriel, les gabares – embarcations locales traditionnelles – ont laissé la place à des moyens de transport plus modernes. On s'est alors demandé comment utiliser le puissant débit de la Dordogne. Comme le monde nouveau avait grand besoin d'énergie et que la ***houille blanche*** avait le vent dans le dos, de puissants barrages ont été édifiés pour produire de l'électricité.
Entre les années 1930 et les années 1950, un dantesque programme a été mis en œuvre. Résultat : cinq barrages sur la Dordogne et une vingtaine d'aménagements sur ses affluents pour une production répondant aux besoins annuels en électricité d'environ 1 million d'habitants.

LES ORGUES DE BORT

Ce ne sont pas celles d'une église, mais des coulées de lave figée qui pendent de la montagne comme des rideaux d'une fenêtre. Ces curieuses formations de phonolite, une roche volcanique qui résonne quand on la frappe, ressemblent aux tuyaux d'un orgue – d'où son nom. Elles forment une barrière de plus de 2 km sur une hauteur de 80 à 100 m. Il faut prendre la D 127 pendant 3 km. Après Chantery, un escalier monte vers les orgues, fléchées « Grotte des orgues ».

De Bort-les-Orgues (le plus grand) à Argentat (le plus petit), en passant par Marèges, l'Aigle (voir page 30) et Le Chastang (voir page 30), les cinq barrages de la Dordogne constituent des sites aussi impressionnants qu'intéressants, au sein des paysages naturels enchanteurs qui bordent le cours de la rivière.
Même s'il n'est pas le plus puissant, le barrage de Bort-les-Orgues, en service depuis 1952, est à la fois le premier aménagement de la chaîne de barrages sur la Dordogne, le plus grand (120 m) et le plus vaste par l'étendue de son lac (c'est la 4e retenue d'eau de France métropolitaine). Sa construction a créé la presqu'île où se trouve le château de Val (qui dominait autrefois la vallée), et a permis l'ouverture de bases nautiques sur le plan d'eau.
La centrale produit l'équivalent de la consommation électrique d'une ville comme Limoges. L'accès au barrage se fait par l'entrée nord de la ville, entre la D 979 et la D 922.

L'Espace EDF de Bort-les-Orgues, au pied du barrage, permet de découvrir le fonctionnement d'une centrale, et de réfléchir aux énergies d'aujourd'hui et de demain grâce à des bornes interactives, panneaux d'information, maquettes, photos retraçant l'épopée de la construction du barrage. L'Espace est aussi un lieu de sensibilisation aux économies d'énergie et à la protection de la faune et de la flore. Un sujet particulièrement intéressant, car la vallée de la Dordogne vient d'être classée ***« Réserve mondiale de la Biosphère ».***

EDF – Centrale hydraulique du Chastang : *RD 129, 19220* ***SERVIÈRES-LE-CHÂTEAU.*** *☎ 05-34-39-88-70. • edf.fr/dordogne • visites.edf.chastang@manatour.fr • Espace d'information EDF de Chastang : entrée libre et gratuite. Ouv : rens par tél. ♿ Visite de la centrale : visite guidée de groupe (8-15 pers) slt sur rdv, le ven. Résa obligatoire par tél. Tarif : gratuit. Durée de la visite : 1h.*

> ***À SAVOIR : visite de la centrale à partir de 12 ans. Le jour de la visite, présenter une pièce d'identité (carte nationale d'identité ou passeport) en cours de validité. Porter un pantalon, des vêtements à manches longues, ainsi que des chaussures plates et fermées.***

Comme le barrage de Bort-les-Orgues (voir page 29) et celui de l'Aigle (voir ci-dessous), le barrage du Chastang fait partie de la série des barrages des gorges de la Dordogne qui devaient réguler le cours impétueux et imprévisible du fleuve tout en produisant de l'électricité. Situé le plus en aval de la série, comme ses deux « frères », c'est un barrage mixte « poids-voûte » en béton.
La centrale et le barrage du Chastang ont été édifiés entre 1947 et 1951, ce qui est relativement court comparé à l'importance des installations. Mise en service en octobre 1951, la centrale a une puissance installée de 290 mégawatts.
Situé au pied du barrage du Chastang, le nouvel Espace d'information est un lieu de découverte du patrimoine industriel. Dans une ancienne conciergerie, EDF vous accueille dans un espace scénographique doté d'un parcours ludique présentant les savoir-faire de la production hydraulique, l'histoire humaine et la puissance de l'eau comme une énergie durable. En extérieur, un circuit de promenade au fil de la Dordogne vous emmènera à la découverte des richesses paysagères et naturelles du site à travers les points de vue répartis autour du barrage. Des zones de repos et pique-nique vous offriront des moments de détente privilégiés.
Comme les autres barrages environnants, le barrage du Chastang fait partie de la Zone spéciale de conservation (ZSC) et du Site d'intérêt communautaire (SIC) des ***gorges de la Dordogne.*** Les gorges en amont du barrage sont sauvages, et les rives peu accessibles car souvent abruptes. Le lac de retenue, long de près de 30 km, s'étend sur plus de 700 ha. C'est un lieu de pêche réputé, en particulier pour le sandre, mais aussi pour la truite, le brochet ou le silure. On peut aussi y pratiquer la voile ou le canoë-kayak.

EDF – Centrale hydraulique de l'Aigle : *19550* ***SOURSAC.*** *☎ 05-34-39-88-70. • edf.fr/dordogne • visites.edf.aigle@manatour.fr • Visite de la centrale slt sur rdv, mar et mer de mi-juin à fin sept. Résa obligatoire par tél. Tarif : gratuit. Durée de la visite : 2h.*

> ***À SAVOIR : visite à partir de 12 ans. Le jour de la visite, présenter une pièce d'identité (carte nationale d'identité ou passeport) en cours de validité. Porter un pantalon, des vêtements à manches longues, ainsi que des chaussures plates et fermées.***

La construction du barrage de l'Aigle, situé à la limite de la Corrèze et du Cantal, a débuté en 1941. On le surnomme « le barrage de la Résistance », car son chantier abritait l'Organisation de résistance de l'armée (ORA) du Cantal durant la Seconde Guerre mondiale. Les résistants ont retardé volontairement

sa construction (mise en eau en 1946) pour ne pas donner une puissance énergétique supplémentaire à l'occupant.
L'Aigle fait partie de la série de barrages visant autant à réguler le cours de la Dordogne qu'à produire de l'électricité. Il se distingue par l'audace de son architecture et ses dimensions majestueuses. Les quatre groupe turbo-alternateurs ont été progressivement mis en service entre 1945 et 1956. Un groupe annexe, installé en 1982, en fait aujourd'hui l'aménagement EDF le plus puissant du bassin de la Dordogne, avec une puissance installée de 360 mégawatts.
Comme le barrage de Bort-les-Orgues situé en amont (voir page 29), il est de type « poids-voûte » : son lac de retenue, dont une bonne partie de ses berges sont abruptes, s'étend sur une longueur de 25 km.
La visite guidée permet d'admirer le barrage et de découvrir la salle des machines.

Liquoriste Denoix : *9, bd du Maréchal-Lyautey, 19100* ***BRIVE-LA-GAILLARDE.*** *☎ 05-55-74-34-27. • denoix.com • Mar-sam 9h-12h et 14h30-19h (et lun en juil-août). Visite guidée en juil-août : mar-ven à 14h30. Visite de groupe sur rdv, pour 10-50 pers. Tarif : gratuit. Durée de la visite : 1h.* ***Boutique :*** *mar-sam, 9h-12h et 14h30-19h (et lun en juil-août).*
Le pays de Brive, c'est la Corrèze côté soleil, un coin de France charmant qui se sent proche des régions qui le bordent : c'est déjà le Périgord, ou le Quercy pour être plus précis. Dans la bien nommée Brive-la-Gaillarde – une épithète qu'elle gagne de haute lutte dès le XIVe s –, voilà quatre générations que les Denoix fabriquent tout un tas d'excellentes et originales liqueurs, aux noix vertes de la région bien sûr (comme *la liqueur Suprême Denoix* et *le QuinquiNoix),* mais aussi à la coriandre, au fenouil ou au chocolat.
Depuis sa fondation en 1839, la distillerie est restée dans son jus, avec son superbe bâtiment du XIXe s, ses chaudrons de cuivre où cuisent les sirops de sucre, et les foudres en chêne du Limousin où vieillissent les liqueurs. L'alambic en cuivre est toujours chauffé au charbon et l'on peut humer « l'esprit parfumé » (le distillat) qui s'échappe des cuves, résultat de la macération d'écorces et de fruits. C'est une vraie distillerie car, ici, on n'utilise pas d'arômes autres que ceux des ingrédients utilisés. Certains de ses produits sont réputés auprès des plus grands chefs cuisiniers. La maison Denoix a ainsi réhabilité la moutarde violette de Brive, qui doit son goût et sa couleur au moût du raisin. Voir aussi la belle série de bouteilles dont les étiquettes sont signées Jean Lurçat.
Label : Destination Entreprise, Entreprise du Patrimoine Vivant, Qualité tourisme.

CREUSE (23)

Baby-foot Loup Blanc : *46, rue des Deux-Ponts, 23430* ***CHÂTELUS-LE-MARCHEIX.*** *☎ 09-51-98-48-69. • babyfootloupblanc.fr • Visite guidée de groupe slt. Sur rdv, pour 5-10 pers. Lun-sam 10h-18h Tarif : gratuit. ♿ Durée de la visite : 1h-1h30.* ***Boutique :*** *sur rdv.*
Pascal Joulin, artisan ébéniste, vous propose de visiter l'atelier où sont fabriqués ses baby-foot « Loup Blanc », des modèles uniques et personnalisés, de véritables pièces de décoration qui, dans un style vintage ou contemporain, s'intègrent parfaitement à un salon. Il vous fera découvrir ses deux passions : le travail du bois et le baby-foot ! Les dernières créations sont présentées aux côtés de baby-foot anciens entièrement rénovés. Cette visite se terminera bien évidemment autour d'un baby-foot !
Le + : initiation au baby-foot.
Label : Artisan d'art.

Filature Terrade : *rue de la Papeterie, 23500* ***FELLETIN.*** *☎ 05-55-66-54-60 • filature-terrade.fr • Visite guidée, à partir de 3 pers. Juil-août : mar et jeu à 15h30. Petites vac (ttes zones) : mar et jeu à 10h30. Mai, juin, sept, oct : mar à 10h30. Tarifs : 4,50 €/pers ; 10-16 ans : 2 €/pers ; - 10 ans : gratuit. Visite de groupe sur rdv, jusqu'à 50 pers (sf entre Noël et Jour de l'an et les 3 premières sem d'août). Tarifs : 4 €/pers ; scolaire : 3 €/pers. Durée de la visite : 1h.* ***Boutique :*** *lun-ven 9h-12h et 14h-17h.*

Porte d'entrée sur le plateau de Millevaches, Felletin appartient au parc naturel régional et bénéficie donc d'un environnement boisé de toute beauté. Cette belle région sauvage et verdoyante est officiellement reconnue depuis 2004 comme un territoire d'exception, où la diversité des milieux naturels (prairies, forêts, tourbières, landes...) permet la présence d'une faune riche et variée. C'est dans ce cadre idyllique qu'est établie la filature Terrade, l'une des dernières à transformer artisanalement la toison en fils. On y procède à toutes les étapes de ***transformation de la laine*** : préparation des laines, cardage, filage, bobinage et teinture, pour des laines cardées comme pour d'autres fibres. À l'issue de la chaîne de transformation, on découvre l'atelier de teinture, antre du coloriste qui assure les délicates opérations de coloration des laines. Les fils, de 1 000 à 15 000 m de longueur, au kilo, en fil simple ou retord, sont destinés à la mercerie, à la bonneterie, au tissage, à la tapisserie d'Aubusson-Felletin et au tapis tufté. Une visite incontournable pour faire découvrir aux plus jeunes le travail de la laine et qui rappellera aux plus anciens des gestes oubliés.
Label : Entreprise du Patrimoine Vivant, la Creuse en Famille.

Manufacture de tapisseries Pinton : *pl Quinault, 23500* ***FELLETIN.*** *☎ 05-55-66-54-60 • ateliers-pinton.com • Visite guidée slt. Vac scol, mai, juin et sept : mar et jeu à 10h30. Tarifs : 4,50 €/pers ; 10-16 ans : 2 €/pers ; - 10 ans : gratuit. Visite de groupe sur rdv, jusqu'à 50 pers (sf entre Noël et Jour de l'an et 2 sem en août). Tarifs : 4 €/pers ; scolaire : 3 €/pers. Durée de la visite : 1h.*
Felletin, dont on apprécie le quartier ancien, les deux églises gothiques (l'une admirable, l'autre qui abrite chaque année une exposition sur la tapisserie), serait le véritable berceau de la tapisserie marchoise, mentionnée dès 1457. Elle reçut d'ailleurs le titre de manufacture royale en 1689 (24 ans après Aubusson). Des palais orientaux aux galeries new-yorkaises, la manufacture Pinton est une entreprise familiale qui conçoit des pièces prestigieuses depuis plus de 100 ans. Elle a réalisé des tapisseries d'édition pour de nombreux artistes contemporains de renom : Bazaine, Brianchon, Calder, Sonia Delaunay, Le Corbusier, Fumeron, Léger, Matégot, Miró... C'est ici qu'a été tissée dans les années 1960 la plus grande tapisserie d'une seule pièce jamais réalisée (22 x 12 m), qui se trouve dans la cathédrale de Coventry en Angleterre. Au cours de la visite, on découvre les étapes de fabrication d'une tapisserie traditionnelle : mise au point du carton, choix des couleurs et des matières, savoir-faire des lissiers, finitions. On termine avec la technique de fabrication des tapis *hand-tuft,* production semi-mécanique qui ouvre la voie à de nouvelles créations.
Label : Entreprise du Patrimoine Vivant.

DORDOGNE (24)

Coutellerie Nontronnaise SARL : *pl Paul-Bert, 24300* ***NONTRON.*** *☎ 05-53-56-01-55. • coutellerie-nontronnaise.com • Lun-ven 9h-12h et 13h-17h30. Visite de groupe sur rdv, pour 20-80 pers. Tarif : gratuit. ♿ Durée de la visite : 1h.* ***Boutique :*** *lun-ven 9h-12h et 13h-18h30.*
Nontron, au cœur des vallées périgourdines qui constituent le parc naturel régional Périgord-Limousin, construite à flanc de colline sur les rives du Bandiat, perpétue la tradition de la coutellerie depuis le XVIIe s ; le premier maître coutelier s'étant installé place Paul Bert en 1653.
Aujourd'hui, la Coutellerie Nontronnaise est un beau magasin tout en bois, dont les origines remontent à 1780. Dans ***la boutique-atelier,*** sur la place Paul-Bert, on peut suivre toutes les étapes de la fabrication à travers de grandes

Toutes les informations concernant la région sont à retrouver sur le site :
• entrepriseetdecouverte.fr •

IMPORTANT : pensez toujours à prévenir l'entreprise et à réserver votre visite, en individuel ou en groupe, par téléphone ou par mail.

baies vitrées (éviter le vendredi après-midi, où l'atelier se vide de ses ouvriers). Les artisans compagnons fabriquent chaque jour à la main couteaux fermants à virole, couteaux de table et autres miniatures qui ont fait la réputation de Nontron. Le plus ancien couteau pliable français, fait d'acier forgé, comporte toujours la virole tournante en laiton et le manche en buis clair gravé d'un V renversé entouré de trois points qui le caractérisent – mais la signification de cette marque de fabrique reste un mystère ! En tout cas, l'architecture métal et verre du bâtiment reflète l'esprit qui anime aujourd'hui la coutellerie, à savoir préserver la tradition et le savoir-faire tout en créant et en imaginant des collections actuelles…
On y trouve toujours le couteau de poche ou les célèbres miniatures de la taille d'une noix ou d'un noyau de cerise (si !), mais la gamme s'est enrichie de services de table contemporains au design très réussi.
Label : Entreprise du Patrimoine Vivant.

EDF – Centrale hydraulique de Tuilières : *24150* ***SAINT-CAPRAISE-DE-LALINDE.*** *☎ 05-34-39-88-70. • edf.fr/dordogne • visites. edf.tuilieres@manatour.fr • Espace EDF Tuilières : visite libre et gratuite ; ouv, se rens par tél. ♿ (accès partiel).*
Le barrage de Tuilières, situé sur la Dordogne, en aval des barrages des gorges de la Dordogne, a été construit au début du XXe s, ce qui en fait l'un des plus anciens sites hydroélectriques de la vallée. Cet ouvrage fonctionne sur un principe différent des autres barrages de la vallée. En effet, il ne stocke pas l'eau dans un lac de retenue pour la turbiner ensuite lors des pointes de la consommation, mais canalise les eaux de la Dordogne et utilise ce débit pour produire de l'électricité en continu. C'est ce que l'on appelle la production « au fil de l'eau ».
Le barrage de Tuilières est un ouvrage passionnant tant au plan de l'histoire des barrages, qu'au plan de l'environnement. L'aménagement du cours de la Dordogne dans cette région débute en 1844, avec la construction du canal de Lalinde, destiné à permettre aux gabares (bateaux à fond plat) de remonter la rivière. Edifié entre 1905 et 1908, le barrage de Tuilières sera l'un des premiers construits en France. Il était alors destiné à alimenter en électricité les villes de Bergerac, de Périgueux… et de Bordeaux. La génération d'électricité était assurée par 8 turbines Kaplan de 4 mégawatts de puissance unitaire.
Cette puissance totale de 32 mégawatts devenant insuffisante pour alimenter en électricité les villes avoisinantes, la centrale hydraulique fut complétée par… une centrale à charbon ! Cette dernière fut arrêtée puis démontée dans les années 1950.
Aujourd'hui, site expérimental pour la migration des poissons, le site de Tuilières est équipé d'installations hors du commun. C'est un « barrage mobile » de 105 m de long, comportant 8 grandes vannes métalliques verticales.
L'Espace EDF Tuilières permet d'accueillir les visiteurs sur le site. Cet espace découverte, animé par un guide-conférencier, aborde des connaissances scientifiques et techniques à l'aide de supports pédagogiques (maquettes, schémas, vidéos, manipulations) adaptés à tous les publics : les enjeux énergétiques de demain, l'histoire de l'électricité, ses différents moyens de production, et bien sûr le fonctionnement d'une centrale hydraulique. Quant au souci de la préservation de la faune sauvage, il ne date pas d'aujourd'hui : dès la construction du barrage, on lui adjoignit une « échelle à poissons » qui devait permettre aux poissons, et entre autres aux saumons et aux anguilles alors présents dans la Dordogne, de remonter le cours de la rivière. Ce dispositif ne se montra pas assez efficace : les poissons pouvaient remonter, mais ne pouvaient plus redescendre le cours de la rivière ! EDF installa donc en 1997 un « ascenseur à poissons » : vous pourrez vous renseigner sur place pour savoir quels poissons l'empruntent.
Le + : visite de l'ascenseur à poissons.

Ferme Andrevias EARL : *Andrevias, 24420* ***SORGES.*** *☎ 05-53-05-02-42. • fermeandrevias.com • Lun-sam 9h-12h et 14h-18h. Visite guidée en juil-août : mar-jeu à 18h. Visite de groupe sur rdv, 2-60 pers. Résa par tél ou mail : • ferme.andrevias@wanadoo.fr • Tarif : gratuit. Durée de la visite : 1h-1h30.* ***Boutique :*** *lun-sam 9h-12h et 14h-18h30.*
La communauté de communes qui rassemble Sorges, Thiviers et Saint-Jean-de-Côle s'est rebaptisée « Périgord gourmand », car on produit ici, dans le cadre d'une entreprise familiale, trois délices emblématiques de ce terroir : ***foie gras, truffes et noix***. Le tout dans une circulation autarcique idéale : les oisons paissent sous les noyers et sont gavés aux céréales (dont du maïs sans OGM bien sûr) produites sur les terres même de la ferme... On allie donc ici le plein air et l'agroalimentaire, car le but final reste de transformer ces braves volailles en boîtes de conserve – dans le plus strict respect des normes sanitaires européennes et sans additifs.
Les foies sont triés en différentes catégories qualitatives : le foie extra est destiné à la confection des foies gras entiers, la première catégorie à la fabrication des pâtés de Périgueux et la seconde catégorie est utilisée dans la fabrication des cous farcis et des pâtés de campagne.
Le parcours guidé comprend la visite de l'élevage d'oies, de la truffière, de la noyeraie et la projection d'une vidéo expliquant les différentes étapes de la fabrication du foie gras. Bref, de la qualité et de l'authenticité. À goûter en dégustant les conserves haut de gamme en boutique.
Label : Bienvenue à la Ferme.

GIRONDE (33)

Astria : *Clos de Hilde, rue Louis-Blériot, 33323* ***BÈGLES*** *cedex. ☎ 05-57-35-16-80. • sita.fr • Visite guidée slt. Résa par mail : • stella.grenier@suez-environnement.com • Lun, mar et jeu 9h30-12h et 14h-17h. Visite de groupe sur rdv (sf juil-août), jusqu'à 30 pers. Tarif : gratuit. Durée de la visite : 2h.*
C'est à Astria, un site Suez situé sur la commune de Bègles, que la communauté urbaine de Bordeaux confie chaque année le traitement et la valorisation de près de 300 000 tonnes de déchets et de boues de stations d'épuration. Astria trie 50 000 tonnes de déchets par an dans son ***centre de tri.*** Elle remet ainsi dans le circuit de production plus de 4 000 tonnes de métaux, et son unité de valorisation énergétique (en clair : on fabrique de l'électricité en brûlant des déchets) fournit de quoi alimenter en électricité l'équivalent de 70 000 habitants par an. Dernier chiffre : elle reçoit 5 000 visiteurs par an. Pour comprendre où va votre poubelle, soyez le prochain à suivre la visite guidée fort instructive proposée par Astria.
Le + : animations pendant les Journées européennes du patrimoine et le rallye de Bègles.

EDF – Centrale nucléaire du Blayais : *Braud et Saint-Louis, 33820* ***SAINT-CIERS-SUR-GIRONDE.*** *☎ 05-57-33-30-30. • edf.fr/blayais • service-visites-blayais@edf.fr • Centre d'information du public (CIP), visite libre et gratuite. Lun-ven 8h-12h et 13h30-17h30. Animations et conférences gratuites : rens par tél ou sur : • edf.fr/blayais • Tarif : gratuit.* ♿
Située à mi-chemin entre Royan et Bordeaux, au bord de l'estuaire de la Gironde, la centrale nucléaire du Blayais possède 4 réacteurs d'une puissance totale de 3 600 mégawatts. Elle fournit ainsi environ 6 % de la production annuelle française d'électricité.
Au Centre d'information du public, situé à proximité de la centrale, vous découvrirez le mix énergétique d'EDF et le fonctionnement d'une centrale nucléaire grâce à des modules pédagogiques et ludiques. Des guides-conférenciers vous y accueillent et vous proposent un parcours de visite au travers de maquettes, d'écrans tactiles et de films. Des conférences et des expositions temporaires sont régulièrement organisées.

Le + : la centrale du Blayais participe aux « Journées de l'industrie électrique d'EDF », un des moments exceptionnels où le grand public peut entrer dans la centrale et découvrir les coulisses de la production d'électricité et un patrimoine industriel unique. Pour plus d'informations : • *edf.fr/blayais* •

Terres et Céramiques de Gascogne : *1, chemin de Pourtiche, 33114* ***LE BARP.*** *☎ 05-56-88-63-08. • jdubourg7@orange.fr • Visite guidée. Visite de groupe sur rdv jusqu'à 50 pers. Tarif : gratuit. ♿ Durée de la visite : 1h.*
Les grès de Gascogne, vous marchez dessus sans le savoir : à Bordeaux, ils couvrent par exemple les parvis du pont Chaban-Delmas, le pont du Belem, qui relie la rive droite et la rive gauche ou le quartier Saint-Michel dans le « Vieux-Bordeaux ». En effet, l'entreprise de la famille Dubourg fabrique des pavés céramiques pour les trottoirs de rues, appelés ***« cales bordelaises »,*** des carrelages pour l'intérieur comme pour l'extérieur, des tuiles faitières ainsi que des pots à résine. Ceux-ci sont emblématiques des Landes : la tradition du gemmage, c'est-à-dire de la récolte de résine de pin est ancienne, mais la loi de 1857 obligeant les propriétaires landais à boiser leur terrain va lui donner une toute autre dimension. C'est à cette époque qu'est inventé, pour améliorer le procédé, le « pot Hugues », un pot en argile justement. En matière d'argile, les Terres et Céramiques de Gascogne ont leur propre carrière, exploitée depuis 150 ans. La société est implantée dans le parc naturel régional des Landes, le plus grand de France et d'Europe. C'est l'occasion de s'immerger dans cette majestueuse pinède, qui réserve quelques surprises : de petites chapelles oubliées sur l'ancien chemin de Saint-Jacques-de-Compostelle, des étangs naturels appelés « lagunes »… et des histoires racontées pour garder la mémoire des découvertes qui méritent le détour.

Les Cordeliers : *2 bis, rue de la Porte-Brunet, 33330* ***SAINT-ÉMILION.*** *☎ 05-57-24-42-13. • lescordeliers.com • Visite guidée slt. Résa par tél ou sur • saint-emilion-tourisme.com • Tarifs : 9 €; duo : 7,50 €/pers; tarif réduit (12-17 ans et étudiants) : 6,50 €; - 12 ans : gratuit. Visite de groupe sur rdv, à partir de 10 pers. Résa par tél. Tarif : 8 €/pers. ♿ Durée de la visite : 1h.* ***Boutique :*** *appeler avant.*
On ne présente plus Saint-Émilion, cité de pierre fortifiée, perchée au milieu des coteaux en hémicycle d'un des plus nobles vignobles, inscrite au Patrimoine mondial de l'Unesco… Dans ce cadre idyllique, les Cordeliers élaborent, depuis 1892, des ***vins effervescents*** selon la méthode traditionnelle, en blanc et rosé, brut et demi-sec, dans les caves souterraines du cloître des Cordeliers, à la fois monument historique et lieu de vinification. Ces vins sont élevés à 20 mètres sous terre, dans des galeries longues de 3 km, autrefois galeries d'extraction de calcaire utilisé pour la construction de la cité, qu'on parcourt en évoquant les étapes de la méthode champenoise nécessaire à l'élaboration de ces vins. Conçus à partir des cépages les plus prestigieux du Bordelais, ils produisent des bulles d'une extrême finesse et font valoir leurs arômes fruités tout en saveur et en légèreté.
En terrasse dans le cloître – dont il ne subsiste que quelques colonnades romanes –, ou dans le beau jardin ombragé déployé à l'arrière, la visite finit au bar à bulles, en dégustant différents millésimes de ces insolites crémants de Bordeaux, vins nouveaux créés à partir de sémillon pour le blanc et de cabernet franc pour le rosé.

PYRÉNÉES-ATLANTIQUE (64)

Artisan Chocolatier Antton : *pl du Marché, 64250* ***ESPELETTE.*** *☎ 05-59-93-80-58. • chocolats-antton.com • Visite guidée slt. Juil-août : tlj 10h-18h. Mars-juin et sept-oct : tlj 10h30-17h. Visite de groupe sur rdv, jusqu'à 50 pers. Tarif : gratuit. Scolaires : plusieurs formules. ♿ Durée de la visite : 20-30 mn.* ***Boutique :*** *juil-août, tlj 9h30-19h30; sept-juin (sf janv), tlj 10h-12h et 14h30-16h.*

Les ***Mayas*** sont les premiers à développer la culture du cacaoyer. Cet arbre de légende, sacré, est précieux : les fèves de cacao servent à la fois de monnaie d'échange et d'ingrédient pour une boisson revitalisante et nutritive. La boisson obtenue avec ces fèves était vraisemblablement utilisée à des fins thérapeutiques ou lors des rituels. Grâce aux Toltèques, puis aux Aztèques, la culture du cacaoyer se généralise en Amérique centrale. Dans l'ancien Mexique, le chocolat était consommé sous forme de boisson amère et pimentée appelée *« xocoatl »,* souvent aromatisée à la vanille, au piment et au roucou. Finalement, quand Antton Chocolatier met du piment d'Espelette dans son chocolat, n'est-ce pas là un savoureux retour aux origines du chocolat ?
Cortès découvre le chocolat en 1528, les premières cargaisons de fèves débarquent en Espagne en 1585. Il se raconte qu'en 1492, Christophe Colomb jeta par-dessus bord les fèves sans en mesurer la valeur ! Le chocolat n'intéresse d'abord que les couvents et les monastères car le Vatican l'autorise pour les longues périodes de jeûne. Très vite, ses qualités alimentaires sont reconnues et le chocolat va prendre son essor.
Il faudra attendre le XVIIe s pour le voir arriver au ***Pays basque.*** En 1660, de Ciboure, Louis XIV accorde la permission de vendre une composition dite « chocolat ». Et Marie-Thérèse, infante d'Espagne, lors de son mariage avec Louis XIV à Saint-Jean-de-Luz, partage sa passion du chocolat, sa boisson préférée. Le Pays basque devient alors la plaque tournante du chocolat et Bayonne sa capitale. Les juifs chassés d'Espagne et du Portugal par l'Inquisition ont contribué activement à la popularisation du chocolat. Au Pays basque, on retrouvait des chocolatières même dans les familles plus modestes et dans les plus petits villages.
Ce maître chocolatier, en proposant une ***déclinaison de chocolats aux spécialités basques,*** s'inscrit dans cette tradition. Accompagné d'un guide, on découvre l'univers du chocolat, ses origines, son histoire au Pays basque et le travail de la fève. Au cœur de l'atelier de fabrication décoré en cuisine d'Amatxi, « la grand-mère basque », on observe le savoir-faire du maître chocolatier avant de déguster ses spécialités aux cerises noires, au piment d'Espelette, au caramel et sel de Salies-de-Béarn…
Label : Artisan Gourmand d'Aquitaine.

Atelier Pierre Ibaialde : *41, rue des Cordeliers, 64100* ***BAYONNE.*** *☎ 05-59-25-65-30. • pierre-ibaialde.com • Visite guidée slt. Programme des visites sur le site internet. Visite de groupe sur rdv (sf dim et j. fériés), jusqu'à 55 pers. Résa par tél. ♿ (RDC slt) Tarif : gratuit. Durée de la visite : 40 mn.* ***Boutique :*** *mai-juin et sept, lun-sam 9h-12h30 et 14h-18h ; nov-mars, mar-ven 9h-12h30 et 14h-18h ; avr et oct, lun-ven et sam mat 9h-12h30 et 14h-18h ; juil-août, tlj 10h-13h30 et 14h30-18h30.*
Cet artisan conserveur salaisonnier, fils et petit-fils de paysans du Pays basque, entouré d'une petite équipe, fabrique sur place ses produits issus du patrimoine gastronomique local. Pour faire connaître sa production, il ouvre aux visiteurs en quête d'authenticité son atelier, son saloir et son séchoir, retraçant les traits les plus pittoresques de l'histoire du ***jambon de Bayonne*** et expliquant ses principes du travail. Le porc est abondamment utilisé, mais pas n'importe lequel : il faut des cochons pie (rose et noir) élevés en liberté dans la montagne, où ils peuvent manger glands, châtaignes à volonté, et même des herbes qui leur donnent des goûts différents. Et le jambon de Bayonne se sale au sel gemme (sels de Salies, Bayonne ou Briscous) et non au sel de mer, qui modifie la texture et le goût de la viande. Saucisses, pâtés, rillettes, conserves de canard et plats cuisinés (*axoa,* ragoût de veau et piperade) complètent la gamme des gourmandises salées. Dégustation en fin de visite.

Atelier du Piment : *chemin de l'Église, 64250* ***ESPELETTE.*** *☎ 05-59-93-90-21. • atelier-du-piment-espelette.fr • Hors saison : lun-ven 9h-12h et 14h-18h (janv-fév déconseillés : pas de récoltes). Hte saison : tlj 9h-19h. Visite de groupe sur rdv, à partir de 10 pers. Tarif : gratuit. Durée de la visite : 45 mn.* ***Boutique.***

Espelette aligne en temps ordinaire quelques rues bordées de pittoresques maisons labourdines à encorbellement. À partir de septembre, beaucoup sont décorées des fameux gros piments rouge vif mis à sécher en guirlandes, indispensables dans la ***cuisine basque*** et qui ont fait sa réputation. Car on ne présente plus le piment d'Espelette ; néanmoins l'***AOP obtenue en 2000*** (et qui correspond à un cahier des charges très strict) a donné un coup d'accélérateur à cette plante emblématique du pays, cultivée par une centaine de producteurs, autour d'Espelette, dans la vallée de la Nive.
Le piment tient une place essentielle dans la gastronomie basque : on le retrouve dans toutes les spécialités locales, de l'*axoa* (plat rustique de veau ou de bœuf mijoté) à la piperade, en passant par le *marmitako* (ragoût de thon avec pommes de terre et tomates, plat traditionnel des pêcheurs) ou la morue biscayenne. Évidemment, le piment d'Espelette n'a rien à voir avec les autres. Son goût est fin et savoureux, pas besoin donc de 3 l d'eau pour s'en remettre ! Seulement, son origine reste un peu mystérieuse. On ne sait pas très bien comment cette ***plante américaine*** est arrivée là ; peut-être à l'initiative d'un de ces barons d'Ezpeleta qui furent vice-rois du Mexique ou de Colombie ? Ou par le navigateur Juan Sebastian Elcano, originaire de Getaria, dès le XVIe s ? Qu'importe, c'est la terre et le climat d'Espelette qui ont fait le piment ! Ce qui est sûr, c'est qu'on s'en est d'abord servi comme d'un ***médicament,*** puis il a ***pris la place du poivre*** – si précieux et si coûteux – pour conserver et épicer les viandes.
Aujourd'hui, quelque 150 t de poudre de piment sont produites chaque année. Semés et élevés en serre mi-février, mis en terre autour du 15 mai, récoltés du 15 août à fin novembre, ils deviennent ces « *beaux chapelets de corail* » séchant sur les façades, décrits par l'écrivain Pierre Loti. Ils sont le principal attrait de la grande ***fête de fin octobre,*** devenue véritable foire gastronomique, avec chants basques pour pimenter encore plus l'atmosphère. Si la poudre a remplacé le poivre sur toutes les tables, on n'en finit plus de découvrir, dans les boutiques, les ***produits dérivés du piment :*** confiture, bonbons, gelée, crème, sirop, moutarde même au coulis de piment, sans oublier le vinaigre ou l'huile parfumée.
À l'***Atelier du Piment,*** Ramuntxo Pochelu, producteur-transformateur situé sur la commune d'Espelette, non content de le cultiver, s'est mis en tête de partager sa passion avec le grand public. Dans un petit champ situé à deux pas de son atelier, il a mis au point un parcours découverte, où, de pied de piment en pied de piment, un jeu de piste permet de suivre tout le processus, de la culture au séchage, en passant par la cueillette et la mise en corde. La visite se poursuit tout naturellement à la boutique, par une dégustation de piment sous toutes ses formes. Également des ateliers culinaires autour des recettes traditionnelles, et un jeu labyrinthe pour petits et grands.
Pour compléter cette visite, on peut aller voir l'***expo*** « Le Piment dans le monde », réalisée avec le concours du Muséum national d'histoire naturelle. Installée dans le château (entrée gratuite), elle présente un intéressant panorama sur le piment, son histoire, ses diverses espèces, sa diffusion dans le monde, ses utilisations.

Bonbons Verdier : *chemin de Pau, allée des Brannes, 64121 **SERRES-CASTET.** ☎ 05-59-72-70-30. • bonbons-verdier.fr • Visite guidée slt. Lun-ven à partir de 10h. Visite de groupe sur rdv, jusqu'à 50 pers. Tarif : gratuit. Durée de la visite : 1h.* ♿ ***Boutique :*** *lun-ven 9h-18h, sam 9h-12h ; déc et 2 sem avt Pâques, ouv sam jusqu'à 18h.*
La chocolaterie Verdier invite à un voyage tout en saveurs dans les ateliers de fabrication de confiseries et chocolats. C'est le Pays basque qui inspire la gamme de fabrication : certains bonbons rappellent les « pistoles », petite monnaie ancienne utilisée en Béarn pour récompenser les enfants ; les chocolats prennent la forme de ballons de rugby (mais s'ouvrent au foot et au

Toutes les informations concernant la région sont à retrouver sur le site :
• entrepriseetdecouverte.fr •

basket). Haricots tarbais et pelote basque ont aussi leur avatar chocolaté. Les créations s'ancrent également dans les produits locaux des bois et des montagnes, avec miel des Pyrénées, pruneau et violette des sous-bois. La visite commentée donne lieu à des échanges surprenants et ludiques, et se termine avec une solide dégustation, comme celle de l'incontournable Raisin Doré, devenu le produit phare de l'établissement. Un bonheur pour les bouches sucrées.

Label : Entreprise du Patrimoine Vivant.

Cave de Gan Jurançon : *53, av. Henri-IV, 64290* ***GAN.*** *☎ 05-59-21-57-03. • cavedejurancon.com • Visite guidée slt. Lun-ven 9h-11h et 14h-17h. Tarif : gratuit. Visite de groupe sur rdv, jusqu'à 999 pers. ♿ Voiturette électrique pour les personnes à mobilité réduite. Durée de la visite : 30 mn (individuels) ou 1h (groupe).* ***Boutique :*** *lun-sam 8h30-12h et 13h30-19h, le dim en été et en déc.*

Au pied des Pyrénées, aux portes du château de Pau et de la vallée d'Ossau, les communes voisines de Jurançon et Gan forment le pôle phare du vignoble, dans l'est de l'appellation. Le célèbre vignoble béarnais s'étend en douces collines au sud-ouest de Pau, entre Jurançon-Gan d'une part, et Monein de l'autre. Par crainte des gelées, la vigne pousse verticalement (méthode dite « en hautain »). On produit des vins blancs secs, à la robe dorée avec des nuances de vert, délicieux avec les huîtres. Quant aux vins blancs moelleux, ils font partie des grands liquoreux de type sauternes et monbazillac. La romancière Colette en disait : « *Je fis, adolescente, la rencontre d'un prince enflammé, impérieux, traître comme tous les grands séducteurs : le jurançon.* » Bien résumé !

Gan, ancienne bastide du XIVᵉ s, est le siège de l'importante cave coopérative de Jurançon. La ***cave de Gan Jurançon*** est devenue le porte-drapeau de ce prestigieux vignoble de montagne : elle draine aujourd'hui 70 % de la production du Jurançonnais, avec 260 vignerons. Elle a créé une dynamique de qualité et propose des vins séduisants tout en restant accessibles. On peut visiter le chai semi-enterré, le chai à barriques, les mosaïques gallo-romaines, le musée d'Antan. La visite se termine par une dégustation gratuite des vins. Vente sur place.

Label : Tourisme et Handicap.

Cidrerie Txopinondo : *chemin de la Cidrerie, Zone artisanale Lan Zelai, 64310* ***ASCAIN.*** *☎ 05-59-54-62-34. • txopinondo.com • Visite libre et visite guidée. Avr-oct : lun-sam 10h-12h et 15h-19h. Nov-mars : fermé le matin. Tarif : gratuit. Visite de groupe sur rdv, payante, pour 15-50 pers. Tarif : 5 €. ♿ Durée de la visite : 45 mn.* ***Boutique :*** *avr-oct, lun-sam 10h-12h et 15h-19h ; nov-mars, fermé le matin.*

À tout seigneur, tout honneur, la plus ancienne des boissons basques est un fermenté de pommes. Fabriqué dès l'Antiquité en Biscaye, le *sagarno* (littéralement, « vin de pommes ») est assez vert et un peu astringent, mais très rafraîchissant. C'est un mélange entre pommes acides et pommes amères. Dès le Xᵉ s, il est fabriqué à grande échelle dans toutes les provinces côtières. Les Bayonnais en exportent d'énormes quantités en Grande-Bretagne sous le joli nom de « poumade » et en ont introduit la fabrication et la consommation en Normandie.

Selon la tradition, le *sagarno* nouveau se boit dans les cidreries dès la mi-janvier. Une cidrerie est un endroit un peu magique, plein de monde et de bruit, où l'on boit à volonté en pratiquant le tirage au *txotx* (fine pointe de bois conique qui ferme l'orifice de dégustation) et en mangeant des spécialités locales.

Une découverte à faire à Ascain, un joli village à la belle place principale bordée d'auberges, avec ses maisons basques typiques, son église, son fronton. À la ***Cidrerie Txopinondo,*** on se lève pour aller chercher le cidre au tonneau et rencontrer les autres en toute convivialité. Et on peut prolonger la visite par le repas typique des cidreries basques, avec ses viandes grillées à la braise en salle, ou déguster d'autres boissons à base de pomme (avec ou sans alcool), produites à la cidrerie : vin de pomme, jus de pomme, apéritif, liqueurs, eau de vie et vinaigre.

Les Couteliers Basques : *ferme Etxettoa, rue Oyhara, 64210 **BIDART.** ☎ 05-59-50-12-47. • lescouteliersbasques.fr • Juil-août : lun-sam 9h-19h, dim 11h-18h. Sept-juin : lun-sam 9h-12h et 14h-18h. Tarif : gratuit. Visite de groupe sur rdv, jusqu'à 50 pers. Résa par tél. Tarifs : 5 €/pers à partir de 25 pers ; scolaires : 3 €/pers. ♿ Durée de la visite : 1h30. **Boutique :** juil-août, lun-sam 9h-19h, dim 11h-18h ; sept-juin, lun-sam 9h-12h et 14h-18h.*
Venir à Bidart, c'est déjà plonger au cœur du Pays basque en suivant les méandres de la somptueuse route de la Corniche, splendide site naturel qui articule les Pyrénées avec l'océan Atlantique. Sur la place principale du village très typique, rien ne manque à l'appel : fronton, église, mairie aux balcons fleuris, vue sur l'océan et l'intérieur des terres, monument aux morts et couteaux basques…
Le magasin des ***Couteliers Basques*** présente une grande variété d'objets (art de la table, couteau de cuisine ou de poche) dans une très vaste gamme de matières, des bois les plus locaux aux matières les plus précieuses, os et ivoires de différents mammifères, phacochère, chameau et mammouth compris. On peut aussi s'intéresser à la gamme traditionnelle des couteaux à manche de néflier scarifié, travaillé à même l'arbre vivant, dans la tradition des makhila, les bâtons de berger. La croix basque « Lauburu » (ou croix à virgule) orne certaines œuvres de l'atelier.
La boutique ouvre sur l'atelier par des surfaces vitrées, offrant la possibilité de suivre certaines étapes du processus d'assemblage. On vous racontera tout du patrimoine basque, de ses valeurs et de ses techniques. Parfait pour les amateurs d'identité régionale.
Label : Artisan d'art et Ateliers d'art de France.

Fromagerie écologique d'Irati Agour : *route d'Iraty RD18, 64220 **MENDIVE.** ☎ 05-59-37-63-86. • agour.com • Visite guidée slt. Appeler avant. Juil-août : tlj 10h-12h30 et 14h-19h, dim 15h-19h. Avr-juin, sept-oct et vacances scolaires de la zone A : mer-sam 10h-17h30, dim 15h-17h30. Tarif : gratuit. Visite de groupe sur rdv. Tarif : 2 €/pers. ♿ Durée de la visite : 30 mn. **Boutique :** juil-août, tlj 10h-12h30 et 14h-19h, dim 15h-19h ; avr-juin, sept-oct et vac scol de la zone A : mer-sam 10h-17h30, dim 14h-17h30.*
Le fromage basque, c'est un fromage de brebis à base de lait le plus souvent cru, appelé *ardi gasna,* ce qui signifie tout simplement ***« fromage de brebis ».*** Il doit être un peu sec, légèrement salé et sans ferments lactiques (qui améliorent la conservation mais donnent une note sucrée au fromage). On le propose souvent avec de la confiture de cerises noires dans le Nord – c'est ainsi que les bergers l'adoucissaient quand ils avaient un fromage trop vieux et un peu aigre, mais normalement, un *ardi gasna* frais n'a pas forcément besoin d'un tel accompagnement.
À priori, le mode de fabrication est des plus simples : du lait de brebis, cru, non pasteurisé, non mélangé, pressé et non cuit, qu'on laisse mûrir pendant 2 à 6 mois. Tout dépend du lait, de la race de la brebis, des pâturages, du savoir-faire des bergers. Au point que, sur ce seul produit, il existe trois appellations d'origine contrôlée avec des cahiers des charges drastiques, dont *l'ossau-iraty* sur le versant nord des Pyrénées. L'AOC Ossau-Iraty désigne la famille des fromages à base de lait de brebis de races basco-béarnaises, Manech rousse et noire, issues du Pays basque et du Béarn. Plus précisément, elle concerne exclusivement la famille des pâtes pressées non-cuites. Son nom vient du pic du Midi d'Ossau qui surplombe la vallée d'Ossau et le Béarn, et de la forêt d'Iraty.
La ***Fromagerie Agour*** s'est implantée à Hélette, petit village pittoresque de basse Navarre, au cœur du bassin laitier AOC Ossau-Iraty, non loin de la forêt d'Iraty. Elle s'y appuie sur une agriculture traditionnelle tournée vers l'élevage qui, comme elle, mise sur la qualité.
Le + : le ***musée basque du Pastoralisme et du Fromage,*** situé à ***Hélette,*** offre, sur plus de 220 m^2, une fresque du pastoralisme et de l'histoire du fromage basque, à travers la reconstitution des moments importants de la vie du berger et du fromager. Un parcours ludique et pédagogique qui se termine par les gigantesques caves d'affinage de la fromagerie. Enfin, on déguste plusieurs variétés de fromages Agour, accompagnés de la traditionnelle confiture

de cerises noires. *Sept-juin : lun-ven à 10h30 et 15h30 ; juil-août, visites ttes les heures de 9h-11h et 14h-17h. Gratuit.*
Label : AB, AOC, Route Gourmande des Basques.

La Maison du jambon de Bayonne : *route de Samadet, 64410* ***ARZACQ-ARRAZIGUET.*** *☎ 05-59-04-49-93. • maison-du-jambon-de-bayonne.com • Visite libre audioguidée (dernière visite 1h30 avant la fermeture). Mar-sam 10h-12h30 et 14h30-18h ; juil-août, ouv le lun aussi. Tarifs : 6 € ; 3-12 ans : 2,50 € ; - 3 ans : gratuit. Visite de groupe sur rdv, 10-100 pers. Tarifs : 5,30 €/pers ; scolaire : 2,30 €/pers. ♿ Durée de la visite : 1h30.* ***Boutique :*** *mar-sam 10h-12h30 et 14h30-18h ; juil-août ouv le lun aussi.*
À mi-chemin entre Pau et Aire-sur-Adour, au carrefour des Landes, des Pyrénées-Atlantiques et du Gers, on est ici dans le Béarn, une région très différente du piémont et des vallées pyrénéennes. Elle présente des paysages de coteaux plus doux, et de petites placettes dans les villages. Ainsi, Arzacq, bastide du XIVe s, arbore une belle place avec arcades. Un beau lieu pour un produit phare : le jambon de Bayonne, protégé depuis 1999 par une IGP (Indication géographique protégée) – les jambons qui auront satisfait au cahier des charges sont marqués d'une croix basque et du mot « Bayonne ».
Cet espace culturel et pédagogique retrace l'histoire du cochon et de sa consommation, et la fabrication du jambon de Bayonne. Le cochon dévoile ses petits secrets à travers un parcours interactif et ludique : un jeu de l'oie, des bornes interactives, une simulation du vent du Sud ou phénomène de fœhn, un séchoir à jambons, un film… On apprend pas mal de choses, en s'amusant qui plus est. Une riche iconographie, de jolies gravures et des documents intéressants étayent le propos. Une dégustation est proposée à la fin de la visite, et on sort par la boutique.
Label : Indication géographique protégée (Bayonne, porc du Sud-Ouest), Tourisme et Handicap.

EDF – Centrale hydraulique d'Oloron : *rue Adoue, 64400* ***OLORON-SAINTE-MARIE.*** *☎ 05-64-19-00-10 (Villa d'art et d'histoire). • edf.fr/pyrenees-atlantiques • ciap@piemont-oloronais.fr • Espace EDF Oloron : visite libre. Renseignements sur les jours et heures d'ouverture auprès de la Villa d'art et d'histoire. Tarif : gratuit. Durée de la visite : 45 mn-1h.*
Sur les bassins versants de l'Adour et des Gaves, dans les départements des Hautes-Pyrénées et des Pyrénées-Atlantiques, 19 barrages et 36 centrales hydroélectriques produisent de l'électricité « de pointe » depuis plus de 60 ans (voir centrale de Pragnères page 160).
La centrale hydraulique d'Oloron-Sainte-Marie est située dans le Piémont oloronais. Sur place, l'Espace EDF Oloron, dédié aux ouvrages hydroélectriques de la vallée d'Aspe et des alentours d'Oloron, propose une information ludique et pédagogique sur l'hydroélectricité, très présente dans le massif pyrénéen.
D'où provient l'eau ? Comment les hydrauliciens produisent-ils l'électricité ? Comment cette eau est-elle partagée entre ses différents usages ? Comment la protection de la faune et de la flore fait-elle partie de leur quotidien ? Quelle est l'histoire de cette énergie en vallée d'Aspe ? Autant de questions auxquelles les visiteurs trouveront des réponses, illustrées par de nombreuses cartes et autres schémas.
Cette visite peut être couplée avec celle de la ***« Villa d'art et d'histoire » du Piémont oloronais,*** située à proximité de la centrale. La Villa offre des clés de lecture du patrimoine des Pyrénées béarnaises, naturel comme culturel. Car l'ensemble s'adosse à la plus vieille cité du Béarn, Oloron-Sainte-Marie, classée Ville d'art et d'histoire, au confluent des gaves d'Ossau et d'Aspe et point essentiel sur l'axe est-ouest de la route du Piémont pyrénéen (commerce du pastel, des tissus et des étoffes, sur la voie d'Arles et d'Italie vers Saint-Jacques-de-Compostelle). Bourgade pittoresque au tracé quelque peu anarchique, rythmée par les ponts et les collines, Oloron-Sainte-Marie présente ainsi des visages différents. L'un d'eux, peut-être le plus marquant, est cette série de demeures à l'allure de hautes falaises tombant abruptement dans le gave d'Aspe.

Lartigue 1910 : *rue Larre-Lore, 64310* ***ASCAIN.*** *☎ 05-59-26-81-81. • lartigue1910.com • Visite guidée slt. Avr-sept : lun-sam à 10h, 11h, 14h30 et 15h30. Oct-avr : lun-sam à 10h et 14h30. Tarif : gratuit. Visites de groupe sur rdv, jusqu'à 30 pers. Résa par tél ou par mail : • contact@lartigue1910.com • Tarif : 2 €/pers à partir de 20 pers. ♿ Durée de la visite : 30 mn.* ***Boutique :*** *avr-oct, tlj 9h-19h ; nov-avr, lun-sam 9h30-12h30 et 14h30-18h30.*
Au commencement étaient les vaches. Pour les protéger du soleil et des mouches, on jetait sur ces honorables ruminants des couvertures en lin *(mantas)*. Comme il arrivait qu'on lave ces *mantas* au lavoir du village, ou qu'on les pose au coin d'un champ, chaque maison possédait sa marque : quelques rayures, bleues ou rouges, de largeurs différentes, pour se distinguer. Belle matière, belles couleurs, simplicité et harmonie, il n'en fallait pas plus pour que ces couvertures se transforment en nappes d'intérieurs bourgeois, puis en serviettes, et se déclinent enfin dans toutes les variétés du linge de maison. Le linge basque eut son heure de gloire dans les années 1930, puis à nouveau dans les années 1960. Le coton, plus facile à travailler et à entretenir, remplaça le lin. Les meilleurs négociants continuèrent pourtant à utiliser les services de ***tisserands pyrénéens, notamment béarnais.*** La famille Lartigue, créateur tisserand de linge basque depuis 4 générations dans la vallée de la Nivelle, perpétue l'art du tissage avec créativité et passion depuis 1910. La visite des ateliers permet de tout apprendre sur ce savoir-faire ancestral. C'est aussi l'occasion de craquer pour ses modèles élégants et colorés, déclinés en nappes, sets de table, torchons, maniques, accessoires divers.

Les Salines de Salies-de-Béarn : *1, av. Jacques-Dufourcq, av. des Salines, 64270* ***SALIES-DE-BÉARN.*** *☎ 05-59-38-96-90. • sel-salies-de-bearn.com • Visite audioguidée (dernière entrée 1h avt la fermeture) lun-sam : 10h-12h et 14h30-18h. Tarifs : 6 € ; 3-12 ans : 2,50 € ; - 3 ans : gratuit. Visite de groupe sur rdv, pour 10-50 pers. Résa par tél ou par mail : • boutique@selsaliesdebearn.com • Tarifs : 5,30 €/pers ; scolaires : 2,30 €/pers. ♿ Durée de la visite : 1h.* ***Boutique :*** *lun-sam 10h-12h et 14h30-18h.*
Cette petite station thermale connue et touristique présente un visage très avenant. La légende rapporte qu'un sanglier blessé lors d'une chasse vint mourir dans les terres marécageuses. On le retrouva plus tard miraculeusement préservé, tant il était confit dans le sel. Les habitants purent donc constater que les eaux alimentant le marais étaient très salées. D'où les armes de Salies : deux hommes portant un seau d'eau salée et un sanglier.
Bien sûr, le sanglier n'était qu'une légende. En s'évaporant, il y a 200 millions d'années, la ***mer Boréale*** a laissé du sel sur l'actuel Bassin aquitain. Des sédiments argileux l'ont ensuite recouvert. Quand les Pyrénées se sont formées, des sources ont jailli, faisant remonter à la surface un ***sel enrichi en oligoéléments.*** Durant tout le Moyen Âge, le sel fut une véritable manne d'or blanc pour les Salisiens, qui en livraient jusqu'à Bayonne. Forcément, les Salisiens avaient le monopole de la vente du sel en Béarn et Bigorre, et étaient francs de gabelle… Quand la loi sur le sel de 1840 priva la ville de son privilège sur le commerce du sel et la soumit à la concurrence des sels marins, le ***thermalisme*** prit le relais et rencontra un succès rapide.
La saline est une exploitation à ciel ouvert. Une plate-forme, en libre accès, permet d'observer la récolte de la fleur de sel à l'épuisette et du gros sel. Cette saline serait la seule en Europe à perpétuer la production de sel de source par évaporation de l'eau dans des poêles à sel. Des panneaux explicatifs placés à l'entrée du site permettent de comprendre ce processus de fabrication, depuis la source et la cristallisation, jusqu'au séchage et à l'ensachage. À l'intérieur de l'espace muséographique, qui se visite avec un audioguide, l'histoire des salines de Salies-de-Béarn est présentée de manière ludique et interactive.
Chaque année, cette entreprise (qui appartient au consortium du jambon de Bayonne) produit 2 000 tonnes de sel. C'est ce gros sel, très blanc, qui est aujourd'hui l'unique sel utilisé pour le ***salage du jambon de Bayonne.*** La visite se termine tout naturellement par une dégustation de jambon de Bayonne salé au sel de source des Salines de Salies-de-Béarn.

Dans la ***boutique,*** on trouve bien sûr du sel et des produits de salaison, on fait des découvertes, comme celles des sels parfumés à l'eucalyptus et des eaux mères (le secret des bienfaits des cures thermales !).
On complète en se rendant à la ***crypte du Bayaá*** *(☎ 05-59-38-00-33),* où l'on descend dans les entrailles jusqu'à la source, toujours alimentée, doublement éclairé par les commentaires d'un guide et par le jeu de lumières. Jusqu'au XIXe s, le bassin était à ciel ouvert, à l'emplacement de l'actuelle place centrale, au-dessous de laquelle se trouve la crypte. Elle a été créée après la suppression du bassin.
Et pour vraiment tout savoir, on enchaîne sur le ***musée du Sel et des Traditions béarnaises*** *(15, rue des Puits-Salants. ☎ 07-83-95-68-92).* Dans une belle maison du XVIIe s avec un toit de tuiles picon, ce musée raconte l'histoire du sel à Salies en détail : géologie du sel, expansion de l'activité des saunières à l'époque gallo-romaine, légende du sanglier, reconstitution d'un atelier de façonneur de sel du XVIIIe s et histoire du thermalisme… Une visite didactique et intéressante.

Tissage Moutet : *rue du Souvenir-Français, 64300* ***ORTHEZ.*** *☎ 05-59-69-14-33. • tissage-moutet.com • Visite guidée slt. Ts les premiers jeudis du mois, à 10h et à 14h. Visite de groupe sur rdv (lun-ven), pour 10-50 pers. Résa : ☎ 05-55-02-17-93. Tarif : gratuit. Durée de la visite : 45 mn.* ***Boutique :*** *lun-sam 10h-12h30 et 14h30-18h.*
Orthez n'est rien moins que l'ancienne capitale du Béarn. Ses maisons et ses grands hôtels particuliers, avec leurs toits de tuiles picon (en forme d'écailles de poisson) datent essentiellement du XVIIIe s. Pas étonnant qu'on y trouve les derniers tisseurs jacquard du sud-ouest de la France. Dans les mains de la même famille depuis 5 générations, la marque existe depuis 1919, mais elle a su trouver sa place dans la création contemporaine de linge de maison.
La visite de l'usine permet d'assister à toutes les étapes de la fabrication du ***linge de table*** : l'ourdissage pour préparer la chaîne, le tissage en jacquard ou en rayures puis la confection des modèles. Une visite agréable, grâce aux métiers à tisser très visuels et aux couleurs vives.
Label : Entreprise du Patrimoine Vivant.

DEUX-SÈVRES (79)

FDL : *ZA Fiée-des-Lois, rue Montgolfier, 79230* ***PRAHECQ.*** *☎ 05-49-32-15-15. • fdlois.fr • À partir de 10 ans. Visite guidée de groupe slt, pour 10-30 pers. Résa par mail : • direction@fdlois.fr • 2 visites par mois les mar et jeu, 9h ou 14h. Tarif : gratuit. Durée de la visite : 1h30.*
FDL, fondée en 1987, est spécialisée dans la sélection, le conditionnement et le négoce de vins, ainsi que dans le conditionnement d'eaux de source. Elle fabrique 150 millions de cols (bouteilles) par an, moitié pour l'eau, moitié pour le vin. Cette filiale du groupement Intermarché fait partie des 5 plus gros embouteilleurs en France. Garantissant des produits de qualité constante, adaptés aux marchés, aussi bien sur des AOC, des vins de cépages, des vins de pays et des vins de table que sur les vins du monde, elle distribue ses produits dans les points de vente de l'enseigne Intermarché ainsi que sur les marchés export et la restauration hors foyer. Après une présentation de l'entreprise, on visite l'usine de production, accompagné d'une guide.

Odyssée Nature : *route de Saint-Clémentin, 79250* ***NUEIL-LES-AUBIERS.*** *☎ 05-49-65-66-18. • odyssee-nature.fr • À partir de 14 ans. Visite guidée de groupe slt (sf en août et nov-mars), individuels en ajout. De 12 à 50 pers. Inscription par tél ou par Internet : • odyssee-nature.fr/reservation • Mars-juil et sept-oct : lun-jeu à 10h et 13h30. Tarifs : 4 €/pers ; enfant ou scolaire : 2 €/pers. Chauffeur ou accompagnant : gratuit. ♿ Durée de la visite : 1h30-2h.* ***Boutique :*** *ouv jours de visite.*
Visite au cœur d'une industrie verte ! Le laboratoire Science et Nature, créé en 1972, conçoit et fabrique des ***produits d'entretien, de cosmétique et de***

bien-être écologiques et biologiques à travers les marques Body Nature, Prosens et Centifolia. S'étendant sur plus de 130 ha, le domaine conjugue cultures biologiques et biodynamiques (espaces boisés certifiés PEFC, absence de désherbant chimique), maintien de la biodiversité et bâtiments écoconçus. Il utilise aux trois quarts des énergies renouvelables (éolienne, panneaux photovoltaïques, récupération des eaux de pluie) et fonde ses futurs choix énergétiques sur la biomasse, tant pour préserver les ressources futures que pour s'assurer une certaine autonomie énergétique.
Pour assurer la pérennité et le contrôle du savoir-faire, toutes les étapes de la fabrication sont maîtrisées sur place. On découvre ainsi la conception d'un produit, de la genèse jusqu'à l'enlèvement des colis, la culture de la vigne rouge et les différentes sources d'énergie renouvelables utilisées.

Les + :
- Jus de raisin ou tisane du domaine offert.
- Un sac découverte vous est offert à l'issue de la visite de groupe.

Label : AB, Charte Cosmebio, Demeter agriculture biodynamique, Ecocert.

VIENNE (86)

Aigle International : *ZI de Saint-Ustre, RN10, 86220* ***INGRANDES.***

☎ 05-49-02-38-00. • aigle.com • Visite guidée de groupe slt. Résa par tél au ☎ 05-49-02-38-43, ou mail : • visite@aigle.com • Mar et jeu : à 9h30 et à 14h. Fermé de mi-juil à mi-août et entre Noël et le Jour de l'an. Visite de groupe sur rdv (sf août et déc), pour 5-12 pers. ♿ Tarif : gratuit. Durée de la visite : 1h30-2h. ***Boutique :*** *lun-sam 9h-19h.*

> ***À SAVOIR : porter des chaussures fermées. Des coques de sécurité sont fournies sur place.***

Cette marque, qui semble indissociable d'une image de la France agricole, est pourtant née bien au-delà de l'Hexagone, au-delà de ses mers et de ses océans, outre-Atlantique. En effet, c'est un Américain, ***Charles Goodyear,*** qui en est le véritable ancêtre (oui, comme la compagnie Goodyear, le 3e fabriquant de pneumatiques au monde aujourd'hui). Il est fasciné par les possibilités que présente le ***caoutchouc,*** un produit parmi tant d'autres rapporté du Nouveau Monde. Mais stabiliser la sève de l'hévéa n'est pas une mince affaire : il lui faudra plus de dix ans pour inventer le procédé de la ***vulcanisation,*** qui rend le caoutchouc végétal résistant aux variations de température. Las, l'inventeur fou se révèle un piètre homme d'affaires ; criblé de dettes, il vend en 1853 son invention à un compatriote au nom resté presque aussi célèbre que le sien dans l'histoire industrielle : ***Hiram Hutchinson*** (oui, comme la compagnie française de produits en caoutchouc pour l'automobile et l'aérospatiale, branche du groupe Total). Celui-ci séjourne alors en France ; voyant les paysans épuisés rentrer chez eux avec leurs sabots de bois mouillés et crottés, il flaire le succès commercial d'un chaussant imperméable. Dans les bâtiments de l'ancienne Papeterie Royale de Langlée, à Châlette-sur-Loing dans le Loiret, il ouvre sa première usine. Mais Hutchinson garde au cœur le souvenir de sa véritable mère patrie, et c'est un aigle, ***emblème des États-Unis,*** qui donne son nom et devient le symbole de ses créations. La réussite est au rendez-vous, la gamme des produits s'étend dans le jardinage, la chasse, l'équitation, le sport…
Rançon du succès, après la Seconde Guerre mondiale, l'usine doit déménager. Son destin la rattrape : elle s'installe alors sur son site actuel, à Ingrandes, près de Châtellerault, sur une… ancienne base militaire américaine. À cette époque, l'usine ne produit pas moins de 10 millions de paires de bottes par an ! Des produits phare émaillent son chemin, comme la ***botte marine*** (bleue à bandes blanches) créée en 1972 pour les Jeux olympiques de Munich, destinée au navigateur Marc Pajot (compétition de voile) et que réclament tous

les pêcheurs du dimanche ; ou la ***Copeland,*** veste de marin d'abord destinée aux seuls professionnels, mais que s'accaparent rapidement les urbains en goguette le week-end. La botte Aigle est devenue un accessoire *fashion* jusque dans le quartier de Shibuya, cœur battant de la mode au Japon. Portée par cet élan, elle multiplie les partenariats avec de grands créateurs contemporains. Et des chaussures à la fois confortables et *trendy,* il n'y en a pas tant que ça…

L'usine d'Ingrandes abrite la ***conception et la production manuelle*** des fameuses bottes en caoutchouc. On assiste aux mélanges de matières premières, au découpage et à la préparation des différentes pièces, ainsi qu'au montage puis aux différents tests réalisés sur l'ensemble des produits pour en garantir la qualité. Une visite ancrée à la fois dans le quotidien et dans l'inventivité, dont on sort bien dans ses pompes.

Label : Origine France Garantie.

EDF – Centrale nucléaire de Civaux : *86320 **CIVAUX.** ☎ 05-49-83-50-50. • edf.fr/civaux • Centre d'information du public : entrée libre et gratuite. Pdt les vac scol de la zone A : lun-sam 9h-12h30 et 13h30-18h. Animations et conférences organisées tt au long de l'année. Se renseigner par tél ou par mail : • civaux-cip@edf.fr • ou sur • edf.fr/civaux • Visite guidée de l'exposition sur demande. Résa par tél ou mail. ♿ Tarif : gratuit.*

La centrale nucléaire de Civaux a été mise en service en 1997 pour l'unité de production nº 1 et en 1999 pour l'unité de production nº 2. Sa puissance totale est de 3 000 mégawatts. Elle est refroidie par les eaux de la Vienne et 2 tours aéroréfrigérantes en « diabolos ».

Devant l'entrée du site, au Centre d'information du public (CIP), vous plongerez au cœur de l'univers passionnant de l'énergie électrique. Cet espace d'exposition pédagogique, adapté à tous les publics, vous permettra au travers de films, de panneaux, de maquettes et de bornes interactives de découvrir les coulisses de la production d'électricité et la diversité des métiers. Vous approfondirez l'histoire de l'électricité, ses différents moyens de production, le fonctionnement d'une centrale nucléaire… Vous y trouverez également des réponses aux questions liées aux enjeux énergétiques et au respect de l'environnement.

Par ailleurs, les guides-conférenciers du CIP proposent des activités pour tous les âges : des animations pédagogiques et des ateliers ludiques pour les enfants, des conférences autour du monde de l'énergie pour les adultes.

Le + : la centrale de Civaux participe aux « Journées de l'industrie électrique d'EDF », un des moments exceptionnels où le grand public peut entrer dans la centrale et découvrir les coulisses de la production d'électricité et un patrimoine industriel unique. Pour plus d'informations : *• edf.fr/civaux •*

Huilerie de Neuville : *rue Robert-Schuman, ZAE du Chiron, 86170 **NEUVILLE-DE-POITOU.** ☎ 05-49-51-20-16. • huilerie-de-neuville.com • Visite guidée slt. Visite de groupe sur rdv, pour 8-19 pers. Avr-nov : mar-sam 10h-16h30. Janv-mars : visites ponctuelles slt. Tarif : gratuit. Durée de la visite : 45 mn. **Boutique :** lun-sam 9h-19h.*

Dans ce coin de la Vienne anciennement agricole, on pourrait n'avoir d'yeux que pour le Futuroscope ; on se priverait alors d'une découverte qui marie les technologies d'avenir aux racines rurales : ***l'Huilerie de Neuville,*** dernière des 13 huileries recensées à Neuville-de-Poitou au début du XXe s. Voilà plus de 150 ans que la noix du Poitou est reine (l'huilerie a été fondée en 1850). Apportée à l'huilerie par les particuliers, elle est broyée dans la fabrique hydraulique et électrique équipée d'une belle meule de pierre, gage d'une qualité parfaite. Puis elle est poêlée et pressée dans des presses hydrauliques datant de 1920, dont la puissance de pression avoisine 200 tonnes au cm^2, avant d'être décantée et filtrée. La tradition tutoie la modernité : l'huilerie s'est dotée d'une salle des

Toutes les informations concernant la région sont à retrouver sur le site : • entrepriseetdecouverte.fr •

cuves *high-tech* pour assurer la décantation et le stockage des huiles dans les meilleures conditions… tout un processus de fabrication de type artisanal qu'on suit dans ce nouveau site ultramoderne.
La gamme des produits finis comprend, outre l'huile de noix – produit phare de la maison –, des huiles vierges de noisette, d'amande, de cacahuète et de colza grillé, à déguster et à cuisiner.

HAUTE-VIENNE (87)

Agnelle SAS : *30, bd de la République, 87200* ***SAINT-JUNIEN.*** *☎ 05-55-02-13-53. • agnelle.com • Résa au ☎ 05-55-02-17-93. Visite sur rdv (sf août). Tarifs : 4,50 € ; - 18 ans : 2 €. Durée de la visite : 45 mn.* ***Boutique :*** *lun-sam 9h-12h et 14h-18h.*
Au sein d'une charmante campagne vallonnée, à travers bois, bocages, pommiers, forêts de chênes et de châtaigniers, Saint-Junien, avec son centre ancien animé, est la deuxième ville du département de Haute-Vienne. Elle doit son importance à une longue tradition toujours active de mégisserie et de fabrication de vêtements de cuir, spécialement de gants de luxe. Si on comptait près d'une centaine de ***ganteries*** au début du XXe s, elles ne sont plus que trois aujourd'hui, travaillant essentiellement pour la haute couture. Parmi elles, *Agnelle* ouvre ses portes pour présenter son savoir-faire, transmis de mère en fille sur 4 générations, depuis 1937. On entre ici dans un univers de raffinement, où chacun travaille à la réalisation de modèles qui contribuent au succès des plus grandes maisons de luxe. On découvre les peaux teintées en une multitude de couleurs, prêtes à être découpées et assemblées selon les meilleurs grains, puis on se rend aux ateliers de couture, où les « piqueuses » expliquent les différentes techniques d'assemblage (mains ou machines), avant de passer aux travaux de finition : doublure et dressage du gant. Au total, pas moins de 5h sont nécessaires à la fabrication d'une de ces paires de gants, qui sont distribuées aujourd'hui dans plus de 500 points de vente dans le monde. Du local devenu global dans toute sa splendeur.
Label : Entreprise du Patrimoine Vivant.

Bernardaud : *27, av. Albert-Thomas, 87000* ***LIMOGES.*** *☎ 05-55-10-21-86. • bernardaud.com • Visite guidée slt. Juin-sept : lun-sam 9h45-11h15 et 13h30-16h15. Oct-mai : sur résa au ☎ 05-55-10-55-91. Tarifs : 6 € ; - 12 ans : gratuit. Visite de groupe sur rdv, pour 10-30 pers. Résa au ☎ 05-55-10-55-91. Tarif : 5 €. ♿ Durée de la visite : 1h.* ***Boutique :*** *lun-sam 9h30-12h et 13h15-18h.*
Une belle ville labellisée d'art et d'histoire, recelant 17 monuments classés, des ruelles médiévales pleines de charme, une halle superbe avec son marché typique, et sur laquelle souffle un vent de modernité : Limoges, capitale de la ***porcelaine,*** a tout pour plaire.
Pour s'initier à cet art du feu, rien de mieux que le parcours pédagogique mis en place par la célèbre maison Bernardaud. Elle permet de découvrir la porcelaine de manière originale, en associant le visiteur aux techniques et aux gestes des créateurs : ainsi, vous mettez directement la main à la pâte grâce aux ateliers d'émaillage. On traverse notamment le séchoir, qui fut le premier à fonctionner au gaz de Lacq, et une impressionnante galerie de porcelaines avant cuisson, également face au « four-tunnel ». Origine du kaolin, déroulement de la fabrication, stockage, on apprend tout sur les techniques liées à cette argile très pure, le kaolin, cuite à 1 400 °C. La visite se termine par la présentation des pièces réalisées par des artistes tels que Tinguely ou César et commandées par de grands restaurateurs.
Côté ***magasin d'usine,*** des produits de première catégorie sont proposés à des prix défiant toute concurrence. Ces pièces ont, en réalité, des défauts d'aspect, qui pour beaucoup restent pratiquement invisibles.
Dans la cour, une belle terrasse, idéale pour la période estivale, ainsi que la boutique officielle proposant les articles 1er choix… à des tarifs en rapport.
Label : Entreprise du Patrimoine Vivant.

Centrale Énergie Déchets de Limoges Métropole : *av. de Faugeras, 87280* ***LIMOGES.*** *☎ 05-55-36-60-60. • agglo-limoges.fr • Visite guidée slt. Résa au ☎ 05-55-45-79-30. Visite de groupe sur rdv (jusqu'à 15 pers). Tarif : gratuit. Durée de la visite : 1h30.*

La Centrale Énergie Déchets de Limoges Métropole traite chaque année environ 95 000 tonnes d'ordures ménagères en provenance de tout le département de la Haute-Vienne, soit plus de 350 000 habitants. La valorisation énergétique permet d'alimenter un réseau de chaleur desservant plus de 4 000 équivalent-logements. L'ensemble de l'installation est conforme aux dernières normes environnementales réglementaires, et la centrale est certifiée ISO 9001, ISO 14001 et OHSAS 18001.

Depuis la salle de contrôle-commande qui pilote automatiquement l'installation, on observe la transformation des ordures ménagères en énergie. Une visite qui redonne de l'espoir dans le monde de demain.

Distillerie du Centre : *54, rue de Belfort, 87100* ***LIMOGES.*** *☎ 05-55-77-23-57. • distillerie-du-centre.fr • Visite guidée slt, gratuite. Mar-sam 9h-12h et 14h-18h (derniers départs : 11h et 17h). Visite de groupe sur rdv (sf de mi-déc à mi-janv), pour 15-50 pers. Tarif : forfait de 50 €/groupe. Durée de la visite : 1h.* ***Boutique :*** *vente à l'issue des visites.* ***La Vinothèque de Carnot :*** *lun 15h-19h30, mar-ven 9h-12h30 et 15h-19h30, sam 8h30-12h30 et 14h30-19h.*

Fondée en 1789, la Distillerie du Centre est la dernière héritière d'une longue tradition limougeaude. En effet, pendant près de deux siècles, Limoges fut la ville des distilleries : le pays limougeaud en comptait une cinquantaine en 1900. Un petit musée très intéressant, qui sert aussi de réserve, abrite des conches de macération, quelques vieux alambics, des formats de bouteilles anciennes comme celle du triple sec (à base d'oranges amères) ou de l'arquebuse. Perpétuant l'art et les recettes des maîtres liquoristes d'antan, distillant toujours dans ses alambics du XIXe s, la Distillerie du Centre représente aujourd'hui un défi au temps et à la modernité. On y découvre une histoire, des savoir-faire et on comprend le processus de fabrication des produits qu'on finit par déguster. En sortant au rond-point, en face, les belles halles Carnot en bois.

Le magasin ***La Vinothèque de Carnot*** aligne plus de 2 000 références de vins et spécialités, mais surtout une belle gamme de produits maison, allant du Fruitier ou Rascalou au Panazo (pastis limousin) et autres apéritifs à la châtaigne ou aux fruits des bois, aux digestifs comme la Gauloise et la Sève centrale. Son « Vin de Feste » a reçu la médaille d'or au concours général agricole de Paris en 2010.

EDF – Centrale hydraulique de Vassivière : *usine EDF du Mazet, 87470* ***PEYRAT-LE-CHÂTEAU.*** *☎ 05-34-39-88-70. • edf.fr/vienne-creuse • visites.edf.vassiviere@manatour.fr • Visite slt sur rdv ven (hors j. fériés). Résa obligatoire par tél ou par mail. Tarif : gratuit. Durée de la visite : 2h.*

> ***À SAVOIR :** visite à partir de 12 ans. Le jour de la visite, présenter une pièce d'identité (carte nationale d'identité ou passeport) en cours de validité. Porter un pantalon, des vêtements à manches longues, ainsi que des chaussures plates et fermées.*

Le lac de Vassivière et sa centrale hydroélectrique souterraine du Mazet, à Peyrat-le-Château, sont situés au cœur du Limousin, au nord-ouest du plateau de Millevaches, à la croisée de deux départements, la Creuse et la Haute-Vienne. Ils constituent un aménagement indispensable à la fourniture régionale d'électricité. La retenue d'eau de 10 km² de surface (soit 1 000 ha) se trouve à 650 m d'altitude. Elle contient 106 millions de m³ d'eau. Ce lac artificiel sert notamment à l'« écopage » des avions de lutte anti-incendie, comme les hydravions bombardiers d'eau.

Le barrage de Vassivière, construit sur la Maulde (un affluent de la Vienne), de type « poids rectiligne », a été mis en eau à la fin des années 1949. L'usine du Mazet, mise en service en 1951 et d'une puissance installée de 63,7 mégawatts, produit chaque année l'équivalent de la consommation en électricité d'une ville de 40 000 habitants comme Brive.

UN PÔLE TOURISTIQUE MAJEUR DU LIMOUSIN

Les berges du lac de Vassivière sont aménagées avec de multiples plages, ports, hôtels, campings, et une route dite « Circuit Poulidor » en fait le tour sur 45 km. Au centre de la retenue se trouve une île de 70 ha, qui accueille, entre autres curiosités et agréments, le centre international d'Art et du Paysage.

Feutres Depland : *moulin Brice, BP 30, 87200* ***SAINT-JUNIEN.*** *☎ 05-55-43-06-78 (office du tourisme de Saint-Junien). • feutresdeplandvisites.weebly.com • Visite guidée de groupe slt (sf entre Noël et Jour de l'an et en août), pour 3-15 pers. Résa par tél. Tarifs : sur demande. Durée de la visite : 2h.* ***Boutique :*** *vente à l'issue des visites.*

Deuxième ville du département avec près de 12 000 habitants, l'antique Comodoliac gallo-romaine, qui donne son nom à la forêt celte sur laquelle a été construite la ville, présente un beau centre ancien assez animé (surtout le samedi, jour de marché) et intéressant, ainsi qu'une charmante campagne environnante. En quittant Saint-Junien vers Angoulême, au niveau de Saillat, se trouve une entreprise centenaire nichée dans un écrin de verdure, au sein du site Corot : ***Feutres Depland,*** filiale du groupe Gascogne Papier. Implantée le long de la Glane, elle produit des habillages pour tous types de machines à papier, et fournit des feutres vergeurs en laine pour les machines à papier Kraft naturel frictionné. Elle confectionne des produits spécifiques sur mesure, laine et synthétique, et elle est l'une des rares entreprises à fabriquer des feutres en laine en Europe. Soucieuse d'innovation, elle développe aussi de nouveaux produits non-tissés.

Label : Entreprise du Patrimoine Vivant, Destination Entreprise, Qualité Tourisme.

Madeleines Bijou : *Les Lacs, 87500* ***SAINT-YRIEIX-LA-PERCHE.*** *☎ 05-55-08-30-03. • bijou.com • Visite guidée slt. ☎ 05-55-08-20-72 (office de tourisme de Saint-Yrieix) ou à l'usine. Visite de groupe sur rdv à partir de 10 pers. Tarif : gratuit. Durée de la visite : 1h.* ***Boutique :*** *lun-jeu 8h30-12h30 et 13h30-18h30, ven 8h30-18h30, sam 9h-18h.*

Capitale du pays arédien, microrégion vallonnée, couverte de pommiers et de châtaigniers, débordant sur la Dordogne limousine et les confins des hauts plateaux de Corrèze, la troisième ville de Haute-Vienne est célèbre pour son kaolin, ses pépites d'or, son cochon noir… et ses madeleines (le modèle « bébé » en particulier) : nature, à l'amande, au chocolat, au Grand Marnier, on la trouve partout en ville ou presque ! Son origine et sa forme caractéristique de coquille remontent à l'époque des pèlerinages, Saint-Yrieix étant une étape sur la route de Saint-Jacques-de-Compostelle. C'est en 1845 qu'y naît la pâtisserie-confiserie-biscuiterie familiale « La Maison Bijou ». Elle tire son nom de celui de sa spécialité : les madeleinettes (petites madeleines de couleur dorée, le « bijou » de Saint-Yrieix). La madeleine reste d'ailleurs le produit historique de la maison Bijou, mais elle s'est diversifiée dans différents gâteaux (cakes, financiers…). La visite suit toute la chaîne de fabrication, de la préparation des pâtes jusqu'à l'emballage en passant par la cuisson, de la farine et des œufs jusqu'aux biscuits tout chauds – qu'on déguste à peine sortis du four. Une visite qui émoustille les papilles.

Maison de la Porcelaine : *14, av. du Président-Wilson, 87700* ***AIXE-SUR-VIENNE.*** *☎ 05-55-70-14-68. • maisonporcelaine.com • Visite guidée slt. Sept-fin juin : lun-ven 15h. Juil-août : lun-ven 11h, 15h, 16h, 17h. Visite de groupe sur rdv (sf janv-fév), pour 10-60 pers. Résa 2 sem au moins avant. Tarif : gratuit. Durée de la visite : 30 mn.* ***Boutique :*** *sept-fin juin, lun-sam 10h-13h et 14h-19h ; juil-août, ouv aussi dim et j. fériés, 10h-13h et 15h-19h.*

Dans une grande maison limousine, toute de pierre et de poutre, s'alignent sur des étagères de bois ciré plus de 200 000 articles de porcelaine, de la cave au grenier… une sorte de gigantesque et fantasmatique cuisine bourgeoise du XIXe s, la « Mecque » du domaine. Porcelaine pour la table, à feu ou fantaisie, blanche ou décorée, grès de table artisanaux ou industriels, couverts, verres et carafes qui vont avec, bijoux et sculptures en porcelaine, tout est là pour s'équiper et équiper sa maison. La manufacture du Lys Royal perpétue ici les tours de main ancestraux qui ont fait la renommée de la porcelaine de Limoges dans le monde entier. Elle initie le visiteur à la merveilleuse alchimie de la terre, de l'eau et du feu qu'est la fabrication de la porcelaine.

DE L'EMPIRE DU MILIEU AU CENTRE DE LA FRANCE…

C'est en Chine, à l'époque Tang (VIIIe-IXe s), qu'est découverte la porcelaine dure à base de kaolin. Marco Polo, parcourant le Céleste Empire entre 1275 et 1291, y remarque une céramique fine et translucide inconnue en Occident. Il la baptise « porcellana », du nom d'un coquillage nacré en forme de vulve de truie (porca : femelle du porc en latin) très prisé des Romains. La porcelaine enflamme les têtes couronnées de l'Europe entière, qui l'importent à grands frais. Il fallut attendre 1709 et la découverte en Saxe du premier gisement de kaolin pour que soit percé le secret de la porcelaine « dure de grand feu »… et 1765, date de la découverte d'un gisement à Saint-Yrieix, pour que naisse la porcelaine de Limoges…

Moulin du Got : *Le Pénitent, 87400* ***SAINT-LÉONARD-DE-NOBLAT.*** *☎ 05-55-57-18-74. • moulindugot.com • Visite libre de l'expo : 2 €. Visite guidée : vac de la Toussaint et vac de printemps, mer et sam à 15h ; sept-oct et mai-juin : mer et sam à 15h ; juil-août : lun-sam, ttes les heures 14h15-17h15 et mar-ven, visite supplémentaire à 10h30. Tarifs : 8 € ; - 6 ans : gratuit. Visite de groupe sur rdv, pour 30-50 pers. Résa par tél. Tarifs : 6 €/pers ; - 6 ans : gratuit. ♿ Durée de la visite : 1h15.* ***Boutique :*** *mi-fév-fin déc, 14h15-17h30 ; fermée le dim.*

Restauré, ce ***moulin à papier,*** dont les origines remontent au XVe s, a repris du service ! Au XVIIIe s, il fonctionnait à haut rendement et a même fourni le papier du premier dictionnaire franco-anglais (1756), que l'on peut consulter à la Bibliothèque nationale de France.

Sur trois niveaux, on apprend les différentes étapes pour réaliser du papier à la main ou à la machine, on découvre les techniques de fabrication (les meules tournent à plein régime pour broyer la pâte : impressionnant), les machines employées (avec, pour star, la Stanhope de 1790, première machine d'imprimerie en fonte), le tout guidé par des passionnés. On met la main à la pâte (façon de parler !) et on saura tout d'un rang de casse, de la typographie, d'un atelier lithographique, et on palpera les ***papiers*** **made in Got** qui sortent des machines. C'est d'ailleurs ce qui fait la force de ce site, car toutes ces animations font du moulin un véritable musée vivant du papier. La boutique, sur le thème du papier, forcément, recèle de véritables trésors, à commencer par les superbes luminaires de Pierrick Brocart, en papier smocké. Un véritable lieu de démonstration de production, d'activités pédagogiques et de création ouvert aux artistes.

Porcelaine Cadau : *La Rougerie, 87230* ***DOURNAZAC.*** *☎ 05-55-78-58-33. • porcelaine-cadau.pagesperso-orange.fr • Juin-sept : tlj 8h-19h. Oct-mai : lun-ven 8h-17h. Visite guidée ou de groupe : sur résa. Tarif : gratuit. ♿ Durée de la visite : 30 mn.* ***Boutique :*** *juin-sept, tlj 8h-19h ; oct-mai, lun-ven 8h-17h.*

Venir ici, c'est déjà un plaisir : on est au cœur du parc naturel régional Périgord-Limousin, avec ses forêts et ses trésors historiques.

L'atelier d'Alain Caillot s'est installé en 1990 sur la route touristique dite Richard-Cœur-de-Lion, bien signalée, qui emprunte de charmantes départementales, traverse de coquets villages et présente de magnifiques châteaux médiévaux. Il est spécialisé dans la décoration à la main de boîtes de collection.
On y découvre les différentes techniques de décoration sur porcelaine : la décoration à la main, la décalcomanie et le filage. On peut aussi y faire réaliser des commandes spécifiques. Une réussite, car cette entreprise en milieu rural, fondée sur une activité artisanale, exporte dans le monde entier. En boutique, grand choix de porcelaine pour la table de style contemporain et classique.

Porcelaine Pierre Arquié : *3, rue de la Font-Pinot, 87000* ***LIMOGES.*** *☎ 05-55-34-40-52. • arquie.eu • Lun-ven 8h-12h et 13h-16h. Juil-sept : visite guidée. Visite de groupe sur rdv (sf entre Noël et Jour de l'an et les 3 premières sem d'août), jusqu'à 10 pers. Tarif : gratuit. Durée de la visite : 45 mn.* ***Boutique :*** *lun-ven 8h-12h et 13h-16h.*
Créée en 1996, l'entreprise Porcelaine Pierre Arquié est spécialisée dans la création et la production d'objets en porcelaine personnalisables, ainsi qu'en céramique technique : elle a créé son propre bureau d'études pour développer des matériaux toujours plus performants, résistants à la corrosion et à la chaleur. Elle collabore aussi avec des designers, dont on trouvera les œuvres en boutique. La manufacture maîtrise toute la chaîne de production de ses créations, ce qui permet de suivre une à une les étapes de fabrication. Au programme, découverte de l'atelier d'établissage, où sont réalisés les moules en plâtre des modèles à fabriquer ; place ensuite au coulage, qui consiste à remplir les moules pour donner naissance aux objets en porcelaine, pour finir aux ateliers de décoration, dernière étape après la cuisson.
Si vous en demandez encore, rendez vous au ***musée de la Porcelaine Adrien-Dubouché,*** cité de la Céramique *(☎ 05-55-33-08-50. • musee-adriendubouche.fr •),* qui présente les quatre familles de céramiques : poterie, faïence, grès et porcelaine, dont le point commun est l'argile, de qualité variable, parfois émaillée, vitrifiée ou mêlée à certains minéraux, et cuite à différentes températures ; ces paramètres définissant les quatre familles. L'intérêt du support, la céramique, travaillée de tout temps et sur tous les continents, est d'offrir un large point de vue sur les arts plastiques, les formes, motifs et styles variant selon l'époque et la provenance.
Elle est ici présentée depuis les poteries grecques, étrusques ou péruviennes (VIIe s av. J.-C.) jusqu'aux porcelaines contemporaines. Porcelaines chinoises du XIVe s, faïences de la Renaissance italienne ou kabyle, rustiques figulines aux coloris vifs de Bernard Palissy, statuettes rococo de Meissen (Saxe) ou coupelles Art déco… La revue est complète.
Label : Entreprise du Patrimoine Vivant.

Toutes les informations concernant la région sont à retrouver sur le site :
• entrepriseetdecouverte.fr •

BOURGOGNE-FRANCHE-COMTÉ

BOURGOGNE

Dans le paysage culturel et touristique de la Bourgogne, la visite d'entreprise est encore une filière en développement, hormis dans le domaine vinicole. Aujourd'hui, les secteurs des vins et spiritueux et de l'alimentaire dominent, englobant plus de la moitié des entreprises ouvertes au public.
Côté gastronomie, quelques visites remarquables plongent le visiteur dans les coulisses d'une production traditionnelle. C'est le cas du Cassissium – deuxième visite la plus courue – qui permet de découvrir la culture et la transformation du cassis, ou de la Moutarderie Fallot – qui suit le Cassissium en ce qui concerne sa fréquentation : elle propose un parcours « Sensations fortes ». Les Anis de Flavigny, champion régional en nombre de visiteurs, continuent de fabriquer l'un des plus anciens bonbons de France, puisqu'il remonte au XVIIIe s ! La région présente aussi quelques entreprises étonnantes car uniques en France, comme Edito Cigares, une des rares manufactures de cigares en France à accueillir du public.

BONS PLANS : *la chambre de commerce et d'industrie de l'Yonne, en partenariat avec Yonne Tourisme, organise l'opération Cœur d'Entreprises, qui rassemble pas moins de 50 entreprises. Les chambres de commerce et d'industrie de la Côte-d'Or et de Saône-et-Loire, elles, organisent l'opération « Entrez dans l'Entreprise ». • www.yonne.cci.fr • entrezdanslentreprise.fr •*

FRANCHE-COMTÉ

En Franche Comté, le patrimoine économique vivant constitue une filière touristique à part entière. Avec près de la moitié des visites, le secteur de l'alimentaire domine. La charcuterie traditionnelle préparée au fumoir fait un tabac, comme le montre le succès du Tuyé de Papy Gaby, première visite du secteur alimentaire et troisième à l'échelle régionale. Les caves d'affinage de fromage, installées depuis plusieurs générations, aux produits pour la majorité labellisés AOC, remportent également un beau succès : la fromagerie Liechti talonne les caves d'affinage du fort Saint-Antoine, véritable cathédrale du fromage. Par les visites qu'elles proposent, elles font la démonstration in situ de leur engagement pour une production de qualité. Autre secteur prédominant, les vins et spiritueux, avec de nombreuses distilleries, dont les plus emblématiques du territoire remontent au XIXe s : Pierre Guy et Lemercier Frères. Le secteur artisanal est également bien positionné : le quart des entreprises sont ouvertes à la visite et sont remarquables, notamment en raison de leur ancienneté. C'est le cas de la verrerie de la Rochère, fondée en 1475 (la plus ancienne verrerie de France en activité, et la visite d'entreprise la plus fréquentée de la région) ou encore de l'huilerie artisanale de Fondremand, dont les origines remontent aux années 1200. La Franche-Comté compte un autre site remarquable dans le secteur industriel, Peugeot et son musée de l'Aventure Peugeot. Site historique de la marque, plus de 20 millions de véhicules sont sortis de ses lignes de fabrication depuis la création de ce site. C'est le 2e site le plus fréquenté de la région.

BONS PLANS : la chambre de commerce et d'industrie de Haute-Saône organise l'événement « Visitez les entreprises de Haute-Saône » : près de 50 entreprises ouvrent leurs portes entre juillet et octobre.
Doubs Tourisme et ses partenaires animent un réseau d'entreprises groupées autour du label « Made in Chez Nous ». • doubs.travel/madeincheznous.html •

CÔTE-D'OR (21)

Les Anis de Flavigny : *rue de l'Abbaye, 21150* ***FLAVIGNY-SUR-OZERAIN.*** *☎ 03-80-96-20-88. • anis-flavigny.com • Atelier de dragéification : pour les individuels et les groupes, lun-ven mat 9h-11h. Fermé w-e, j. fériés et vac de Noël. Pour les groupes, possibilité de visite l'ap-m sur résa. Visite guidée slt jusqu'à 50 pers. Résa par tél au ☎ 03-80-96-29-01. Tarif : gratuit. Durée de la visite : 1h (incluant le musée des Anis + crypte carolingienne + dégustation).* ***Boutique, crypte, musée des Anis et café :*** *juil-août, lun-ven 9h-20h (w-e 10h) ; avr-juin et sept-oct, lun-ven 9h-19h, sam10h-20h (dim 19h). Voir les autres horaires sur le site.*
On aime autant les bonbons que le cadre de cette fabrique sise dans une ancienne abbaye fondée par Charlemagne où l'on produit depuis le XVIe s les fameux petits bonbons à l'anis. Les anis de Flavigny sont de petites dragées délicieuses de la grosseur d'un petit pois et renfermant, en guise de surprise, un grain d'anis, le tout conditionné dans des boîtes très romantiques. L'atelier de dragéification est ouvert à la visite : c'est d'ici que sortent chaque année plus de 200 millions de « bien bons bonbons » et la production ne cesse d'augmenter ! 15 jours sont nécessaires à la croissance du bonbon qui conserve la même recette depuis 1591 ! De nouveaux parfums viennent régulièrement s'ajouter à la gamme. Et les petites boîtes métalliques, joliment rétro, perpétuent aussi la tradition. Une dégustation vous sera proposée à la fin de la visite.
– Profitez-en pour visiter la petite ***crypte carolingienne*** *(dans l'abbaye). Lun-ven 9h-18h (17h15 de mi-nov à fév), w-e 10h-18h. Visite audioguidée possible (compter un petit quart d'heure). GRATUIT.* Elle a été construite par les bénédictins (VIIIe s), qui y sont restés jusqu'à la Révolution. En saison, petite expo et dégustation d'anis.

BONBONS À L'ANIS

Une douceur très ancienne puisque ce sont les Romains qui rapportèrent cet anis d'Orient pour soigner leurs soldats de la dysenterie, pendant le siège d'Alésia. On prétend que Louis XIV avait toujours ces bonbons sur lui pour cacher son haleine pestilentielle due à un bout de gencive arraché !

Les + :
– Dégustation.
– À voir aussi, ***le vieux village de Flavigny.*** Il faut se promener au hasard des ruelles tortueuses et agrémentées de rosiers anciens, à la découverte des tourelles d'escaliers et d'une foule de maisons anciennes. Quelques jolis spécimens dans la rue de l'Église, avec la maison au Loup (levez les yeux vers sa gargouille et vous comprendrez d'où vient son nom…) du XIIIe s. Également la maison au Donataire, de style Louis XII et aux élégantes fenêtres ainsi que l'église Saint-Genès, sa tribune et son jubé.

Le Cassissium : *8, passage des Frères-Montgolfier, 21700* ***NUITS-SAINT-GEORGES.*** *☎ 03-80-62-49-70. • cassissium.fr • Avr-mi-nov : tlj 10h-13h et 14h-19h. Mi-nov-fin mars : mar-sam 10h30-13h et 14h-17h30. Visite guidée : dernier départ 1h45 avant fermeture. Tarifs : 9 € ; enfant : 6,50 € ; - 12 ans : gratuit. Visite de groupe sur rdv, à partir de 10 pers. Tarifs : 7,50 €/pers ; lycée et collège : 6 €/pers ; primaire : 5 €/pers. ♿ Durée de la visite : 1h45.* ***Boutique :*** *mêmes horaires que les visites.*
Le ***cassis*** est bien une particularité bourguignonne. Sa véritable culture a commencé en 1841, lorsqu'un fabricant de liqueurs de Dijon, un nommé Lagoutte (ça ne s'invente pas, d'autant plus qu'il s'associa à un certain Lejay !), produisit pour la première fois une liqueur digne de ce nom selon une recette nouvelle (une macération de grains de cassis dans l'alcool avec adjonction de sucre).
Le Cassissium vous propose de découvrir les secrets de la fabrication de la fameuse crème de cassis. Votre guide vous emmènera dans la liquoristerie Védrenne, installée depuis 1923 à Nuits-Saint-Georges, et vous fera découvrir le site de production des ***crèmes de fruits bourguignonnes*** ainsi que le chai, où vieillissent ***marcs et fines de Bourgogne.*** La visite de l'unité de production est complétée par un espace muséographique où les visiteurs peuvent tout apprendre sur les aspects botaniques, historiques et bien sûr gastronomiques du cassis. Une projection retrace l'histoire du fruit à travers les siècles jusqu'à son utilisation en crème. La visite se termine par une dégustation conviviale dans l'espace bar du Cassissium.
Label : Site remarquable du goût, Vignoble et Découverte, Tourisme et Handicap.

LA TOURNÉE DES GRANDS DUCS

C'est au chanoine Félix Kir, maire de Dijon entre 1945 et 1968, qu'on doit le nom et le mérite d'avoir popularisé dans le monde entier ce fameux élixir, composé d'un tiers de crème de cassis et de deux tiers de bourgogne aligoté. Le chanoine l'offrait volontiers à ses hôtes lors de réceptions officielles dans les magnifiques cuisines du palais ducal. À ne pas dédaigner, le kir royal : l'aligoté est remplacé par le crémant de Bourgogne (et surtout pas par un « vulgaire » champagne...).

Domaine du château de Meursault : *rue du Moulin-Foulot, 21190* ***MEURSAULT.*** *☎ 03-80-26-22-75. • meursault.com • Visite guidée slt. Résa par tél ou sur le site internet. Tarif Dégustation découverte (4 vins rouges et 3 vins blancs) : 21 €/pers. Tarif Dégustation Grands Terroirs (crus prestigieux, 5 vins rouges et 4 vins blancs) : 26 €/pers. Tarif Dégustation thématique : 39 €/pers. Sur rendez-vous. Visite des caves en compagnie d'un sommelier et dégustation dans un caveau privé. Les vins sont servis suivant une dégustation horizontale de vins rouges et une dégustation verticale de vins blancs. - 16 ans : gratuit. Visite de groupe sur rdv. Dégustation découverte : 17 €/pers, à partir de 10 pers. Visite guidée des caves et dégustation dans un caveau cistercien. Haltes bourguignonnes : de 49 € à 79 €/pers, à partir de 20 pers. Visite guidée des caves, dégustation dans un caveau privé, puis déjeuner accompagné des vins du domaine dans la salle de réception. Durée de la visite : 1h15.*
Boutique : *ouv tlj (sf janv et fêtes de fin d'année) ; mai-sept, 10h-18h30 ; oct-avr, 10h-12h et 14h-18h (sf dim ap-m en déc et fév).*
Meursault rime avec « oh », la bouche s'arrondissant pour goûter d'avance les grands vins blancs, issus du chardonnay, aux saveurs de noisette et d'amande grillée ! À leur apogée, ils ont des saveurs de beurre et de miel... Village prospère, agréable et tranquille, c'est un excellent point de chute pour qui veut sillonner le vignoble. Et si vous avez l'impression de bien connaître la mairie avec ses tuiles vernissées, c'est que le lieu servit de siège à la *Kommandantur* allemande dans le film de *La Grande Vadrouille.*

Situé au cœur de la Côte de Beaune, le Château de Meursault possède plus de 100 parcelles de vignes de Puligny-Montrachet à Aloxe-Corton en passant par le célèbre village de Meursault. Son domaine, typique du morcellement bourguignon, possède une quinzaine de premiers crus, deux grands crus et un monopole. Les grands vins du Château de Meursault reposent dans de magnifiques caves datant des XIIe, XIVe et XVIe s. Le Château de Meursault propose une découverte de son histoire et de son savoir-faire grâce à un voyage dans ses 3 500 m² de caves et une dégustation des vins blancs et rouges du domaine. Celle-ci se déroule dans la galerie de peinture où sont exposés des tableaux figuratifs de Buffet, Ciry, Jansem... Le Château de Meursault est l'un des Grands Mécènes Fondateurs de l'Association des climats de Bourgogne au Patrimoine mondial de l'Unesco.

Le + : dégustation.

– ***Le sentier Meursault-Blagny :*** le site de Saint-Christophe domine le village et le vignoble (accès fléché). Une aire de pique-nique s'ouvre sur un panorama grandiose, à 180°, sur les vignes. C'est le point de départ d'une rando de 9 km balisée. Optez sinon pour *Meursault en famille,* un kit pour une découverte amusante (30-45 mn) du sentier botanique de Saint-Christophe (5 € le kit, auprès de l'office de tourisme).

– ***La voie des Vignes :*** à vélo, un itinéraire idéal pour découvrir les premiers crus de Meursault.

Moutarderie Fallot : *31, rue Faubourg-Bretonnière, 21200* ***BEAUNE.*** *☎ 03-80-22-10-10. • fallot.com • Visite guidée slt. Dates, heures et résa sur le site internet. Tarifs : 10 €; 10-18 ans : 8 €; - 10 ans : gratuit. Visite de groupe sur rdv. Résa au ☎ 03-80-22-10-10. Parcours découverte : jusqu'à 25 pers, forfait : 190 €/groupe. Parcours sensations fortes : 60 pers max, forfait : 240 €/groupe. Durée de la visite : 1h15.* ***Boutique :*** *lun-sam 9h30-18h, certains dim 9h30-13h30 (appeler). Les classiques de la maison y côtoient les dernières créations et une sélection de moutardes du monde.*

LA MOUTARDE

Même si les grains de sénevé (Brassica nigra) *sont venus de Chine via les Romains, la moutarde reste la véritable gloire de la capitale ducale. La moutarde de Dijon a changé de goût avec le temps, de la même façon qu'elle a changé le goût (initialement, on l'utilisait pour masquer celui de certains plats ou aliments, justement). Ce condiment était composé d'un mélange de graines broyées avec du moût (mélange de jus de raisin et de verjus) de qualité, et produit, bien entendu, dans la région même. Certains rares artisans comme le Beaunois Fallot, qui s'est s'implanté à Dijon en 2014, utilisent encore le procédé ancien avec broyage à la meule en silex pour éviter de chauffer le produit.*

La ***Moutarderie Fallot*** est une maison indépendante, familiale et bourguignonne depuis 1840, la seule encore située dans des bâtiments d'origine, à quelques pas des Hospices de Beaune. La recette de sa longévité et de son succès, cette moutarde multicolore la doit à la qualité de ses matières premières sélectionnées dont elle use et abuse pour se faire belle et bonne, mais aussi à l'utilisation d'un procédé de fabrication ancestral : le broyage à la meule de pierre. Fallot a relancé la « véritable moutarde de Bourgogne » frappée d'IGP (Indication géographique protégée), produite à 100 % avec du vin blanc aligoté et des graines cultivées en Bourgogne.

Deux parcours de visite permettent de découvrir l'histoire et la fabrication de la moutarde :

– Parcours muséographique « découvertes » : circuit ludique et interactif, dans une ambiance intemporelle et olfactive qui évoque au visiteur les gestes et les traditions liés à la moutarde à travers les siècles.

– Parcours « sensations fortes » : visite du site actuel de production, grâce à une mise en scène révolutionnaire et à l'utilisation de moyens visuels, sonores et sensoriels très sophistiqués. Les visiteurs seront amenés à découvrir les étapes de la transformation de la graine de sénevé.

Le + : dégustation au bar à moutardes.

Label : Vignoble et Découverte, Indication géographique protégée.

Veuve Ambal : *Le Pré-Neuf, 21200* ***MONTAGNY-LÈS-BEAUNE.*** *☎ 03-80-25-90-81. Visite guidée ou audio-guidée slt. Mi-nov-fin mars : lun-sam à 10h30, 11h30, 14h30, 15h30, 16h30. Le reste de l'année, tlj jusqu'à 17h30. Tarifs (dégustation incluse) : 7 €/pers ; 12-18 ans : 4 € ; - 12 ans : gratuit. Visite de groupe sur rdv. Tarifs : 6 €/pers, à partir de 10 pers ; scolaires : 3 €/pers. ♿ Durée de la visite : 1h20.*

La maison ***Veuve Ambal*** élabore des ***crémants*** depuis la fin du XIXe s. Afin de partager sa passion des vins effervescents, la maison vous ouvre ses portes pour vous dévoiler ses secrets lors d'un parcours didactique à travers le site de production. La découverte des caves de vieillissement, ateliers, robots et automates au service de « la méthode traditionnelle » est très intéressante. Des projections sur écrans géants agrémentent le parcours. On termine la visite par une dégustation personnalisée et commentée de 3 crémants de Bourgogne, dans le cadre convivial de l'espace boutique.

Les + : dégustation de 3 crémants de Bourgogne. Produits maison sans alcool pour les enfants.

Label : Vignoble et Découverte.

DOUBS (25)

Caves d'affinage du fort Saint-Antoine : *Fromageries Marcel Petite, fort Saint-Antoine, 25370* ***SAINT-ANTOINE.*** *☎ 03-81-69-31-21 (office du tourisme de Malbuisson) ou ☎ 03-81-49-14-34 (fort Saint-Antoine). • comte-petite.com • Visite guidée slt. Horaires et résa par tél. Le mer ap-m. Juil-août, Noël et fév ttes zones : lun-sam mat. Tarifs : 8 € ; 4-12 ans : 4 € ; - 4 ans : gratuit. Visite de groupe sur rdv, jusqu'à 45 pers. Tarifs moins de 15 pers : forfait de 100 €/groupe ; plus de 15 pers : 7 €/per ; 1 gratuité pour 20 payants ; scolaires : 3,50 € à 4,50 €/pers. Durée de la visite : 1h30.* ***Boutique :*** *vente en fin de visite. Emballage sous vide possible.*

Un cheminement à travers les galeries permet de découvrir l'intérieur de cet ancien ***ouvrage militaire*** construit autour de 1880 et à 1 100 m d'altitude, véritable curiosité en soi. À travers un parcours didactique, on apprend ainsi toutes les étapes de l'affinage du comté. On y affine, lentement (14 mois en moyenne) et à basse température, 8 m sous terre, plus de 100 000 meules qui proviennent de différentes coopératives fruitières. Une fois par semaine, chaque meule de 40 kg environ est méticuleusement brossée, salée, puis retournée. Le chef de cave et les goûteurs, en véritables « œnologues » du fromage, vous expliqueront qu'avec leurs « sondes » ils sonnent les meules les unes après les autres pour cueillir chaque comté à son apogée et détecter à l'oreille d'éventuels signes de fragilités. Une visite épatante de 1h30 pour découvrir le métier d'affineur avec vidéo et dégustation à l'appui !

Le ***comté*** est une pâte cuite, bien protégée par son AOP et traditionnellement produite par les « fruitières », sous forme d'énormes meules de 36 kg. Le meilleur est le comté de montagne, produit au-dessus de 600 m d'altitude. La flore variant d'une montagne à l'autre, il arbore une incroyable diversité de terroirs et de crus. Dans les caves Marcel Petite du fort Saint-Antoine, on affine lentement, des milliers de meules jusqu'à l'obtention d'une très large palette d'arômes : fruité ou animal, acide ou sucré... Il existe une route du Comté *(• lesroutesducomte.com •)* pour découvrir tous les lieux de production de cet étonnant fromage.

Le + : dégustation.

Label : AB, réseau Made in chez nous, Qualité Tourisme Franche-Comté.

Le Criollo chocolatier : *1, rue du Murgelot, 25220* ***CHALEZEULE.*** *☎ 03-81-40-07-23. • lecriollo.com • Visite guidée slt. Mer et sam à 15h. Visite de groupe sur rdv, 15-60 pers. Mar-sam 9h-17h. Tarif : gratuit. Durée de la visite : 1h15.* ***Boutique :*** *lun-sam 10h-19h ; déc ouv le dim aussi.*
Aux portes de Besançon, la ***chocolaterie Le Criollo,*** née avec le XXIe s, constitue le rendez-vous incontournable des gourmands et des gourmets. Un savoir-faire unique permet à la fabrique artisanale de proposer une large gamme de produits allant des bonbons de chocolats et plaques à casser aux confiseries, sans oublier la pâte à tartiner et autres spécialités, tel que le « Doubs frisson ». Ce savoir-faire et cette expérience vous sont dévoilés lors des visites conviviales de la chocolaterie. Visionnage d'un documentaire, démonstration des chocolatiers et dégustation sont au programme. C'est aussi l'occasion de découvrir l'assortiment de chocolats Victor Hugo : 9 chocolats aux saveurs originales qui portent le nom de 9 poèmes de l'auteur bisontin, dont on pourra suivre la vie et l'œuvre à la Maison Victo-Hugo.

Les + : dégustation, animation.

Label : réseau Made in chez nous.

– ***La Maison Victor-Hugo :*** Lieu de naissance, dans cette élégante demeure, le 26 février 1802, de Victor Hugo… Dans une remarquable présentation contemporaine, didactique, vivante, séduisante et laissant beaucoup de place à l'audiovisuel, c'est un juste hommage à l'homme engagé et toute la vie de combats de l'immense poète et écrivain qui est narrée ici. On reste stupéfait, outre la richesse de son œuvre, de constater combien il fut en avance sur son temps et combien nombre de ses combats sont toujours d'actualité. Quatre thèmes : la liberté d'expression, le triptyque « misère-égalité-justice », l'enfance et l'éducation, la liberté des peuples. Il menait déjà des batailles contre la peine de mort, pour l'éducation scolaire (son lumineux : « quand on ouvre une école, on ferme une prison ! »), les droits des femmes et des enfants, la liberté d'expression, la dignité humaine (de lui encore : « ceux qui vivent, ce sont ceux qui luttent ! »)… *140, Grand-Rue, 25000* ***BESANÇON.*** *☎ 03-81-87-85-35. • besancon.fr/hugo •*

Cristel SAS : *rue du 8-Mai, parc d'activités du Moulin, 25490* ***FESCHES-LE-CHÂTEL.*** *☎ 03-81-96-17-52. • cristel.com • Visite guidée slt (jusqu'à 30 pers). Mar ap-m, une fois par mois (sf juil-août) à 14h. Sur résa au ☎ 03-81-94-45-60 ou par mail : • accueil@paysdemontbeliard-tourisme.com • Visite de groupe sur rdv, 10-30 pers. Mar et jeu à 14h, sf déc-mi-févr et juil-août. Résa par tél. Tarif : gratuit. Durée de la visite : 2h30.* ***Boutique :*** *lun 14h-18h30, mar-sam 9h30-12h et 14h-18h30 (18h le sam).*
Si 1983 est la date de naissance de la marque Cristel, l'entreprise est en réalité l'héritière d'un savoir-faire remontant à 1826 quand l'entreprise Japy, bien connue pour ses montres, lance la fabrication de la première casserole en fer blanc. Cristel est aujourd'hui une manufacture d'***articles culinaires en acier inoxydable*** haut de gamme qui s'est développée en lançant le concept de la poignée amovible permettant à la casserole de devenir un plat de service.
Les visites débutent par un film de présentation de l'entreprise, puis sont suivies par une visite du site de fabrication. Histoire, savoir-faire, excellence, authenticité, originalité… autant de valeurs qui caractérisent l'univers Cristel. Cristel a reçu le prix du Talent du luxe et de la création en 2007.

Label : Entreprise du Patrimoine Vivant, réseau Made in chez nous, Origine France Garantie.

Les Cuirs du Moulin : *moulin de Montferney, 2, quartier du Moulin, 25680* ***ROUGEMONT.*** *☎ 03-81-50-46-75 ou 06-35-48-26-99. • lescuirsdumoulin.fr • Visite guidée gratuite : avr-fin oct, lun-ven à 9h15. Résa par tél ou par mail : • contact@lescuirsdumoulin.fr • Visite de groupe gratuite, sur rdv,*

IMPORTANT : pensez toujours à prévenir l'entreprise et à réserver votre visite, en individuel ou en groupe, par téléphone ou par mail.

jusqu'à 20 pers. Résa par tél ou par mail. Scolaires à partir de 10 ans. Tarif : forfait de 100 € par groupe (20 scolaires max par groupe). Durée de la visite : 45 mn. ***Boutique :*** *lun-ven 10h-12h et 17h-19h.*

Michel Adam a deux casquettes : professeur de philosophie et ***sellier-maroquinier.*** Passionné par le cuir, il crée en 1974 son premier atelier dans le Territoire de Belfort, « Les ateliers du Charri ». Nommé à l'île de la Réunion en 1985, il mène de front les deux activités, fabriquant pendant son temps libre des mallettes cousues à la main pour les médecins et les représentants. Installé depuis 2008 au moulin de Montferney, il y construit ses ateliers. Les matières premières sont rigoureusement choisies en fonction du type de fabrication : cuir végétal pour les sabots ou pour les ceinturons pour jean, cuir souple doublé pour les ceintures habillées ou sacs et mallettes. Les semelles en bois des sabots sont fabriquées par un artisan sabotier français, d'après le cahier des charges des Cuirs du Moulin. Les cuirs souples, issus d'un tannage minéral, ou plus rigides, fruit d'un tannage végétal, sont travaillés en France dans des tanneries modernes, répondant à des normes sanitaires et écologiques telles qu'elles n'ont aucun impact sur la santé ou l'environnement, car elles ne dégagent pas d'effluent toxique. Tous les cuirs travaillés ici sont pleine fleur, l'épiderme de la peau, garantissant une solidité et une longévité incomparable à la croûte de cuir. Ceintures, sacs, sabots ont un charmant look rétro bien assorti à la mode du *vintage*.

Les + : stages de formation en maroquinerie pour élèves ou adultes en cours d'études et de recyclage professionnel. Également des stages loisirs pour tous.

Label : réseau Made in chez nous.

Distillerie Les Fils d'Émile Pernot : *18-20, Le Frambourg, 25300* ***LA CLUSE-ET-MIJOUX.*** *☎ 03-81-39-04-28. • emilepernot.fr • Visite guidée slt. Lun-ven à 10h30, 14h30, 15h, 16h30 et sam mat à 10h30. Visite de groupe sur rdv, jusqu'à 80 pers. Tarif : gratuit. ♿ Durée de la visite : 30 mn.* ***Boutique :*** *lun-ven 8h-12h et 14h-18h, sam 10h-12h.*

La distillerie ***Les Fils d'Émile Pernot,*** fondée à Pontarlier en 1890, produit des spiritueux dans le plus strict respect des traditions. Elle est une des dernières distilleries d'***absinthe traditionnelle*** encore en activité. L'absinthe est distillée dans des alambics plus que centenaires, qui font la renommée de ***Pernot*** dans le monde entier.

Lors de votre visite, vous ferez un saut dans le passé pour découvrir l'histoire de l'absinthe et de la distillerie. Puis on vous expliquera le fonctionnement des alambics avant de terminer par une initiation à la dégustation des différentes absinthes, anisés et autres liqueurs.

Le + : dégustation gratuite.

Label : Entreprise du Patrimoine Vivant, réseau Made in chez nous.

Distillerie Pierre Guy : *49, rue des Lavaux, 25300* ***PONTARLIER.*** *☎ 03-81-39-04-70. • pontarlier-anis.com • Visite guidée slt. Mar-sam 9h-11h et 14h-17h (sf sam ap-m) ; juil-août : un départ ttes les 30 mn. Visite de groupe sur rdv, 10-60 pers (sf sem nº 1 janv et semaine nº 42 oct). Tarif : gratuit. ♿ Durée de la visite : 45 mn.* ***Boutique :*** *mar-sam 8h-12h et 14h-18h (sf sam ap-m).*

La ***distillerie Pierre Guy*** est une distillerie d'absinthe fondée en 1890 par Armand Guy. C'est la dernière distillerie familiale de Pontarlier ; 5 générations de distillateurs s'y sont succédé. Au début du XIXe s, cette seule rue alignait une quinzaine de bistrots et quatre distilleries. Celle-ci s'est fait une solide réputation grâce au Pontarlier-Anis et a eu l'heureuse idée de renouer avec la tradition de l'***absinthe.*** Un lieu étonnant, où ceux qui vous accueillent connaissent leur métier et aiment en parler. Évocation de la grande époque de l'absinthe, découverte du processus de fabrication du « Pont », comme on l'appelle familièrement, ou de la ***liqueur de sapin*** fabriquée ici depuis 1902, spécialement réputée pour son effet bienfaisant quand elle est dégustée en grog. Alambics, foudres centenaires, photos... et dégustation-vente, parfois haute en couleur, en fin de visite.

Le + : dégustation gratuite.

Label : Entreprise du Patrimoine Vivant, réseau Made in chez nous.

LA FÉE VERTE

*Pontarlier fut, jusqu'au début du XXe s, la **capitale mondiale de l'absinthe.** Cette verte liqueur, dite la « Fée verte », inventée en Suisse voisine, arrive à Pontarlier en 1805 dans les bagages d'un artisan dont le nom doit nécessairement vous dire quelque chose : Henri-Louis Pernod. À l'époque, un tiers de la population vit directement ou indirectement de l'absinthe, et Pontarlier connaît une réputation aussi importante que celle de Lourdes (dans un autre genre) ! Mais les liaisons tapageuses de cette boisson (Rimbaud, Verlaine, Toulouse-Lautrec...), son immense popularité, la pression du lobby viticole (l'absinthe est le premier apéritif à apparaître sur le marché) et des ligues de vertu (« l'absinthe rend fou et criminel ») font progresser l'idée prohibitionniste jusqu'à son **interdiction absolue** en 1915. La levée de l'interdiction a eu lieu en 1988.*

*À Pontarlier, berceau de la « Fée verte », des **champs de grande absinthe** ont été replantés, et les distilleries ont commercialisé, au début du nouveau millénaire, leurs premières bouteilles (comme dans l'temps, mais en conformité avec les nouvelles réglementations). Ce n'est toutefois qu'en 2011 que la réhabilitation fut totale : on put à nouveau indiquer sur les étiquettes « absinthe », alors que jusqu'ici il fallait se contenter de l'appellation spécifique « spiritueux (ou apéritif) à base de plantes d'absinthe ».*

*Forte de cette victoire, Pontarlier s'est investie dans le développement de la **route de l'Absinthe,** qui permet de relier la ville au val de Travers en suivant un itinéraire franco-suisse jalonné de sites culturels, industriels... et gourmands ! **Infos auprès de l'office de tourisme.***

Ébénisterie Laurent Vuillemin : *9, Pré-Rondot, 25570 **GRAND'COMBE-CHÂTELEU.** ☎ 03-81-68-88-41. • ebenisterie-vuillemin.fr • Visite guidée slt. Lun-ven 8h-12h et 14h-18h, sam 8h-12h et 14h-16h. Visite de groupe sur rdv, jusqu'à 50 pers. Tarif : gratuit. Durée de la visite : 45 mn. **Boutique :** lun-ven 8h-12h et 13h30-18h, sam 8h-12h et 14h-17h.*

Vous rencontrerez ici la quatrième génération d'ébénistes installés en ces murs ! L'ébénisterie est spécialisée dans la table à allonges et le meuble sur mesure, auxquels sont associés du métal, de la céramique, du fer... Les ateliers fabriquent sur mesure des tables, meubles, tabourets à vis d'horloger et objets de tradition comtoise en bois. Durant la visite, vous pourrez suivre le chemin du bois, de la planche à l'objet fini, et on vous expliquera les diverses étapes de transformation de la matière brute à l'objet. Une démonstration de tournage sur bois est proposée avant de passer à l'atelier de finition, pour découvrir les teintes, les vernis et les patines.

Le + : animation : Portes Ouvertes en oct.

Label : réseau Made in chez nous.

EDF – Centrale hydraulique de Mouthier-Haute-Pierre : *route des Gorges de Nouailles, 25920 **MOUTHIER-HAUTE-PIERRE** 06-77-11-62-18. • edf.fr/jura • Lun-ven 8h30-11h30 et 14h-16h. Visite guidée slt, sur résa par tél ou par mail : • dpih-upest-visites-hydro@edf.fr • Tarif : gratuit. Durée de la visite : 1h30.*

***À SAVOIR :** visite de la centrale à partir de 12 ans. Le jour de la visite, présenter une pièce d'identité (carte nationale d'identité ou passeport) en cours de validité. Porter un pantalon, des vêtements à manches longues, ainsi que des chaussures plates et fermées.*

Cette centrale est située au cœur du massif du Jura, au débouché spectaculaire de la résurgence de la Loue, à 300 m en aval de celle-ci. Cette résurgence

se situe au cœur d'un site Natura 2000. EDF programme donc ses travaux d'entretien en dehors des périodes de reproduction des truites ou de nidification des oiseaux rupestres, en particulier des faucons pèlerins.
À proximité de la résurgence de la Loue, qui fut peinte par Courbet, un tunnel naturel dans la falaise constitue la trace du débouché – aujourd'hui asséché – d'un ancien affluent de la Loue.
Le barrage d'origine a été mis en place en 1913, puis rehaussé en 1927. La retenue est haute d'une dizaine de mètres à l'aplomb du barrage. La centrale hydroélectrique est située à 3 km en aval du barrage.
Résurgence du Doubs, la source principale de la Loue naît dans une impressionnante cavité située au pied d'un à-pic de 100 m. Un barrage permet de dévier une partie du débit de la rivière vers une galerie d'amenée taillée dans la roche, d'une longueur de plus de 200 m. Cette galerie est ensuite reliée à la centrale hydroélectrique par deux conduites forcées accrochées au flanc de la montagne. La centrale, en service depuis 1925, est équipée de 3 turbines. Sa production correspond environ à la consommation annuelle électrique de 13 000 foyers. Bien qu'historiques, ces installations sont aujourd'hui équipées de capteurs, de calculateurs et d'automates sécurisés, qui interprètent en temps réel les niveaux et les débits de la Loue pour transmettre les consignes de production aux turbines et aux vannes. Un poste de transformation élève la tension de l'électricité produite pour en faciliter le transport sur le réseau vers les villes voisines de Valdahon et de Pontarlier.

EDF – Centrale hydraulique du Refrain : ***25140 FOURNET BLANCHEROCHE.*** *• edf.fr/jura • Visite slt sur rdv. Résa par tél au 06-77-11-62-18 ou par mail : • dpih-upest-visites-hydro@edf.fr • Tarif : gratuit. Durée de la visite : 1h30.*

***À SAVOIR** : visite de la centrale à partir de 12 ans. Le jour de la visite, présenter une pièce d'identité (carte nationale d'identité ou passeport) en cours de validité. Porter un pantalon, des vêtements à manches longues, ainsi que des chaussures plates et fermées.*

La vallée du Doubs, encaissée entre des rives calcaires, a creusé des gorges et des cascades, dont le célèbre « saut du Doubs ». Le débit rapide de la rivière a été utilisé comme source d'énergie par les moulins à eau bien avant la découverte de l'électricité. Dès le XVIIIe s, les rives du Doubs voient ainsi s'installer diverses industries telles que des scieries et des forges : l'énergie hydraulique devait en effet être utilisée sur place, puisque l'on ne savait pas transporter cette énergie. L'apparition de la « fée électricité » à la fin du XIXe s entraîne une double révolution : cette énergie pourra être stockée grâce aux barrages retenant l'eau, et elle pourra être transportée une fois convertie en électricité.
Actuellement, l'aménagement du Doubs comporte cinq barrages avec leurs centrales hydroélectriques. La puissance totale installée est d'environ 36 méga watts, dont 12 mégawatts pour le Refrain, la plus importante des cinq et aussi la plus ancienne.
La centrale hydraulique du Refrain démarre en 1909. Elle sera d'abord rénovée en 1957, puis en 2008-2010. L'aménagement comporte une retenue d'eau à partir de laquelle une galerie souterraine conduit l'eau jusqu'à deux conduites forcées de 66 m de hauteur de chute. Le débit total de cette installation permet d'alimenter les trois groupes turbo-alternateurs de la centrale qui produisent 60 gigawattheures par an.
La rénovation de 2010 a permis de mieux gérer les impacts écologiques du Refrain, en créant un système de débit réservé minimum. Comme rien ne se perd, tout se transforme, ce débit réservé alimente une microcentrale hydraulique « au fil de l'eau » de 200 kilowatts de puissance !
Lors de votre visite, vous découvrirez les installations hydrauliques du barrage, les conduites forcées, ainsi que la magnifique et historique salle des machines de la centrale.

Jean Obertino & fils : *44, rue de la Louhière, 25500* ***MORTEAU.*** *☎ 03-81-67-04-08. • obertino.com • Visite guidée slt. Lun-jeu 10h-14h. Sur résa par tél. Visite de groupe sur rdv (sf de mi-juil à mi-août, 1re sem vac Toussaint et sem entre Noël et le Jour de l'an), jusqu'à 12 pers. Tarifs : 4 € ; enfant (obligatoirement accompagné d'un parent) : 2 €. ♿ (appeler avant). Durée de la visite : 45 mn.* ***Boutique :*** *lun-ven 8h-12h et 13h30-18h30.*

Partez à la découverte de l'une des dernières ***fonderies artisanales de cloches en bronze*** de France. Ce savoir-faire, perpétué depuis de nombreuses générations par la famille Obertino, est reconnu par le label Entreprise du Patrimoine Vivant. La qualité du métal, la variété des modèles, la richesse des décors font de chaque cloche une pièce unique. Chaque produit est moulé et décoré manuellement avant d'être coulé. Vous assisterez notamment au moulage des cloches et vous aurez peut-être aussi la chance de voir une coulée.

Label : Entreprise du Patrimoine Vivant, réseau Made in chez nous.

Fromagerie Liechti : *12, Grande-Rue, 25530* ***ÉPENOUSE.*** *☎ 03-81-58-32-43. • fromagerie-liechti.fr • Visite guidée slt. Lun-dim 9h-19h (17h le dim). Départ ttes les 30 mn. Visite de groupe sur rdv, jusqu'à 60 pers. Résa par tél. Tarif : gratuit. ♿ Durée de la visite : 1h.* ***Boutique :*** *tlj 9h-19h (17h le dim).*

Fromagerie familiale et artisanale. On y va, on déguste, et l'on est sûr de ne pas repartir les mains vides tellement c'est bon. Goûtez notamment au ***spinosien*** (du nom des habitants d'Épenouse), fromage créé par l'accueillant et sympathique Gilles Liechti et parfumé de différentes herbes et épices (menthe sauvage, noix, cumin, cacao, fèves, genévrier...). Fabrication de ***25 fromages,*** qui changent avec les saisons, comme cette surprenante cancoillotte (ou caillotte, comme on dit ici) à l'absinthe ! Également vente de divers produits régionaux et restauration sur réservation. Le tout en agriculture biologique.

La visite vous mène dans l'atelier de fabrication et dans la cave d'affinage.

Le + : dégustation.

Label : AB, réseau Made in chez nous.

Le musée de l'Aventure Peugeot : *carrefour de l'Europe, 25600* ***SOCHAUX.*** *☎ 03-81-99-42-03. • musee-peugeot.com • À partir de 12 ans. Visite guidée et sur résa slt. Lun-ven : à 9h et à 14h (se présenter 15 mn avant le départ). Visite de groupe sur rdv (sf périodes de confidentialité août et dernière sem de déc), pour 8-50 pers. Tarifs : visite combinée du musée de l'Aventure Peugeot et du site de production : 18 € (en groupe : 16 €/pers) ; 12-18 ans ou scolaire : 12 €. ♿ (sf site de production). Durée de la visite : 2h30.* ***Boutique :*** *tlj 10h-18h.*

Découvrez l'univers fascinant de Peugeot avec la visite de deux sites exceptionnels à Sochaux.

– ***Le musée de l'Aventure Peugeot :*** *carrefour de l'Europe (sortie nº 9 B-Sochaux par l'autoroute). ☎ 03-81-99-42-03. • musee-peugeot.com • ♿ Tlj 10h-18h (sf 1er janv et 25 déc). Entrée : 8,50 € ; 7-18 ans : 4,50 € ; réduc ; gratuit moins de 7 ans et avec le pass. Billet commun avec le centre de production PSA : 18 €. Audioguide : 2,50 €. Durée de la visite : 1h30. Poussette à disposition gratuitement sur demande.*

LA MARQUE DES GRIFFÉS

La société des frères Peugeot fut créée en 1810 et choisit le célèbre lion comme emblème en 1848. Rien à voir avec son illustre congénère de Belfort : il fut apposé au départ sur des... lames de scie, car il symbolisait la dureté des dents, la souplesse de la lame et la rapidité de la coupe. On le retrouve également sur les autres produits de la marque : machines à coudre, bicyclettes, moulins à poivre... En 1896, il devient naturellement l'emblème de la nouvelle société des automobiles Peugeot et est représenté debout sur les voitures, en hommage aux armoiries de la Franche-Comté.

En 2010, la célèbre marque au lion, véritable mythe de l'aventure industrielle française, a fêté le bicentenaire de son histoire passionnante. C'est l'objet de cet immense musée installé dans une ancienne brasserie à l'architecture Art nouveau : retracer en détail l'évolution de cette entreprise familiale fondée en 1810. Spécialisée à l'origine dans la fabrique de scies, elle s'est vite développée pour produire toute une gamme d'outillage et d'objets du quotidien. Regardez dans les vitrines, c'est un surprenant inventaire (à la Prévert) de machines à coudre, de tondeuses de coiffeur, de crocs à arracher les légumes, d'entrées de boîtes aux lettres, de couronnes dentaires, et même de cages en acier pour les robes à crinoline de ces dames ! Peugeot n'est effectivement pas née avec l'automobile. Quand elle s'affirme au XIXe s, la firme fabrique des moulins à café (450 sont exposés ici), des tricycles et des bicyclettes (comme le grand bi, ou le vélo pliant de 1910).
La production d'automobiles débute en 1890 avec la Vis-à-vis, première Peugeot équipée d'un moteur à explosion, et se poursuivra avec le succès que l'on connaît. Une centaine de modèles somptueux évoquent ici cette aventure mécanique. À voir, en suivant un parcours chronologique plein d'anecdotes réjouissantes, des quadricycles de la fin du XIXe s (dont une pièce unique construite pour le bey de Tunis et une autre de type 5, qui a remporté la première course automobile, Paris-Rouen, en 1894), des Torpedos (de *torpille,* en anglais – les premières ne dépassaient pourtant pas les 30 km/h), et des curiosités comme le modèle dessiné en 1913 par Ettore Bugatti. Avec la Première Guerre mondiale, la production s'intensifie, on passe à la standardisation. Les modèles se font plus luxueux (Landaulet de 1928 avec un bar !), plus puissants. Arrive la célèbre 201, voiture de crise sortie en 1929 qui inaugure les noms à trois chiffres. Suivront la 401 en 1934 (on atteint les 100 km/h), la 601... En 1949, c'est la 203 qui permet à Peugeot de sortir de la crise provoquée par la guerre. Petit clin d'œil à l'inspecteur Colombo, indissociable de sa fameuse 403 cabriolet dessinée par Pininfarina, avant de découvrir tous les modèles plus récents jusqu'aux derniers prototypes.
Peugeot, c'est aussi des vélos, des motos (curieux cyclomoteur de 1931 pour ecclésiastique, équipé d'un garde-soutane !), et des scooters pour les nostalgiques des *Fifties*... Une autre section rassemble quelques raretés, comme la *Papamobile* de Jean-Paul II utilisée lors de son voyage en France en 1988 ! Enfin, ne pas rater la section Peugeot-Sport avec tous les bolides du Paris-Dakar (dont le vainqueur de 1987-1988), de la Formule 1, et des 24 Heures du Mans. Un musée haut en couleur d'une telle richesse qu'il plaira forcément à tous !
– ***Le centre de production Peugeot-Citroën de Sochaux :*** *☎ 03-81-99-42-03. Lun-ven, sf périodes de confidentialité, mais résa indispensable (env 10 j. avt). Entrée : 18 € avec la visite du musée. Compter env 2h30. Interdit aux enfants de moins de 12 ans.* Découverte des différentes étapes de la production automobile dans le plus grand centre industriel de France, et visite des lignes d'assemblage d'où sortent 308, 3008 et 5008.
Le + : animations, expositions temporaires (programme sur site internet).
Label : réseau Made in chez nous.

Le Tuyé de Papy Gaby : *2, rue Les Coteys, 25650* ***GILLEY.*** *☎ 03-81-43-33-03. • tuye-papygaby.com • Visite guidée slt. Lun-sam 9h-12h et 13h30-18h30 ; pdt vac scol et mi-avr-fin oct, ouv le dim aussi. Départ ttes les 30 mn. Visite de groupe sur rdv, jusqu'à 60 pers. Tarif : gratuit. Durée de la visite : 1h (groupe), 30 mn (individuels).* ***Boutique :*** *lun-sam 9h-12h et 13h30-18h30 ; mi-avr-oct, ouv le dim aussi.*
Curieux cocktail que cette pseudo-république : une bonne rasade de forte identité géographique et historique, deux doigts de folklore et un zeste de gentille provocation. Le terme « Saugeais » apparaît pour la première fois au XIIe s alors que des colons suisses et savoyards viennent défricher le val pour faire construire l'abbaye de Montbenoît. Il désigne toujours une microrégion (11 communes avec Montbenoît pour capitale, 132 km², 5 700 habitants : les Saugets et les Saugettes), historiquement née après que les sires de Joux eurent fait don de ce territoire au clergé pour pardonner les fautes de leurs ancêtres. Une dizaine de villages et quelques fermes éparses à tuyé (ici commence leur territoire) ont ensuite peuplé les plateaux voisins.

Inutile de chercher bien loin, à 40 km de Besançon et à 30 km de la Suisse, à Gilley, dans la petite république du Saugeais, se situe, à 900 m d'altitude, le plus impressionnant tuyé du Haut-Doubs, avec ses 100 m² au sol et ses 18 m de hauteur. Au-dessus de vos têtes, vous pourrez admirer la cheminée pyramidale, où fument les ***saucisses de Morteau,*** les jambons, le lard, la palette, le Bresi (bœuf fumé et séché), le filet de porc (bacon).
Autre particularité, le foyer se trouve au centre du Tuyé. Les branches et la sciure de sapin se consument lentement afin de parfumer les produits. Vous ne repartirez pas sans avoir découvert la spécialité de la maison : « la cendrée du Papy Gaby », un saucisson très onctueux, séché et affiné pendant 5 semaines avant d'être roulé dans la cendre, ce qui lui donne un goût inimitable. En sortant du tuyé, la présidente de la république du Saugeais vous accueillera et le Papy Gaby vous chantera l'hymne national du Saugeais.
Le + : dégustation gratuite.
Label : réseau Made in chez nous.

HONNI SOIT QUI MAL Y PENSE

La république du Saugeais, toute factice soit-elle, a tout de même son hymne national, sa monnaie (sans aucune valeur), son timbre (1987), son drapeau, un Premier ministre et quelques prestigieux citoyens d'honneur. Le premier fut d'ailleurs Edgar Faure en 1974, alors président de l'Assemblée nationale. Une précision : la république possède deux douaniers mais pas de frontière, car, ici, « ce sont les voisins qui sont bornés » !

HAUTE-SAÔNE (70)

Distillerie Lemercier Frères : *32, rue de la Gare, 70220* ***FOUGEROLLES.*** *☎ 03-84-49-13-66. • lemercier.com • Visite guidée slt. Lun-ven à 15h. Visite de groupe sur rdv, pour 10-60 pers. Tarif : visite payante uniquement le w-e, 3 €/pers. ♿ Durée de la visite : 1h15.* ***Boutique :*** *lun-ven 8h-12h et 13h30-17h30.*
Créée en 1811, cette distillerie familiale est la plus ancienne de Fougerolles. En effet, plusieurs générations s'y sont succédé, et c'est justement ce savoir-faire qui a permis aux générations suivantes de poursuivre cette activité tout en innovant. La visite guidée, de la salle des alambics à l'embouteillage, en passant par la cuverie, permet de découvrir tous les métiers de la distillerie. Dégustation en fin de visite des produits maison : ***eaux-de-vie, crèmes et liqueurs de fruits,*** pastis à l'ancienne, absinthe et kirsch de Fougerolles AOC.

FOUGEROLLES « CAPITALE DU KIRSCH ET DE LA CERISE »

C'est au XVIIe s qu'on trouve les premières traces écrites de la présence de cerisiers cultivés dans la région. La fabrication de kirsch se développe au cours du XVIIIe s : on compte à Fougerolles et dans ses proches environs plus de 60 000 cerisiers et une cinquantaine de distilleries. Aujourd'hui, il reste 35 000 arbres et 4 distillateurs. Mais les eaux-de-vie sont toujours aussi bonnes, grâce à la terre argileuse et gréseuse qui apporte aux racines de l'assise et une bonne rétention d'eau, permettant au fruit de se gorger de jus et de sucre. Et elles sont, depuis 2010, les premières en France à bénéficier d'une AOC Autres spécialités de Fougerolles : les « griottines », petites cerises sauvages macérées dans un sirop léger au kirsch, l'absinthe et le gandeuillot, une saucisse constituée de tripes et de chair de cochon. Chaque artisan a son propre secret de fabrication.

Verrerie La Rochère : *4, rue de la Verrerie, 70210* ***PASSAVANT-LA-ROCHÈRE.*** *☎ 03-84-78-61-13. • larochere.com • Avr : lun-sam 10h-12h et 14h-16h30. Mai-sept : ouv jusqu'à 17h30. Oct : 14h-16h30. Visite de groupe, à partir de 20 pers. Prévenir par tél. Tarif : gratuit. ♿ Durée de la visite : 1h30.* ***Boutique :*** *avr-fin sept, 10h-12h et 14h30-18h (fermé dim mat) ; oct-fin déc, 14h-17h30 (sf les 25 et 26 déc).*

Le magasin d'exposition-vente est installé dans un bâtiment du XVIIe s à la superbe charpente. On y trouve des lampes, vases, des verres en verre soufflé bouche et en verre mécanique, qui vont des rééditions du XVIIIe s aux créations de designers.

Fondée en 1475, ***La Rochère*** est la plus ancienne ***verrerie d'art*** de France encore en activité. Fondée par des aristocrates, la verrerie fut reprise par François-Xavier Fouillot au milieu du XIXe s. Aujourd'hui, ce sont ses descendants qui gèrent cette maison. Si la production s'est mécanisée dans les années 1970, La Rochère n'a pas pour autant abandonné la verrerie « fait main, soufflé bouche », fierté de l'entreprise et point fort de la visite. La visite permet d'assister au travail des maîtres verriers. Ceux-ci prélèvent de la pâte en fusion, la soufflent, lui donnent une forme par des gestes secs et précis, et en sortent un verre, une coupe ou une cruche. Une exposition permanente sur le travail du verre ainsi qu'une vidéo complètent la visite et apportent des connaissances supplémentaires sur cette matière fascinante et ses techniques (verre soufflé à la bouche et verre mécanique). Vous pourrez ensuite vous promener dans le jardin japonais.

Label : Entreprise du Patrimoine Vivant.

Western Candy's : *36 bis, fbg de Belfort, 70400* ***HÉRICOURT.*** *☎ 03-84-46-46-64. • westerncandys.com • Visite guidée slt. Mer 14h-19h. Visite de groupe sur rdv, jusqu'à 30 pers. Tarif : gratuit. Durée de la visite : 30 mn.* ***Boutique :*** *ouv au moment des visites.*

Western Candy's, c'est l'histoire de Michaël Willemin, un artisan pâtissier tellement gourmand qu'il décide de créer ses propres ***confiseries.*** Pour cela, il récupère d'anciennes machines qu'il remet en état. Il recrée également des outils pour la fabrication de bonbons à l'ancienne. Ainsi, le chef confiseur élabore, depuis 1995, dans son laboratoire d'Héricourt avec des machines d'époque, des recettes sucrées de nougats, sucettes et dragées. Il utilise 24 parfums naturels. Lors d'une visite dans son laboratoire, vous aurez peut-être la chance de voir la rouleuse tenir une mare de sucre au chaud, les tireuses oxygéner le sucre, les cylindres à bonbons tourner et la modeleuse mêler diverses empreintes comme la violette ou la framboise. Cependant, Michaël utilise le pétrin pour les nougats ainsi que pour les sucettes qu'il enroule à la main sur le bâton une fois la température et la consistance désirée obtenue. Les gourmands petits et grands ne manqueront pas une telle visite !

Le + : dégustation.

JURA (39)

Caves d'affinage Juraflore : *Fort des Rousses, 39220* ***LES ROUSSES.*** *☎ 03-84-60-02-14. • comte.com/lesrousses • Sur résa auprès de l'office de tourisme, ☎ 03-84-60-02-55. Tarif : 6 € ; 10-13 ans : 4 € ; - 10 ans : gratuit. ♿ Durée de la visite : 1h30.* ***Boutique :*** *ouv. au moment des visites.*

> ***Prévoir un bon pull et des chaussures fermées, il ne fait pas plus de 7,5 °C dans les caves, et c'est très humide.***

Ce fort date du milieu du XIXe s et s'étend sur près de 21 ha. Les fromages Juraflore (l'un des comtés les plus réputés, élaboré depuis trois générations par

la famille Arnaud) ont investi les lieux, après le départ de l'armée, pour transformer deux des trois bâtiments en cave d'affinage. Y sont entreposées quelque 45 000 meules de ***comté,*** ce qui représente tout de même 2 000 t de fromage ! L'architecture particulière du bâtiment Cavalier garantit une température constante (à peine 3 °C d'amplitude) et une excellente aération. La visite comprend plusieurs salles et couloirs. Une première salle présente une maquette fort intéressante du site, suit une petite expo du matériel de fabrication retraçant 1 000 ans d'histoire du comté. On arrive enfin dans le couloir d'affinage, long de 214 m. Il permet de stocker, pour le moment, près de 6 000 meules (que l'on frotte au sel et à la saumure deux ou trois fois par semaine et que des automates retournent régulièrement), chaque meule pesant entre 40 et 50 kg. Pour finir, projection d'un film de 27 mn, dans une ancienne poudrière, puis bien sûr dégustation et vente à la sortie.
Le + : dégustation.

PLATEAU DE FROMAGES

Outre le comté, un plateau des monts de Joux se compose de mont-d'or (ou vacherin mont-d'or), une AOP également (fabriqué exclusivement dans le Doubs), fromage de boîte, cerclé dans une sangle d'épicéa qui est pour beaucoup dans son goût. Fromage de table saisonnier, on le mange aussi désormais sous forme de « boîte chaude ». On perce un trou au centre du mont-d'or, on le remplit de blanc sec du Jura et on enfourne le tout. Fondu, le mélange va napper des pommes de terre chaudes. Le fromage franc-comtois peut être un morbier, pâte pressée reconnaissable à la traînée de suie qui en strie le cœur (lui aussi protégé par une AOC), un bleu du Haut-Jura comme le bleu de Gex (exquise pâte persillée) ou bien encore la tomme de montagne sans oublier la raclette pour des dîners sympa entre amis.

EDF – Centrale hydraulique de Saut-Mortier : *D60 - 39260 LECT. 06-77-11-62-18. • edf.fr/jura • Lun-ven 8h30-11h30 et 14h-16h. Visite guidée par groupe slt, sur résa par tél ou par mail : • dpih-upest-visites-hydro@edf.fr • Tarif : gratuit. Durée de la visite : 1h30.*

À SAVOIR : visite de la centrale à partir de 12 ans. Le jour de la visite, présenter une pièce d'identité (carte nationale d'identité ou passeport) en cours de validité. Porter un pantalon, des vêtements à manches longues, ainsi que des chaussures plates et fermées.

La rivière de l'Ain prend naissance au cœur du Jura, près de Nozeroy. Elle traverse le plateau de Champagnole, s'encaisse ensuite dans des gorges de 90 km de long, rencontre ses deux principaux affluents, la Bienne et l'Oignin, avant de se jeter dans le Rhône à 20 km de Lyon.
Saut-Mortier, sur la rivière de l'Ain, est un site historique de la production hydroélectrique. Une première centrale y fut construite entre 1898 et 1901 (Saut-Mortier I) et une seconde entre 1903 et 1906 (Saut-Mortier II). En 1962, EDF décide de remplacer l'ancien barrage et les anciennes centrales par la centrale actuelle très moderne et télécommandée depuis la centrale de Vouglans. Au barrage, de type « barrage poids », la hauteur de la chute d'eau est d'environ 25 m.
La centrale actuelle est équipée de 2 groupes turbines de 44 mégawatts de puissance totale. Son architecture intérieure contemporaine, rigoureuse et dépouillée, lui confère un style particulier. Située dans un cadre naturel remarquable, à l'aval immédiat du barrage de Vouglans, Saut-Mortier fait partie des 6 centrales EDF sur l'Ain (d'amont en aval, en marches d'escalier : Vouglans, Saut-Mortier, Coiselet, Moux-Charmines, Cize-Bollozon, Allement) qui produisent, en moyenne, de quoi assurer la consommation annuelle de 140 000 foyers.

Fromagerie des Rousses Village : *137, rue Pasteur, 39220 **LES ROUSSES.** ☎ 03-84-60-02-62. • comte.com/lesrousses • Juin-août : lun-sam 9h-12h et 15h-19h. Sept-déc : lun-sam 9h-12h et 15h-18h30. Dim et j. fériés (sf 25 déc, 1er janv et 1er mai) : 10h-12h. Visite de groupe sur rdv, jusqu'à 50 pers. Tarif : gratuit. ♿ Durée de la visite : 30 mn. **Boutique :** juin-août, lun-sam 9h-12h et 15h-19h ; sept-déc, lun-sam 9h-12h et 15h-18h30; dim et j. fériés (sf 25 déc, 1er janv et 1er mai) : 10h-12h. On y trouve 3 sortes de comté du cru et une large gamme de produits régionaux allant du plateau de fromages à la charcuterie, miel, confiture, vins du Jura…*

De larges baies vitrées permettent d'observer les ateliers de fabrication et les caves de pré-affinage des fromages. Ensuite, vous dégusterez une partie de leur gamme de produits régionaux : fromages, charcuteries, vins du Jura… Une muséographie simple avec projection vidéo y présente en permanence l'activité de cette fruitière (nom régional du lieu d'exploitation et de transformation du lait en fromage) de 7 sociétaires, dont les comtés sont affinés par la maison Monts et Terroirs. Gage de qualité, les produits sont labellisés AOC.

Le + : dégustation (uniquement pour les groupes).

Gaudard A&P : *138, route Blanche, 39400 **MORBIER.** ☎ 03-84-33-09-41-73. • gaudard.com • À partir de 8 ans. Visite de groupe slt, pour 10-50 pers (sf 20 juil-25 août). Tarif : 2,50 €/pers. Durée de la visite : 30 mn. **Boutique :** lun-ven 7h30-11h30 et 13h30-16h30 (sf ven ap-m).*

Fondée en 1869, l'entreprise est spécialisée dans la fabrication de lampes à pétrole haut de gamme. ***Gaudard*** est la dernière entreprise européenne à fabriquer le ***bec à pétrole*** commercialisé partout dans le monde. La visite débute par l'exploration des ateliers tels qu'ils étaient en 1902 (date de la construction du bâtiment), abritant une trentaine de presses, de 4 à 200 tonnes, dont la plupart viennent de la ville américaine de Brooklyn, ainsi que diverses machines de sertissage, détourage, moulurage, etc. Le parcours se déroule parmi les presses en fonctionnement ; on est ainsi immergé dans la production des ***lampes à pétrole.*** La visite se finit dans le magasin de vente où plus de 70 modèles sont présentés.

Label : Entreprise du Patrimoine Vivant, Institut national des métiers d'art.

SAÔNE-ET-LOIRE (71)

Chocolats Dufoux : *Pôle d'activité du Charolais, Champ du Village, 71120 **CHAROLLES.** ☎ 03-85-28-08-10. • chocolatsdufoux.com • Visite guidée slt. Juil-août : mar, mer et ven à 14h30. Tarif : 6 €/pers. ♿ Visite de groupe sur rdv (sf nov et déc), 20-50 pers. Mar-sam 9h-17h. Tarif : 6 €/pers; scolaires : 3 €/pers. Durée de la visite : 1h. **Boutique :** lun 14h-19h, mar-sam 9h-19h.*

Meilleur chocolatier de France et collectionneur de médailles, Bernard Dufoux et son équipe sont des bienfaiteurs de l'humanité chocolatière ! Son magasin présente une variété inouïe de chocolats, tous réalisés à partir du meilleur cacao et avec le talent créatif des grands artistes. Attenant à la boutique, son atelier-laboratoire se visite. Idéal pour comprendre la fabrication, suivre le travail du chocolatier et découvrir quelques-unes de ses remarquables spécialités, autour d'un café.

Les + :

– Dégustation.

– Animation : le 1er mercredi de chaque mois, cours de 4h de fabrication du chocolat (sur réservation, 80 €/pers).

Édito Cigares : *château de Loyse, Cedex 266, 71570 **LA CHAPELLE-DE-GUINCHAY.** ☎ 03-85-23-88-85. • cigares-edito.com • Visite guidée slt. Résa par tél. Tarif : gratuit. Durée de la visite : 1h. **Boutique :** ventes à la fin de la visite.* Cette manufacture de cigares, implantée dans un magnifique château du XIIIe s, vous propose de découvrir l'art de fabriquer les cigares dans la pure tradition et le respect du produit. Au cours de la visite, on vous expliquera les terroirs de production ; les différentes étapes de la fabrication, en passant dans la cave de stockage des matières premières ; la salle de maturation des produits finis ; les accessoires liés à la dégustation et la conservation des cigares ; sans oublier les éléments d'analyse sensorielle. Vous finirez en beauté avec une première « dégustation ».

Les + : dégustation et possibilité d'apprendre à rouler son propre cigare.

Le Hameau Dubœuf – centre de vinification : *796, route de la Gare, 71570* ***ROMANÈCHE-THORINS.*** *☎ 03-85-35-22-22. • hameauduboeuf.com • Centre de vinification et jardins aromatiques : avr-oct, tlj 11h-18h. Hameau et gare : tlj 10h-18h. Tarifs : 20 €/pers. 1 billet adulte acheté = 1 billet enfant offert. Billet enfant supplémentaire : 10 €. Visite guidée de groupe du hameau, pour 10-50 pers. Résa par tél, au moins 2 sem avant. Tarif : supplément de 60 €. ♿ Durée de la visite : 3h.* ***Boutique :*** *tlj 8h-19h30.*

C'est en 1993 que Georges Dubœuf inaugure son célèbre ***Hameau du Vin*** et, depuis, des milliers de visiteurs passent chaque année volontiers une journée dans ce vaste univers destiné à l'imaginaire du vin, et principalement du beaujolais. Entrée par un buffet de gare du début du XXe s, pour prendre les billets. Salle de dégustation, musée du Vin, musée de cire, théâtre d'automates racontant les quatre saisons de la vigne, diaporama et film en 3D évoquant avec humour la fin des vendanges, cinéma dynamique avec un écran géant de 8 m x 8 m, où l'on part sur les traces du beaujolais à bord de nacelles animées… Et un savoureux théâtre optique : si vous ne saviez pas encore que Noé fut le premier des vignerons, vous allez devoir remonter au Déluge, en deux temps et trois dimensions. Immenses espaces et très beau décor, rien n'a été négligé pour séduire le visiteur. Un hameau qui a une âme, celle qu'a su lui insuffler la famille Dubœuf, et un musée du Vin à découvrir en famille (les enfants ne sont jamais oubliés) pour se laisser prendre au charme de l'évocation, à la beauté des objets présentés, témoins d'un temps disparu. Balade panoramique sur les collines du Beaujolais et du Mâconnais grâce à une maquette animée. Dégustation à la fin de la visite du Hameau. Boutique (évidemment !).

En sortant de la salle des Pas perdus, juste en face du Hameau, la visite continue : découvrez l'ancienne gare (Gare du vin) et son circuit sur le monde des trains et du chemin de fer avec, en pièce maîtresse, le wagon impérial de Napoléon III.

Et puis gardez des forces, car il y a encore un autre site à voir : le Jardin en Beaujolais & les coulisses de la vinification.

Vous embarquerez à bord du petit train, direction le chai de vinification, pour vous immerger dans un espace alliant technologies de pointe et respect des traditions. Puis, vous irez vous balader sur 5 000 m^{2} de jardin, un monde tout en saveurs. Fleurs, écorces de fruits, épices, sous-bois… Autant d'arômes qui font la richesse du vin et que vous allez découvrir au cours d'un moment privilégié en pleine nature au cœur des vignes.

Des « Rosalies », voitures à pédales, et des « sulkys » pour les plus jeunes sont à la disposition des visiteurs pour faire un tour entre les vignes !

Si la faim vous tenaille, faites un tour en revenant sur vos pas au *Café du Hameau,* situé dans le hall des Pas perdus. Petite terrasse.

Label : prix national de l'œnotourisme.

Manufacture Perrin : *12, rue de Verdun, 71300* ***MONTCEAU-LES-MINES.*** *☎ 03-85-67-72-85. • perrinchaussettes.com • Visite guidée et de groupe (sf entre Noël et le Jour de l'an), à partir de 15 pers. Lun-ven : à 10h et à 14h30. Départ au 17, rue Claude-Forest. Résa : office de tourisme de Montceau-les-Mines ☎03-85-69-00-00, • bienvenue@creusot montceautourisme.fr •, ou office de tourisme du Creusot ☎ 03-85-55-02-46, • guides@creusotmontceautourisme.fr • Tarifs : 6 €/pers (remboursement*

Toutes les informations concernant la région sont à retrouver sur le site : • entrepriseetdecouverte.fr •

du prix d'entrée à partir de 60 € d'achat au magasin); - 12 ans : gratuit; scolaires : 3 €/pers. ♿. Durée de la visite : 45 mn.
***Boutique :** ventes à la fin de la visite. Vous y retrouverez l'intégralité des collections, ainsi qu'une gamme de produits textiles issue des partenaires-fabricants 100 % Made in France : Saint-James, Gauthier, Gohia et Tolix.*
La manufacture de bonneterie Perrin, entreprise familiale fondée en 1924, produit des ***chaussettes et des collants 100 % français.*** Elle les commercialise sous 4 marques dont la marque « Berthe aux grands pieds » et la marque « Dagobert à l'envers » (des chaussettes réversibles figuratives !). 5 % de la production est également revendue par différentes grandes marques (Dior, Rykiel). 70 machines à tricoter sont nécessaires pour produire les 5 000 pièces quotidiennes, dont 2 spécifiques qui réalisent des points anciens. Les finitions sont faites à la main dans l'atelier de confection puis chaque pièce est contrôlée manuellement, mise en forme et repassée avant d'être conditionnée. Le local d'expédition prépare les commandes qui doivent partir aux quatre coins du monde et principalement aux USA, au Japon et en Chine. Nul doute que les centaines de milliers de paires fascineront petits et grands et qu'après la visite vous verrez vos chaussettes d'un autre… œil.

Les + : remboursement du prix d'entrée à partir de 60 € d'achat au magasin et un cadeau-souvenir remis à chaque visiteur.

Label : Bottin du Made in France, Entreprise du Patrimoine Vivant.

YONNE (89)

Le Borvo :

*route de Beaumont, 89250 **CHEMILLY-SUR-YONNE.** ☎ 03-86-47-82-44. • leborvo.fr • Visite guidée slt. Sam à 15h sur résa. Tarifs : 7 €; enfant : 4,50 €; - 6 ans : gratuit. Visite de groupe sur rdv, 20-80 pers. Tarif : 6 €/pers. Durée de la visite : 1h30. **Boutique :** lun-sam 9h-18h30.*
Le Borvo est une des premières manufactures indépendantes de saumon fumé. La société, dirigée par un ancien chef cuisinier – étoilé Michelin –, est depuis plus de 30 ans une référence gastronomique européenne en matière de ***fumage de saumon.*** Elle est installée sur un site exceptionnel qui est une réplique moderne de la Saline royal d'Arc-et-Senans.
À travers un parcours sur 400 m², qui inclut une superbe galerie photos sur le monde de la mer, on découvrira une saga familiale, qui conduit un restaurateur reconnu à devenir l'initiateur d'une recette gastronomique unique de fumage de saumon, un aperçu de l'évolution des modes de conservation du poisson des origines à nos jours mais aussi un savoir-faire original de transformation, dont l'art du tranchage manuel, réalisé devant vous.
En fin de parcours, atelier de dégustation. On y apprend à reconnaître les meilleurs produits et pourquoi l'origine, le milieu de vie, les techniques d'élevage et la nourriture conditionnent la qualité et les saveurs des saumons fumés.

Les + : dégustation, possibilité de restauration sur place sur résa pour les groupes.

Label : Vignoble et Découverte, Indication géographique protégée.

Poterie de la Bâtisse :

*la Bâtisse, 89520 **MOUTIERS-EN-PUISAYE.** ☎ 03-86-45-68-00. • poterie-batisse.com • Mar-sam 10h-12h et 14h-18h, dim et lun 15h-18h (dim en mai-sept et lun en juil-août slt). Dernière entrée 1h avant fermeture. Tarifs : 5 €; enfant : 2,50 €. Visite guidée sur résa à partir de 9 pers. Tarifs : 9 €; enfant : 5,50 €; - 6 ans : gratuit. Visite de groupe sur rdv, pour 20-50 pers. Tarifs : 6,20 €/pers; scolaires : 4,90 €/pers. ♿ (sf four couché). Durée de la visite : 1h. **Boutique :** mar-sam 10h-12h et 14h-18h; également le dim mai-fin sept et le lun en juil-août 14h-18h.*
Fondée au XIIIe s, au cœur de la Bourgogne, la Poterie de la Bâtisse a su garder son âme grâce aux générations de potiers issues de la famille Cagnat qui s'y sont succédé. Aujourd'hui, ce lieu chargé d'histoire propose de découvrir les ateliers et le four couché du XVIIIe s classé Monument historique à travers une visite qui

met en valeur le savoir-faire ancestral des potiers qui continuent à y travailler selon des ***techniques traditionnelles :*** pétrissage de la terre, tour à bâton ou à pied, émaillage, cuissons et salles de séchage. Démonstration de tournage en fin de visite.

Le + : animation, différents stages d'initiation sont proposés pour les enfants ainsi que des stages de formation pour les adultes.

Label : Entreprise du Patrimoine Vivant, Famil'yonne.

Un train bien sympathique pour se rendre à la poterie :

– ***Le train touristique de Puisaye :*** *av. de la Gare, à Toucy. ☎ 03-86-44-05-58 ou 15-66 (office de tourisme). • train-de-puisaye.com • Slt w-e et j. fériés début mai-fin sept. Se renseigner pour les horaires de départ. Ticket A/R : 7-9,50 € (plein tarif) selon longueur du trajet ; réduc enfants. Billet forfaitaire à la journée, qui vous permet de descendre où vous voulez. Transport de vélos, voitures d'enfant, animaux de compagnie gratuit.* À la croquignolette gare de Toucy, l'autorail *Picasso,* qui n'accuse pas moins d'un demi-siècle, vous trimbale dans une chaude ambiance de vacances à travers la campagne. Le trajet ? Toucy/Villiers-Saint-Benoît (environ 9 km à parcourir en 20 mn), tronçon de l'ancienne ligne Montargis-Clamecy, ou Toucy-Moutiers-La Bâtisse (ligne Gien-Auxerre, compter 1h). Demandez au conducteur de vous faire visiter la cabine de conduite et le compartiment moteur. Passionnant et ludique. Petit coin bar-boutique dans l'autorail. En gare de Toucy, visite complémentaire du musée des Ambulants de la Poste et du Musée ferroviaire. Animation formidable par des bénévoles sympa. Quiz destiné aux enfants.

Toutes les informations concernant la région sont à retrouver sur le site :
• entrepriseetdecouverte.fr •

BRETAGNE

Mer et littoral : la Bretagne se place en tête des régions françaises pour ce secteur, véritable vitrine du savoir-faire breton. La Bretagne concentre à elle seule 70 % des criées ouvertes à la visite en France, comme celles du Guilvinec ou de Roscoff, ainsi que des sites phares de l'ostréiculture, comme la ferme marine de Cancale, voire la culture d'algues. Dans la continuité, les conserveries de poisson sont également présentes : Courtin, la belle-îloise, Kerbriant…

De façon plus globale, dans le secteur de l'alimentaire, tradition et qualité sont les deux mots clés. L'attractivité des productions de gourmandises n'est plus à vérifier : biscuiteries et chocolateries raflent les premières places en matière de visite d'entreprise, comme la Biscuiterie de la Pointe du Raz, championne régionale avec plus de 160 000 visiteurs par an, la biscuiterie de Traou Mad, la Maison d'Armorine…

Deux visites notables et inattendues : dans le secteur de l'énergie, l'usine marémotrice EDF de la Rance remporte la 3e place en matière de visite d'entreprise en Bretagne. Le site, à la fois monumental et insolite, propose un espace au cœur du barrage en immersion sous la mer. Le haras national de Lamballe, lui, permet de découvrir les chevaux de trait bretons, reflets d'un territoire et de son histoire – une visite qui plaira autant aux enfants qu'à leurs parents.

***BONS PLANS :** la chambre de commerce et d'industrie du Finistère organise tous les ans l'opération « Les Secrets de nos Boîtes », qui implique une soixantaine d'entreprises.*
La chambre de commerce et d'industrie du Morbihan a également édité un petit guide des entreprises ouvertes à la visite dans le département.
L'office de tourisme de la baie de Saint-Brieuc propose de nombreuses visites d'entreprises durant la période estivale. Programme sur le site • baiedesaintbrieuc.com •

CÔTES-D'ARMOR (22)

Biscuiterie-caramèlerie-confiturerie Brieuc : *5, rue du Verger, 22120* ***YFFINIAC.*** *☎ 02-96-77-04-49. • brieuc.bzh • Visite libre : observation de la production à travers un couloir vitré depuis la boutique. Lun 9h-12h30 et 13h30-18h, mar-ven 9h-12h30 et 13h30-19h, sam 10h-12h30 et 14h30-19h. Visite guidée : résa par tél. Visite de groupe sur rdv, pour 7-15 pers. Tarif : gratuit. ♿ Durée de la visite : de 45 mn à 1h.* ***Boutique :*** *mêmes horaires que la visite.*
Localisée au cœur de la baie de Saint-Brieuc, la Biscuiterie-caramèlerie-confiturerie Brieuc fabrique artisanalement une large gamme de caramels au beurre salé, de biscuits et spécialités bretonnes et de Confibreizh. Fabriquées sans colorant, sans conservateur, sans additif ni gélifiant, toutes les gourmandises sont cuisinées dans le respect de la pure tradition pâtissière et caramélière bretonne.
Située en bordure de RN 12 sur l'axe Rennes-Brest, à hauteur d'Yffiniac, on peut observer la réalisation des produits à travers une baie vitrée donnant sur l'atelier depuis le magasin d'usine. L'ensemble est tout récent puisque cette nouvelle usine a ouvert en 2014.
Le + : dégustation.
Label : Produit en Bretagne.

Toutes les informations concernant la région sont à retrouver sur le site : • entrepriseetdecouverte.fr •

Criée d'Erquy : *Le Port, 22430* ***ERQUY.*** *☎ 02-96-41-50-83. Visite guidée slt. Mi-juin-mi-sept : mar à 6h30. Scolaires : vac scol sf Noël, mar à 6h30. Tarifs : 6,50 € ; enfant : 3 €. Visite de groupe sur rdv, pour 6-25 pers. Tarifs : 170 €/groupe ; scolaire : 4,50 €/pers. ♿ Durée de la visite : 2h.*
Si la coquille Saint-Jacques reste la reine de la baie de Saint-Brieuc, tous les matins, le poisson ramené à quai fait l'objet de toutes les attentions. Et tout va très vite. Triés, pesés, étiquetés, les saint-pierre, rougets et autres roussettes sont soumis au rituel de la vente à la criée. Lors de la visite, à condition de vous lever tôt, vous irez du quai de débarquement au port, en passant par la salle des ventes, les différents lieux de stockage du poisson, la présentation du travail du mareyeur, jusqu'aux bateaux et engins de pêche.

Distillerie Warenghem : *route de Guingamp, 22300* ***LANNION.*** *☎ 02-96-37-00-08. • distillerie-warenghem.com • Individuels, visite guidée slt. Résa par tél. Avr-fin sept : lun-sam 10h-12h et 15h-18h, sf lun mat et sam ap-m. Oct-mars : lun-ven 8h30-12h et 14h30-17h30. Départ ttes les heures. Visite de groupe sur rdv, pour 20-50 pers. Tarif : gratuit, sur demande pour groupe. ♿ Durée de la visite : 45 mn.* ***Boutique :*** *mêmes horaires que la visite.*
Qu'il vienne d'Écosse ou d'Irlande, le whisky n'est-il pas ce breuvage qui rappelle les origines celtes des Armoricains ? « L'eau, le feu, le temps... Le ***whisky***... » Chaque été, la distillerie Warenghem, la plus ancienne de Bretagne, ouvre ses portes pour faire découvrir les étapes d'élaboration de l'Armorik, whisky breton *single malt,* depuis les alambics jusqu'aux chais de vieillissement des fûts. Une visite idéale aux effluves envoûtantes pour se réchauffer les jours de mauvais temps !
Le + : dégustation gratuite.

Haras national de Lamballe : *pl du Champ-de-Foire, BP 50211, 22400* ***LAMBALLE.*** *☎ 02-96-50-06-98. Visite guidée slt. Tlj à 14h30. Tarifs : 7 € ; 3-12 ans : 4 € ; - 3 ans : gratuit. Visite de groupe sur rdv, pour 20 pers min. Tarifs : 5 € ; scolaire : 3 €/enfant et par heure. ♿ Durée de la visite : 1h30.* ***Boutique :*** *sept-juin, lun-sam 10h-12h et 13h30-17h30 (sf lun mat) ; juil-août, tlj 10h-18h.*
Ce vaste haras, créé en 1825, constitue toujours le berceau du cheval de trait breton. Visite des écuries, d'une remise à voitures hippomobiles, de la sellerie d'honneur... Le tout émaillé d'explications intéressantes. En septembre se déroule, chaque année, le National du ***cheval de trait breton,*** qui attire de nombreux éleveurs de la France entière. Le dernier dimanche de septembre, une journée du cheval « Mille sabots » rassemble... des centaines d'équidés dans le parc de la ville. Enfin, le haras accueille régulièrement des concours de saut d'obstacles et présente des expos temporaires sur le thème du cheval.
Le + : spectacles équestres, chaque jeu en juil-août, et autres animations. Programme sur demande.
Une fois que vous êtes à Lamballe, on vous encourage vivement à aller voir ***le musée Mathurin-Méheut*** : ce petit musée présente par roulement (le fonds est important) les œuvres de Mathurin Méheut (1882-1958), l'un des artistes les plus populaires et emblématiques de Bretagne. Bien qu'il ait fait une bonne partie de sa carrière à Paris, il laisse une œuvre considérable, miroir de la vie sociale et culturelle de la Bretagne de la première moitié du XXe s. Natif de Lamballe, il fut décorateur, illustrateur, céramiste, sculpteur, voire « ethnographe-philanthrope » dans le cadre de sa collaboration avec Albert Kahn. *Pl. du Martray, 22400* ***LAMBALLE.*** *☎ 02-96-31-19-99. • musee-meheut.fr •*

Mohair du Pays de Corlay : *La Garenne Morvan, 22320* ***LE HAUT-CORLAY.*** *☎ 02-96-29-44-18. • mohair-pays-corlay.com • Visite guidée slt. Juil-août : lun-sam 14h-18h. Reste de l'année : mar-sam 14h-18h et sur rdv. Tarifs : 5 € ; 3-12 ans : 1,50 €. Visite de groupe sur rdv, pour 10-60 pers. Tarifs pour groupe de moins de 12 pers, visite guidée : forfait de 50 € ; visite d'une journée : forfait de 80 €. Groupe de plus de 12 pers, visite guidée : 4,50 €/pers ; visite d'une journée : 8 €/pers. ♿ Durée de la visite : 1h30.* ***Boutique :*** *juil-août, lun-sam 14h-18h ; le reste de l'année, mar-sam 14h-18h et sur rdv.*

Vente des produits tissés (écharpes, plaids, couvertures) et tricotés (gants, chaussettes, pulls) issus des toisons des animaux. Les articles sont fabriqués en France par des artisans spécialisés, principalement de la région de Castres dans le Tarn.

La famille Charles vous propose de visiter leur ferme où ils élèvent des ***chèvres angora*** et produisent 600 à 700 kg de mohair par an. L'accueil se déroule dans le chalet, puis visite des animaux et de l'élevage dans son ensemble, de la salle de tonte et des pâturages (si le temps le permet). Enfin, retour dans le chalet pour visionner le film sur la tonte des chèvres et/ou le film sur la transformation du mohair, *Le Mohair des fermes de France*. Également en option, une démonstration de cardage, filage et tissage à l'ancienne.

Animations : en fonction des visites choisies, à la demi-journée ou à la journée.

POURQUOI LES HUÎTRES SONT-ELLES VENDUES À LA DOUZAINE ?

Autrefois, on pouvait calculer par douzaines sans être allé à l'école. En effet, le pouce permet de compter sur les quatre autres doigts de la main qui possèdent trois phalanges chacun et qui servent de boulier (4 x 3 = 12). Ce comptage perdure pour beaucoup de produits d'alimentation.

Nicolas Nonnet Ostréiculteur : *5, rue René-Duguay-Trouin, ZA des Jeannettes, 22430* ***ERQUY.*** *☎ 02-96-63-66-93. Visite guidée slt. Appeler avant. Juil-août : lun-sam à 11h et à 17h30. Tarifs : 11 € ; - 10 ans : gratuit. Pack famille : 2 adultes payants/gratuit pour 2 enfants de moins de 16 ans. Visite de groupe sur rdv (sf déc), jusqu'à 50 pers. Inclut 6 huîtres/pers, pain/beurre, un verre de vin blanc (rillettes de poisson sur demande). Tarif : 10 €/pers. Inclut 1 gratuité pour 20 personnes + chauffeur. ♿ Version du film sous-titré pour malentendants. Durée de la visite : 1h20.* ***Boutique :*** *mar-dim 9h30-12h30 et 16h-19h (sf dim ap-m).*

Apprendre en dégustant, c'est ce que propose Nicolas Nonnet, ostréiculteur. L'occasion de visionner un film sur cette profession. La séance est suivie d'un commentaire et d'une dégustation avec verre de vin. Dans la boutique, vente directe de fruits de mer.

Le + : Dégustation : 6 huîtres par personne, pain-beurre, un verre de vin blanc (rillettes de poisson sur demande).

FINISTÈRE (29)

UN CODE SECRET ET PAS MAL D'HUMOUR

Allez jeter un coup d'œil au magnifique port de plaisance de Roscoff. En rentrant, tournez sur la droite vers le bureau du port. Les façades sont recouvertes d'un gigantesque treillis métallique percé de rectangles et de trous. On peut y déceler un message bien mystérieux… en morse. Il s'agit de la recette de la pâte à crêpes bretonne !

Algoplus : *zone de Bloscon, 29680* ***ROSCOFF.*** *☎ 02-98-61-14-14. • algoplus-roscoff.fr • Individuels : visite guidée seulement. Juil-août : lun-ven à 11h, 15h, 16h et 17h. Hors saison, voir programme sur le site. Tarif : gratuit. ♿ Visites de groupes : sur rdv au ☎ 02-98-61-14-14, 20-50 pers. Tarif : gratuit. Durée de la visite : 1h15.* ***Boutique :*** *lun-ven 10h-12h et 14h-17h30.*

Installée dans les anciens locaux d'une fabrique de casiers, la ***conserverie marine artisanale*** Algoplus est une entreprise originale qui récolte et transforme des algues alimentaires.

Son installation à Roscoff n'est pas due au hasard, mais à la proximité d'un champ d'algue exceptionnel. La Bretagne Nord est en effet l'une des régions les plus riches du monde en espèces d'algues (800 au bas mot). Au rythme des marées et des coefficients, l'équipe sélectionne les algues et les récolte en les coupant à la faucille. La reproduction est assurée d'une saison à l'autre, l'environnement et l'écosystème sont ainsi protégés.
Une fois récoltée, l'algue fraîche est directement travaillée en atelier de façon naturelle : séchage, saumurage ou appertisation pour intégrer les préparations et devenir des produits maison : moutarde aux algues, haricots verts marins, persil de la mer, soupes de poissons aux algues…
Côté poissons, la conserverie se fournit directement dans les criées de Roscoff, Concarneau, Le Guilvinec et Douarnenez. Le schéma de fabrication est simple. Le poisson est directement fileté à la main puis transformé en rillettes grâce à des recettes naturelles et artisanales. La conserverie décline aussi une gamme de rillettes de poissons et maintenant de légumes locaux : artichaut, chou-fleur, potimarron du Léon, sans oublier l'oignon rose de Roscoff à travers un délicieux confit « à pleurer de bonheur ».
Le + : dégustation.

POUR UNE CUISINE IODÉE

Si autrefois les usines brûlaient les algues pour en extraire de l'iode, aujourd'hui les débouchés se sont diversifiés. Après les engrais et les bains d'algues, les chercheurs concoctent actuellement des produits alimentaires comestibles avec les algues brunes, vertes ou rouges. Le Centre d'études et de valorisation des algues (CEVA) de Pleubian, en liaison avec ADRIA à Quimper, a mis au point des recettes de pains, pâtés, saucissons, plats composés, etc. Seul problème avec les algues bretonnes : elles n'ont jamais fait partie des traditions culinaires de la région. Contrairement au Japon, où l'algue est dans toutes les assiettes (depuis des siècles !), en Bretagne, elle n'est consommée que par une minorité de gourmets.

Armor Lux : *21-23, rue Louison-Bobet, ZI de Kerdroniou, 29000* ***QUIMPER.*** *☎ 02-98-90-05-29. • armorlux.com • Visite guidée slt. Horaires et résa par tél (lun-ven). Visite de groupe sur rdv (sf 1re sem de main et en août), pour 5-200 pers. Tarif : gratuit. ♿ Durée de la visite : 30 mn.* ***Boutique :*** *lun-sam 9h30-19h ; juil-août, dim 10h30-19h.*
Pulls marins, mais également cabans, marinières, duffle-coats, cirés… Deux collections annuelles. C'est en 1938 que Walter Hubacher crée la Bonneterie d'Armor à Quimper pour produire des sous-vêtements de qualité, sous la marque Armor Lux. En 1970, la marque crée ses premières collections de prêt-à-porter, caractérisées par un style marin chic et authentique, et lance un réseau de boutiques en 1982. Aujourd'hui, l'entreprise habille les personnels de La Poste, la SNCF, les Aéroports de Paris, la Police nationale, et produit des lignes de produits en coton équitable et biologique. La qualité des textiles et le savoir-faire des couturières ont acquis une renommée internationale.
Label : Entreprise du Patrimoine Vivant.

Biscuiterie de la Pointe du Raz : *route de la Pointe-du-Raz, 29770* ***PLOGOFF.*** *☎ 02-98-53-10-13. • biscuiteriedelapointeduraz.com • Lun-dim 9h-12h et 14h-18h. Pour connaître les horaires de fabrication des sablés, et pour une visite guidée, téléphoner au ☎ 02-98-70-60-73. Visite de groupe sur rdv, pour 20-100 pers. Résa au ☎ 02-98-53-10-20 (Bretagne terroirs). Tarif : gratuit. ♿ Durée de la visite : 10 mn.* ***Boutique :*** *lun-ven 9h-19h, w-e 10h-12h et 14h-19h (ferme à 20h juin-août, à 18h janv-mars).*
Depuis 1936, la Biscuiterie de la Pointe du Raz régale les amateurs de gâteaux bretons de tradition grâce à de bons ingrédients (sel de Guérande) mariés à l'amour du travail bien fait. Le beurre, par exemple, est exclusivement du « beurre de baratte ». Lors de votre visite, vous découvrirez le processus

d'élaboration des biscuits, du choix des ingrédients aux différents circuits de distribution. On traverse ainsi la salle de préparation et d'emmoulage des biscuits, puis celle de cuisson et de démoulage et enfin la salle d'emballage et de conditionnement. Simple mais tellement bon. Pour clore la visite en saveur, dégustation des spécialités de la maison.

Biscuiterie Traou Mad de Pont-Aven : *ZA de Kergazuel, 29930 **PONT-AVEN.** ☎ 02-98-06-01-03. • traoumad.fr • Visite guidée slt sur résa. Juil-août : 4 visites/jour les mar et jeu, 3 visites les mer, à partir de 10h. Visite de groupe sur rdv, pour 20-50 pers. Tarif : 3 €. Durée de la visite : 45 mn. **Boutique :** lun-ven 9h30-12h30 et 14h-18h30.*

Voilà le ***sablé breton*** le plus célèbre, créé en 1920 par un boulanger de Pont-Aven. Depuis 1974, certaines étapes de la production et du conditionnement sont automatisées mais les ingrédients et la recette demeurent les mêmes. Il est composé de lait et de beurre produits localement, la farine provenant du seul moulin encore en activité à Pont-Aven. Dans les années 1980, les boîtes de biscuits sont décorées des œuvres de Paul Gauguin. Le logo symbolisant l'association de la peinture et de la gastronomie est indissociable de la marque. Les gourmands seront ravis d'apprendre que, outre la célèbre galette, *Traou Mad* propose aussi une déclinaison de crêpes dentelle, sucrées et salées.

Le + : dégustation.

Label : Produit en Bretagne.

L'ÉCOLE DE PONT-AVEN

De 1886 à 1896, une vingtaine de peintres y ont travaillé ensemble, confrontant leur travail, élaborant un style, discutant les formes. Avec, à leur tête, Gauguin. Fuyant la grande ville, celui-ci aspirait à se retremper aux sources fraîches de la nature, à travailler dans des conditions matérielles moins difficiles. Il était en train de rompre avec l'impressionnisme et cherchait une voie nouvelle. Avec ses amis, c'était un bouillonnement passionné de débats et une riche production. Avec Gauguin, on retrouve Émile Bernard, Paul Sérusier, Maxime Maufra, Henri Moret, Maurice Denis, les Hollandais Meyer de Haan et Verkade. Gauguin commence à travailler à grands coups d'à-plats avec un cerne épais. Le symbolisme va naître, fait de simplification voulue, de liquidation de tout ce qui n'est pas absolument utile à l'expression de l'œuvre.

Cidrerie Manoir du Kinkiz : *75, chemin du Quinquis, Ergué-Armel, 29000 **QUIMPER.** ☎ 02-98-90-20-57. Visite guidée slt. Lun-sam 9h-12h30 et 14h-18h30. Tarif : gratuit. Visites de groupe sur rdv (sf dim et j. fériés), pour 10-50 pers. Tarif : 2,50 €/pers. Durée de la visite : 1h30. **Boutique :** mar-sam 9h-12h30 et 14h-18h30.*

Héritier d'un savoir-faire et d'une longue tradition familiale, Hervé Seznec vous invite à découvrir le chai et les produits Manoir du Kinkiz élaborés dans la plus pure tradition cidricole. Lors de la visite, si le temps est favorable, vous pourrez visiter le verger. De retour à la cidrerie, visite du matériel de ferme évoquant les vieilles techniques de production et leur évolution, le chai, les modes de fabrication du cidre, des eaux-de-vie et du pommeau, et la chaîne de mise en bouteilles (étiquetage, notamment). En fin de parcours, dégustation de différents produits dont le fameux cidre-de-cornouaille (AOC) que fabriquent les Seznec, médaillé d'or au Concours général agricole de Paris 2013.

Le + : dégustation, animation.

Label : AOC, AOP, Bienvenue à la Ferme.

Conserverie Courtin : *3, quai du Moros, 29900 **CONCARNEAU.** ☎ 02-98-97-01-80. Résa au ☎ 02-98-53-10-20 (Bretagne Terroirs). Visite guidée slt. Lun-ven à 10h et 11h. Visite de groupe sur rdv, pour 20-50 pers.*

Tarif : gratuit. ♿ Durée de la visite : 25 mn. ***Boutique :*** *lun-sam 9h-13h et 14h-19h.*
Au tout début du XXe s, Concarneau comptait une trentaine de conserveries, générant plus de 2 000 emplois sur le territoire. Courtin est l'une des deux conserveries encore en activité. Depuis 1893, la conserverie Courtin fabrique et commercialise sa propre spécialité avec la même recette : le ***confit de noix de Saint-Jacques.*** Mais elle a diversifié sa production et propose maintenant soupes et rillettes de poissons fabriquées artisanalement autour du convivial « casse croute du marin ».
Le + : dégustation.
Visite à compléter par celle du ***musée de la Pêche*** : au cœur du centre historique de Concarneau, le musée présente l'histoire des pêches depuis la préhistoire jusqu'à aujourd'hui. Bateaux, objets maritimes, maquettes, films et dioramas éclairent l'activité halieutique. Présentation de bateaux, dont un chalutier à flot, l'*Hémérica,* amarré au quai du Musée. Expos temporaires diverses. *3, rue Vauban, 29900* ***CONCARNEAU.*** *☎ 02-98-97-01-80. • musee-peche.fr • ♿ Dans la ville close.*

Conserverie Kerbriant : *Parc d'activités Lannugat Nord, 32, rue Jean-Kervoalen, 29100* ***DOUARNENEZ.*** *06-65-54-66-70 • kerbriant.fr • Visite guidée slt. Lun-ven à 9h30 et à 11h, ap-m sur rdv. Appeler avant. Visite de groupe sur rdv, à partir de 6 pers. Résa par tél. Tarif : gratuit. ♿ Durée de la visite : 1h30.* ***Boutique :*** *juin-sept, lun-sam 9h30-19h ; oct-mai, 9h30-12h et 14h30-17h30.*
Dernière conserverie artisanale et familiale de produits de la mer de Douarnenez, où tout est élaboré et transformé sur place, à la main, quasiment à l'ancienne. Douceurs pour l'apéritif, plats cuisinés pour la famille ou pour les grands rassemblements, la gamme est appétissante et fait sienne la devise du patron : « Il faut que les gens prennent du plaisir à manger. » Tout un programme !
Vous y apprendrez en détail ce qu'est le sertissage (avec la mise en route de machine) ainsi que l'autoclavage. Et vous dégusterez 4 ou 5 produits tartinables, puis une ***soupe de poissons,*** et vous terminerez avec un de leurs plats cuisinés.
Le + : dégustation.

PROMENEZ LA LANGOUSTE !

Quand les bateaux revenaient de Mauritanie avec leur cargaison de langoustes, les prix étaient parfois trop bas. Alors, les capitaines voguaient avec leur chargement, dans la baie de Douarnenez, en attendant que les cours remontent. Exceptionnellement, les femmes avaient le droit de monter à bord. Beaucoup d'enfants ont été conçus quand « on promenait la langouste ».

Criée du Guilvinec (Haliotika) : *Le Port, 29730* ***LE GUILVINEC.*** *☎ 02-98-58-28-38. • haliotika.com • Visite guidée slt. Résa par tél. Avr-mi-sept et vac scol : lun-ven à 5h30, 11h et 16h30 au départ d'Haliotika. La visite de la criée est couplée avec la visite du centre de découverte Haliotika. Tarifs : 7 € ; enfant : 5 € ; - 5 ans : gratuit. ♿ Visite de groupe sur rdv, pour 10-120 pers. Lun-ven à 5h30, 11h et 16h30 au départ d'Haliotika. Tarifs : sur demande. Durée de la visite : 1h30 (centre de découverte) et 30 mn (criée de Guilvinec).* ***Boutique :*** *lun-ven 10h-12h30 et 14h30-18h30, avr-mi-sept, w-e aussi.*
Troisième en importance, et probablement le port de pêche actif le plus charmant de Bretagne. Avec Léchiagat, petite commune de l'autre côté de l'estuaire, Le Guilvinec forme un ensemble homogène assez vivant. Assistez, en semaine uniquement, à partir de 16h30, au retour des chalutiers, sous une

nuée de goélands. Vous avez même droit à une visite guidée passionnante si vous prenez un billet couplé avec l'entrée du centre Haliotika. Un parcours symbolisé par des bronzes emblématiques de l'activité de pêche guilviniste (langoustines et poissons) guidera même vos pas du parking de la Petite Sole à la Criée, réunissant pour de bon ville et port.

Haliotika – La Cité de la Pêche : *terrasse panoramique du port. ☎ 02-98-58-28-38. • haliotika.com • ♿ Juil-août : lun-ven 9h-9h, sam-dim 15h-18h30. Avr-juin et sept : lun-ven 10h-12h30 et 14h30-18h30 ; w-e 15h-18h30. Vac Toussaint, vac Noël et fév : lun-ven 10h-12h30 et 14h30-18h30. Entrée : 6-7 € ; criée : plus 1 € (entrée couplée avec les expos). Audioguides : 1 €. Visites guidées payantes des coulisses de la criée, dégustation de langoustine env 4 €, sf lun ou lendemain j. fériés (prendre une p'tite laine, il y fait frisquet !), de la criée hauturière. Possibilité de sorties en mer (env 55 €). Également des ateliers (« atelier du goût », « art des nœuds », « chantier naval » et « petits chefs » pour les enfants...), pêche à pied...*
Pour tout savoir sur le monde de la pêche et de la mer, ses métiers, ses techniques. Vitrine remarquable à plus d'un titre (ici, on ne veut pas entendre parler du mot « musée » !), permettant d'expliquer les bateaux, les hommes, les poissons, les zones de pêche, les filets : reconstitution d'un chalut, d'une passerelle de navigation, coupe d'un chalutier hauturier pour connaître la vie à bord. À ne pas manquer : l'arrivée des chalutiers côtiers à partir de 16h30 sur la terrasse.
Le + : dégustation.

Criée Plouhinec-Plougoazec : *Terre-plein de Plougoazec, 29780 **PLOUHINEC.** ☎ 02-98-70-74-55. • plouhinec-tourisme.com • Résa au ☎ 02-98-70-74-55 (office de tourisme de Plouhinec). Visite guidée slt, sur résa. Juil-août : lun à 14h, jeu à 14h30. Rdv devant le centre nautique au fond du parking pour le départ de la visite. Tarifs : 4 € ; enfants 7-12 ans : 1 € ; - 7 ans : gratuit. Visite de groupe sur rdv, pour 15-45 pers, sur réservation. Tarifs : 4€/pers ; scolaires : 50 €/groupe. ♿ Durée de la visite : 2h.*
La criée de Plouhinec vous ouvre ses portes pour une visite guidée à la rencontre du monde de la pêche professionnelle. Présentation d'une vidéo sur la pêche au bar de ligne, puis on plonge sous la halle à marée pour découvrir les différentes espèces de poissons et le système de vente. Ce sont des guides bénévoles qui vous accompagnent pour une visite authentique.

Criée de Roscoff : *port du Bloscon, 29680 **ROSCOFF.** ☎ 02-98-62-39-26. Visite guidée slt. Se présenter à la galerie de visite 10 mn avant l'heure (50 pers max). Vac de Pâques : lun-jeu à 14h30. Avr-juin : mar à 14h30. Juil-août : lun-jeu à 11h, 14h30 et 16h30. Sept-oct : mar à 14h30. Vac de Toussaint : mar-jeu à 14h30. Tarifs : 5 € ; 6-14 ans : 3 € ; - 6 ans : gratuit. ♿ Visite de groupe sur rdv, pour 30-50 pers. Tarifs : à partir de 30 personnes : 4 €/pers ; scolaires : 3 €/pers. Durée de la visite : 1h15.*
Quel est ce poisson ? D'où vient-il ? Où est-il pêché et avec quelles techniques ? Comment s'assure-t-on de sa qualité ? Comment s'organisent les ventes ? Embarquez sur un chalutier via une vidéo et suivez le fil des opérations, de la capture du poisson en pleine mer à l'assiette du consommateur. Lieu de vente où se fixe le prix du poisson, mais aussi lieu de services multiples aux professionnels, la criée s'ouvre aux curieux. L'occasion unique de découvrir les coulisses de la filière pêche : les espèces pêchées, les métiers, les entreprises, et les savoir-faire forgés par des années de pratique et de passion. De la pêche à la commercialisation, la criée de Roscoff a été spécialement aménagée pour l'accueil de tous les publics. Films, galerie d'observation, exposition, quiz et

Toutes les informations concernant la région sont à retrouver sur le site :
• entrepriseetdecouverte.fr •

ateliers créatifs (apprentissage des nœuds marins et puzzle) pour les enfants. Depuis l'informatisation de la vente, observez d'une passerelle le débarquement et le tri des poissons avant leur stockage. Un succès dû au dynamisme de la chambre de commerce. Voici la Bretagne qui gagne !

Les + :
- Animations en juil-août.
- Visite « spéciale enfants » (6-12 ans) en juil-août : mer à 16h30, 5 €/pers.
- « À la rencontre du crieur » : ts les mar, lors de la visite de 11h.

Distillerie des Menhirs : *7 Hent Saint-Philibert, Pont-Menhir, 29700* ***PLOMELIN.*** *☎ 02-98-94-23-68. • distillerie.fr • Visite guidée slt. Résa par tél. Juil-août : lun-jeu à 10h30, 15h et 16h30 (sf 16h30 ven) Tarif : gratuit. Visite de groupe sur rdv, pour 10-60 pers. Tarif : 2 €/pers. ♿ Durée de la visite : 1h.* ***Boutique :*** *lun-ven 8h-12h et 13h-17h30 (ven 16h30), sam 10h-12h.*

Au cours de la visite, la famille Le Lay sera heureuse de vous faire partager sa passion pour le whisky. Vous êtes ici dans leur distillerie, la seule à produire du ***whisky de blé noir :*** EDDU. De la salle des alambics aux chais de vieillissement, vous découvrirez les secrets de l'élaboration des produits.

Le + : dégustation.

EDF – Centrale nucléaire en déconstruction et centrale thermique de Brennilis : *site des Monts d'Arrée, 29690* ***BRENNILIS.*** *☎ 02-98-99-69-06. • edf.fr/brennilis • Maison du Lac – Espace découverte EDF : entrée libre et gratuite. Tte l'année : sam 9h-12h30 et 13h30-18h. Vac scol (sf vac de Noël) : mer et sam 9h-12h30 et 13h30-18h. Juin-sept : lun, mar et jeu 13h30-18h ; mer et sam 9h-12h30 et 13h30-18h. Parcours de visite (site nucléaire en déconstruction / centrale thermique / barrage) : visite slt sur rdv, à partir de 12 ans. Résa obligatoire par tél, au moins une sem à l'avance. Tarif : gratuit. ♿ Durée de la visite : 1 à 2h, selon parcours.*

À Brennilis, en bordure du lac Saint-Michel, à 25 km au sud de Morlaix, dans la partie ouest du Finistère, le groupe EDF gère trois sites : une centrale nucléaire en déconstruction, un barrage et une centrale thermique.

La centrale nucléaire était un réacteur à eau lourde fonctionnant à l'uranium légèrement enrichi, le seul de ce type en France. Couplée au réseau en 1967, et exploitée conjointement par EDF et le Commissariat à l'énergie atomique (CEA), la centrale a fonctionné pendant 18 ans (de 1967 à 1985) et a produit plus de 6 millions de mégawattheures.

La centrale thermique de Brennilis est, quant à elle, constituée de trois turbines à combustion fonctionnant au fioul, d'une puissance unitaire de 85 mégawatts pour les plus anciennes (1980, 1981) et de 125 mégawatts pour la plus récente (1996). Elle produit chaque année l'équivalent de la consommation électrique d'une ville de 385 000 habitants.

Au cœur des monts d'Arrée, la Maison du lac de Brennilis offre une vue magnifique sur le lac Saint-Michel (engendré par le barrage de Brennilis). Son aire de pique-nique est dotée d'un observatoire à oiseaux. La Maison du lac, à travers son espace découverte, vous propose un voyage au cœur des énergies. Comment produire de l'électricité ? Quelles sont les étapes de la déconstruction d'une centrale nucléaire ? Qu'appelle-t-on le mix énergétique ? Comment faire des économies d'énergie ? Vous trouverez toutes les réponses à vos questions à travers la visite de cet espace ludique et pédagogique.

Les + :
- Pour les groupes, une conférence thématique est proposée, sur rendez-vous.
- Pour petits et grands, des expositions et des animations sont proposées tout au long de l'année ainsi que des événements (Fête de la Science, Fête de la nature, etc.).
- Le site de Brennilis participe aux « Journées de l'industrie électrique d'EDF », un des moments exceptionnels où le grand public peut entrer dans la cen-

trale et découvrir les coulisses de la production d'électricité et un patrimoine industriel unique.
Pour plus d'informations : • *edf.fr/brennilis* •

Henriot Quimper : *pl Bérardier, quartier de Locmaria, 29000 **QUIMPER.** ☎ 02-98-90-09-36. • henriot-quimper.com • Individuels, visite guidée slt. Horaires sur site internet ou par tél. Juil-août : ttes les heures, 10h-17h. Tarifs : 5 € ; jeune (18-25 ans) : 4 € ; enfant (7-17 ans) : 2,50 € ; - 7 ans : gratuit. Visite commune avec le musée de la Faïence (ticket valable 5 jours) : 7 € ; jeune (18-25 ans) : 5,60 € ; enfant (7-17 ans) : 3,50 € ; - 7 ans : gratuit. Visite de groupe sur rdv, pour 10-25 pers. Tarif : 5 €/pers. ♿ Durée de la visite : 30 mn. **Boutique :** lun-sam 10h-12h30 et 13h30-18h30.*

Créée en 1690, Henriot Quimper est aujourd'hui une des plus anciennes manufactures françaises en activité. Depuis cette date, elle fabrique et décore toutes ses créations entièrement à la main : art de la table, objets de décoration, rééditions d'objets Art déco, statuettes, créations d'artistes en série limitée, mais aussi des bijoux en faïence et cadeaux d'affaires.
Le ***bol breton*** personnalisé et signé Henriot reste un objet emblématique très recherché : c'est ici qu'il a été inventé dans les années 1930 à l'époque des premiers congés payés.
La manufacture accueille tout au long de l'année des artistes en résidence. Leurs œuvres sont exposées dans la galerie d'accueil.
Les + : expositions toute l'année à la Galerie de la manufacture (entrée libre).
Pour compléter la visite, n'hésitez pas à aller voir le ***musée de la Faïence.*** Installé dans une ancienne faïencerie, le long de l'Odet. Les 8 salles d'exposition retracent l'histoire de la faïence à Quimper depuis 1699. Son principal intérêt est d'avoir su intégrer et synthétiser les motifs, les couleurs et les techniques des villes concurrentes comme Rouen ou Nevers, et d'avoir finalement inventé un style propre.
Les premières salles sont consacrées à la technologie, avec des petites maquettes montrant les différentes étapes avant la cuisson et le décor. Puis les faïences du XVIIIe s, où l'on retrouve tous les héritages, et où l'on devine déjà l'ébauche d'un style quimpérois. Aujourd'hui emblématique, le petit Breton n'apparaît qu'au XIXe s. Dès lors, le style Quimper s'impose définitivement. Et c'est un parti pris de ne présenter qu'un seul modèle de ce type, car la liste des artistes invités à collaborer aux faïenceries est longue. Grâce à eux, les motifs vont sans cesse s'enrichir et évoluer. Certains laisseront même une emprunte durable : François-Victor Bazin, René-Yves Creston (voir sa mappemonde réalisée pour le secrétariat d'État à la Mer, dont la ceinture équatoriale porte la mention : « Partout où le soleil passe, le Breton passe ». Les œuvres de Mathurin Méheut, Micheau-Vernez, Nicot, Quilivic, Renaud (les grès Odetta) ou Berthe Savigny (connue pour ses bébés) et quelques autres grandes signatures sont particulièrement recherchées des collectionneurs, notamment pour les périodes Art nouveau et Art déco. Dans la dernière salle, expos temporaires saisonnières de grande qualité. *14, rue Jean-Baptiste-Bousquet, 29000 **QUIMPER.** ☎ 02-98-90-12-72. • musee-faience-quimper.com • ♿ Derrière la faïencerie Henriot Quimper.*
Label : Entreprise du Patrimoine Vivant, Ateliers d'Art de France, Produit en Bretagne.

Terre d'Embruns : *420, rue Alain-Colas, 29200 **BREST.** ☎ 02-98-83-64-25. • terredembruns.fr • Visite guidée slt. Lun-jeu 10h-12h (juil-août). Tarif : 1,50 € ; - 12 ans : gratuit. Visite de groupe sur rdv, pour 10-50 pers. Résa par tél. Tarifs : 1,50 €/pers ; scolaires : gratuit. ♿ Durée de la visite : 20 mn. **Boutique :** mar-jeu 10h-18h30, ven-dim 10h-19h.*

L'atelier Terre d'Embruns est situé à 300 m d'Océanopolis. L'entreprise vous propose au travers d'un parcours guidé de vous faire découvrir un savoir-faire unique ***« la pâte feuilletée tourée au sucre »,*** issu de la célèbre

Toutes les informations concernant la région sont à retrouver sur le site : • entrepriseetdecouverte.fr •

recette du kouign-amann. Les spécialités Terre d'Embruns sont aujourd'hui distribuées jusqu'à Hong Kong auprès des boulangers et restaurateurs qui découvrent et font découvrir la gourmandise à la bretonne.
Après la visite, dans la boutique, vous pourrez déguster et vous offrir les spécialités Terre d'Embruns ainsi qu'un choix gourmand de produits régionaux qui répondent aux valeurs de l'entreprise : gourmandise, innovation, sincérité et conscience.
Label : Produit en Bretagne.

ILLE-ET-VILAINE (35)

EDF – Usine marémotrice de la Rance : *35780* ***LA RICHARDAIS.*** *☎ 02-99-16-37-14. • edf.fr/la-rance • edf.fr/bretagne-normandie • espace-decouverte-rance@edf.fr • Espace Découverte EDF de la Rance : visite libre et gratuite. Ouverture : rens par tél. Visite guidée de l'Espace sur rdv. Résa par tél ou par mail. Tarif : gratuit ♿ Durée de la visite : 1h30.*
L'usine marémotrice de la Rance, et son barrage long de 750 m, se trouvent à l'embouchure de l'estuaire de la Rance, à la Richardais, entre les villes de Dinard et de Saint-Malo. Ce site a pour objectif de produire de l'hydroélectricité, une énergie 100 % renouvelable, en utilisant la force de la marée.
L'usine de la Rance, inaugurée en 1966 par le général de Gaulle, est l'une des deux seules usines au monde de ce type à produire de l'électricité de façon industrielle (l'autre est en Corée du Sud). Le fonctionnement de l'usine marémotrice dépend de la différence de hauteur d'eau de chaque côté du barrage (13,50 m d'amplitude maximale) et du débit de l'eau. De ce fait, l'usine marémotrice de la Rance fonctionne au rythme des marées en utilisant la variation du niveau de la mer qui, chaque jour, monte et descend deux fois. Sa particularité est de fonctionner « dans les deux sens » : les turbines peuvent tourner aussi bien lorsque la marée monte (et vient remplir l'estuaire derrière le barrage), que lorsqu'elle descend.
Grâce aux 24 groupes de production de type « bulbe » de 10 mégawatts chacun, l'usine produit l'équivalent de la consommation d'électricité de la ville de Rennes.
L'Espace Découverte EDF de la Rance offre aux visiteurs une immersion dans le monde des énergies marines. Une turbine « bulbe » grandeur nature, des bornes interactives, maquettes, vidéos, des panneaux d'information permettent de comprendre le fonctionnement de l'usine, son histoire et son environnement.
Le + : un circuit extérieur, composé de 12 pupitres et d'une table d'orientation, complète la visite de l'espace découverte et permet de profiter du magnifique panorama offert par l'estuaire et d'observer des bateaux passant par l'écluse du barrage.

Ferme marine : *l'Aurore, 35260* ***CANCALE.*** *☎ 02-99-89-69-99. • ferme-marine.com • Visite guidée slt. Mi-févr-fin juin et mi-sept-fin oct : lun-ven à 15h. Juil-mi-sept : tlj à 11h, 15h et 17h. Tarif : 7 € ; enfant : 3,70 € ; réduc étudiant et famille. Visites de groupes sur rdv (sf déc), pour 10-50 pers. Résa par Internet. Tarif : 6,60 €/pers ; scolaire - 16 ans : 3,50 €/pers ; plus de 16 ans : 3,70 €/pers. Durée de la visite : 1h.* ***Boutique :*** *ouv au moment des visites.*
Excellente visite guidée et explications instructives sur ***les huîtres*** en général, celles de Cancale en particulier et sur le « pied-de-cheval » en spécialité. On suit pas à pas l'évolution des bestioles, du parc à huîtres jusqu'au fond du gosier.

Diaporama et informations sur ***les marées,*** sur le ***« trompage »,*** la ***baie de Cancale,*** etc. Après cela, visite libre du ***musée du Coquillage*** où plusieurs centaines de spécimens du monde entier ont été rassemblés.

LES HUÎTRES DE CANCALE

*Le destin de Cancale est très tôt lié à celui des huîtres que l'on récolte dans la baie, au moins depuis l'Antiquité romaine. Cancale bénéficie aujourd'hui du label Site remarquable du goût, mais les huîtres ne sont pas encore protégées par une AOC. Pourtant, si le savoir-faire des ostréiculteurs est capital, le terroir a son importance. Comme pour les vins, on peut parler de crus. La grande spécialité de Cancale reste la cancalaise, c'est-à-dire l'huître plate, la seule connue et consommée jusqu'au XIX*e *s. Mais le dragage intensif des gisements par les célèbres bisquines finit par épuiser les fonds marins. Cancale fut sauvée par l'arrivée de l'huître portugaise, puis de la japonaise, l'huître creuse que nous consommons partout en France. L'élevage des huîtres remonte donc à la fin du XIX*e *s.*

La faible profondeur des eaux et la grande amplitude des marées sont favorables à la culture des huîtres creuses. Les plates, quant à elles, sont restées plus ou moins sauvages. On les trouve en eaux profondes, sur le sable, et non dans les parcs. Cela explique – en partie – leur différence de goût, à la fois plus salé avec une saveur de noisette, mais surtout leur différence de prix. La récolte est, en effet, beaucoup plus aléatoire ; les chiffres sont d'ailleurs édifiants : à Cancale, de 6 000 à 7 000 t de creuses par an, contre à peine 1 000 t de plates. Les huîtres sont commercialisées, calibrées, après trois ou quatre années d'élevage et d'affinage. Mais il arrive encore que l'on trouve les fameux « pieds-de-cheval », des plates de 15 ans que l'on mange au couteau et à la fourchette.

On peut déguster ces fameuses huîtres en les achetant aux ostréiculteurs installés sur le port, au marché aux huîtres, ouvert toute l'année. Ensuite, muni de son plateau en plastique, on prend place sur les marches de la digue. Les gourmets avisés auront prévu une petite bouteille de blanc…

MORBIHAN (56)

Au Rythme des Marées : *pointe de Toulvern, 56870* ***BADEN.*** *☎ 02-97-57-00-19. 06-04-59-68-28. • aurythmedesmarees.fr • Visites guidées. Avr-sept ou oct, selon la météo et les marées. Plusieurs visites possibles dont la découverte des parcs ostréicoles : 1 départ/j. en fonction de la météo et des marées. Durée : 2h30. Tarifs : 29 €/pers ; 5-12 ans : 19 € ; moins de 5 ans : 9 €.* ***Boutique :*** *oct-mars, lun-ven 10h-17h ; avr-sept, tlj 10h-19h.*

Ce ***site ostréicole*** mérite le détour ! Pour le décor déjà, juste sublime… Pour les huîtres et autres fruits de mer également que l'on peut déguster (à toute heure ou presque) dans la cabane à huîtres en terrasse, les yeux rivés vers le large. Mais aussi pour parfaire ses connaissances conchylicoles ! Ivan Selo a équipé un bateau d'un puits de vision sous-marine et fait partager sa passion aux visiteurs qu'il emmène dans ses parcs à huîtres dans le golfe du Morbihan.

Conserverie la belle-îloise : *établissements Georges et Bernard Hilliet, 56170* ***QUIBERON.*** *☎ 02-97-50-08-77. • labelleiloise.fr • Individuels, visite guidée slt. Fin des vac scol de Toussaint-mars : mar-ven à 11h et 15h. Avr-juin et sept-vac scol de Toussaint : lun-sam à 10h, 11h, 15h et 16h (sf sam 10h et 16h). Juil-août : lun-sam, à 10h30, 11h30, 14h30, 15h30, 16h30 et 17h (sf 17h sam). Visite de groupe sur rdv, pour 5-40 pers. Résa au ☎ 02-97-50-59-08. Tarif : gratuit. Durée de la visite : 45 mn.* ***Boutique :*** *lun-sam 9h-12h et 14h-18h.*

Si la conserverie (dans la même famille depuis sa création en 1932 !) a démarré modestement, comme en témoigne ici la reconstitution du premier atelier, l'entreprise est aujourd'hui installée dans un espace moderne. Lors de la visite de la conserverie, les différentes étapes de fabrication vous sont expliquées et commentées en temps réel. Les mains agiles et expertes des sardinières font sous vos yeux les gestes de toujours sur les lignes d'étripage ou d'emboîtage. On découvre aussi la reconstitution du premier atelier de la conserverie en 1932 : tout est là, encore vivant, jusqu'aux chants des sardinières.

Le + : dégustation offerte.

Distillerie du Gorvello : *route de Pebeyec, Le Gorvello, 56250* ***SULNIAC.*** *☎ 02-97-54-04-11. Visite guidée slt. Juil-août : mar et ven à 11h. Tarif : gratuit. Visite de groupe sur rdv, pour 20-100 pers. Résa par tél. Tte l'année, mar-sam. Tarif : 2,50 €/pers. ♿ Durée de la visite : 1h30.* ***Boutique :*** *mar-sam 9h30-12h30 et 14h-18h ; juil-août : ouv lun.*

Le Gorvello est un minuscule village, doté d'un remarquable patrimoine classé et qui a la particularité d'être à cheval sur deux communes (Theix et Sulniac) ! À voir : une église, une chapelle, une fontaine (miraculeuse, bien sûr)… et un « café de pays » assez emblématique dans le secteur. Sans oublier le château du Plessis-Josso, l'un des plus beaux de Bretagne.

Faisant face aux vergers, cette belle distillerie, à l'architecture design et high-tech, élabore d'excellents ***produits artisanaux dérivés de la pomme :*** jus, cidre, pommeau, fine, eau-de-vie… et même un jus de pomme mousseux (non alcoolisé !) pour les enfants. La visite de la distillerie commence par une explication concernant la partie arboricole de l'entreprise, donnée au cœur du verger. Elle se poursuit dans le bâtiment de transformation, où vous pourrez voir le processus de fabrication. Vous passerez ensuite dans le chai de vieillissement avant de déguster les produits, notamment le « Petit Prince Guillevic », apéritif élaboré par la distillerie.

Le + : dégustation.

Distillerie Kaerilis : *4, rue Amiral-Willaumez, 56360* ***LE PALAIS*** *(Belle-Île). 📱 06-19-97-86-98. • kaeriliswhisky.com • Avr-sept, lun-sam 10h-13h et 16h30-19h30 (fermé mer et dim). Hors saison : appeler avant. Visite de groupe sur rdv (sf janv-mars), pour 10-20 pers. Tarif : gratuit. Durée de la visite : 1h.* ***Boutique :*** *avr-sept, lun-sam 10h-13h et 16h30-19h30 (fermé mer et dim) ; hors saison : appeler avant.*

Distillé de façon artisanale et élevé en partie dans les Highlands d'Écosse, le ***whisky*** *Kaerilis* termine sa maturation en fûts de chêne à Belle-Île. Un goût iodé, marin, caractérise les deux cuvées actuelles à la belle robe jaune paille clair. Belle souplesse et bel équilibre (meilleur que le vôtre si vous en abusez) ! Accueil sympa.

Les + : dégustation et possibilité de recevoir des groupes pour des séminaires.

Ferme fromagère de Suscinio : *route Duchesse-Isabeau-d'Écosse, 56370* ***SARZEAU.*** *📱 06-60-73-59-12. • tomederhuys.fr • Visite libre de Pâques à la Toussaint. 2 moments privilégiés : la fabrication des fromages, lun-ven à partir de 10h30 ; la traite des vaches bretonnes, tlj à 17h30. Tarif : gratuit. Visite de groupe sur rdv (sf entre la Toussaint et Pâques), pour 25-40 pers. Tarifs : sur demande. ♿ Durée de la visite : 1h.* ***Boutique :*** *lun-ven 10h30-12h30 et 16h-19h30.*

Un incontournable sur la presqu'île de Rhuys. D'abord, parce que les propriétaires sont adorables : lui, un géant rouquin à la faconde remarquable, ne manque pas une occasion de chanter les louanges de ses vaches bretonnes pie noir et de vanter les mérites des vrais produits locaux préparés avec amour et savoir-faire ; elle, parce qu'elle prend le temps, surtout à l'heure de la traite (17h30), de tout expliquer en détail aux petits et aux grands. Ensuite, parce que leur célèbre ***tome de Rhuys*** est délicieuse, notamment celle au cumin ! Quelques autres spécialités, comme le savoureux crémeux de Rhuys.

Le + : dégustation.
Label : Bienvenue à la Ferme.

La Maison d'Armorine : *1, rue des Confiseurs, 56170* ***QUIBERON.*** *☎ 02-97-50-24-25. • maison-armorine.com • Fev-nov : lun-ven 9h-12h30 et 14h-18h30. Visite guidée : lun-ven à 11h et 15h. Juil-août : lun-sam 10h, 11h, 14h, 15h30. Visite de groupe sur rdv (sf déc-janv), pour 8-40 pers. Tarif : gratuit. ♿ Durée de la visite : 30 mn.* ***Boutique :*** *lun-ven 9h-12h30 et 14h-18h30.*
L'unique ***confiserie*** de Bretagne a 60 ans de savoir-faire. Les gourmands y découvriront le secret d'une tradition familiale et pourront savourer les spécialités : les niniches (primées meilleur bonbon de France) déclinées en 49 parfums, sans colorants ni conservateurs et la crème de salidou (caramel mou au beurre salé), ainsi que le « cœur de beurre » (gâteau breton à la crème de salidou), et le « florentin » (spécialité au chocolat). La visite permet également de voir comment sont fabriquées les confitures et les glaces.

La marée du jour : *port de pêche de Lorient Keroman, bd Louis Nail, 56100* ***LORIENT.*** *☎ 02-97-21-19-80 (maison de la Mer). • maisondelamer.org • Individuels : visite guidée slt. Résa au ☎ 02-97-847-800 (office de tourisme de Lorient). Pendant les vac scol ttes zones. Tarifs : 5,80 € ; tarif réduit : 2,90 € ; - 4 ans : gratuit. Visite de groupe sur rdv. Résa par tél (Maison de la mer). Tarifs groupe de moins de 10 pers : forfait 54 €/groupe (scolaires : 82 €/groupe) ; groupe de plus de 10 pers : 5,40 €/pers (scolaires : 4,10 €/pers). ♿ Durée de la visite : 2h.* ***Boutique :*** *poissonnerie sur le circuit de la visite.*
Lorient est le 2e port de pêche de France pour le tonnage et la variété des espèces. Plusieurs milliers de personnes vivent par et pour la pêche. Le chalutier est le bateau le plus utilisé, mais les autres techniques de pêche ne sont pas en reste, comme la palangre, le filet maillant ou le casier. Presque 2 km de quais, une criée couverte de 2 ha, à voir et à sentir tôt le matin lors de cette visite guidée. On suit le parcours du poisson, de la mer à l'assiette, avec les médiateurs de la Maison de la mer. La gestion de la ressource, les techniques de pêche et le système des ventes vous sont aussi expliqués ainsi que la transformation et l'expédition du poisson grâce à la visite d'un atelier de marée. Quelque 60 espèces sont vendues sur le marché sous les ***halles de Merville*** tous les matins, près de la mairie. Également vente aux particuliers aux ***Établissements Moulin*** *(au port, magasin 78, lun-sam 8h-12h).* Pas cher et on ne peut plus frais, ma bonne dame !
Le + : dégustation et rencontre de pêcheurs (slt le jeu ou ven pendant les vac scol. Supplément : 4,50 €).

Au Sabot Camorien : *route d'Auray, 56330* ***CAMORS.*** *☎ 02-97-39-28-64. Vue sur l'atelier de fabrication (mar-ven). Visite guidée en juil-août : jeu à 18h. Tarif : gratuit. Visite de groupe sur rdv, pour 30-60 pers. Sept-juin : mar-ven. Tarif : 3 €/pers. Durée de la visite : 1h30.* ***Boutique :*** *mar-sam 9h-12h30 et 14h-19h ; juil-août, ouv lun aussi.*
Derrière cette devanture de magasin d'objets en bois se cache l'un des trois derniers sabotiers de Bretagne… Ils étaient près de 80 au village dans l'entre-deux-guerres. Aujourd'hui, le passionné et passionnant Claude n'a plus qu'un employé pour fabriquer les ***sabots,*** à la fois décoratifs et très confortables quand on prend le temps de les essayer. Solides (garantis 2 ans pour une durée de vie d'au moins 10), ils tiennent le pied au chaud et n'empêchent pas de marcher correctement, comme on le laisse toujours sous-entendre. Dans l'atelier, ça coupe, ça ponce, ça lime… et que du bois (hêtre) en provenance de la région. Prenez le temps de découvrir la fabrication de cet « objet » emblématique de la Bretagne.

« Secrets de navires » aire de réparation et de construction navale du port de Keroman : *rue Ingénieur-Henry-Verrière, 56100* ***LORIENT.*** *☎ 02-97-21-19-80. • maisondelamer.org • Visite guidée slt, pendant les vac scol (ttes zones) slt. Résa au ☎ 02-97-84-78-00 (office* *du tourisme du Pays de Lorient). Tarif : 5,80 €, étudiants, demandeurs d'emploi, 4-18 ans : 2,90 €; - 4 ans : gratuit. Visites de groupe sur rdv. Résa au ☎ 02-97-21-19-80 (Maison de la mer). Tarifs moins de 10 pers : forfait de 54 €/groupe ; plus de 10 pers : 5,40 €/pers ; scolaires moins de 20 pers : forfait de 82 €/groupe ; scolaire plus de 20 pers : 4,10 €/pers. ♿ Durée de la visite : 2h.*

Chalutiers, ferrys, voiliers, vedettes... l'anneau de Keroman, encore appelé « slipway », est un théâtre où transitent de nombreux navires. Hissés hors de l'eau par l'un des élévateurs à bateaux les plus puissants d'Europe, ils nous révèlent leurs secrets immergés. Flottaison, propulsion, direction, c'est bien en dessous que tout se joue ! Découvrez les innovations et savoir-faire développés par les professionnels de la navale qui ne manquent pas d'ingéniosité. La visite d'un chantier naval s'organise en fonction des disponibilités des professionnels.

CENTRE

Dans cette région, le secteur de l'artisanat arrive en tête. Il présente des entreprises remarquables, puisque la moitié d'entre elles sont classées « Entreprise du Patrimoine Vivant (EPV) ». En tête, la Société coopérative de vannerie fondée en 1849. La totalité de la filière est intégrée sur le plan géographique : les vanniers s'appuient sur les osiériculteurs, qui assurent la qualité de l'approvisionnement en matière première en cultivant sur place leurs propres oseraies. C'est la spécificité environnementale du site, à proximité de cours d'eau et donc propice à la culture des saules (l'osier étant une variété de saule) qui permet une telle cohérence économique. La faïencerie de Gien d'une part, le musée de la mosaïque et des émaux de Briare d'autre part, également bien placés en nombre de visiteurs, présentent une autre tradition artisanale locale de longue date – celle de la terre cuite – qui vaut à la France une réputation internationale.
Les secteurs de l'agriculture et de l'alimentaire sont importants, représentant chacun un cinquième des entreprises à visiter : une proportion deux fois supérieure à la moyenne nationale pour le secteur agricole. Max Vauché, l'un des rares chocolatiers de la région à proposer un parcours de visite au cœur de son système de production, se place au deuxième rang. Il est suivi par l'élevage caprin de la Brissauderie.
La région Centre se caractérise également par la présence forte du secteur des vins et spiritueux. Le domaine La Perrière, qui produit depuis 1834 des vins de l'appellation Sancerre invite à parcourir le dédale de ses caves. Tout comme les caves Monmousseau, fondées en 1886 et spécialisées dans les vins à fines bulles de Touraine.

__BONS PLANS :__ la marque Berry Province organise 2 opérations phares : « Secrets de Fabrique » dans l'Indre, qui propose de juin à octobre les visites d'une trentaine d'entreprises, et « L'Été des Entreprises » dans le Cher, qui de juin à septembre ouvre les portes d'une cinquantaine d'entreprises. • berry province.com •

CHER (18)

Domaine de la Perrière : *La Perrière, 18300* ***VERDIGNY-EN-SANCERRE.*** *☎ 02-48-54-16-93. • domainelaperriere.com • Lun-ven 8h-12h et 14h-18h ; mars-nov, ouv aussi w-e 10h-12h et 14h30-19h. Tarif : gratuit. Visite guidée, sur résa par tél. Tarif : 8 € (dégustation incluse). Visite de groupe sur rdv, à partir de 20 pers. Tarifs : 5 € ; scolaires : gratuit. ♿ Durée de la visite : 45 mn.* ***Boutique :*** *lun-ven 8h-12h et 14h-18h ; mars-nov, ouv w-e aussi 10h-12h et 14h30-18h.*

__À SAVOIR :__ animaux uniquement tenus en laisse dans la boutique. Visite : uniquement les petits chiens dans un panier ou dans les bras.

Le ***domaine de la Perrière*** est réputé pour son ***Sancerre.*** Il possède une parcelle unique de 10 ha d'un seul tenant sur des terroirs de silex les plus propices au sauvignon blanc. Il est aussi réputé pour son site de production. La cuverie et le chai sont en effet installés dans une grotte troglodyte qui fait tout le charme de la visite au cours de laquelle on vous expliquera tous les procédés d'élaboration des différents crus.
Le + : dégustation.

EDF – Centrale nucléaire de Belleville-sur-Loire : *18240 **BELLEVILLE-SUR-LOIRE.** ☎ 02-48-54-50-92. • edf.fr/belleville • Centre d'information du public : entrée libre et gratuite. Lun-ven 8h30-12h30 et 13h30-17h30. Visite guidée de l'exposition sur résa par tél, au moins 2 j. avant. Animations et conférences gratuites tt au long de l'année. Se renseigner par tél ou sur • edf.fr/belleville • Tarif : gratuit.* ♿
Dans le département du Cher, à la limite des départements du Loiret, de la Nièvre et de l'Yonne, la centrale nucléaire de Belleville-sur-Loire comporte deux réacteurs de 1 300 mégawatts chacun, en service depuis 1987 et 1988, et deux tours aéroréfrigérantes en forme de « diabolos » géants. Sa production répond à environ 5 % des besoins annuels électriques de la France.
Son Centre d'information du public propose de nombreux modules ludiques et interactifs permettant de comprendre la production d'électricité et les enjeux de la transition énergétique. Cette découverte peut être complétée par une conférence-débat autour de l'énergie nucléaire. Régulièrement, des animations et des expositions temporaires sont également proposées.
Le + : la centrale de Belleville-sur-Loire participe aux « Journées de l'industrie électrique d'EDF », un des moments exceptionnels où le grand public peut entrer dans la centrale et découvrir les coulisses de la production d'électricité et un patrimoine industriel unique. Pour plus d'informations : *• edf.fr/belleville •*

Pillivuyt SAS : *allée de la Manufacture, 18500 **MEHUN-SUR-YÈVRE.** ☎ 02-48-67-31-00. • pillivuyt.fr • Visites de groupes slt. Résa par tél 3 sem à l'avance sur rdv (sf août), pour 8-50 pers, à partir de 11 ans : ☎ 02-48-67-31-09. Lun-jeu à 9h. Tarifs pour moins de 20 pers : 4,60€/pers ; pour plus de 20 pers : 3,60 €/pers. Gratuit pour les accompagnants du groupe et les scolaires. Durée de la visite : 2h. **Boutique :** lun 14h-18h30, mar-sam 10h-12h et 14h-18h30.*
Installée au cœur du Berry depuis 1818, cette manufacture crée et fabrique l'intégralité de sa ***porcelaine,*** destinée au monde entier, sur le site de Mehun-sur-Yèvre depuis 1853. ***Pillivuyt*** est aujourd'hui l'une des plus anciennes marques de porcelaine française, qui continue à perpétuer le savoir-faire traditionnel des maîtres porcelainiers tout en poursuivant l'amélioration des techniques de fabrication. On visite les différents ateliers pour voir les étapes de la fabrication des objets en porcelaine blanche. Ici tout est manuel, de la mise en forme au tour à la peinture des motifs. La cuisson à haute température (1 400 °C) leur procure une très grande résistance mécanique et thermique.
Label : Entreprise du Patrimoine Vivant.

EURE-ET-LOIR (28)

Ateliers Loire : *16, rue d'Ouarville, 28300 **LÈVES.** ☎ 02-37-21-20-71. • ateliers-loire.fr • À partir de 10 ans. Visite guidée slt. Ven à 14h30. Tarif : gratuit. Visite de groupe sur rdv, sf en août et dernière sem de déc. Groupe de 4-15 pers, jusqu'à 2 groupes ensemble. Tarif : 100 €/groupe. Durée de la visite : 1h.*
À 2 km de Chartres, capitale du vitrail, les Ateliers Loire sont spécialisés dans la ***création et la restauration de vitraux,*** que ce soit pour des édifices religieux, des bâtiments publics ou même des particuliers. Aujourd'hui dirigés par trois des descendants de Gabriel Loire, son créateur en 1946, les Ateliers perpétuent le savoir-faire acquis, tout en poursuivant leurs recherches techniques et de créatives. Fort d'une équipe d'une dizaine de compagnons, l'entreprise réalise de très importants chantiers en France et en Europe (Chartres, palais de l'Élysée…). L'atelier accueille aussi des artistes en résidence dans ses locaux. La visite est l'occasion de découvrir leur travail en parcourant ***la Vitrailleraie,*** un musée du vitrail en plein air où sont exposées leurs œuvres.
Label : Entreprise du Patrimoine Vivant.

Bien entendu, hors de question de passer dans le coin sans aller visiter la ***cathédrale de Chartres*** et admirer ses fameux vitraux et leur célèbre bleu de Chartes, limpide et lumineux.

INDRE (36)

EDF – Centrale et barrage hydraulique d'Éguzon : *36190* ***ORSENNES.*** *• edf.fr/vienne-creuse • visites.edf.eguzon@manatour.fr • Visite de la centrale slt sur rdv. Mar et mer hors j. fériés (visite maintenue à partir de 8 visiteurs), résa obligatoire par tél ou par mail. Tarif : gratuit. Durée de la visite : 2h.*

À SAVOIR : visite à partir de 12 ans. Le jour de la visite, présenter une pièce d'identité (carte nationale d'identité ou passeport) en cours de validité. Porter un pantalon, des vêtements à manches longues, ainsi que des chaussures plates et fermées.

L'aménagement hydroélectrique d'Éguzon, qui fête ses 90 ans en 2016, est situé au milieu d'une chaîne d'aménagements hydroélectriques sur la rivière Creuse dans le département de l'Indre. Le barrage d'Éguzon, de type « poids voûte », commença d'être construit en 1917 et fut mis en eau en 1926. Son réservoir, appelé lac de Chambon, est long de 16 km.
L'usine hydroélectrique est équipée de 6 turbines correspondant à une puissance totale de 70,6 mégawatts. Au moment de son inauguration en 1926, elle était la plus puissante installation d'Europe de cette nature. Elle produit, à plein régime, l'équivalent de la consommation annuelle d'une ville de 41 000 habitants comme Châteauroux.
La visite guidée permet d'admirer le barrage lui-même et de découvrir la salle des machines.

INDRE-ET-LOIRE (37)

Atelier d'Offard : *21, av. Maginot, 37000* ***TOURS.*** *☎ 02-47-67-93-22. • atelierdoffard.com • Visites de groupes slt sur rdv, pour 10-40 pers. Tarifs : forfait groupe jusqu'à 20 pers : 180 € ; forfait groupe jusqu'à 50 pers : 250 €. ♿ Durée de la visite : 1h.*

L'atelier d'Offard perpétue la fabrication du ***papier peint à la planche et au pochoir,*** tradition française héritée des grandes manufactures du XVIIe au XIXe s, tout en intégrant aux techniques anciennes l'apport des nouvelles technologies comme l'informatique. L'atelier travaille sur des créations pour des décorateurs et des particuliers, mais effectue également des reproductions de papiers peints historiques à partir de vestiges du modèle d'époque ou de photographies, pour des monuments historiques, châteaux, musées. Chaque pièce est fabriquée sur mesure et nécessite donc un savoir-faire complexe et passionnant qui vous sera expliqué durant la visite. Du bel ouvrage comme vous en verrez rarement car il n'existe que 3 ateliers dans le monde qui continuent à travailler selon cette méthode.
Label : Entreprise du Patrimoine Vivant.

IMPORTANT : pensez toujours à prévenir l'entreprise et à réserver votre visite, en individuel ou en groupe, par téléphone ou par mail.

EDF – Centrale nucléaire de Chinon : *37420 **AVOINE.** ☎ 02-47-98-77-77. • edf.fr/chinon • Centre d'information du public (CIP) : lun-ven 9h-12h et 14h-17h. Visite guidée de l'exposition sur rdv. Résa par tél ou par mail • cip-chinon@edf.fr •. ♿ Visite de la « Boule » : visite de groupe réglementée, slt sur inscription. Résa par tél au moins 2 mois avant. Tarif : gratuit. Durée de la visite : 1h.*

***À SAVOIR :** visite de la « Boule » à partir de 12 ans. Pour accéder au CIP et à la Boule, une copie de la pièce d'identité en cours de validité (carte nationale d'identité ou passeport) sera demandée à la réservation. Le jour de la visite, il faudra présenter la même carte d'identité.*

C'est sur le site de Chinon que fut construit, entre 1957 et 1963, le premier réacteur électronucléaire français de type uranium naturel-graphite-gaz, dit EDF1, modèle unique en France. Situé dans une boule métallique de 55 m de diamètre, ce réacteur a été définitivement arrêté en 1973. En 1986, la « Boule », de valeur historique et patrimoniale, a été transformée en un espace de visite appelé initialement le musée de l'Atome.
Quatre nouveaux réacteurs à eau pressurisée, de 900 mégawatts de puissance unitaire, furent ensuite construits et lancés entre 1981 et 1987. Au total, ils produisent environ 6 % de la production nucléaire annuelle française d'électricité.
Au Centre d'information du public de la centrale de Chinon, vous pouvez découvrir le monde de la production d'électricité et les métiers qui y concourent à travers des modules interactifs et dynamiques. Cet espace de visite propose un parcours pédagogique qui explique le fonctionnement d'une centrale nucléaire.

Les + :

– Animations et conférences sont organisées régulièrement pour des groupes. Se renseigner par tél ou par mail : • *cip-chinon@edf.fr* • ou sur le site internet.
– La centrale de Chinon participe aux « Journées de l'industrie électrique d'EDF », un des moments exceptionnels où le grand public peut entrer dans la centrale et découvrir les coulisses de la production d'électricité et un patrimoine industriel unique. Infos sur site internet.

Société coopérative de vannerie : *1, rue de la Cheneillère, 37190 **VILLAINES-LES-ROCHERS.** ☎ 02-47-45-43-03. • vannerie.com • Lun-sam 9h-12h30 et 14h-19h (se présenter avant 17h30), dim et j. fériés 14h-19h ; juil-août, tlj 9h-19h. Visite de groupe sur rdv, pour 15-50 pers. Tarifs : 2,60 € ; enfant ou scolaire : 2 €. ♿ Durée de la visite : 1h15. **Boutique :** lun-sam 9h-12h30 et 14h-19h, dim et j. fériés 14h-19h ; juil-août, tlj 9h-19h.*

La ***salle d'exposition-vente*** de la société coopérative présente d'innombrables paniers, corbeilles, meubles et autres articles tressés par les coopérateurs, bien plus chers évidemment que les produits d'importation mais sacrément mieux faits.
À 6 km au sud-est d'Azay-le-Rideau, Villaines-les-Rochers est un village qui s'étire tout en longueur, de part et d'autre de l'étroite vallée du Gué, sur près de 2 km. Une bonne partie des maisons troglodytiques sont habitées par des vanniers. Un document de 1563 atteste de leur présence dans ces rochers, dont la température et le degré d'humidité constants permettaient de ***conserver l'osier*** et préserver sa souplesse pour le travailler. Cultivant aujourd'hui plus de 200 ha d'oseraies et produisant un bon tiers de la vannerie française, les vanniers villainois sont pour la plupart regroupés dans une société coopérative vieille de plus de 160 ans.
La visite démarre par une découverte des œuvres primées au concours des ***Meilleurs ouvriers de France*** ; la coopérative compte cinq Meilleurs ouvriers de France dans ses rangs.
Une vidéo vous explique ensuite la ***culture de l'osier*** et le ***marché de la vannerie*** aujourd'hui. Puis vous pénétrez dans l'atelier des vanniers pour assister aux différentes étapes de la fabrication d'un panier.

Pour découvrir les différents artisans vanniers indépendants, suivez le sentier d'interprétation « Il était une fois l'osier », mis en place à travers tout le village.
Rendez-vous aussi au ***musée de l'Osier et de la Vannerie.*** Rénové et agrandi, ce musée offre un regard quasi exhaustif sur la vannerie, savoir-faire ancestral : histoire et origines, variété des matériaux, infinité des usages, évolution des techniques... *7, pl. de la Mairie, 37190* ***VILLAINES-LES-ROCHERS.*** *☎ 02-47-45-23-19. • museevannerie.fr •*
Label : Entreprise du Patrimoine Vivant, Tourisme et Handicap.

Verrerie d'art d'Amboise Patrick Lepage : *Les Caves, Levée de La Loire, D751, 37530* ***CHARGE.*** *☎ 02-47-23-65-56. • verreriedartdamboise.com • Galerie d'exposition accessible tte l'année (sf janv). Mar-dim, 10h-12h et 14h-18h, avr-oct lun aussi. ♿ Visite guidée : se présenter au plus tard à 17h. Visite de groupe sur rdv, pour 8-110 pers. Tarifs : 6 €/pers, donnant droit à un bon d'achat de 5 € en boutique. Pour les familles, la visite est offerte à 1 enfant sur 2 (de 3 à 12 ans inclus). Durée de la visite : 1h.* ***Boutique :*** *10h-12h et 14h-18h (sf janv) ; oct-avr fermé lun.*
Une visite qui permet d'admirer la dextérité des artisans de l'art du ***verre soufflé.*** Elle est accompagnée d'explications sur les techniques, les fours, le cristal, les couleurs, les outils utilisés. On assiste à une démonstration de cristal soufflé, à la création d'une pièce de A à Z, au cueillage du cristal, au travail des couleurs, des décors et à la mise en forme de la pièce unique et signée.
Les + :
– Le prix de l'entrée se convertit en bon d'achat en boutique.
– Animations : cours individuels : on peut fabriquer une pièce avec l'aide du maître verrier après la visite (60 €) sur rdv.
Label : Vignoble et Découverte.

LOIR-ET-CHER (41)

L'Atelier Saint-Michel : *2, bd de l'Industrie, 41700* ***CONTRES.*** *☎ 02-54-79-79-39. • atelierstmichel.fr • Possibilité de voir la fabrique par une grande baie vitrée au fond de la boutique. Visite guidée : résa par tél. Lun-ven : à 14h (août : visite supplémentaire à 10h30) ; sam à 15h30 (mais les pâtissiers ne sont pas présents dans les ateliers le samedi). Tarifs : 3 €/pers ; 6-12 ans : 2 € ; - 6 ans : gratuit. ♿ Visites de groupe sur rdv, pour 20-60 pers. Résa par tél ou par mail : • latelier.stmichel@stmichel.fr • Tarif : 2,80 €/pers. Scolaires : sur demande. Durée de la visite : 1h.* ***Boutique :*** *lun-sam 10h-19h ; mai, juil, août et déc, ouv dim aussi 10h-12h30.*
Au cœur de la Sologne, à 5 mn du château de Cheverny et 15 mn du zoo de Beauval, voici une des 8 usines du groupe Saint-Michel. Le site, spécialisé dans la ***madeleine,*** réalise à lui seul la moitié de la production de la marque. L'histoire des célèbres biscuits et de la marque bien connue, créée à Saint-Michel dans le pays de Retz en Bretagne, vous est racontée dans un auditorium. Vous êtes ensuite invité à déambuler dans un couloir, au plus près de la production, pour voir les ouvriers travailler. La fin de la visite se passe autour d'une dégustation.
Le + : dégustation.
Après votre pause gourmande, faites une pause culturelle en visitant ***le château de Fougères-sur-Bièvre*** *à une dizaine de 10 km au nord-ouest de Contres par Fresnes (D 7).* Voici un beau château assez méconnu, élevé à la fin du XVe s et terminé au début du XVIe s. D'apparence un peu massive, il allie des ailes d'époques différentes. Ses nombreuses tourelles lui donnent une certaine grâce. En plus des trois étages à visiter, on peut accéder aux charpentes, ainsi qu'à un jardin floral et potager d'inspiration médiévale. Bref, un endroit calme, serein, où l'on goûte l'harmonie de la pierre et du paysage. *☎ 02-54-20-27-18. • fougeres-sur-bievre.monuments-nationaux.fr • ♿ (petit jardin et avant-cour).*

Caves Monmousseau : *71, rue de Vierzon, 41400 **MONTRICHARD.** ☎ 02-54-32-35-15 • monmousseau.com • Visite libre en w-e. Tarif : 3 €/pers. Visite guidée tlj à 10h et 14h. Tarif : 4 €/pers. Moins de 12 ans : gratuit. Visite de groupe sur rdv, pour 20-150 pers (50 pers/groupe max). Tarifs : 3,20 €/pers à partir de 20 pers ; scolaires : sur demande. Durée de la visite : 1h. **Boutique :** avr-oct, tlj 10h-12h30 et 13h30-18h ; juil-août, tlj 10h-18h30 ; nov-mars, lun-sam 10h-12h et 14h-17h30.*

À SAVOIR : *animaux uniquement tenus en laisse dans la boutique. Visite : uniquement les petits chiens dans un panier ou dans les bras.*

Ces ***anciennes carrières***, d'où l'on extrayait le fameux tuffeau de Bourré qui servait à construire les châteaux de la Loire, ont ensuite été transformées en ***caves à vin*** en raison de leur température idéale. Le circuit de visite présente un parcours artistique autour de la richesse patrimoniale de la vallée du Cher : jeux de lumière et projections de châteaux sur les murs en tuffeau, aménagement d'une maison troglodytique, exposition de sculptures…
La visite guidée commence en plein air par un point de vue exceptionnel sur le Cher et la célèbre « vallée des Rois ». On pénètre ensuite dans le fantastique univers de la cave aux Lumières, où les parois sont habillées d'une myriade d'œuvres époustouflantes offrant une vision inédite des grands châteaux de la Loire et de leur architecture. Au terme de ce périple, vous serez enfin initié aux secrets d'un ***grand vin à fines bulles*** et notamment de la célèbre méthode traditionnelle, qui fait la réputation ancestrale de la maison Monmousseau depuis 1886.
Gardez aussi du temps pour visiter ***Montrichard,*** charmante petite ville, qui s'étire langoureusement le long du Cher. Au cœur de la vieille ville, nombreuses maisons historiques, certaines à colombages. Et sur son promontoire, dominant le tout, un gros donjon carré du XIe s., massive tour en pierre de taille, datant du début du XIe s, et seul vestige à peu près intact de la forteresse qui protégeait autrefois la vallée. Promenade agréable au milieu des ruines et beau panorama sur la ville.

Cave des Roches : *40, route des Roches, 41400 **BOURRÉ.** ☎ 02-54-32-95-33. • le-champignon.com • Visite guidée slt. Pâques-sept : tlj à 10h, 11h, 14h, 15h, 16h et 17h. Oct-mi-nov : tlj à 10h et 15h. Vac scol Toussaint, Noël et fév : tlj à 11h, 15h et 16h. ♿ Cette visite peut aussi se faire en duo avec la carrière de tuffeau et la ville souterraine. Départ des visites champignonnières : à 10h, 14h et 16h. Départ des visites de la ville souterraines: à 11h, 15h et 17h. Tarifs : visite Solo, 6 €/ pers ; visite Duo, 10 €/ pers. Enfant (7-14 ans) : visite Solo, 4,50 €/ pers ; visite Duo, 6 €/pers. Visite de groupe sur rdv, pour 20-100 pers. Résa par tél. Tarifs : visite Solo, 5,50 €/pers ; visite Duo, 9 €/pers. Enfant (7-14 ans) : visite Solo, 4 €/pers ; visite Duo, 6 €/pers. Durée de la visite : Solo, 30 mn ; Duo, 1h. **Boutique :** mi-mars-mi-oct, tlj 10h-12h et 14h-17h; vac scol Toussaint, Noël et février, suivant ouvertures de visite.*
Bourré est un petit village troglodytique aux carrières gigantesques. Des centaines de kilomètres creusés sous terre à la main dès le IXe s, bien avant la construction des châteaux pour lesquels fut utilisée la roche locale (le tuffeau). La visite vous emmène dans l'univers fascinant « des jardiniers de la nuit » à 50 m sous terre, pour découvrir la culture de différents ***champignons gastronomiques.*** À voir aussi ***la carrière de tuffeau et la ville souterraine.*** Anciennes carrières de tuffeau, ces caves, depuis le XIXe s, servirent en partie à la culture des champignons, leur humidité s'y prêtant à merveille, faisant de la région l'un des premiers centres champignonniers du pays. Vous traversez les galeries vides d'une ville souterraine, créée entièrement par la main de l'homme. Tailleurs de pierre et sculpteurs continuent à faire revivre le passé, faisant apparaître ici un escalier, là une maison d'autrefois, soignant le détail des portes, des fenêtres… Attention, fragile, on ne touche pas !
Le + : dégustation (pour les groupes slt).

Les 2 caves : *2, impasse Bellevue, 41400* ***BOURRÉ.*** *☎ 02-54-32-08-63. • les2caves@club-internet.fr • Juil-août, tlj sf mer ; le reste de l'année, tlj le midi sf mer-jeu, le soir ven-dim. Congés : janv et 1 sem en juin. Menus 17-26,50 €.* Dans 2 caves troglodytes, d'anciens chais à vin, on se régale au frais de champignons (bien sûr !) ou de bons pâtés et rillons maison. Une adresse pittoresque et touristique, qui attire également les locaux. Patron vraiment gentil.

Distillerie Girardot :

2, route de Tours, 41400 ***CHISSAY-EN-TOURAINE.*** *☎ 02-54-32-32-05 • distillerie-girardot.fr • Visite guidée slt. Pâques-fin sept : lun-dim 15h-18h. Tarifs : 4,65 € ; enfant - 16 ans accompagné des parents : gratuit. Visite de groupe sur rdv, pour 20-100 pers. Tarif : 4,10 €/pers. Durée de la visite : 45 mn.* ***Boutique :*** *lun-dim 9h-12h et 14h-19h, sept-Pâques fermé dim.*

La distillerie Girardot, qui fabrique des ***crèmes, liqueurs et eaux-de-vie de fraise*** de père en fils depuis 1900, a été fondée en 1900 et s'est installée à Chissay en 1929. Très tôt, le fils du fondateur a l'idée d'ouvrir l'entreprise à la visite pendant les beaux jours aux touristes qui se pressaient nombreux à Chenonceau. Dans un site troglodytique, vous pourrez suivre la fabrication des produits (liqueurs, eaux-de-vie, crème) dont on vous expliquera en détails les différences dans l'élaboration depuis la macération des fruits dans l'alcool pendant 6 à 8 mois jusqu'à la mise en bouteille en passant par la distillation dans la salle des alambics et des cuiseurs pour la préparation des sirops de sucre.

Le + : dégustation.

EDF – Centrale nucléaire de Saint-Laurent-des-Eaux :

route de la Centrale, 41220 ***SAINT-LAURENT-NOUAN.*** *☎ 02-54-45-84-11. • edf.fr/saint-laurent-des-eaux • Centre d'information du public (CIP) : entrée libre et gratuite. Mar-ven 14h-17h, sam 10h30-12h et 14h-17h. Visite guidée de l'espace d'exposition et de la passe à poissons sur rdv. Résa par tél ou par mail : • visites-saint-laurent@edf.fr • Visite en bus autour de la centrale. Visite guidée de groupe sur rdv. Résa par tél ou par mail. ♿ (CIP). Tarif : gratuit.*

La centrale nucléaire de Saint-Laurent-des-Eaux, composée de deux réacteurs de 900 mégawatts, produit en moyenne 12,2 térawattheures par an, soit 3 % de la production nucléaire française. Entre 1969 et 1992, le site de Saint-Laurent a également exploité deux réacteurs appartenant à la filière UNGG (Uranium Naturel Graphite Gaz). Ces deux unités sont aujourd'hui en cours de déconstruction.

Un tour en bus à l'extérieur du site industriel, commenté par un guide-conférencier, permet de se familiariser avec la production d'électricité par l'énergie nucléaire.

Pour en savoir plus sur la production d'électricité, rendez-vous au Centre d'information du public : expo sur l'électricité, son histoire, les moyens de la produire, son présent et son futur, mais aussi les mesures réalisées pour préserver l'environnement, etc. Une visite à prolonger par un tour à pied jusqu'à la passe à poissons (visite guidée, sur réservation).

Les + :

– Animations et conférences tte l'année. Infos par tél ou sur le site internet.

– La centrale de Saint-Laurent-des-Eaux participe aux « Journées de l'industrie électrique d'EDF », un des moments exceptionnels où le grand public peut entrer dans la centrale et découvrir les coulisses de la production d'électricité et un patrimoine industriel unique. Pour plus d'informations : • *edf.fr/saint-laurent-des-eaux* •

Label : Tourisme et Handicap.

Toutes les informations concernant la région sont à retrouver sur le site : • entrepriseetdecouverte.fr •

Max Vauché : *22, Les Jardins du Moulin, 41250* ***BRACIEUX.*** *☎ 02-54-46-07-96. • maxvauche-chocolatier.fr • Individuels, visite guidée slt. Résa par tél ou Internet. Mar-sam à 10h30, 15h30 et 16h30, dim à 15h30 et 16h30 (mais les chocolatiers ne sont pas à l'atelier le dimanche) ; juil-août, ouv lun aussi. Tarifs : 4,50 €/pers ; 5-12 ans : 3,60 €/pers ; - 5 ans : gratuit. Visite de groupe sur rdv, pour 15-60 pers. Tarifs : 3,60 €/pers. ♿ Durée de la visite : 1h.* ***Boutique :*** *sept-juin, mar-sam 10h-12h30 et 14h-19h, dim 15h-18h30 ; juil-août, ouv lun, dim 14h-19h.*

Situé entre Chambord et Cheverny, entouré de forêts domaniales, c'est l'un des plus petits villages du Loir-et-Cher, un des plus visités aussi par les gourmands. Les lecteurs d'Alexandre Dumas le connaissent bien puisque l'écrivain avait donné le titre de « baron de Bracieux » à son célèbre mousquetaire Portos. C'est sa statue que vous découvrirez en allant visiter la fabrique de chocolat Max Vauché, nouvel orgueil de la ville : celle-ci n'avait plus connu de chocolatier célèbre depuis qu'un certain Victor Auguste Poulain eut choisi de se marier, en 1848, en la mairie de Bracieux.

Une boutique et une expo originales. Max Vauché est un passionné, qui a entrepris une démarche solidaire et responsable en faveur des producteurs de cacao de Sao Tomé. Il vous fera découvrir tout l'***univers du chocolat,*** ses origines, sa culture et les diverses phases de sa transformation. Dégustation découverte des différents « crus », et vente de chocolat comme il se doit.

Les + : dégustation, animations (scolaires). *Ateliers Adultes – Enfants* et un ***Choco'bar*** dédié à la gourmandise chocolatée.

Les gourmands pourront continuer leur visite en ville par la ***vieille halle,*** construite en 1623. Une des rares de ce genre, conservée en bon état et l'une des fiertés des Braciliens. Un lieu de rencontres et de manifestations culturelles, avec en été un marché d'artisanat d'art le samedi et de produits du terroir le dimanche.

Val Saint-André : *Le Bourg, 41800* ***VILLAVARD.*** *☎ 02-54-72-78-10. • champi41.com • À partir de 10 ans. Visite guidée slt sur rdv. Tarifs : 3,80 €, enfant : 2,50 €. Visite de groupe sur rdv, pour 10-100 pers. Tarifs : 3 €/pers ; scolaire - 16 ans : 2 €/pers. ♿ Durée de la visite : 2h.* ***Boutique :*** *mar-sam 10h-12h30 et 15h-18h (sf sam ap-m).*

Dans un dédale de 3,5 km de galeries souterraines creusées dans le tuffeau, on découvre les cultures de ***champignons de Paris,*** mais aussi de ***pleurotes et shiitaké.*** Au cours de la visite, Laurent Gauthier, producteur depuis 17 ans, vous explique les techniques de culture, les secrets de la qualité et le marché du champignon. Entreprise en pleine croissance aujourd'hui, il vous racontera de quelle manière il a surmonté les difficultés des années 2000 et gagné le pari de l'innovation avec ses poudres de champignons, les marinés et la champinade.

LOIRET (45)

EDF – Centrale nucléaire de Dampierre-en-Burly : *D953, 45570* ***DAMPIERRE-EN-BURLY.*** *☎ 02-38-29-70-04. • edf.fr/dampierre • Centre d'information du public, lun-ven 14h-17h30. Visite commentée du CIP à 15h. Visite en bus autour de la centrale : visite guidée de groupe slt, sur rdv. La visite en bus autour du site sera ponctuée d'arrêts commentés. Tarif : gratuit. ♿ Durée de la visite : 2h.*

À 50 km en amont d'Orléans et à 10 km de Gien, cette centrale nucléaire comporte 4 réacteurs de 900 mégawatts chacun, en service depuis 1980 et 1981. Avec une production annuelle de 25 térawattheures, elle répond à environ 5 % des besoins annuels en électricité de la France. L'eau de la Loire, amenée par un canal long d'un kilomètre, assure le refroidissement des réacteurs. Une partie de cette eau est utilisée pour chauffer les serres horticoles du domaine de la Noue. Avant d'être rejetée dans le fleuve, cette eau est refroidie par quatre tours aéroréfrigérantes en forme de diabolos.

Sur place, le centre d'information du public propose des modules interactifs et dynamiques, portant sur les enjeux énergétiques, la production d'électricité, l'environnement, le développement durable, les métiers de l'électricité. À compléter avec une visite guidée en autocar autour du site (sur inscription) et des animations à thème.

Les + :

– Animations et conférences organisées tout au long de l'année. Se renseigner par tél.

– La centrale de Dampierre-en-Burly participe aux « Journées de l'industrie électrique d'EDF », un des moments exceptionnels où le grand public peut entrer dans la centrale et découvrir les coulisses de la production d'électricité et un patrimoine industriel unique. Infos sur le site internet.

Faïencerie de Gien : *78, pl de la Victoire, 45500* ***GIEN.*** *☎ 02-38-05-21-06 (05 pour la boutique). • gien.com • Visites de groupes slt, sur rdv, pour 20-50 pers (à partir de 11 ans) lun-jeu (sf juil-août et déc). Résa par tél plusieurs semaines à l'avance. Tarif : 15 €. Durée de la visite : 1h.* ***Boutique :*** *lun-sam 10h-18h. Pièces de second choix et fins de série avec des réductions intéressantes par rapport au prix du commerce.*

La faïencerie de Gien a été fondée en 1821 par l'Anglais Thomas Hall dans un couvent du XVIe s. Cette visite (30-45 mn) retrace l'historique de la faïencerie et les étapes de la fabrication des objets en ***faïence.*** Le musée *(lun-sam 10h-18h, 5 €/pers)* expose par ailleurs (dans trois salles) des pièces anciennes, monumentales, comme l'horloge-candélabre qui trône à l'entrée, ou miniatures, comme la jolie dînette d'enfant. Reconstitution d'une salle à manger du XIXe s. Remarquez l'imposante cheminée de 1871. On y trouve même quelques objets utilitaires (épis de faîtage, paratonnerre…), preuve qu'il ne faut pas uniquement associer faïence et vaisselle. Sachez aussi que les petits carreaux blancs qui recouvrent encore certaines stations du métro parisien ont été fabriqués à Gien. Également un vase au paon, réalisé pour l'Exposition universelle de 1889. On termine par une intéressante vidéo.

Label : Entreprise du Patrimoine Vivant.

ON Y DANSE, ON Y DANSE…

Les deux rives du centre-ville de Gien sont reliées par un superbe pont de pierre datant du XIIIe s, qui fut bombardé mais reconstruit à l'identique. Stratégique, il enrichit très vite la ville, notamment au Moyen Âge, quand il n'y avait que sept ponts entre Gien et Angers. C'est d'ailleurs certainement celui-ci qui, au XVIe s, inspira Pierre Certon, originaire de Gien. Il écrivit la ronde Sur le pont d'Avignon… *sur lequel il ne serait d'ailleurs jamais allé !*

Fonderie de cloches Bollée et musée campanaire : *156, faubourg Bourgogne, 45800* ***SAINT-JEAN-DE-BRAYE.*** *☎ 02-34-50-54-77 ou 📱 06-46-67-47-66. • dominique.bollee@sfr.fr • Visite guidée sur résa. Tarifs : 5 € ; enfant : 3 €. Visites de groupes sur rdv, pour 20-54 pers. Tarifs : 4 € ; scolaire : 3 €. Durée de la visite : 2h.* ***Boutique :*** *tlj 8h-20h.*

Ce musée campanaire, assez insolite, explique tout sur l'art de la cloche (le nom provient de la province italienne de Campanie, qui avait pour spécialité la fabrication des cloches). Dominique Bollée (huitième génération !), maître saintier de son état, est le dernier artisan français à fabriquer des ***cloches*** de ses propres mains (il ne reste que quatre fonderies en France). Il a ainsi créé la sonnerie de la plus grande basilique du monde, Notre-Dame-de-la-Paix de Yamoussoukro (Côte-d'Ivoire), ainsi que les carillons de plus de 60 cathédrales dans le monde, d'Orléans à Chartres et d'Ottawa à Saigon. La technique de fabrication employée s'effectue toujours dans la grande tradition des fondeurs du Moyen Âge. Les moules des cloches sont toujours réalisés en argile selon les techniques de la planche à trousser et de la cire perdue. Le métal est mis en fusion dans des fours réverbères, chauffés aux bois de chêne et de hêtre. L'informatique a pris le relais pour le contrôle de la sonorité ; le calcul des profils est également assisté par ordinateur. En 2013, 40 cloches ont été ainsi fondues. Le ***musée*** présente, grandeur nature, les différents stades de fabrication d'une cloche, et une vidéo en explique le déroulement. Chaque cloche est un instrument de musique unique (puisque le moule est cassé lors de la fabrication), et la sonorité produite est obtenue par une composition très précise de l'alliage d'étain et de cuivre utilisé. Très intéressant !

Toutes les informations concernant la région sont à retrouver sur le site :
• entrepriseetdecouverte.fr •

CORSE

La Corse est toujours ce paradis naturel préservé, entre mer et montagne, où une végétation méditerranéenne diversifiée s'épanouit sous le soleil, à l'abri des ravages qu'ont connus d'autres îles. La qualité de cet environnement a permis l'essor d'activités de transformation de ces cadeaux de la nature. Plantes et fleurs donnent des huiles essentielles et des cosmétiques (Corsica PAM, Realia Cosmetics, distillerie Listinctu). Les forêts qui couvrent les montagnes permettent le travail du bois (Legnu Nostrale), et les moutons paissant librement dans les montagnes fournissent leur laine au tissage traditionnel (Lana Corsa). Les eaux de source profitent également de cette nature préservée, comme les eaux de Zilia. Et elle constitue une source d'inspiration pour les créations de la verrerie Feliceto, héritière de la verrerie de Biot en Provence-Côte-Azur (voir page 202).
En revanche, comme ailleurs en France, l'agroalimentaire constitue l'un des fleurons de la production industrielle : la brasserie Pietra, qui invente ses propres bières, ne cesse d'étendre sa gamme et ses marchés. À déguster à l'heure de l'apéritif sur une terrasse avec vue sur la Méditerranée !

Toutes les informations concernant la région sont à retrouver sur le site : • entrepriseetdecouverte.fr •

Brasserie Pietra : *route de La Marana, 20600* ***FURIANI.*** *☎ 04-95-30-14-70. • brasseriepietra.com • Visite guidée slt. Juil-août : lun-ven 9h30-12h et 14h-17h30. Visite de groupe sur rdv (juil-août sans rdv), pour 8-20 pers. Résa par tél. Tarif : gratuit. Durée de la visite : 30 mn.* ***Boutique :*** *juil-août, lun-ven 9h-12h et 14h-17h3 ; hors saison : fermée.*

Oui, nous parlons bien de ***bière,*** cette boisson traditionnellement nordique, flamande ou teutonne : sachez qu'il en est de la corse, et de la meilleure ! Travaillant dans le respect des méthodes traditionnelles de brassage, la brasserie Pietra pratique une sélection rigoureuse de ses matières premières et produit des bières de très haute qualité, inspirées par leur terroir. Créée en 1996 et installée à Furiani, elle produit des ***bières à la farine de châtaigne*** absolument délicieuses. La Pietra, ambrée, est particulièrement traîtresse avec ses 6° qui descendent tout seuls ; elle existe aussi en version blonde premium : c'est la *Pietra Bionda*. La *Serena,* une blonde pur malt un peu plus légère (5°), finit sur un parfum légèrement citronné. La *Colomba* (5°) est une bière blanche aromatisée aux herbes du maquis, et la toute dernière, la *Pietra Rossa,* joue sur la gamme des fruits rouges. On les trouve un peu partout sur l'île, en bouteilles, et parfois à la pression dans les bars.
L'entreprise Pietra est l'une de celles dont la *success story* fait le plus parler en Corse, et à juste titre. En quelques années, elle a su s'imposer et continue à se développer. Une réussite qui s'exporte même ! C'est en 1992 qu'Armelle et Dominique, portés par la volonté de retour au pays, ont l'idée de créer une bière spécifiquement corse ; une bière corse à la châtaigne « l'arbre de vie », utilisée en Corse comme une céréale. Il leur a fallu 2 ans pour faire aboutir leurs recherches et finaliser une recette et 2 années supplémentaires pour finaliser le montage technique et financier du projet. Et c'est ainsi qu'en juin 1996 la

***IMPORTANT :** pensez toujours à prévenir l'entreprise et à réserver votre visite, en individuel ou en groupe, par téléphone ou par mail.*

première brasserie de l'histoire de la Corse ouvre ses portes à Furiani et prend le nom du petit village dont est originaire la famille Sialelli, Pietraserena. Modèle de l'économie agroalimentaire corse, la brasserie Pietra est aussi engagée dans le développement durable. Afin de réduire ses émissions dans l'atmosphère, la brasserie a investi dans un système de récupération du CO_2 et le traitement des déchets fait l'objet de recyclage à différents niveaux. La brasserie fait également réaliser son bilan carbone par un organisme agréé afin de définir un plan d'action concret pour limiter ses émissions de CO_2.
La visite de la brasserie permet d'entrer dans les coulisses de cette PME, un des fleurons de l'économie insulaire. On visite ainsi les installations high-tech en passant par toutes les étapes de fabrication ; processus qui demande environ 1 mois pour passer des céréales à la bière prête à déguster, du brassage au filtrage en passant par la fermentation pour finir par le conditionnement. Et bien sûr par une dégustation. On vous expliquera aussi les étapes de la fabrication du Corsica Cola et de la limonade.
Et puis, décider de visiter la brasserie Pietra, c'est un excellent prétexte pour découvrir un beau morceau de Corse authentique, avec ***Bastia,*** ses hautes façades austères sur son superbe site. C'est une ***Ville d'art et d'histoire*** à la fois pétulante et grave, grave comme ces maisons altières, gaie comme ces églises baroques. Les yeux sont comblés, le palais est émoustillé : une visite dont il ne faut pas faire l'économie.

Corsica PAM : *u Salvadorajo, 20117* ***OCANA.*** *☎ 04-95-23-81-88. • corsicapam.com • Visite guidée slt. Résa par tél. Avr-nov : lun-ven 8h30-12h et 14h-18h30. Mai-sept : ouv sam aussi. Tarif : gratuit. Visites de groupe sur rdv (sf déc), pour 6-55 pers. Tarifs : sur demande. ♿ Durée de la visite : 1h.* ***Boutique :*** *avr-nov, lun-ven 8h30-12h et 14h-18h30 ; mai-sept, ouv sam aussi.*
La ***Maison des senteurs,*** dirigée par Paul et Jean-Pierre Caux, producteurs d'huiles essentielles biologiques depuis 1996, est située en balcon sur l'une des collines qui accompagnent le Prunelli dans sa descente vers la mer, au cœur du maquis. Cette accueillante maison et sa terrasse panoramique sont le lieu idéal pour découvrir le secret des ***huiles essentielles*** dont la Corse est aujourd'hui l'une des ambassadrices dans le monde.
C'est en 1994 que les deux frères décident de se lancer dans le secteur des plantes médicinales et dans la production d'huiles essentielles. L'entreprise est créée 2 ans plus tard dans leur village d'origine, un beau village haut perché dans l'arrière-pays d'Ajaccio. De la cueillette des plantes dans le maquis (le myrte vert, le romarin verbenone, l'immortelle, l'eucalyptus, la carotte sauvage, etc.), à la production des huiles essentielles, en passant par la distillation, tout vous sera expliqué et montré sur place. Vous pourrez aussi bénéficier des conseils personnalisés des frères Caux sur l'utilisation des huiles essentielles pour le corps et dans la vie quotidienne. Une visite intéressante conduite par des passionnés, mais aussi un vrai moment d'échange chaleureux et authentique que nous vous recommandons.

Distillerie Listincu : *route de Bonifacio, lieu-dit Orasi, Saparella, 20100* ***SARTÈNE.*** *📱 06-86-96-28-26. • vitalba.fr • Visite guidée slt. Avr-juin et sept-oct : lun-ven 10h-12h et 14h-18h. Juil-août : ouv sam. Visite de groupe sur rdv, jusqu'à 30 pers. Tarif : gratuit. Scolaires : tarifs sur demande. Durée de la visite : 1h.*
« La plus corse des villes corses », disait Prosper Mérimée à propos de Sartène. C'est toujours vrai. Quel caractère dans ces hautes et hautaines façades grises et brunes, rempart de granit dominant la vallée, dans ces ruelles pavées, ces escaliers tors et ces arches de la vieille ville, et dans les quelques « palais » décrépis du quartier des notables ! Et dans cette grand-place, LA place corse par excellence… Par ailleurs, sur le territoire de la commune, l'une des plus grandes de France en superficie, se trouvent des plages extraordinaires – pourtant, les Sartenais possèdent la mer mais y mettent rarement les pieds. Si, comme eux, vous préférez les parfums champêtres de l'intérieur au littoral, rendez-vous à la distillerie Listincu, qui fabrique les produits de la marque Vitalba. Venez plutôt l'après-midi, car le matin on est aux champs ! On concocte ici des ***huiles***

essentielles, notamment l'immortelle, qui, sur le terroir corse, développe des qualités toutes particulières. Mais on y trouve également de la criste-marine, l'inule odorante, le genévrier nain des montagnes ou encore le myrte vert et le pistachier lentisque. Huiles de soin, cosmétiques, phytothérapie, Michèle Pantalacci est allée chercher dans la diversité incommensurable des espèces botaniques d'ici et d'ailleurs tout ce qui peut contribuer à un mieux-être : une occasion de prendre soin de soi à ne pas rater. ***Boutique,*** bien sûr, avec tous les produits issus de l'exploitation.
Label : Demeter, Ecocert.

Eaux de Zilia : *route de Zilia, 20214* ***ZILIA.*** *☎ 04-95-65-90-70. • eauxdezilia.corsica • Visite guidée slt. Visite de groupe sur rdv, jusqu'à 30 pers. Tarif : gratuit. Durée de la visite : 30 mn.*
L'eau de source de Zilia jaillit en Haute-Corse sur le monte Grosso (1 800 m) dans une nature sauvage et intacte comme seule la Corse peut s'en enorgueillir. Elle est captée par un forage à une profondeur de 100 m sur le flanc de la montagne. Il s'agit donc d'un milieu exempt de toute pollution. Elle a, à ce titre, obtenu le label ***Eau minérale.*** 14 millions de bouteilles sont produites et commercialisées chaque année en Corse.
Lors de votre visite, vous découvrirez l'ensemble des étapes de la production. L'eau est d'abord envoyée dans une cuve tampon qui alimente une remplisseuse pour remplir les bouteilles. Elles vont ensuite passer par l'étiqueteuse et être marquée (date et heure) pour une meilleure traçabilité. Enfin, pour terminer, elles sont mise en carton pour être expédiéEs dans toute la Corse. On voit aussi le parcours de fabrication des bouteilles, puisque Zilia fabrique ses propres bouteilles à partir d'une préforme spécifique à la marque. Ensuite, il ne reste plus qu'à la déguster !

Lana Corsa : *Pont'a Golu, 20218* ***SALICETO.*** *☎ 04-95-48-43-79. • lana-corsa.com • Individuels, visite libre. Avr-oct : tlj 9h-19h sf dim. Nov-mars : lun-ven 9h-17h30, sam 9h-14h. Tarifs : 5 €; - 7 ans : gratuit. Visite de groupe sur rdv, pour 7-50 pers. Résa par tél. Tarif : 4 €/per; scolaires : plusieurs formules possibles. ♿ Durée de la visite : 1h.* ***Boutique :*** *avr-oct, tlj 9h-19h sf dim ; nov-mars, lun-ven 9h-17h30, sam 9h-14h.*
En pleine nature, près de Ponte Leccia, l'atelier Lana Corsa travaille ***la laine des brebis corses*** pour produire vêtements, accessoires et décoration d'intérieur.
Dans le parc, où paissent des brebis de races corse et mérinos et des chèvres naines, on trouve un jardin de plantes à teintures, une yourte en feutre de laine corse, et des explications sur toutes les étapes de la transformation : tri des toisons, initiation à l'histoire et aux techniques du textile : filage, tissage et tricotage, feutre mais aussi des renseignements sur la vie des bergers … Savez-vous pourquoi les brebis corses ont un poil long et lisse ? Pourquoi la laine isole du froid... mais aussi du chaud ? Savez-vous qu'on peut teindre la laine avec des centaines de plantes différentes ? Le parcours *« Di a pecura à u filu... »* (De la brebis au produit fini) répond à toutes ces questions.
Dans l'atelier, on assiste au travail quotidien des artisans. Si vous le souhaitez, vous pourrez même essayer de filer, tisser ou faire du feutre vous-même !
Les + :
– Aire de pique-nique à disposition.
– Possibilité de participer au tissage et filage.
– Stages de tissage, feutrage et teintures naturelles.

Legnu Nustrale : *route de l'Église, 20143* ***FOZZANO.*** *06-52-24-04-07. • legnunustrale.com • Individuels, visite libre. Appeler avant de venir. Pâques-Toussaint : lun-sam 10h30-12h30 et 15h-18h. Le reste de l'année :*

Toutes les informations concernant la région sont à retrouver sur le site :
• entrepriseetdecouverte.fr •

sur rdv, résa par tél. Visite de groupe sur rdv, jusqu'à 12 pers. Résa par tél. Tarif : gratuit. Durée de la visite : 30 mn. ***Boutique :*** *Pâques-Toussaint, lun-sam 10h30-12h30 et 15h-18h ; le reste de l'année, appeler avant.*

À 12 km à l'est de Propriano par une jolie route de montagne, Fozzano, perché sur son éperon rocheux, est un village plein de charme et de caractère, protégé par ses deux grosses tours (l'une du XIVe s, l'autre du XVIe s). C'est dans l'une de ces tours que naquit Colomba Carabelli-Bartoli, héroïne corse qui inspira à Mérimée son roman du même nom. On trouve aussi, dans le bas du village, la maison de Colomba et une chapelle, récemment restaurée, où elle fut enterrée. La vraie Colomba ne ressemble que fort peu à la belle héroïne de Mérimée : elle était déjà âgée quand, par sa hargne, elle provoqua une vendetta où elle perdit finalement son fils. Un peu plus loin, se trouve Legnu Nustrale, l'atelier de Jeff Nicolier, un ***tourneur pipier*** qui s'attache à la mise en valeur des bois locaux. Si les stylos et les vaporisateurs sont tournés en olivier, genévrier, chêne, liège… les pipes sont exclusivement façonnées en bruyère. Vous pourrez le voir travailler dans son atelier où il vous expliquera le tournage de stylos ou de vaporisateurs à parfum, le ponçage des pipes tout en racontant la fabuleuse histoire de la racine de bruyère en Corse, documents à l'appui.

En sortant, voir aussi la mignonne église du XVIIe s, dans laquelle on peut admirer une Vierge sculptée dans du bois de figuier.

Realia Cosmetic : *RD152, 3,4 km RN198, Levole, 20221* ***CERVIONE.*** *☎ 04-95-36-04-46. • realia-cosmetic.com • Visite guidée slt. Mi-juin-mi-sept : lun-sam 9h-18h. Hors saison : résa par tél. Visites de groupe sur rdv, jusqu'à 40 pers. Résa par tél. Tarif : gratuit. ♿ (accès partiel). Durée de la visite : 45 mn.* ***Boutique :*** *mi-juin-mi-sept, lun-sam 9h-18h ; hors saison, appeler avant.*

Muriel Crestey productrice d'huile d'olive, vous invite à découvrir les cosmétiques qu'elle produit à base de plantes – immortelle, myrte et clémentine… – récoltées sur les terres de la Costa Verde. Lors de la visite de l'atelier artisanal de production des ***cosmétiques,*** elle présente les plantes sauvages corses, leurs usages anciens et leurs nouvelles utilisations, leurs senteurs parfois surprenantes et elle explique les techniques et matières premières utilisées pour fabriquer des crèmes et des gels aussi typiques qu'innovants.

Label : Bienvenue à la Ferme.

Verrerie Corse : *lieu-dit Chioselle, 20225* ***FELICETO.*** *• verrerie-corse.com • Jours de fabrication : mars-oct, lun, mer et ven 10h-12h et 15h-18h. Visite de groupe sur rdv (sf nov-fév), jusqu'à 25 pers. Résa au ☎ 04-95-61-73-05. Tarif : gratuit. ♿ Durée de la visite : 30 mn.* ***Boutique :*** *mars-oct, tlj 10h-12h et 15h-18h (17h sam).*

À 350 m d'altitude, Feliceto s'étire nonchalamment à flanc de montagne dans un cadre ombragé et verdoyant. En contrebas, on voit l'église sur son promontoire, et, au loin, la côte nord de la Corse, à 14 km seulement : un beau panorama dont on pourra profiter depuis la petite terrasse du *Rigo Bar.* On descend vers l'église et le cimetière et on les dépasse pour trouver plus loin, dans un agréable site, l'atelier-boutique des Campana. C'est une belle histoire de famille qui s'y déroule : Ange Campana, le père, potier puis verrier sur la Côte d'Azur (voir verrerie Biot page 202), choisit de retourner sur son île natale et ouvrit ici son propre atelier de verrerie en 1976. Ses fils ont donc grandi entre fours et canules, aidant leur père depuis leur tendre enfance, et marchant sur ses traces. Aujourd'hui, ils ont repris le flambeau, en particulier David qui s'est spécialisé dans la ***verrerie d'art.*** On peut observer à loisir le verre incandescent évoluer sous l'effet du souffle et des verriers. L'atelier fait corps avec la boutique où sont exposés de superbes pièces, services de verre, vases, coupes, flacons, sulfures, lampes, sculptures de couleurs variées. Verre soufflé et bullé, cristal à inclusions d'émaux et de métaux précieux (argent, or) et pâtes de verre, l'art du feu montre le meilleur de lui-même dans cet atelier qui est devenu la « vitrine artisanale » de Feliceto.

Le + : stages de verrerie.

GRAND EST
Alsace-Champagne-Ardenne-Lorraine

ALSACE

En Alsace, le patrimoine économique vivant de la région est une véritable filière touristique. Concernant plus de la moitié des entreprises, le secteur des vins et spiritueux domine. Le secteur alimentaire, qui promeut des produits emblématiques de la région, est également solide. Ainsi la Maison du fromage, première sur le podium en terme de nombre de visiteurs en 2014, propose d'assister à la fabrication du fromage sur place. Les bouches sucrées plébiscitent le Palais du pain d'épices et le Pain d'épices Lips, respectivement deuxième et troisième sur le même critère, qui permettent de découvrir la fabrication de cette spécialité. On peut y participer à des ateliers de décoration du pain d'épices !
Dans cette région à tradition industrielle ancienne, l'artisanat est également fortement représenté, par exemple par la verrerie d'art de Kayserberg.

BONS PLANS : *l'office de tourisme de Mulhouse propose un large éventail de visites d'entreprises. • tourisme-mulhouse.com/FR/planifiez/tourisme-de-decouverte-economique.html •*
Le pôle Textile Alsace propose en juillet une semaine Alsace Terre Textile. • alsaceterretextile.fr •

LORRAINE

Le secteur agroalimentaire domine. La région compte notamment dans ses rangs la Confiserie des Hautes Vosges, première visite d'entreprise à l'échelle régionale et 7e à l'échelle nationale, talonnée par la confiserie Bressaude, ou les Dragées Braquier, plus ancienne confiserie de France perpétuant la fabrication traditionnelle des dragées. Autre spécialité lorraine à découvrir, la production d'eaux-de-vie de fruits avec la Distillerie Lecomte Blaise, en activité depuis 1820.
L'agroalimentaire est suivi par le secteur artisanal. Ainsi, les cristalleries jouent le jeu de l'ouverture, comme la cristallerie de Saint-Louis ou le site verrier de Meisenthal. L'Imagerie d'Épinal, perpétuant le savoir-faire des artisans imagiers, éclaire sous un nouveau jour l'histoire de France et ses représentations.
L'industrie occupe également une place importante, par exemple dans la filière textile, dont la prestigieuse société Garnier Thiébaud. Les acteurs de cette filière se sont regroupés pour créer la première AOC industrielle de France : le label Vosges Terre Textile.

BONS PLANS : *la chambre de commerce et d'industrie Lorraine propose les Journées Lorraine Portes Ouvertes en mars. • jlpo.fr •*

CHAMPAGNE-ARDENNES

En cohérence avec ses voisines, la région voit dominer les secteurs de l'alimentation et des vins et spiritueux, ainsi que le secteur artisanal, ici très fortement représenté. Certaines entreprises portent haut les couleurs des spécialités régionales, comme la maison Taittinger pour le champagne et la Maison Fossier pour le biscuit rose de Reims. Le secteur Énergies & Environnement est également bien implanté, avec des centrales nucléaires et hydrauliques d'EDF et des sites de stockage de déchets radioactifs de l'Andra.

BONS PLANS : la chambre de commerce et d'industrie Troyes et Aube propose l'opération Découvrez l'Aube Économique. • visites-entreprises-aube.fr •

ARDENNES (08)

EDF – Centrale nucléaire de Chooz : *site de Chooz, 08600 CHOOZ. ☎ 03-24-36-38-88. • edf.fr/chooz • Centre d'information du public : visite libre et gratuite. Lun-ven 13h30-17h30. ♿ Visite en bus autour de la centrale : visite guidée de groupe gratuite, sur rdv. Résa par tél.*

Chooz, drôle d'endroit pour une rencontre ? Le télescopage entre ce joli petit village, la Meuse, ses rives harmonieuses et ses deux gros culots de pipe en écume blanche est saisissant. Chooz A, installée en 1967, fut pionnière pour la technologie des réacteurs à eau sous pression et servit de modèle à maintes autres centrales. Arrêtée en 1991, elle est aujourd'hui en cours de démantèlement. Chooz B, qui lui a succédé en 1996, fournit avec sa copine de Nogent-sur-Seine (voir page 99) 10 % de la production française d'électricité.

Sur place, le Centre d'information du public de la centrale de Chooz offre au grand public l'occasion de découvrir de manière ludique et interactive les enjeux de l'énergie, les grandes inventions, les moyens de production d'électricité et les métiers qui y concourent. Cet espace propose un parcours pédagogique qui explique au travers de maquettes, d'écrans tactiles, de films et d'expériences le fonctionnement d'une centrale nucléaire. Le public est invité à prolonger sa découverte avec une visite en bus autour de la centrale. Une visite commentée aussi agréable qu'instructive.

Les + :

– Animations et conférences gratuites tout au long de l'année. Se renseigner par tél ou sur • *edf.fr/chooz* •

– La centrale de Chooz participe aux « Journées de l'industrie électrique d'EDF », un des moments exceptionnels où le grand public peut entrer dans la centrale et découvrir les coulisses de la production d'électricité et un patrimoine industriel unique. Pour plus d'informations : • *edf.fr/chooz* •

AUBE (10)

Centre de stockage de l'Aube (CSA) : *10200 **SOULAINES-DHUYS.** ☎ 03-25-92-33-00. • andra.fr/andra-aube • Visite guidée slt. Visites de groupe sur rdv, pour 5-45 pers. Résa au ☎ 0800-31-41-51, 2 semaines au moins avant la date de visite souhaitée. Lun-ven (sf j. fériés) 8h30-12h et 13h30-17h. Tarif : gratuit. Durée de la visite : 2h30.*

***À SAVOIR :** interdit aux moins de 12 ans. Photos interdites. Pièce d'identité en cours de validité obligatoire.*

Au cœur d'une verdoyante campagne, le très joli village de Soulaines, avec sa dizaine de petits ponts, ne pouvait échapper au surnom de « Venise verte ». Chapelle et église, maisons à pans de bois, manoir, relais de poste, tout un patrimoine du XVIe et du XVIIe s ravit l'œil du promeneur. C'est sur cette commune, ainsi que sur celles d'Épothémont et Ville-aux-Bois, qu'est implanté le Centre de stockage de l'Aube (CSA), exploité depuis janvier 1992 par l'Agence nationale pour la gestion des déchets rédioactifs (ANDRA). Il accueille l'ensemble des déchets faiblement et moyennement radioactifs à vie courte produits en France, issus principalement du fonctionnement d'installations nucléaires : à titre d'exemple, un réacteur d'une puissance de 1 000 mégawatts génère quelque 100 m^3 de déchets par an qui aboutissent au CSA. La visite guidée commence par un exposé, puis vous vous rendez sur le site en exploitation et vous découvrez les ouvrages de stockage. Avec un peu de chance, vous assisterez en direct au déchargement de colis de déchets radioactifs, et vous visiterez sûrement les galeries souterraines de surveillance. Pour préparer votre visite, commencez par voir l'espace d'information situé à l'entrée du CSA. Il a l'avantage d'être ouvert à tous (un livret de découverte est proposé aux enfants).
On y apprend qu'en France, on procède au tri des déchets provenant de différents producteurs de déchets radioactifs. Les déchets peuvent pour la plupart être triés selon l'activité radioactive et leur durée de vie, c'est-à-dire la durée au bout de laquelle l'élément radioactif le plus persistant dans le temps aura perdu la moitié de sa radioactivité. Les déchets sont classés selon cinq catégories :
– les déchets de très faible activité ;
– les déchets de faible et moyenne activité à vie courte ;
– les déchets de faible activité à vie longue ;
– les déchets de moyenne activité à vie longue ;
– les déchets de haute activité.
Le site de Soulaines, en surface, reçoit des déchets de faible et moyenne activité à vie courte, soit d'une période radioactive de 30 ans. D'une capacité de 1 million de m^3, il reçoit quelque 12000 m^3 de déchets par an. Ces déchets proviennent en grande majorité de l'industrie nucléaire (70 % environ), mais aussi de la recherche, de la défense et même d'industries comme la médecine. Ici, ils sont conditionnés, c'est-à-dire enfermés dans des fûts métalliques et coulés avec du ciment, puis logés dans des alvéoles bétonnées, qui seront à la fin de l'exploitation recouvertes d'une couche de terre de 5 à 10 m d'épaisseur.
Le + : Cette visite peut être couplée et associée, sur une journée, à une visite du Centre industriel de regroupement, d'entreposage et de stockage, le CIRES (voir ci-dessous).

CIRES – Centre industriel de regroupement, d'entreposage et de stockage : *RD 960, 10500* ***MORVILLIERS.*** *☎ 03-25-92-33-00. • andra.fr/andra-aube • Visite guidée slt. Visites de groupe sur rdv, pour 5-45 pers. Résa au ☎ 0800-31-41-51, 2 sem au moins avt la date de visite souhaitée. Lun-ven (sf j. fériés) 8h30-12h et 13h30-17h. Tarif : gratuit. Durée de la visite : 1h30.*

À SAVOIR : ***interdit aux moins de 12 ans. Photos interdites. Pièce d'identité en cours de validité obligatoire.***

Situé sur les communes de Morvilliers et de La Chaise, le site reçoit des déchets classés comme très faiblement radioactifs depuis 2003. D'une capacité prévue de 650 000 m^3 de déchets, le CIRES en reçoit environ 24 000 par an. Ce sont essentiellement des gravats et des ferrailles, provenant de la déconstruction de bâtiments ou d'installations nucléaires éloignés du cœur du réacteur, mais aussi d'industries classiques (chimie, métallurgie…) qui utilisent des matériaux naturellement radioactifs, ou de l'assainissement et de la réhabilitation d'anciens sites pollués par la radioactivité. Il s'agit pour la moitié de ***déchets industriels banals*** (ferrailles, plastiques), pour 40 % de ***déchets inertes*** (bétons, briques, terre…) et pour 10 % de ***déchets spéciaux*** (boues, cendres). Conditionnés dans des fûts métalliques, ou dans de grands sacs en tissu appelés *big-bags,* ils seront recouverts d'une couche de matériaux de 1 à 5 m d'épaisseur.

Le + : Possibilité de coupler la visite avec celle du Centre de stockage de l'Aube ainsi que de l'espace d'information des Centres, à l'entrée du site CSA (voir page 97).

EDF – Centrale nucléaire de Nogent-sur-Seine : *Centre d'information du public, av Henri-Becquerel, 10400* ***NOGENT-SUR-SEINE.*** *☎ 03-25-25-65-65. • edf.fr/nogent • Centre d'information du public : visite libre mer 13h-17h ; visite guidée sur rdv lun-sam. Résa par tél ou par mail : •cip-nogent@edf.fr • Tarif : gratuit.* ♿

Nogent-sur-Seine possède une longue tradition énergétique : des moulins y tournent depuis le IXe s. Pour les agrandir, deux canaux ont même été creusés… Aujourd'hui, on voit de loin les panaches blancs de la centrale nucléaire. Les deux unités de production à eau pressurisée, de 1 300 mégawatts de puissance chacune, fournissent à elles seules 4 % de la production française d'électricité, répondant à un tiers des besoins électriques annuels de l'Île-de-France (à titre d'exemple, c'est l'équivalent de 9 années de fonctionnement du métro parisien).

Le Centre d'information du public de la centrale de Nogent offre au grand public l'occasion de découvrir de manière ludique et interactive les enjeux de l'énergie, les grandes inventions, les moyens de production d'électricité et les métiers qui y concourent. Cet espace propose un parcours pédagogique qui explique au travers de maquettes interactives, d'écrans tactiles et de films le fonctionnement d'une centrale nucléaire.

Les + :

– Animations, ateliers scientifiques, gratuits ts les mer ap-m des vac scol, à partir de 14h30. Résa par tél ou par mail : • *cip-nogent@edf.fr* •

– La centrale de Nogent participe aux « Journées de l'industrie électrique d'EDF », un des moments exceptionnels où le grand public peut entrer dans la centrale et découvrir les coulisses de la production d'électricité et un patrimoine industriel unique. Pour plus d'informations : • *edf.fr/nogent* •

MARNE (51)

Champagne Taittinger : *9, pl Saint-Nicaise, 51100* ***REIMS.*** *☎ 03-26-85-45-35. • taittinger.fr • Visite guidée slt. Se présenter 10 mn avant le début de la visite. À savoir : certaines visites se font en anglais en fonction de l'affluence.*

Avr-mi-nov : ouv tlj ; départs ttes les ½ heures de 9h45 à 11h45 et de 13h45 à 16h15. Mi-nov-avr : ouv lun-ven ; départs à 10h, 10h30, 11h15, 11h45 et 13h, 14h45, 15h30 et 16h15. Visites de groupe sur rdv, pour 20-35 pers. Résa par tél : ☎ 03-26-85-45-35. Chaque visite est associée à la dégustation d'un à plusieurs champagnes. Étudiants et groupe constitué de 20 pers : tarif réduit. Visites à 17 € (réduit : 13 €) ; 27 € (réduit : 20 €) ; 37 € (réduit : 27 €) ; 45 € (réduit : 32 €) ; enfants : 8 €. ♿ *Durée de la visite : 1h.*

Boutique : *mai-mi-nov, tlj 9h30-13h30 et 14h-17h30 ; 15 mars-30 août et 15-30 nov, lun-sam et j. fériés 9h30-13h30 et 14h-17h30 ; déc-avr, lun-ven et j. fériés 9h30-13h30 et 14h-17h30.*

Il fallut attendre dom Pérignon, à la fin du XVIIe s, pour maîtriser la fermentation. En mariant des cépages pour former des cuvées, il obtint un « vin clair à la mousse persistante », tel que nous le connaissons maintenant. Aussitôt, le ***champagne*** connut un succès incroyable. Après la ***fermentation naturelle***

Toutes les informations concernant la région sont à retrouver sur le site : • entrepriseetdecouverte.fr •

dans les cuves (transformation du sucre en alcool) aux environs de Noël, on procède au ***mélange des différents crus.*** De l'opération dépendra la valeur de la cuvée. Il faut réaliser un ensemble harmonieux en mariant des vins issus d'années, de cépages et de crus différents. Si le vin n'est obtenu qu'avec des raisins blancs de cépage chardonnay, le champagne est appelé « blanc de blancs ». Lorsque le vin d'une récolte est exceptionnel, on peut réaliser la cuvée avec le seul vin de l'année ; le champagne est alors millésimé.
Dans les mélanges, le pinot noir de la montagne de Reims apporte la vinosité et la luminosité, le pinot meunier de la vallée de la Marne le moelleux, et enfin, le chardonnay de la côte des Blancs (où il est le seul cépage autorisé) la finesse et la légèreté.
Le vin est ensuite mis en bouteilles. C'est l'opération du ***tirage,*** au cours de laquelle on ajoute des levures naturelles et une légère quantité de sucre. Les bouteilles sont descendues en cave où la température, été comme hiver, doit être maintenue à 10-12 °C. Pendant cette ***seconde fermentation,*** plus lente que la première, le vin prend mousse. On le laisse ensuite séjourner en cave 15 mois minimum, mais le plus souvent 3 ou 4 ans et davantage si l'on veut obtenir un grand cru.
Pendant la seconde fermentation, un dépôt se forme dans les bouteilles. Après le vieillissement, les bouteilles sont donc installées sur des pupitres, tête en bas, et remuées chaque jour pendant plusieurs semaines pour faire glisser le dépôt vers le bouchon. Vient alors l'opération du ***dégorgement,*** qui consiste à expulser ce dépôt. Le col de la bouteille est plongé dans un bain réfrigérant. À son ouverture, le dépôt est expulsé naturellement par la pression interne. Comme un peu de champagne s'échappe à ce moment, on le remplace par une liqueur de dosage à base de vin qui peut contenir un peu de sucre de canne suivant le type de champagne que l'on veut obtenir : brut, sec ou demi-sec. Après toutes ces opérations, la bouteille reçoit un bouchon définitif, maintenu par un « muselet » et une capsule (que collectionnent les placomusophiles).
Parmi les producteurs emblématiques, on compte la maison Taittinger, fondée en 1734, et ses ***caves exceptionnelles*** : quelque 15 millions de bouteilles séjournant dans des galeries gallo-romaines et dans les cryptes de l'ancienne abbaye Saint-Nicaise, du XIIIe s. Dégustation des champagnes de la maison, caractérisés par une forte proportion de chardonnay, cépage qui garantit la finesse et l'élégance du précieux breuvage.
Label : Vignoble et Découverte.

Distillerie Guillon : *hameau de Vertuelle, route de Verzy, 51150* ***LOUVOIS.*** *☎ 03-26-51-87-50. • distillerie-guillon.com • Visite guidée slt. Tlj 10h-12h et 14h-18h. Visite de groupe sur rdv par tél, jusqu'à 100 pers. Tarif : gratuit. ♿ Durée de la visite : 45 mn.* ***Boutique :*** *tlj 10h-12h et 14h-18h.*
Classée parc naturel régional depuis 1976, la montagne de Reims (dont le sommet n'atteint pas 300 m) offre de jolis paysages entre vignobles et forêts, ponctués d'adorables petits villages. À Louvois, au cœur du vignoble champenois et de la forêt domaniale, se niche la distillerie Guillon, l'unique productrice de ***l'« Esprit du malt de la montagne de Reims ».*** Un spiritueux inspiré des whiskies en Champagne ? Et pourquoi pas ! Quand on sait que la région se classe parmi les premiers producteurs mondiaux de malt. Peu importe, le site est superbe et la visite, intéressante, permet de découvrir tout le processus de fabrication de ces malts.
On démarre loin dans le temps avec l'histoire de la distillerie et de ses influences, et on arrive au présent, en détaillant toutes les étapes de la fabrication : le brassage du malt, sa fermentation, la double distillation et le titrage grâce à une source d'eau naturelle, enfin, un vieillissement en fût de chêne qui signe le goût de l'Esprit du malt de la montagne de Reims. Dégustation, *of course.* Un voyage olfactif et gustatif original au sein de cette terre de champagne.

IMPORTANT : pensez toujours à prévenir l'entreprise et à réserver votre visite, en individuel ou en groupe, par téléphone ou par mail.

Maison Fossier : *Zone Actipole la Neuvillette, 20, rue Maurice-Prevoteau, 51100* ***REIMS.*** *☎ 03-26-40-67-67. • fossier.fr • Individuels, visite guidée slt. Lun-ven à 9h, 10h et 11h. Tarifs : 5,50 € ; enfant : 3,50 € ; - 7 ans : gratuit. Visites de groupe sur rdv, pour 15-50 pers. Résa par tél. Tarifs : 4,50 €/pers ; scolaire : 3,50 €/pers. Durée de la visite : 1h15.* ***Boutique :*** *lun-ven 9h-19h, sam 10h-19h.*
Qui n'a jamais croqué un ***biscuit rose de Reims,*** qui accompagne divinement une coupe de champagne ? Rectangulaire, saupoudré sur le dessus de sucre glace avant cuisson, il est croquant à souhait, mais se trempe dignement (dans du porto ou du champagne) ou s'imbibe sans broncher (pour une charlotte aux biscuits roses, par exemple). La légende veut que les rois de France aient eu pour coutume d'en déguster avant de s'endormir pour une nuit reposante, la veille de leur sacre. Cette élégante douceur semble donc, à l'image de sa ville natale de Reims, indissociable de la monarchie. Ce que confirme son histoire : une petite biscuiterie artisanale parmi tant d'autres apparaît à Reims en 1756, sous le règne de Louis XV. En 1775, ses biscuits sont présents lors du sacre de Louis XVI, et la biscuiterie devient ***fournisseur du roi.*** En 1825, elle reçoit un diplôme royal frappé du sceau de Charles X, reconnaissant la qualité de ses productions. Ses biscuits roses et ses pains d'épices – une autre ancienne spécialité de la maison, aujourd'hui ressuscitée – deviennent à la mode, les fines gueules de la Restauration puis de la monarchie de Juillet se les arrachent. C'est au cours de cette période qu'en 1845, un certain Monsieur Fossier, boulanger de son état, prend la succession de cette biscuiterie qui se considère « Maison Mère des biscuits de Reims ». Durant plus de 3 siècles, la biscuiterie est une activité prospère et fort bien implantée à Reims. Pendant les Années folles, la vogue des biscuits roses grandit, et les élégantes adorent les déguster avec un grand champagne. L'agenda de la Marne pour les années 1950 dénombre encore 15 biscuiteries, qui avaient pour spécialités de fabriquer « biscuits de Reims, pains d'épices et massepains ».
Mais aujourd'hui, la maison Fossier reste la seule à fabriquer le délicat rectangle rose saupoudré de sucre glace. Le plus drôle de l'histoire, c'est qu'il s'agit, comme souvent en cuisine, d'une succession de recherches ou de hasards sans rapport apparent avec le résultat final qui ont mené à la confection de ce délice. Ainsi, pourquoi est-ce un ***« bis-cuit »*** (deux fois cuit) ? Parce que dès 1690, des boulangers champenois, en bons économistes avant la lettre, cherchèrent à rentabiliser au maximum leur investissement, en l'occurrence à profiter de la chaleur restante du four à pain après la cuisson. Ils créèrent une pâte qui, une fois cuite, gagnait à sécher dans le four encore chaud… Et à quoi doit-il sa charmante teinte rose ? À une imperfection esthétique : à l'origine, le gâteau était blanc. On voulut aromatiser la pâte à la vanille. Pour ce faire, on devait écraser la gousse au mortier avec du sucre pour en extraire la substance aromatique sous forme de petites particules de couleur presque noire. Mélangées à la pâte d'un blanc éclatant, ces particules de vanille tachetaient le gâteau fini… On eut alors l'idée de masquer cette pigmentation avec un peu de colorant rouge, en réalité du carmin. Le « biscuit rose » était né ! Tous ces ***secrets de fabrication*** sont dévoilés sur le site. Film, parcours gourmand, et bien sûr dégustation et gourmandises à prix d'usine – essayez aussi les croquignoles (idéales pour le café) et les madeleines au biscuit rose… – vous attendent sur le site. Un grand moment pour les bouches sucrées.
Label : Entreprise du Patrimone Vivant.

MEURTHE-ET-MOSELLE (54)

Brasseurs de Lorraine : *3, rue du Bois-Le-Prêtre, 54700* ***PONT-À-MOUSSON.*** *☎ 03-83-80-02-64. • brasseurs-lorraine.com • Visite guidée slt. Ven à 17h. Tarifs : 4 € ; 10-17 ans : 2 € ; - 10 ans : gratuit. Visite de groupe sur rdv, à partir de 10 pers. Tarif : 4 €/pers. Durée de la visite : 1h.* ***Boutique :*** *mar-sam 10h-12h et 14h-18h.*
Malgré de nombreuses destructions sous la Révolution et pendant la Première Guerre mondiale, Pont-à-Mousson étale sur les rives de la Moselle un joli patrimoine, et de bucoliques vallées parcourent les environs : voilà où loge la plus

grosse brasserie artisanale de Lorraine. Si le nombre de sites brassicoles s'est effondré en Lorraine depuis la fin du XIXe s, la qualité des produits artisanaux actuels laisse augurer un futur florissant. À Pont-à-Mousson, près de l'abbaye des Prémontrés, les ***Brasseurs de Lorraine*** proposent une carte riche de promesses. Dans le droit fil de la tradition lorraine, la brasserie produit aujourd'hui ***12 bières*** de fermentation haute : blonde, ambrée, rousse, blanche et bières aromatisées (bergamote, framboise et mirabelle) qu'on déguste en fin de visite. À la boutique, on trouve donc des bières régionales : Noiraude (une… blanche), Duchesse de Lorraine (créée pour les 250 ans de la place Stanislas) ou encore, pour les supporteurs de l'AS Nancy, Chardon Rouge. Leur dernière fierté ? La Jeanne d'Arc, qui associe la bière et la mirabelle, produits emblématiques de la région qui rendent hommage à l'héroïne lorraine !

EDF – Centrale thermique de Blénod – Cycle combiné gaz : *54700* ***BLÉNOD-LÈS-PONT-À-MOUSSON.*** *☎ 03-83-80-38-80. • edf.fr/blenod • Centre d'information du public (CIP) : visite guidée de l'exposition du CIP sur rdv. Programme des animations gratuites sur le site internet. Visite de la centrale : visite guidée de groupe sur rdv. Inscription par tél. Tarif : gratuit. Durée de la visite : 2h.*

À SAVOIR : ***visite de la centrale à partir de 12 ans. Le jour de la visite, présenter une pièce d'identité en cours de validité (carte nationale d'identité ou passeport). Porter un pantalon, des vêtements à manches longues, ainsi que des chaussures plates et fermées.***

Dès le XIXe s, Pont-à-Mousson occupe une place prépondérante dans le paysage économique lorrain : les tuyaux de fonte, fabriqués par Saint-Gobain, acheminent l'eau dans les sous-sols de Paris ou en Chine. Pas étonnant qu'il ait fallu alimenter tout ce monde en énergie… Une centrale thermique, fonctionnant alors au charbon, a donc été installée ici.
Dans le cadre du programme de modernisation de son parc thermique, EDF a arrêté l'exploitation de son site de charbon et y a construit en 2011 une nouvelle centrale fonctionnant au gaz naturel : son premier Cycle combiné gaz (CCG) en France. D'une capacité de 430 mégawatts, à la fois plus économique et plus écologique, elle émet deux fois moins de gaz à effet de serre que sa grande sœur au charbon.
Alors que les énergies renouvelables intermittentes se développent de plus en plus, EDF s'appuie sur son parc thermique flexible et réactif nécessaire à la sécurisation du réseau électrique. Par sa rapidité de démarrage et sa souplesse d'utilisation, le CCG a pour vocation de faire face aux pointes de consommation d'électricité, en complément du parc nucléaire et hydraulique, notamment en période de grand froid.
Dans le Centre d'information du public de la centrale de Blénod, situé sur le site, on peut découvrir de manière ludique et interactive les enjeux de l'énergie, les moyens de production d'électricité et les métiers qui y concourent. Cet espace propose un parcours pédagogique, accompagné d'un guide-conférencier, qui explique au travers de maquettes et de films le rôle d'une centrale thermique.
Lors de la visite de la centrale, après une conférence sur l'histoire du site et son fonctionnement, vous découvrirez le cœur des installations industrielles : la salle des machines (turbine à combustion et turbine à vapeur), le transformateur, la chaudière. Et pour la bonne bouche, on explore aussi la biodiversité et les ruches du site, ainsi que les immenses fresques de ***street-art*** qui ornent les bâtiments… Car Blénod combine performances industrielles et performances artistiques !

Maison de la Mirabelle : *16, rue du Capitaine-Durand, 54290* ***ROZELIEURES.*** *☎ 03-83-72-32-26. • maisondelamirabelle.com • ♿ Mai-sept : tlj 9h-11h et 13h30-17h30, fermé mat du dim et des j. fériés. Oct-avr : lun-ven 9h-11h et 13h30-17h30. Ouv sam, dim et j. fériés sur demande. Tarif : gratuit. Visite de groupe sur rdv, pour 10-60 pers. Tarifs : 4 € ou 5,50 €/pers (suivant type de dégustation incluse). Scolaires : mêmes tarifs. Durée de la visite : 1h30.* ***Boutique :*** *mêmes horaires.*

Dans une tranquille campagne, typiquement lorraine avec ses villages-rues et ses vergers de mirabelliers, on découvre cet espace contemporain dédié à la gloire du fruit emblématique de la région (70 % de la production mondiale !). Des panneaux didactiques pour comprendre pourquoi la mirabelle se plaît en Lorraine depuis l'Antiquité, un film instructif projeté dans une vraie petite salle de cinéma, un passage au long des cuves de la distillerie (avec une animation son et lumière)… qui produit un whisky de Lorraine original, « G. Rozelieures » (la vallée de Rozelieures), et une fraîche eau de parfum : « L'Or du verger ». La visite se termine dans une sympathique salle à manger où sont proposées à la dégustation et à l'achat toutes sortes de ***produits à base de mirabelles.*** Et si vous voulez connaître votre poids en nombre de mirabelles, c'est ici ou jamais !
Label : Tourisme et Handicap.

MEUSE (55)

Andra, Centre en Meuse et Haute-Marne : *RD 960, 55290* ***BURE.*** *☎ 0805-107-907. • andra.fr • Visite tlj 14h-18h. Tarif : gratuit. Visite guidée sam et dim à 15h, tlj en juil-août. Carte d'identité obligatoire. Visite de groupe sur rdv, max 50 pers. Tarif : gratuit. Durée de la visite : 2h.*
L'Agence Nationale de Déchets Radioactifs est chargée de concevoir et de préparer l'implantation d'un futur centre de stockage profond pour gérer les déchets issus principalement du traitement du combustible usé des centrales nucléaires. La visite guidée par un conférencier permet d'accéder au laboratoire souterrain et de voir une reconstitution grandeur nature d'une galerie souterraine.

Dragées Braquier : *50, rue du Fort-de-Vaux, 55100* ***VERDUN.*** *☎ 03-29-84-30-00. • dragees-braquier.fr • Visite libre et gratuite. Audioguide gratuit. Tlj 9h-11h et 14h-18h. Visite de groupe sur rdv, pour 30-60 pers, gratuite. Lun-ven : visite avec fabrication. Sam-dim : visite virtuelle. Scolaires : à partir de 6 ans. ♿ Durée de la visite : 45 mn.* ***Boutique :*** *lun-ven 9h-12h et 13h30-19h, sam-dim et j. fériés 9h-12h et 14h-19h.*
Verdun, ses tranchées… mais aussi ses dragées ! Car c'est ici qu'en 1220, un apothicaire eut l'heureuse idée de revêtir d'une couche de sucre et de miel les amandes dont il se servait pour fabriquer ses gâteaux, et de faire durcir le tout afin de rendre ce produit plus facile à transporter et à conserver.
Les dragées Braquier sont faites selon les règles de l'art. Leur spécificité tient au choix de la matière première, les amandes Avola, une variété réputée pour la finesse de son goût, que la compagnie importe du village d'Avola, dans le sud de la Sicile. Considérées comme les plus fines de France, et sans doute les meilleures du monde, les ***dragées Braquier*** sont élaborées dans cette fabrique fondée en 1783. À travers des baies vitrées, on suit les étapes de la fabrication : le tri manuel des amandes, le gommage dans du sirop de gomme arabique, la dragéification dans des turbines en cuivre et le conditionnement.
Un des clous de la visite est la ***salle des Obus,*** où un employé fabrique les obus Braquier : une insolite friandise chocolatée en forme d'obus, contenant un gros volume de dragées et des petites babioles amusantes. Au sommet de l'obus, on met un peu de poudre pour la mise à feu, et quand on allume la mèche, l'obus explose devant les convives stupéfaits ! Effet garanti.
Label : Entreprise du Patrimone Vivant.

Jouets Petitcollin : *rue de caserne, 55400* ***ÉTAIN.*** *☎ 03-29-87-20-80. • petitcollin.com • tourisme-etain.fr • Fabrique, visite guidée slt. Résa au ☎ 03-29-87-20-80 ou par mail : • contact@tourisme-etain.fr • Visites fév-déc mar-ven à 14h30, visite supplémentaire à 15h30 en juil-août.* ***Boutique*** *et* ***musée*** *Petitcollin : mar-sam 14h-18h, plus le mat 10h-12h mar, mer et ven ; juil-août, ouv le mat mar-sam aussi. Tarifs : Pass musée + visite de l'usine : 6,50 €/pers (musée seul : 4 €/pers) ; 6-18 ans : 4,50 €/pers (musée seul : 2,50 €/pers) ; - 6 ans : gratuit. Visite de groupe sur rdv, pour 15-90 pers. Résa par tél au ☎ 03-29-87-20-80 ou par mail : • groupes@tourisme-etain.*

fr • Tarifs : à partir de 4,50 €/pers, scolaire : à partir de 3 €/pers. Durée de la visite : 1h30.
Fondée en 1860, cette société s'est notamment fait connaître grâce à son baigneur en celluloïd, premier du genre à avoir été fabriqué dès le début des années 1920, qui deviendra très vite l'objet fétiche de bien des petites filles et reste un mythe dans l'univers de la ***poupée.*** Jouets Petitcollin, c'est aussi l'invention des « yeux dormeurs », des poupées de couleur…
La visite de l'usine permet de tout apprendre sur les secrets de fabrication : pose et peinture des yeux, implantation des cheveux, montage et assemblage des membres, couture des vêtements et habillage, le tout réalisé selon un savoir-faire artisanal. Toute une histoire et un univers que retrace le ***musée.*** Une visite à faire en famille et qui fera retomber les parents en enfance.
Label : Entreprise du Patrimone Vivant.

MOSELLE (57)

Cristalleries de Saint-Louis : *rue Coëtlosquet, 57620* ***SAINT-LOUIS-LÈS-BITCHE.*** *☎ 03-87-06-40-04. • saint-louis.com • Visite guidée slt pour groupes (5-10 pers). Lun-ven à 9h30 et à 11h. Tarifs : 13 €; 6-18 ans : 7 €; - 6 ans : gratuit. Billet couplé manufacture + musée : 15 €. Visite libre du musée tlj sf mar 10h-18h. Tarifs : 6 €/pers; réduit : 3 €. ♿ Durée de la visite : 1h30.* ***Boutique :*** *tlj sf mar 10h-18h.*
Dès qu'on arrive dans le village de Saint-Louis-lès-Bitche, on voit qu'il s'est constitué autour de la cristallerie. Un peu à l'étroit dans sa vallée, il semble encore plus pelotonné autour de son usine. Et rien n'est venu modifier sa physionomie : quasiment pas de nouvelles constructions, une homogénéité architecturale exemplaire centrée sur l'usine et ses cheminées, entourées de ses rues ouvrières, longues successions de demeures identiques. Le tout dans des tons ocre de toutes nuances, des rouges, rose saumon et des bruns qui virent au doré dans les derniers feux du soleil couchant…
Mais le plus impressionnant, c'est la visite de la ***manufacture,*** qui fonctionne toujours. Des passerelles surplombent les postes où l'on observe le ballet des cueilleurs et des verriers qui façonnent des objets à partir du cristal en fusion. Fascinant ! Puis la visite se poursuit parmi les tailleurs, graveurs et la lustrerie qui apporte la touche finale. De la haute couture qui justifie les tarifs. Mais vous pouvez vous faire plaisir à moindre coût au ***magasin de la cristallerie,*** le Comptoir de la Manufacture, qui propose à bon prix du magnifique 2e choix (en réalité du 1er choix avec un défaut indiscernable, sauf par un expert !)
L'immense savoir-faire séculaire des verriers et tailleurs de Saint-Louis – c'est à Saint-Louis, par exemple, qu'est inventé le cristal en 1781, en introduisant un tiers de plomb dans la pâte de verre – est aussi présenté dans un musée fascinant : ***la Grande Place, musée du Cristal Saint-Louis.*** Il s'agit d'une structure originale, qui emprunte un chemin de ronde ascendant parallèle à une étagère continue de 953 m, sur laquelle reposent les trésors de la manufacture. La collection de plus de 2 000 pièces illustre successivement 20 thématiques et fait revivre quatre siècles de la plus ancienne cristallerie de France. À peine entré, on reste sans voix devant la transparence et la pureté des cinq lustres suspendus au-dessus de l'ancien four à pot, l'âme de la cristallerie. On traverse ainsi les époques en démarrant en 1767, année de la consécration de la verrerie en « Verrerie royale Saint-Louis », lorsque la gobeleterie en verre ordinaire représentait l'essentiel de la production. On arrive vite à l'époque du cristal d'opale, célèbre pour ses déclinaisons de couleurs pastel obtenues par l'ajout de phosphate de chaux (os calcinés). Grand moment de la visite, après avoir admiré la technique du décor filigrané, on se poste devant l'impressionnante collection de presse-papiers hyper coloré (dit *millefiori*), créés originellement à Murano. La vogue durera jusqu'en 1860, avant de devenir un véritable objet de collection que la reine Victoria, l'impératrice Eugénie ou les écrivains Truman Capote et Colette s'arrachaient. Les œuvres se diversifient, à l'image des encriers, des bougeoirs et des baguiers, et de nouvelles époques se succèdent,

mettant en scène les prestigieux services de verres et la collection de pièces Art nouveau, inspirées par Daum ou Émile Gallé, maître de l'école de Nancy. La fin de la visite est ponctuée d'œuvres majestueuses et uniques, comme le globe offert à Louis XVIII en 1818. Le dernier étage est consacré aux expositions temporaires. ***Label :*** Entreprise du Patrimone Vivant.

Cristallerie Schwalb : *29, rue Saint-Jean, 57200* ***SARREGUEMINES.*** *☎ 03-87-95-09-74. • cristallerie-schwalb.fr • Visite guidée slt. Prévenir par tél. Visite de groupe sur rdv, jusqu'à 50 pers (sf déc). Lun-ven 8h-12h et 13h30-19h, sam 9h-12h et 14h-18h. Tarif : gratuit. Durée de la visite : 1h15.* ***Boutique :*** *lun-ven 8h-12h et 13h30-19h, sam 9h-12h et 14h-18h.*

On est ici à Sarreguemines, petite ville lorraine fort agréable, séparée de l'Allemagne par la rivière de la Blies et s'étendant joliment de part et d'autre de la Sarre, un autre dolent cours d'eau. Sarreguemines est connue pour sa grande tradition faïencière. Que serait une belle table sans un service de verres digne de ses assiettes ? Depuis 1959, dans sa cristallerie proche du moulin de la Blies, la famille Schwalb y pourvoit. Voilà deux générations que cette entreprise transmet la tradition artisanale du travail du cristal, du verre et du luminaire. Au programme de la visite : démonstration de la taille, du sablage et de la gravure. Le plus : tous les objets peuvent être personnalisés, grâce à la gravure d'un nom, prénom ou autre mot doux. On peut également apporter à réparer ses propres objets entamés par l'usure. Le clou de la visite : la gravure d'une photographie en 3 dimensions dans un bloc de cristal ! Choisissez la vôtre dans vos archives.
En boutique, vous trouverez tout ce qu'il est possible et imaginable de fabriquer pour accompagner un service de table, décorer et éclairer son intérieur, y compris des produits pointus comme un service à verres spécifiquement conçu pour l'œnologie.

EDF – centrale nucléaire de Cattenom : *57570* ***CATTENOM.*** *☎ 03-82-51-70-41. • edf.fr/cattenom • Centre d'information du public, visite libre et gratuite. Mer 10h-12h et 13h-17h.* ♿

Aux environs de Rodemack, classé parmi les Plus Beaux Villages de France, Cattenom est célèbre pour sa centrale nucléaire, dont les quatre hautes tours de refroidissement contrastent dans le paysage, surtout quand les colzas sont en fleur. Implantée à 5 km de Thionville (Moselle), non loin des frontières du Luxembourg et de l'Allemagne, la centrale de Cattenom s'étend sur 415 ha, ce qui en fait le plus grand site français de production d'électricité, en superficie. Avec ses quatre réacteurs de 1 300 mégawatts chacun, Cattenom fournit chaque année près de 35 milliards de kilowattheures, soit 2 fois la consommation de la Lorraine et 8 % de la production nucléaire française.
Le Centre d'information du public, un espace pédagogique, vous permettra de découvrir les moyens de production d'électricité, l'histoire de l'énergie nucléaire, le fonctionnement d'une centrale ou les métiers du groupe EDF. L'approche ludique et participative de l'exposition, traduite en plusieurs langues, vous offrira une expérience unique. Maquettes, vidéos et jeux interactifs facilitent l'accès aux connaissances scientifiques et techniques.

Les + :

– Circuit pédestre pédagogique de 6 km autour du lac, en accès libre.
– La centrale de Cattenom participe aux « Journées de l'industrie électrique d'EDF », un des moments exceptionnels où le grand public peut entrer dans la centrale et découvrir les coulisses de la production d'électricité et un patrimoine industriel unique. Pour plus d'informations : *• edf.fr/cattenom •*

Plan incliné de Saint-Louis-Arzviller : *route du Plan incliné, 57820* ***SAINT-LOUIS.*** *☎ 03-87-25-30-69. • plan-incline.com • Visite guidée slt. Avr-oct : tlj 10h30-17h. Juil-août : tlj 10h30-18h. Tarifs : 4 €; 5-15 ans : 3 €; - 5 ans : gratuit. Visites de groupes sur rdv (sf nov-mars), pour 25-100 pers. Tarif : 3 €/pers.* ♿ *Durée de la visite : 30 mn.* ***Boutique.***

On connaissait les cages des mineurs, les monte-charges des bistrots : voici un ***ascenseur à bateaux,*** comme il n'en existe que trois en Europe (les autres sont en Russie et en Belgique). Par un principe de jeu d'eau et de contrepoids,

le « chariot-bac » portant les bateaux devient alternativement plus lourd ou plus léger que les contrepoids de l'ascenseur, suivant qu'il monte ou qu'il descende. C'est ainsi qu'une péniche de 350 tonnes franchit un dénivelé de 45 m en quelques minutes ! Le plan incliné remplace une chaîne de 17 écluses se succédant sur 4 km, qui demandait autrefois une journée complète de navigation. Cet ouvrage, véritable prouesse technologique, fonctionne depuis 1969 sur le canal de la Marne au Rhin. En moyenne, 10 000 bateaux par an empruntent le célèbre ascenseur.
Plusieurs options possibles, en combinant ou non la visite avec le ***musée de la Batellerie*** (dans une ancienne péniche, photos de l'évolution du site, reconstitution d'une cabine, tracteur électrique sur rail et maquettes du plan incliné), la visite guidée de la salle des machines (poulies de 16 t et de 3,5 m de diamètre fonctionnant grâce à des moteurs électriques de 120 chevaux), la découverte de l'ancien canal de la Marne au Rhin à bord d'un train touristique, ou la balade en bateau (après l'ascenseur, belle promenade jusqu'à l'écluse 18, et retour).

Site verrier de Meisenthal : *pl Robert-Schuman, 57960* ***MEISENTHAL.*** *☎ 03-87-96-91-51. • site-verrier-meisenthal.fr • Pâques-oct et mi-nov-déc : tlj sf mar, 14h-18h. Visite libre possible. Visite guidée. Tarifs : 6 € ; enfant : 3 €. Visite de groupe sur rdv, pour 20-100 pers. Tarifs : 5 €/pers ; scolaire : 2,50 €/pers. ♿ Durée de la visite : 1h45.* ***Boutique.***
Le Centre international d'art verrier présente la production actuelle de verrerie de Meisenthal, qui fut des plus actives entre 1711 et 1969 ; elle a compté jusqu'à 650 ouvriers. À la fin du XIXe s, elle se lance dans la verrerie d'art et inscrit sa production dans le courant de l'Art nouveau – c'est ici qu'Émile Gallé a fait son apprentissage. Du balcon, on peut observer les souffleurs de verre qui commentent leur travail.
La boutique propose des objets conçus par des créateurs contemporains et exclusivement fabriqués sur place.
Le musée du Verre et du Cristal, à côté du centre, est installé dans les anciens bâtiments de la verrerie. Au rez-de-chaussée, expo sur l'histoire de l'industrie du verre, dans une ambiance d'atelier, et sur les techniques de production de la matière. Au milieu, reconstitution d'un four. Chose rare, le visiteur peut toucher les objets. Au 1er étage, sélection des plus belles pièces produites par la verrerie.

DU VERRE DANS LA POMME

Autrefois, on attachait des fruits aux sapins de Noël, notamment des pommes. En 1858, après une très mauvaise récolte, les verriers de Meisenthal imitèrent les fruits en fabriquant des sphères en verre argenté. La boule de Noël était née !

Les + :
– Démonstration des souffleurs de verre au Centre international d'art verrier.
– ***Réduction.*** Le billet d'entrée du site verrier de Meisenthal permet d'obtenir une réduction tarifaire au musée de Saint-Louis « La Grande Place » (voir page 104).

BAS-RHIN (67)

Brasserie Meteor : *rue du Général-Lebocq, 67270* ***HOCHFELDEN.*** *☎ 03-88-02-22-44. • brasserie-meteor.fr • Visite libre. Fév-mars et oct-nov : mer-ven et dim ap-midi. Avr-mai : mar-ven. Juin-sept et déc : mar-dim. Fermeture annuelle : 1er janv-15 fév, 24-26 déc et 31 déc. Tarifs : 8 €/pers ; étudiants de plus de 16 ans : 4 € ; - 16 ans : gratuit. Groupe sur résa et tarifs sur demande. Durée de la visite + dégustation : 1h30.*

Une brasseie industrielle mais à taille encore humaine. Tout commence en 1640, dans le village de Hochfelden, réputé pour la fabrication de ses bières, où naît l'entreprise. Aujourd'hui, sa production (près de 50 millions de litres, pour 15 recettes différentes) la place au premier rang des brasseries indépendantes de France, avec près de 200 salariés employés sur le site. Une grande attention portée au choix du malt d'orge, du houblon, de l'eau et des levures, des secrets de brassage séculaire et de gros investissements de modernisation. La cave, certifiée ISO 9001, s'améliore chaque année grâce à des équipements à la pointe de la technologie : chaînes d'embouteillage, cuves de fermentation à température régulée, hall climatisé destiné au stockage et au vieillissement, modernisation, ont permis cette croissance. Projection d'un film sur l'entreprise, visite des installations et dégustation très attendue.

Cafés Henri : *parc du Ried, 3, rue Lavoisier, 67720* ***HOERDT.*** *☎ 03-88-56-27-30. • cafeshenri.fr • Visite guidée slt. Visites de groupe sur rdv, pour 16-50 pers. Tarif : 7 €/pers. ♿ Durée de la visite : 1h30-2h.* ***Boutique.***
L'aventure des cafés Henri commence en 1949 à Strasbourg, lorsque M. Henri fonde une PME familiale au n° 31 de la rue des Hallebardes – lieu qui reste la boutique de référence. Depuis plus de 60 ans, cette entreprise sélectionne les meilleurs crus du monde, les assemble et les torréfie de manière lente, suivant un procédé artisanal qui permet un développement tout à fait exceptionnel des arômes. À la production de café s'ajoute celle de nombreuses spécialités d'accompagnement : chocolats, thés, confitures et produits du terroir aux parfums et aux saveurs bien alsaciens.
La visite, en compagnie d'un guide caféologue, permet de découvrir les installations, le stockage du café vert, le torréfacteur et la torréfaction, le stockage des cafés torréfiés, la mouture, le conditionnement. Elle est suivie d'une séance d'initiation à l'art de faire et déguster son café. Un voyage gustatif qui dévoile la richesse et la complexité des plus grands crus de cafés en provenance de différents continents.
La visite et la dégustation (3 grands crus pures origines) continuent ensuite dans le ***musée du Café*** intégré à l'entreprise, qui propose une immersion dans l'histoire du café.

Cave du Roi Dagobert : *route de Scharrachbergheim, 67310* ***TRAENHEIM.*** *☎ 03-88-50-69-03. • cave-dagobert.com • Visite guidée slt. Avr-août : sam à 10h. Juil-août : lun-ven à 10h et 16h. ♿ (accès partiel). Tarif : gratuit. Visite de groupe sur rdv, pour 10-80 pers. Résa par tél ou par mail : • caveau@cave-dagobert.com • Tarif : 13 €/pers, incluant la dégustation commentée de 5 vins + 1 bouteille de vin offerte. Durée de la visite : 2h30.* ***Boutique :*** *avr-déc, lun-sam 9h-19h, dim et j. fériés 9h-12h30 et 14h-19h ; janv-mars, 9h-12h30 et 14h-18h.*
On vient dans cette cave coopérative située au cœur d'un magnifique vignoble pour découvrir toutes les étapes de fabrication des fameux vins alsaciens, de la grappe à la cave, en passant par d'énormes chais. La cave Dagobert, du nom du dernier roi mérovingien à avoir effectivement exercé le pouvoir à une époque où l'ancienne Gaule pousse ses frontières jusqu'à englober une partie de la Germanie, propose toutes les grandes spécialités viticoles alsaciennes. Elles sont bien sûr présentées sous le nom de leur cépage, puisque l'Alsace est la seule région vinicole française où les vins portent le nom du cépage qui les compose. Ils y sont tous (ou presque) : le ***riesling*** – sec, fin, élégant, le chouchou des Alsaciens et des œnologues qui l'aiment sur les fruits de mer et la choucroute, le ***pinot blanc*** – souple, fruité, qui accompagne les charcuteries, le ***pinot noir,*** qui sert aux vins rouges et aux rosés friands, le ***muscat*** – léger, fruité, parfait sur les asperges, le ***gewurztraminer*** – excessivement parfumé et corsé, parfait sur le munster ou la cuisine aigre-douce, le ***pinot gris*** – corsé, capiteux, un brin moelleux, le ***sylvaner*** et ***l'edelzwicker.***
Amateurs de bulles ? Vous trouverez ici des crémants d'Alsace. Amateurs de bio ? Une partie de la production est labellisée AB. On trouve aussi des vieilles vignes et des vendanges tardives, provenant de raisins surmûris, presque confits sur pied : le fruit très sucré amène un moelleux plein d'arômes, et même des « sélections de grains nobles »... ceux-là, les ascètes aspirant au nirvana

attendront 20 ans pour les boire. Les gammes des « terroirs » et des « domaines » associent l'appellation classique par le cépage à un lieu-dit ou à un domaine, avec leur sol spécifique, enrichissant la tradition.
Autre particularité de l'offre de la Cave du Roi Dagobert : l'élevage de certains vins dans les caves des Hospices de Strasbourg. En effet, pendant près de 6 siècles, du vin y était élaboré ; puis cette activité cessa, les Hospices de Strasbourg ayant retourné leurs vignobles aux vignerons. Jusqu'au jour où une trentaine de domaines alsaciens, dont celui-ci, se sont réunis pour élever certains de leurs vins dans les foudres anciens de la cave des Hospices de Strasbourg, et ainsi sauver ce formidable patrimoine… Et obtenir des vins avec davantage de finesse aromatique, de matière et de longévité ; mais le passage n'excède pas 9 mois, pour préserver la variété aromatique des différents cépages. La Cave du Roi Dagobert y apporte du riesling, du pinot gris et du gewurztraminer. Enfin, les plus curieux tenteront les produits « maison » tels que la « cuvée du millénaire », qui fêtait l'âge canonique atteint par la cathédrale de Strasbourg.

EDF – Centrale hydraulique de Marckolsheim : *D 424, 67390* ***MARCKOLSHEIM.*** *• edf.fr/alsace-vosges • Visite slt sur rdv. Résa par tél au 06-77-11-62-18 ou par mail : • dpih-upest-visites-hydro@edf.fr • Lun-ven 8h-12h et 14h-16h. Tarif : gratuit. Durée de la visite : 1h30.*

À SAVOIR : visite à partir de 12 ans. Le jour de la visite, présenter une pièce d'identité (carte nationale d'identité ou passeport) en cours de validité. Porter un pantalon, des vêtements à manches longues, ainsi que des chaussures plates et fermées.

Sur le cours du Rhin, Marckolsheim est, en 1961, le premier aménagement hydroélectrique réalisé « en feston ». Cette technique consiste à placer barrage, écluses et centrale hydroélectrique sur une courte dérivation du fleuve, et non sur son cours principal. Une solution qui a pour avantages d'offrir un meilleur débit au Rhin naturel, de préserver la nappe phréatique indispensable à l'agriculture dans la plaine d'Alsace, et de disposer d'un accès navigable sur la rive allemande.
Cette centrale « au fil de l'eau », équipée de 4 groupes turbines verticaux développant une puissance de 150 mégawatts, affiche depuis 2009 sur ses façades une fresque de l'artiste alsacien Daniel Diminsky. Et on n'est pas au bout de ses surprises : la salle des machines a aussi droit à sa fresque monumentale signée Paul Clair ! Aux écluses, un belvédère surplombe les sas et permet d'assister aux éclusages, par lesquels passent près de 16 000 bateaux par an. Autre passage, celui des oiseaux : faucons crécerelles, choucas des tours et hirondelles des fenêtres qui nichent sur le toit de la centrale…
La visite guidée du site permet de découvrir l'imposante salle des machines de la centrale, la salle de commande, la plage amont de l'usine (point d'entrée de l'eau dans les turbines) et les écluses pour comprendre l'histoire de l'aménagement du Rhin, comment s'organisent la production d'électricité par la force de l'eau et la navigation, et d'en savoir plus sur l'ensemble des mesures environnementales déployées par EDF pour protéger la biodiversité du fleuve et de l'île de Marckolsheim.

Labonal SA : *13, route de Blienschwiller, 67650* ***DAMBACH-LA-VILLE.*** *☎ 03-88-92-41-13. • labonal.fr • Visite de groupe slt, gratuite, sur rdv, pour 10-100 pers. Lun-ven avt 16h. Durée de la visite : 2h.* ***Boutique :*** *lun-ven 14h-18h, sam 10h-17h.*
Dans l'adorable petite cité fortifiée de Dambach-la-Ville, championne des récompenses pour les villages fleuris, se niche le spécialiste de la ***chaussette haut de gamme.*** C'est en 1924 qu'apparaît son ancêtre, la Bonneterie Alsacienne, fondée sur un concept aussi simple qu'attirant : fabriquer des chaussettes « qui ne tombent pas, bien taillées, ne font pas mal et s'usent lentement ».

La marque connaît son heure de gloire dans les années 1970, puis renaît dans les années 2000, privilégiant le confort, les matières premières nobles (fil d'Écosse, laine, soie, cachemire) et innovantes (« coolmax », qui réduit les risques d'ampoules...). Surtout, elle se spécialise sur un marché porteur, celui des textiles intelligents : la chaussette antitique à effet permanent, la chaussette antimoustique à effet permanent, c'est elle ! La visite permet d'assister à la fabrication de ces véritables doudounes à petons. Il y en a pour tout le monde (homme, femme, enfant), en vente à prix d'usine à la sortie de la visite.

Maison de la choucroute – Le Pic : *rue Hoeffen, 67210* ***MEISTRATZHEIM.*** *☎ 03-88-69-42-97. • lepic.fr • Visite libre ou visite guidée. Lun-ven 9h-12h et 14h-16h. Visite de groupe pour 5 à 50 pers. Résa par tél ou par mail : • info@choucroute-frank.fr • Tarifs : 5 €/pers ; 14-17 ans : 3 €/pers ; - 14 ans : gratuit. ♿ Durée de la visite : 2h.* ***Boutique :*** *lun-ven 8h-12h et 13h30-17h.*

Au fait, c'est quoi exactement, la choucroute ? Du chou coupé en julienne et lactofermenté dans une saumure. L'origine du mot est à rapporter à l'alsacien *sürkrut* (*Sauerkraut* en allemand), littéralement « chou acide ». À ne pas confondre avec le plat, dit « choucroute garnie », de choucroute cuite avec son accompagnement. La tradition prescrit les *knacks,* jambonneau, lard fumé, filet de porc *kassler,* jarret de veau ou quenelles de foie *(leberknepfle)...* mais la choucroute au poisson ou au confit sont aussi entrées dans le paysage gourmand. Les Alsaciens ont tout exploré pour l'accommoder : crue avec du chou rouge et des crudités, ou même en quiche. En tout cas, prédigérée par la fermentation, elle serait le velours de l'estomac. La recette ? La fermentation au sel, sans eau ni additif autre que des aromates. En 2 à 8 semaines, les feuilles découpées, enfermées dans un baril de grès, prennent forme dans la cave.

Jusque vers 1900, chaque Alsacien avait à cœur de confectionner sa choucroute – tout comme il salait lui-même les haricots, les navets, la viande. C'est cette tradition que perpétue la Maison de la choucroute, entreprise familiale qui propose une visite de sa choucrouterie, pour faire découvrir la cuisson et le conditionnement de ce légume traditionnel. On y trouve tout ce qu'il faut pour composer un beau panier de produits locaux *Made in Alsace*.

Maison du pain d'Alsace : *rue du Sel, 67600* ***SÉLESTAT.*** *☎ 03-88-58-45-90. • maisondupain.org • Visite libre. Caisse fermée 40 mn avt la fermeture. Visite guidée : résa par tél. Mar-dim 9h-12h30 et 14h-18h. Ouv tlj en déc. Tarifs : 4,70 € ; retraités et chômeurs : 3,60 € ; 14-18 ans : 2,80 € ; - 14 ans : gratuit. Visite de groupe sur rdv par tél, pour 15-50 pers. Tarifs : groupe en visite libre, 3,60 €/pers ; forfait visite guidée, 78 €. Scolaires sur demande. Durée de la visite : 1h.* ***Boutique :*** *mar-dim 9h-12h30 et 14h-18h ; ouv tlj en déc.*

Au cœur de la vieille ville de Sélestat, on pénètre ici dans l'univers d'un aliment primordial : le pain. Aménagée dans les étages de l'ancien « poêle » de la corporation des boulangers de 1552, cette maison présente d'une manière didactique l'histoire du pain et du blé en Alsace et dans le monde (culture, techniques, métiers...). Muséographie très réussie. Puis, dans un vrai fournil moderne et fonctionnel, un boulanger présente ses procédés et son matériel. On assiste à la fabrication de pains et autres spécialités régionales, comme le ***kouglof*** ou les ***bretzels,*** et on déguste. Miam !

Le + : animation au fournil (+ 3,50 €/enfant, jours définis).

Pains d'épices Lips : *110, rue Principale, 67140* ***GERTWILLER.*** *☎ 03-88-08-93-52. • paindepices-lips.com • Visite libre. Tlj 9h-12h et 14h-18h, fermé lun mat hors déc. Tarifs : 2,80 € ; - 13 ans : gratuit. Visite de groupe sur rdv, pour 20-55 pers. Tarifs : 2,20 €/pers. ♿ (partiel) Durée de la visite : 1h.* ***Boutique :*** *lun-ven 8h-12h et 13h30-18h, sam 8h-12h et 14h-18h, dim 10h-12h et 14h-18h.*

L'enchantement commence avant même d'entrer : les façades du magasin Lips, peintes en trompe l'œil par Roland Perret (un artiste peintre de fresques régional), sont décorées de pains d'épices et de différents personnages, comme ceux du conte *Hansel et Gretel*. Les Pains d'épices Lips, ce ne sont pas seulement une pâtisserie, c'est aussi un univers : le site regroupe le ***musée du Pain d'épices et de l'Art populaire alsacien,*** un atelier de fabrication artisanale de pain d'épices et un magasin de vente. Artisan à l'ancienne (en semaine, on peut assister à la fabrication du pain d'épices), M. Lips a installé au-dessus du fournil, dans l'ancienne grange dîmière datant de 1756, un musée sur une surface de 350 m². C'est le fruit de 40 ans de collection, avec près de 8 000 pièces exposées, dont une superbe collection de moules à chocolat et à kouglof (le plus ancien date du XVIIIe s). Intéressant aussi, tout ce qui se rapporte à saint Nicolas (images, jouets…), la reconstitution de la *stub,* pièce principale de la ferme alsacienne, et une expo de faïences du XVIIIe s. La petite structure familiale a su préserver des méthodes ancestrales, spécifiques à la fabrication du pain d'épices de Gertwiller, ce qui lui permet de proposer des produits de qualité et de goût constant depuis environ deux siècles.

Palais du pain d'épices : *144, route de Strasbourg, 67140* ***GERTWILLER.*** *☎ 03-88-08-04-26. • lepalaisdupaindepices.com • Visite libre (sf de janv à mi-fév). Lun-sam 9h-11h30 et 14h-17h30, dim et j. fériés à partir de 10h. Fermé entre Noël et Jour de l'an. Tarifs : 3 €/pers ; enfant 5-13 ans : 2 €/pers ; - 5 ans : gratuit. Visite de groupe sur rdv, à partir de 20 pers. Tarifs : 2 €/pers ; scolaire : 1,50 €/pers. ♿ Durée de la visite : 1h.* ***Boutique :*** *lun-sam 8h-12h et 13h30-18h30, dim 10h-12h et 14h-18h.*

Au début du siècle dernier, dans le tranquille petit village viticole de Gertwiller, il y avait encore sept à neuf fabricants de pain d'épices – une spécialité apparue en Alsace dès le XVe s. Aujourd'hui, il n'en reste que deux, dont la ***maison Fortwenger.***

Depuis 1768, date de sa fondation, cette bonne maison régale petits et grands. Découverte ludique, culturelle et forcément gourmande du pain d'épices d'Alsace, guidée par le fameux ***« Mannele ».*** Héros d'un conte anglo-saxon très populaire (« *The Gingerbread Man* »), il a également fait son apparition dans *Schrek* ! Ce petit bonhomme est également bien connu en Alsace, puisqu'on fait des brioches à son effigie le jour de la Saint-Nicolas. L'incontournable Noël alsacien est évoqué au cours de la visite. On rejoint les ateliers de fabrication où, pendant les horaires de production, ouvrières et ouvriers montrent leur savoir-faire. On termine bien sûr par une dégustation. La boutique propose une large variété de produits dans un décor soigné.

Le + : atelier de décoration de pain d'épices pour les enfants (sur résa pour groupes).

Label : Entreprise du Patrimone Vivant.

EDF-Centrale hydraulique de Strasbourg : *port du Rhin – Route du Rohrschollen, 67100* ***STRASBOURG.*** *📱 06-77-11-62-18 • edf.fr/alsace-vosges • Lun-ven 8h30-11h30 et 14h-16h. Visite slt sur rdv. Résa par tél ou par mail : • dpih-upest-visites-hydro@edf.fr • Tarif : gratuit. Durée de la visite : 1h30.*

> ***À SAVOIR :*** ***visite à partir de 12 ans. Le jour de la visite, présenter une pièce d'identité (carte nationale d'identité ou passeport) en cours de validité. Porter un pantalon, des vêtements à manches longues, ainsi que des chaussures plates et fermées.***

En service depuis 1970, l'aménagement hydroélectrique EDF de Strasbourg est l'une des 10 grandes centrales EDF du Rhin franco-allemand. Il est composé d'un barrage, des écluses, d'une centrale de production et d'une passe à poissons. La centrale « au fil de l'eau » est située en amont du port fluvial de Strasbourg. Elle est équipée de 6 groupes turbines d'une puissance totale de 150 mégawatts, installés en extérieur pour alléger la structure du bâtiment.

Les écluses attenantes, disposant de deux sas, assurent le passage annuel de plus de 16 000 navires sur l'axe Bâle-Rotterdam. Un spectacle très prisé des visiteurs qui l'observent depuis un belvédère surplombant les écluses.

L'aménagement dispose de la plus récente des passes à poissons du Rhin. Il s'agit d'une rivière reconstituée de plus de 500 m de long pour permettre aux migrateurs de contourner la centrale et de franchir la dénivellation de 13 mètres qui constitue la hauteur de chute du barrage. Les visiteurs peuvent observer par deux belvédères et une baie vitrée panoramique le passage des poissons lors des périodes de migrations.
Le circuit de visite permet de découvrir les écluses, les équipements de production hydroélectrique de la centrale et les installations de la passe à poissons. L'île du Rohrschollen, un espace naturel rhénan remarquable classé réserve naturelle, sépare la partie canalisée et le cours sauvage du Rhin.

HAUT-RHIN (68)

Brasserie Saint-Louis : *123, rue de Mulhouse, 68300* ***SAINT-LOUIS.*** *☎ 03-89-91-04-58. • saint-louis.biz • Visite guidée gratuite slt. Tous les premiers sam du mois à 10h30. Visite de groupe sur rdv, pour 15-50 pers. Tarif : 4,50 €/pers. ♿ Durée de la visite : 1h.* ***Boutique :*** *mar-ven 10h-12h et 14h-18h30, sam 9h-17h.*
On irait visiter cette brasserie rien que pour son site : Saint-Louis, à 30 km au sud-est de Mulhouse, marque l'entrée dans la Petite Camargue, une réserve naturelle de 900 ha qui s'étend le long du Rhin jusqu'à Rosenau. Forêts humides, prairies sèches riches en orchidées, roselières ont été classées en 1982, et les oiseaux apprécient.
La brasserie de Saint-Louis est incrustée depuis longtemps dans le paysage : construite avec des matériaux provenant du démantèlement de la forteresse Vauban de Huningue, elle remonte à 1816. Certes, une aussi longue histoire connaît des épisodes plus chaotiques, et la production s'arrête en 1960 ; mais elle reprend en 2010 avec un nouveau propriétaire. Des bières de différentes sortes y sont désormais brassées dans la plus grande tradition des bières d'Alsace, avec du houblon et du malt de la région, et un packaging gentiment inspiré de l'univers des pin-up garantit l'attrait des produits.
On découvre dans la brasserie des installations à la pointe de la technologie, et un espace dégustation accueillant. Parfait pour circuler de la blonde à la brune en passant par les rousses et les blanches… La brasserie Saint-Louis a même inventé un mariage original entre une bière blonde et un mélange de thé vert, citronnelle, mangue et menthe, la Sencha Tea Ale. De quoi réconcilier les amateurs de feuilles et de mousses.

Distillerie G. Miclo : *La Gayire, 68650* ***LAPOUTROIE.*** *☎ 03-89-47-50-16. • distillerie-miclo.com • Visite guidée slt. Avr-fin oct, lun-ven à 16h30. Tarif : gratuit. Visite de groupe sur rdv, pour 20-50 pers. Tarif : 3 €/pers, incluant dégustation et mignonette, sam et dim. ♿ Durée de la visite : 1h.* ***Boutique :*** *tlj 9h-12h et 14h-18h.*
Le val d'Orbey est une microrégion à part, formée par une succession de moyennes montagnes. Des paysages de chaumes, de pâturages, de forêts, à l'habitat particulièrement dispersé, forment ce « canton vert » au parler d'origine romane et non germanique. Dans cette vallée où la tradition de la distillation est profondément ancrée, rendez-vous à Lapoutroie, à 5 km en contrebas du bourg du Bonhomme, en redescendant vers la plaine d'Alsace : un village typiquement montagnard avec ses hameaux satellites. On y découvre la distillerie Gilbert Miclo, une affaire familiale créée en 1965. Michel Miclo, fils de Gilbert, a hérité des méthodes de distillation artisanale, qui permettent l'élaboration d'***eaux-de-vie*** à la puissance aromatique exceptionnelle. En parallèle, des gammes de liqueurs, de crèmes et de vodkas ont été développées. La visite, accompagnée d'un guide, permet de tout savoir sur les techniques de fabrication, des origines à aujourd'hui. On parcourt la salle des alambics, les chais de vieillissement, le petit jardin didactique où poussent un échantillonnage de fruits, baies et autres plantes distillées sur place, avant de visionner un film et de finir en beauté avec la dégustation-vente.

EDF – Centrale nucléaire et centrale hydraulique de Fessenheim : *site de Fessenheim, 68740* ***FESSENHEIM.*** *Maison des énergies EDF : 3, rue de l'Europe. ☎ 03-89-83-51-23. • edf.fr/fessenheim • maisondesenergiesedf.com • edf.fr/alsace-vosges • maisondesenergies@edf.fr • Maison des énergies EDF : entrée libre et gratuite. Juin-sept, tlj 14h-18h ; oct-mai, mer et dim 14h-17h. Visite guidée de l'espace (en dehors des heures d'ouverture grand public) sur résa par tél ou par mail. ♿ Tarif : gratuit. Durée de la visite : 1h30.*

Située à proximité des centrales nucléaire et hydraulique de Fessenheim, la ***Maison des énergies EDF*** invite les familles et le grand public à découvrir de manière ludique et interactive les enjeux de l'énergie, les grandes inventions de l'électricité, ses moyens de production et les métiers qui y concourent. Cet espace propose un parcours pédagogique et familial qui explique au travers de maquettes, d'écrans tactiles, de films et d'expériences le mix énergétique et le fonctionnement des différents types de centrales électriques, comme le nucléaire ou l'hydraulique.

Installée en bordure du grand canal d'Alsace, la ***centrale nucléaire de Fessenheim*** comporte deux réacteurs de 900 mégawatts de puissance chacun et a produit, depuis sa connexion au réseau électrique en 1977, plus de 400 milliards de kilowattheures (équivalent à 85 % de la consommation annuelle d'électricité en France). Grâce à l'engagement des 1 200 hommes et femmes qui y travaillent au quotidien et aux importants investissements pour élever la sûreté à son plus haut niveau, elle répond en moyenne chaque année à plus de 75 % de la consommation d'une région comme l'Alsace.

Le + : la centrale nucléaire de Fessenheim participe aux « Journées de l'industrie électrique d'EDF ». Lors de cet événement exceptionnel, le grand public peut entrer dans la centrale et découvrir les coulisses de la production d'électricité et un patrimoine industriel unique. Pour plus d'informations : *• edf.fr/fessenheim •*

La ***centrale hydraulique de Fessenheim,*** également située sur le grand canal d'Alsace, a été mise en service en 1956. Ses 4 turbines, d'une puissance totale de 180 mégawatts, en font la centrale la plus puissante de la chaîne de production d'énergie hydraulique du Rhin. Sur sa façade, un demi-relief en béton signé, Raymond Couvègne et baptisé « Le Rhin », représente un personnage puissant tenant dans ses mains deux symboles : l'éclair électrique et la houle fluviale. Les écluses attenantes, également exploitées par EDF, assurent la navigation sur le Rhin toute l'année, 24h/24.

Le + : les visiteurs peuvent prolonger leur visite au belvédère de la centrale hydraulique de Fessenheim, à quelques pas de la Maison des énergies. Ils y découvriront la salle des machines de la centrale par une baie vitrée panoramique. Ils pourront également se familiariser avec le mode de fonctionnement des aménagements hydrauliques du Rhin au travers de panneaux d'information. *Le belvédère est accessible librement tlj, mai-sept 8h-19h et oct-avr 8h-17h.*

EDF – Centrale hydraulique de Kembs : *68680* ***KEMBS-LOECHLE.*** *📱 06-77-11-62-18. • edf.fr/alsace-vosges • dpih-upest-visites-hydro@edf.fr • Visite slt sur rdv. Résa par tél ou mail. Lun-ven 8h-12h, 14h-16h. Tarif : gratuit. Durée de la visite : 1h30 à 2h30, selon parcours.*

> ***À SAVOIR :** visite à partir de 12 ans. Le jour de la visite, présenter une pièce d'identité (carte nationale d'identité ou passeport) en cours de validité. Porter un pantalon, des vêtements à manches longues, ainsi que des chaussures plates et fermées.*

Construit sur le grand canal d'Alsace, parallèle au Rhin, l'aménagement hydroélectrique de Kembs est premier en tout : premier à être mis en service dès 1932, il ouvre également la chaîne des 10 grandes centrales EDF du Rhin franco-allemand. Dès sa conception, il visait à la fois à régulariser le débit du Rhin, aux crues autrefois dévastatrices, à produire de l'électricité et à permettre la navigation en continu sur le fleuve.

Le site comprend trois ouvrages : un barrage, des écluses à double sas – les plus grandes du Rhin – et la centrale hydroélectrique. En bon chef de file, il intègre aussi le Centre de conduite hydraulique d'où est piloté à distance l'ensemble des centrales EDF du Rhin.
La centrale de Kembs comporte 6 groupes turbines verticaux de 160 mégawatts de puissance totale. C'est un équipement dit « au fil de l'eau » ou de « basse chute » qui produit de l'électricité régulièrement, par opposition aux barrages de « haute chute » qui permettent de stocker l'eau dans le lac de retenue pour faire face aux besoins en cas de pics de consommation d'électricité.

UN AMÉNAGEMENT COMPLET

Le Rhin, fleuve romantique et vagabond d'hier est devenu aujourd'hui une artère modernisée, l'axe essentiel de l'économie de l'Europe. Dès 1842, on corrige son cours naturel. Au début du XXe s, un chenal navigable permet aux bateaux de remonter sans difficulté jusqu'à Strasbourg en période de basses eaux. Puis, entre 1930 et 1950, on aménage le tronçon Strasbourg-Bâle. Dernière étape de ces grands travaux, la canalisation du Rhin est entreprise afin d'exploiter la force hydraulique du fleuve. La construction du grand canal d'Alsace, commencée en 1928, dure jusqu'au début des années 1960. Aujourd'hui, sur les 180 km de son cours alsacien, le Rhin est ponctué par dix centrales hydroélectriques (de Kembs, près de Mulhouse, à Iffezheim, en aval de Strasbourg) et une centrale nucléaire (Fessenheim). Chaque centrale est automatiquement associée à une écluse qui assure la navigation sur le fleuve 24h/24, 7j/7, toute l'année.

La visite guidée du site de Kembs permet de découvrir l'imposante salle des machines de la centrale, le Centre de conduite hydraulique, la plage amont de l'usine (point d'entrée de l'eau dans les turbines) et les écluses. On comprend alors l'histoire de l'aménagement du Rhin, on apprend comment s'organisent exploitation hydroélectrique et navigation, et on découvre l'ensemble des mesures environnementales qui protègent la biodiversité du fleuve. Aujourd'hui, dans le cadre de la prolongation de sa concession, EDF s'est engagé sur des mesures qui ont permis la restauration environnementale d'environ 100 ha de l'île du Rhin, dont la remise en eau d'un ancien bras du Rhin, baptisé « le Petit Rhin ». Un inventaire de la biodiversité a été réalisé, 380 000 m^3 de déblais ont été déplacés – dont certains sont venus enrichir les alluvions du fleuve –, et 150 000 végétaux ont été plantés dans la réserve naturelle de la Petite Camargue alsacienne. Et les petites bêtes n'ont pas été oubliées : deux nouvelles passes à poissons et une passe à castors ont été ajoutées.

Fromagerie Haxaire : *68650 **LAPOUTROIE.** ☎ 03-89-47-50-76. • haxaire.com • Visite libre. Lun-sam 9h30-12h30 et 14h-18h. Tarif : gratuit. Visites de groupe sur rdv, pour 12-55 pers. Tarifs : 1-6 €/pers selon formule. Durée de la visite : 1h.* ***Boutique :*** *lun-sam 9h30-12h30 et 14h-18h.*
Au cœur du massif des Vosges, en pleine vallée de la Fecht, le village de Lapoutroie est sis en « pays welche », désormais inclus dans la « vallée de Kaysersberg » : un beau terrain de découverte pour les amateurs de randonnées à pied, à VTT ou à skis de fond… Mais aussi pour les gourmands : dans sa fromagerie proche de la cité médiévale de Kaysersberg, la famille Haxaire cultive une authentique passion pour les munsters. Elle collecte uniquement le lait des fermes situées dans la vallée, créant ainsi des fromages savoureux et authentiques. Elle s'attache également au volet pédagogique en invitant à découvrir la fabrication traditionnelle du ***munster.*** On observe les fromages mûrir lentement dans les caves, grâce à une méthode d'affinage naturel. Les différentes étapes de la production sont visibles à travers des vitres puis dans un petit film. On se pourlèche les babines en dégustant les spécialités fromagères à l'issue de la visite. Parfait pour recharger les batteries avant des expéditions plus sportives.

Lisbeth – Les Sources de Soultzmatt : *5, av. Nessel, 68570* ***SOULTZMATT.*** *☎ 03-89-47-00-06. • lisbeth.fr • Visite guidée slt, à partir de 10 pers. mer à 14h. Juil-août, jeu à 14h également. Visite de groupe sur rdv, pour 10-30 pers. Tarif : gratuit. Durée de la visite : 1h15.* ***Boutique :*** *fin mars-fin nov, au moment des visites ou les mar, mer, jeu 15h30-17h30 à l'Espace des Sources. Fin oct-fin mars : possibilité d'acheter certains produits en pack à l'accueil des Sources de Soultzmatt.*

Non loin de la superbe ville de Rouffach, à 5 km à l'ouest, se trouve le village de Soultzmatt : « Sultz matte », le « pré de la source salée »… Car dès le XIIIe s, pâtres et bergers remarquent que leurs bêtes ont une prédilection pour les eaux « aigrelettes ». L'exploitation des sources démarre dès le XVIe s ; un établissement de bain est construit, et au XIXe s, les vertus thérapeutiques de l'eau minérale Nessel sont officiellement reconnues. En 1922, une eau de moindre minéralisation est mise au jour. Cette ***eau de source*** sera baptisée « Lisbeth ». À la veille du XXIe s, ce précieux atout naturel est valorisé de façon industrielle : la marque « Lisbeth » se décline en trois versions (nature, légère et pétillante), les ***sodas, les limonades et les eaux aromatisées*** alsaciens sont lancés. En 2015, l'attribution officielle de la marque « Parc naturel des Ballons des Vosges » à l'eau de source des Sources de Soultzmatt renforce la crédibilité écologique de la marque.

La visite permet de découvrir l'usine qui produit toutes ces boissons, et la projection d'un petit film complète la connaissance de l'entreprise. De fin mars à fin octobre, la visite se poursuit au ***musée de l'Eau,*** sur l'ancien site de production des Sources de Soultzmatt : on y approfondit certes l'histoire de l'entreprise à travers les siècles, mais on y trouve aussi des informations générales sur un vrai sujet d'actualité : la problématique de l'eau, son goût, son lien avec le climat…

Maison du fromage – Vallée du Munster : *68140* ***GUNSBACH.*** *☎ 03-89-77-90-00. • maisondufromage-munster.com • Ouv tlj sf lun 10h-18h. Démonstrations : 10h45, 14h30 et 16h. Tarifs adulte : 6,90 € ; - 14 ans : 4,90 € ; - 6 ans : gratuit. Tarif de groupe selon taille. 20-30 pers : 5,90 €/pers ; 31-40 pers : 5,40 €/pers ; plus de 41 pers : 4,90 €/pers ; scolaires, étudiants et personnes handicapées : 4,90 €. Durée de la visite : 1h.* ***Boutique.***

La douce vallée de la Fech, du nom de la rivière qui y coule, s'étend sur une dizaine de kilomètres entre les sommets du Petit Ballon d'une part, le Gaschney et le Hohneck de l'autre. Elle est traversée par la route du Munster, ce fromage à croûte rouge, affiné au moins 2 semaines (et jusqu'à plusieurs mois), titrant 50 % de gras. Les Alsaciens l'aiment frais du matin, non affiné : en *siesskäs*. Sur cette route, la Maison du fromage permet justement de découvrir d'abord les différentes étapes de la fabrication du ***munster,*** de l'étable à l'assiette, dans un parcours à travers des films, expositions, ateliers pédagogiques, visite de l'étable, démonstration de la fabrication du fromage, dégustations, balades dans le parc…

Verrerie d'art de Kaysersberg : *30, rue du Général-de-Gaulle, 68240* ***KAYSERSBERG.*** *☎ 03-89-47-14-97. • verrerie-kaysersberg.fr • Visite libre (visite de groupe sans résa) et gratuite. Fev-déc, mar-sam 10h-12h30 et 14h-18h. ♿ Durée de la visite : 30 mn.* ***Boutique.***

C'est ici, dans cet adorable village fleuri et encadré par des monts couverts de vignes, qu'est né le Dr Albert Schweitzer, Prix Nobel de la paix en 1952… Mais c'est aussi dans cette jolie ville médiévale que la ***verrerie alsacienne*** connut son apogée aux XVIIe et XVIIIe s.

Suite à une pénurie de bois dans les alentours – car c'est l'approvisionnement en combustible qui a d'abord conditionné la localisation de ces manufactures –, la dernière verrerie mit la clé sous la porte en 1745. Aujourd'hui, retour aux traditions avec les mêmes gestes ancestraux, les mêmes outils et toujours cette grosse chaleur : 1 200 °C ! Dans un atelier établi au cœur du célèbre bourg, les maîtres-verriers donnent à voir leur savoir-faire en façonnant leurs ouvrages en *direct live,* selon des méthodes initiées il y a plus d'un millénaire, et perfectionnées au cours des siècles. Une visite à faire de préfé-

rence au printemps ou en automne, au moment des vendanges, quand les couleurs sont les plus belles.
Kaysersberg compte aussi l'un des ***marchés de Noël*** les plus emblématiques et authentiques de la région, qui attire des foules : c'est l'occasion de faire, au passage, ses courses de cadeaux à la verrerie. Des boules et autres décorations de Noël, d'élégantes figurines animales et d'originaux baromètres à eau, sans compter tous les vases, coupes et luminaires qu'on puisse imaginer.

VOSGES (88)

Chèvrerie du Brabant : *5, rue du Haut-des-Bouchaux, 88250* ***LA BRESSE.*** *☎ 03-29-25-66-16. • chevreriedubrabant.com • Visite libre et gratuite. Tlj 15h-19h. Visite de groupe sur rdv, pour 20-60 pers. Durée de la visite : 1h30.* ***Boutique :*** *tlj 15h-19h.*
Verdure, nature, cours d'eau et air pur, les Vosges constituent un paradis pour les biquettes à l'origine des délicieux ***fromages*** produits ici. Le chevrier accompagne le visiteur à travers sa ferme, donnant tous les renseignements nécessaires et souhaités sur l'élevage des chèvres et la fabrication des fromages, dévoilant les secrets de son savoir-faire. À partir d'un couloir de visite, on accède à la fromagerie et aux caves d'affinage. En étant présent vers 17h30, on peut participer à la traite des chèvres – succès garanti auprès des enfants. Et au printemps, il se peut même qu'on assiste à des naissances ! Une dégustation fromagère clôt la visite.

Confiserie Bressaude : *3, route de Cornimont, 88250* ***LA BRESSE.*** *☎ 03-29-25-47-89. • la-confiserie-bressaude.com • Visite libre possible. Lun-sam 10h-11h45 et 14h-17h45. Visite guidée : lun-sam à 10h, 11h, 14h15, 15h, 15h45, 16h30, 17h15. Visite de groupe jusqu'à 100 pers. Prévenir par tél. Accès libre. Tarif : gratuit. ♿ Durée de la visite : 45 mn.* ***Boutique :*** *lun-sam 9h-12h et 14h-18h30.*
La Bresse, c'est le paradis des vacances en famille sur le thème des sports de plein air. On est ici dans l'une des plus grandes communes des Vosges par sa superficie, au pied des montagnes, le long de deux vallées qui se rejoignent dans le centre-ville, formant ainsi un Y. Elle dispose du plus grand domaine skiable du nord-est de la France, et en été, elle offre plus de 300 km de sentiers balisés et une foultitude de loisirs. On pourra compléter ces activités par la visite de la ***Confiserie Bressaude.*** On fabrique ici des ***bonbons traditionnels vosgiens et lorrains*** et autres douceurs, comme les nougats, les fameux « flocons de neige » ou les gommes (spécifiques à cette confiserie). La visite commentée révèle les secrets des confiseurs d'antan, de la cuisson dans les chaudrons en cuivre jusqu'au conditionnement. On assiste ainsi à la fabrication des bonbons durs, à base de sucre cuit, dans le droit fil de la tradition locale. La visite se termine avec la dégustation des bonbons…encore chauds. Mention spéciale pour les confitures aux fruits régionaux (myrtille, framboise, mirabelle) auxquels sont venues s'ajouter beaucoup d'autres saveurs : quetsche, églantine, fraise, abricot, orange, griotte, groseille, airelle, mûre… le souvenir de vacances parfait.

Confiserie des Hautes Vosges : *44 rue Habeaurupt, 88230* ***PLAINFAING.*** *☎ 03-29-50-44-56. • cdhv.fr • Visite guidée slt. Visite de groupe de plus de 20 pers par tél ou par mail : • contact@cdhv.fr • Lun-sam 10h-12h et 14h-18h. Tarif : gratuit. ♿ Durée de la visite : 1h.* ***Boutique :*** *lun-sam 9h-12h15 et 13h45-18h30.*
Traversée par la Meurthe, entourée de montagnes couvertes de sapins, Saint-Dié-des-Vosges est une petite ville paisible et commerçante, à forte tradition culturelle et scientifique. C'est dans ses environs, à Plainfaing, que se trouve la célèbre ***Confiserie des Hautes Vosges*** – une ligne de bus a le bon goût d'y mener directement depuis Saint-Dié.
Cette entreprise artisanale et familiale, qui existe depuis 1986, porte haut la tradition du bonbon des Vosges. On assiste à la fabrication, en particulier à

l'impressionnante cuisson à feu nu dans des chaudrons de cuivre, et on finit par la dégustation. Le sucre cuit se décline dans toute une ***gamme de parfums végétaux et floraux,*** de l'eucalyptus, connu pour ses vertus thérapeutiques, aux plus rétro, comme la violette, le coquelicot ou la bergamote de Nancy, en passant par les plus accessibles, comme les parfums de fruit – fruits rouges ou mirabelle – ou le bourgeon et la résine de sapin pour la fragrance de l'altitude. En suçant un bonbon au miel, on se donne bonne conscience en se remémorant toutes les vertus thérapeutiques des bonbons des Vosges, censés adoucir le mal de gorge, faciliter la respiration ou encore lutter contre la toux… Entre autres heureuses idées, les confiseurs ont eu celles de proposer leur production sous forme de plaque à casser pour soi-même, comme le chocolat, mais aussi sous forme de brisure à infuser, invitant le bonbon à pénétrer un nouveau monde, celui de l'élément liquide.
Vous en voulez encore ? Un petit ***musée du Bonbon*** vous attend, avec ses anciennes boîtes à friandises et ses vieilles machines. Le succès est au rendez-vous : la confiserie reçoit plus de 200 000 visiteurs par an.

Distillerie Lecomte Blaise : *10, rue de la Gare, 88120* ***NOL.*** *☎ 03-29-24-71-04. • lecomte-blaise.com • Visite libre. Visite de groupe sur rdv, pour 25-60 pers. Lun-sam 9h-12h et 14h-18h. Tarif : gratuit. Durée de la visite : 1h.* ***Boutique :*** *lun-sam 9h-12h et 14h-18h.*
La distillerie Lecomte Blaise se fond dans le paysage : elle est implantée depuis 1820 au cœur des Vosges, près de Gérardmer et de La Bresse. Elle propose toute ***une gamme d'eaux-de-vie, de liqueurs et de crèmes,*** à la fois variées et au parfum d'authenticité. De l'eau de source, des baies sauvages et des fruits du verger constituent les ingrédients de base pour la fabrication de ces liqueurs. Le secret des gestes et des dosages fait le reste. Les bonbonnes où vieillissent les précieux breuvages reposent au grenier depuis six générations, six générations de fabricants qui cherchent constamment à améliorer la qualité de leurs produits. Cette distillerie réserve le plaisir de la surprise, avec des spécialités telles que l'eau-de-vie de bourgeon de sapin, de céleri ou de fleur de bouillon blanc, au nez très floral. Les gourmands craqueront pour la liqueur de caramel à la fleur de sel… En prime, on trouve ici sous l'alléchant nom de « Libertine » toute une gamme d'absinthe, à nouveau autorisée au niveau européen – mais encadrée par des normes sanitaires – depuis 1998. Pour une dégustation au rituel et au matériel séduisants, avec son élégante fontaine et ses cuillères percées souvent sophistiquées dans lesquelles fond le sucre avant de couler dans le verre – car c'est au double contact de l'eau et du sucre que s'épanouissent les arômes de l'absinthe. Ladite dégustation couronne la visite.

Garnier-Thiebaut : *bd de Granges, 88400* ***GÉRARDMER.*** *• garnier-thiebaut.fr • Visite guidée slt, gratuite. Résa au ☎ 03-29-27-27-27 (office du tourisme de Gérardmer). Slt pdt les vac scol (ttes zones). Visite de groupe sur rdv, à partir de 10 pers (sf en août, et entre Noël et le Jour de l'an), gratuite. Résa au ☎ 03-29-60-30-59. ♿ Durée de la visite : 1h.* ***Boutique :*** *lun-sam 10h-12h et 14h-19h, dim 14h30-18h30.*
La « perle des Vosges », au superbe lac déposé dans son écrin de sapin, ne se contente pas d'être une station de ski à l'épicentre de la vallée des Lacs et la reine de la Vologne : c'est aussi un haut lieu du textile. ***Ses fabriques de lin, de toile, de jacquard et autres tissages*** contribuent à sa renommée. La ***maison Garnier-Thiebaut,*** née du mariage entre deux tisseurs de toile, est installée à Gérardmer depuis 1833. Elle maîtrise l'intégralité de sa fabrication : teinture des fils, tissage, ennoblissement et confection. De la sélection des fils aux motifs et dessins exclusifs par des designers de la marque, en passant par la réalisation des couleurs par les maîtres teinturiers, elle ne cesse d'innover, en créant par exemple le traitement antitache « Greensweet ». Ses damassés de coton ont conquis le monde de l'hôtellerie et de la restauration haut de gamme. La visite peut être aussi l'occasion de refaire son trousseau à prix d'usine, tant pour la table et la cuisine que la chambre et le bain. Une visite qui allie l'utile à l'agréable.
Label : Entreprise du Patrimone Vivant, Vosges Terre Textile.

Imagerie d'Épinal : *42 bis, quai de Dogneville, 88000 **ÉPINAL.** ☎ 03-29-81-28-88. • imagerie-epinal.com • Visite guidée slt. Atelier : tlj sf lun mat 10h-12h et 14h-18h (dernier accès 10h30 et 16h30). Fermé lun mat. Possibilité de visite jumelée avec le musée de l'Image d'Épinal : lun-jeu 9h30-12h et 14h-18h (sf lun mat) ; sam-dim et j. fériés, à partir de 10h ; ven 9h30-18h. Tarifs : 7,50 € ; réduit : 5,50 € ; enfants : 2 €. Visite de groupe sur rdv, pour 16-60 pers. Tarifs : 5 €/pers ; scolaires : 4 €/pers. ♿ Durée de la visite : 45 mn. **Boutique :** lun-sam 9h-12h et 14h-18h30 (sf lun mat), dim et j. fériés 10h-12h et 14h-18h.*

L'image est de tradition ancienne à Épinal, mais ce n'est qu'avec Jean-Charles Pellerin, – cartier dominotier (imprimeur de jeux) à l'origine, qui commence à éditer des images au début du XIXe s – qu'elle acquiert sa renommée. Il utilise une technique vieille de plusieurs siècles : l'image tirée d'après un bois gravé et coloriée au pochoir. Au XIXe s, les petites images se vendent bien et les bouleversements dus à l'apparition de la lithographie donnent à l'imagerie Pellerin une nouvelle jeunesse. En 1897, l'imagerie met au point une ingénieuse machine à colorier, permettant la pose simultanée de neuf couleurs différentes grâce à neuf pochoirs. Résultat : 500 images en 1h. Une quasi-industrie qui fera la gloire de la dynastie Pellerin. On multiplie les sujets que les enfants peuvent découper, les pantins, les théâtres d'ombres. Les ***images d'Épinal*** traversent même les frontières, avec des éditions en plusieurs langues. Le XXe s, lui, ne laissera pas que de bons souvenirs : le développement de la presse écrite retire à l'image son rôle d'information, et les deux guerres laissent l'entreprise exsangue au milieu des années 1950. Depuis 1984, en revanche, l'imagerie a trouvé un nouveau souffle, comme en témoignent les créations de nouvelles images qui évoquent de grands sujets d'actualité : la chute du mur de Berlin, le 11-Septembre 2001, l'arrivée du TGV-Est ou encore Jean-Paul II et l'Europe ! Reprise en 2014 par deux entrepreneurs passionnés, elle poursuit l'aventure de la création d'images au travers des nombreuses collaborations d'artistes (Loustal, Sfar, Bloch, Bourgeon, Carlotta, Chanoir...).

L'atelier historique de l'Imagerie se visite. On y découvre ses machines anciennes (comme l'Aquatype, incroyable machine à colorier en 9 couleurs), toujours en activité, et les techniques d'impression des images.

– **La boutique** vaut à elle seule le déplacement, avec une belle expo-vente d'images nouvelles et anciennes, ainsi que de nombreuses images commerciales créées ici. Jeux, cartes à jouer, papeterie, rééditions des fables de La Fontaine, des contes de Perrault... le tout magnifiquement illustré.

– **Le musée de l'Image** est installé dans un intéressant bâtiment contemporain dont la façade de verre laisse deviner une « fête de village », gigantesque image formée d'une foule de petites images. Il s'agit du plus important fonds européen d'images françaises et étrangères du XVIIe s à aujourd'hui. Ce sont désormais près de 110 000 images, feuilles et bois gravés (1 500) qui sont exposés par roulement tous les 6 mois. Dans la salle d'expo permanente, on découvre l'histoire de l'imagerie populaire. Sensibilisation aux multiples liens entre les images des collections du musée et les images actuelles (photographies, œuvres d'art, publicités...). Une relation permanente en symbiose avec notre société au quotidien, et une manière de dépoussiérer l'image d'Épinal, forme d'art contemporain dans ses expressions les plus récentes. Les textes explicatifs, bornes interactives, montages vidéo, etc., permettent de comprendre les images rencontrées au cours de la visite. Comme il y a plusieurs niveaux de lecture, petits et grands y trouvent leur compte dans ce musée qui bouge. Deux expos temporaires par an.

Label : Entreprise du Patrimoine Vivant.

Toutes les informations concernant la région sont à retrouver sur le site : • entrepriseetdecouverte.fr •

HAUTS-DE-FRANCE
Nord-Pas-de-Calais
Picardie

NORD-PAS-DE-CALAIS

On constate que le patrimoine économique de la région est un outil touristique à part entière. Comme ailleurs en France, le secteur agroalimentaire domine. En cohérence avec l'identité gastronomique de la région, une bonne partie de celui-ci est composé de brasseries et de distilleries qui proposent des eaux-de-vie aromatisées aux baies de genévrier, récoltées sur les coteaux calcaires. On remarque aussi une forte présence de l'industrie du sucre : 1 bonbon sur 4 en France est produit en Nord-Pas-de-Calais. L'entreprise la plus visitée de la région est la chocolaterie de Beussent-Lachelle, qui possède ses propres plantations de cacao. Cet ancrage dans le monde des douceurs s'inscrit dans une continuité historique : c'est en effet ici qu'ont été inventées les célèbres bêtises de Cambrai.

BONS PLANS : *le 2e mardi de chaque mois, l'office de tourisme d'Hazebrouck propose des visites d'entreprises dans le cadre des mardis de l'entreprise. • coeurdeflandre.fr •*
L'office de tourisme du Douaisis organise une opération Origine Douaisis Garantie. • visiteznosentreprises-douaisis.fr •

PICARDIE

Conformément à ce qui se joue sur l'ensemble du territoire, le secteur agroalimentaire domine. La palme revient à l'apiculture : les Ateliers de l'abeille constituent la première visite régionale en nombre de visiteurs. Ils sont suivis par la production de champagne de la maison Pannier. Des entreprises emblématiques du terroir picard renforcent encore ce secteur, comme les Maroilles Leduc, ou la Triperie de Luzoir, dernière triperie artisanale de Picardie.
Autre point marquant, une présence de la filière textile bien supérieure à la moyenne du reste du territoire, avec des entreprises emblématiques, telle que la productrice d'angora Au fil de l'angora, 3e visite régionale. À la Manufacture de Beauvais, les lissiers perpétuent des savoir-faire traditionnels.
La région est également riche de visites d'entreprises atypiques. C'est le cas de la clouterie Rivierre, dernière entreprise du genre en France, qui a triplé ses chiffres de fréquentation depuis son ouverture au public. Ou des Carrelages de Saint-Samson-la-Poterie, avec leurs fours datant du XIXe s.

BONS PLANS : *la manifestation le Printemps de l'industrie rassemble plus de 80 entreprises. • printemps-industrie.picardie.fr •*
La chambre de commerce et d'industrie de l'Aisne, en partenariat avec l'office de tourisme du Saint-Quentinois, édite chaque année un guide sur les visites d'entreprises : 80 entreprises sont ouvertes à la visite entre avril et décembre. • aisne.cci.fr •

AISNE (02)

Les Ateliers de l'abeille : *lieu-dit La fontaine du Bois, RD23, 02000* ***CHAVIGNON.*** *☎ 03-23-21-61-62. • complexe-apicole.fr • Mi-mars-mi-nov : 9h-12h et 14h-18h, sf dim et mar. Tarif : gratuit. Visites de groupe sur rdv (sf mi-nov-mi-mars et août), pour 20-80 pers. Tarifs : 3,60 €/pers ; enfant et scolaire : 2,40 €/pers. ♿ Durée de la visite : 1h30.* ***Boutique :*** *lun et mer-sam 9h-12h et 14h-18h ; fermé en août.*

Véritable immersion dans le monde de l'***apiculture,*** la visite permet d'en découvrir l'histoire et les évolutions à travers les 40 modèles de ruches exposées, construites avec toutes sortes de matériaux et d'une grande variété de formes, dont quelques-unes provenant d'autres pays, ainsi que des centrifugeuses.
De l'organisation de la ruche à l'anatomie de l'abeille, en passant par leur comportement et leur langage, vous saurez tout sur ces petites bêtes ô combien essentielles pour notre environnement.
Le travail de l'apiculteur et ses différentes étapes de fabrication (extraction, maturation…) sont également expliqués, et la visite se termine par une dégustation de produits à base de miel.
Label : Trésors et Merveilles de l'Aisne, Bienvenue à la Ferme, Esprit de Picardie.

LE CHEMIN DES DAMES

Situé entre Laon et Reims, le chemin des Dames est un plateau peu large qui domine d'un côté la vallée de l'Ailette et de l'autre celle de l'Aisne, jusqu'à 200 m de haut. Il s'étend sur une ligne nord-ouest/sud-est et sur une trentaine de kilomètres, du moulin de Laffaux à Berry-au-Bac.
Ce fut l'une des batailles les plus meurtrières de la Première Guerre mondiale en avril 1917 et une défaite qui coûta la vie à plus de 200 000 hommes côté français.
Aujourd'hui, le village de Craonne, le plateau de Californie, la caverne du Dragon ou le fort de la Malmaison sont autant de lieux où le souvenir de ces sacrifices reste bien présent, avec une violente charge émotionnelle. Ce n'est d'ailleurs que depuis une quinzaine d'années que le chemin des Dames est mis sérieusement en valeur sur le plan de la mémoire pour le faire connaître et lui rendre sa grandeur. Une visite essentielle dans l'Aisne sur les traces des poilus.

Champagne Pannier : *23, rue Roger-Catillon, 02400* ***CHÂTEAU-THIERRY.*** *☎ 03-23-69-51-30. • champagnepannier.com • Visite guidée slt. Juil-août : lun-sam à 14h, 15h et 16h. Le reste de l'année, résa par tél. Tarifs : 7,50 € ; 12-16 ans : 3 € ; - 12 ans : gratuit. Visite de groupe sur rdv, pour 30-200 pers. Tarif : 6,50 €/pers. Très grands groupes : tarifs sur demande. ♿ Durée de la visite : 1h.* ***Boutique :*** *lun-sam 9h-12h30 et 14h-18h30.*

Peu de gens savent que 10 % du champagne français est produit dans l'Aisne, dans les vallées de la Marne, du Dolloir et du Surmelin. Cela représente plus de 800 viticulteurs, exploitant environ 3 400 ha de vignes (75 % en pinot meunier, le reste en pinot noir et chardonnay). C'est la troisième production française dans ce domaine. Les vignobles sont situés surtout rive droite de la Marne. Belle balade de 120 km pour découvrir ce champagne, à travers des villages de charme. De nombreuses caves sont ouvertes pour visite et dégustation.
La ***maison Pannier,*** fondée à Dizy en 1899, a été reprise en 1971 par des viticulteurs qui y travaillaient depuis longtemps. La coopérative, nommée Covama, regroupe près de 400 viticulteurs. Elle élabore sa propre gamme sous le nom de Pannier. Située au cœur du vignoble de la vallée de la Marne, la ***maison Pannier*** abrite de magnifiques caves médiévales, creusées au XIIe s (prévoir une petite laine). La visite est un véritable parcours initiatique à la découverte de

l'élaboration du champagne depuis les vendanges jusqu'à l'habillage des bouteilles. L'histoire du champagne, les différentes étapes de l'élaboration (pressurage, fermentation, assemblage, tirage, maturation, remuage puis dégorgement) sont expliquées de façon pédagogique et illustrées par la projection de 3 films.

Les + :

– Dégustation (plusieurs formules possibles, sur demande).

– Animation : sur demande. Organisation de séminaires et de congrès.

LE CHAMPAGNE DANS LA BATAILLE

Le vignoble champenois souffrit beaucoup durant la Première Guerre mondiale : obus, tranchées, manque de sucre et de produits phytosanitaires, réquisition de la main-d'œuvre masculine et des chevaux, sans compter le phylloxéra… Alors que ce précieux vin pétillant était servi aux troupes pour maintenir leur moral, la production chuta de deux tiers. Malgré cela, 1914 et 1915 resteront de grands millésimes !

Maroilles Leduc : *4, route de la Capelle, 02260* ***SOMMERON.*** *☎ 03-23-97-23-86. • leduc-maroilles.com • Lun-jeu 9h-12h et 14h-17h, ven 16h. Visite guidée : résa par tél ou par mail : • maroilles.leduc@orange.fr • Tarif : 2 €/pers. Visite de groupe sur rdv par tél ou par mail, pour 20-50 pers. Tarifs moins de 20 pers : 2 €/pers ; plus de 20 pers : forfait de 50 €. ♿ Durée de la visite : 45 mn.* ***Boutique :*** *lun-jeu 9h-12h et 14h-17h15, ven 16h.*

La région nord-est de l'Aisne possède une identité bien spécifique. Frontalière avec la Belgique, entre plaine picarde et massif ardennais, elle fut une terre de passage victime de nombreuses invasions et de conflits depuis la guerre de Cent Ans jusqu'à la Seconde Guerre mondiale. Aussi y trouve-t-on la plus grande concentration d'églises fortifiées de France (une bonne cinquantaine), où les paysans se réfugiaient, et nombre de lavoirs. On y produit un excellent cidre local ainsi qu'un ***fromage*** rendu célèbre grâce à Dany Boon : le fameux ***maroilles*** !

Le maroilles est un fromage à pâte molle et croûte lavée, de forme carrée, de couleur rouge-orangé, onctueux et plein de saveurs dont la technique de fabrication s'apparente au munster et au pont-l'évêque. Les maroilles Leduc (AOP) sont le fruit d'un savoir-faire familial établi depuis trois générations, dans le respect des méthodes ancestrales des moines de l'abbaye de Saint-Humbert. La visite de la fromagerie installée au cœur de la Thiérache permet de découvrir les étapes de fabrication de cette spécialité régionale, de l'affinage à l'emballage, en passant par les séchoirs et les caves.

Le + : dégustation.

Label : Saveurs en Or, AOP.

Ceux qui aiment le fromage pourront aller à ***Maroilles*** visiter le ***musée de l'Herbage,*** installé dans le syndicat d'initiative. Ce petit musée intéressant met en valeur le savoir-faire de l'herbage maroillais. Au début du XIXe s, Maroilles était réputé pour ses herbes riches et grasses, et se taillait une jolie renommée grâce à son fromage. Le musée a aussi mis à l'honneur – dans un potager prévu à cet effet – des légumes oubliés tels que le topinambour, le cardon (ressemble au céleri) ou le scorsonère (sorte de salsifis). Présentation d'une baratte maroillaise (récompensée à l'Expo universelle de 1889) ainsi que des moules à fromage, sans oublier une belle collection de vieilles machines et d'outils agricoles.

Triperie de Luzoir : *Charcuterie artisanale de Thiérache, pl de l'Église, 02500* ***LUZOIR.*** *☎ 03-23-97-45-06. • triperie.com • Visite guidée slt. Visite de groupe sur rdv, pour 10-50 pers. Lun-ven. Tarif : 8 €/pers. ♿ Durée de la visite : 1h30.* ***Boutique :*** *lun-ven 8h30-18h.*

À 12 km au nord-est de Vervins. La dernière triperie artisanale de Picardie (et l'une des dernières de France) vous explique comment elle fabrique ses pro-

duits. On y trouve évidemment des bocaux de tripes (au maroilles notamment) et d'autres plats cuisinés, inspirés par les bons produits locaux : carbonade picarde, pâté maroilles-cidre, etc.
En sortant, ne manquez pas d'aller à ***Vervins*** pour voir la superbe ***église Notre-Dame-de-l'Assomption et ses fresques.***
Le + : dégustation.
Label : AB, Terroirs de Picardie.

NORD (59)

Bêtises de Cambrai Despinoy : *1519, route Nationale, 59400 **FONTAINE-NOTRE-DAME.** ☎ 03-27-83-57-57. • betises-cambrai-despinoy.fr • Visite guidée slt. Lun-ven 9h-12h. Tarif : gratuit. Visite de groupes sur rdv (sf déc et août), pour 5-60 pers. Tarifs : à la demande. Scolaires : 2,50 €/pers. ♿ Durée de la visite : 1h.* ***Boutique :*** *lun-ven 8h-18h.*

UNE BÊTISE QUI FINIT BIEN

On doute que le marmiton qui fit une erreur de cuisson à l'origine de cette délicieuse friandise ait touché quelques royalties. Cela s'est passé vers 1850 dans une fabrique de bonbons, et il a dû passablement se faire gronder. Reste ce gros bonbon ventru avec sa bande jaune caractéristique et son délicat goût mentholé qui est devenu l'une des images de marque de la ville.

La maison Despinoy fabrique des bonbons mondialement connus, les bêtises de Cambrai : petits bonbons blancs de forme rectangulaire, ornés d'une bande jaune. La ***confiserie Despinoy,*** née au début des années 1800, a retrouvé un nouvel essor sous la houlette de René Campion lors de sa reprise en 1972. Dès que vous pénétrez dans l'atelier de fabrication, vous êtes plongé dans une atmosphère chaleureuse et envoûtante. C'est d'abord l'odeur de menthe qui séduit, puis les superbes cuiseurs en cuivre et enfin le geste des artisans qui n'a pas varié depuis l'époque des toutes premières bêtises… La visite fait découvrir les différentes étapes de fabrication du bonbon : du choix du sucre au conditionnement en passant par l'élaboration de la pâte et sa cuisson.

Confiserie Afchain : *Zone Industrielle de Cantimpré, rue du Champ-de-Tir, 59400 **CAMBRAI.** ☎ 03-27-81-25-49. • betisesdecambrai.fr • Visites de groupes slt, sur rdv (sf 3 sem août et vac scol Noël), pour 20-100 pers. Groupe scolaire : à partir de 14 ans. Lun-jeu 8h30-11h30. Tarif : 2 €/pers pour les scolaires. Durée de la visite : 45 mn.* ***Boutique :*** *lun-sam 9h-12h et 14h-17h.*
Ces confiseries, qui doivent leur nom à une erreur de fabrication commise en 1889 par le jeune Émile Afchain, sont aujourd'hui inscrites à l'Inventaire du patrimoine culinaire de France. La ***confiserie Afchain,*** à l'origine de ces fameux bonbons, propose d'en découvrir les secrets de fabrication en visitant ses ateliers.
Les ***bêtises*** étant composées de sucre et de glucose, on assiste dans la première partie des ateliers à la cuisson du sucre, étape indispensable du travail. Une fois cuit, le sucre est dirigé sur la table à circulation d'eau froide pour pouvoir être travaillé. Les bras de l'étireuse s'agitent ensuite devant vous pour transformer le sucre en une belle pâte blanche, à laquelle sont ajoutés les différents arômes qui déterminent le goût final du bonbon. Puis place à la rouleuse, qui étire la pâte en un long ruban, et enfin à la fileuse, qui colle un long liseré de caramel sur le ruban de pâte. À ce stade, les bêtises sont presque prêtes : la papilloteuse fait alors son œuvre en découpant ce ruban en une multitude de petits bonbons, éjectés à environ 700 coups la minute ! Le passage par le tapis de refroidissement puis par les ensacheuses constituent les dernières étapes de fabrication de ces bêtises.

Plus de 500 000 bêtises sont ainsi fabriquées quotidiennement dans la confiserie, soit l'équivalent de 2,5 tonnes de bonbons !

Le + : dégustation.

Label : Saveur en'Or.

Confiserie du Pré Catelan : *148, rue du Pré-Catelan, 59110* ***LA MADELEINE.*** *☎ 03-20-55-55-75. Visite guidée slt. Résa par tél. Lun-ven 8h-14h30 (dernier départ). Tarifs : 6 € ; - 14 ans : 5 €. Visites de groupe sur rdv, pour 15-50 pers (à partir de 6 ans). Tarifs : 4 €/pers ; - 14 ans : 3 €/pers. Durée de la visite : 1h.* ***Boutique :*** *à la sortie des visites, lun-ven 10h-13h.*

Créée en 1925 et installée rue du Pré-Catelan depuis 1935, la confiserie du Pré Catelan est à l'origine une entreprise familiale rachetée en 2011 par la société Afchain. La visite de l'usine ravira les gourmands avides de découvrir la fabrication du nougat auquel les deux maîtres nougatiers de la maison apportent tous leurs soins. Tous les produits sont locaux ; le sucre vient de Thumeries, le sirop de glucose de Lestrem, les œufs d'Arras, sauf les amandes qui sont importées de Californie. Le ***nougat*** est une préparation toute simple avec du sucre blanc, du sirop de glucose (à base de betteraves), des blancs d'œufs battus en neige avec de l'eau. La fabrication du nougat dépend essentiellement de la température précise à laquelle le sirop doit être versé, et qui n'est pas la même selon la météo. Pendant ce temps, une machine bat les blancs en neige. Au moment adéquat, le maître nougatier mélange les sucres et les blancs lentement. Lorsque la pâte est prête, il faut l'étaler sur des cadres posés sur des tables refroidissantes. Les plaques sont ensuite découpées en bandes, puis en cubes. Un passage par l'étuve et le nougat, dur ou tendre, peut être emballé. La confiserie propose maintenant deux parfums supplémentaires : ***caramel beurre salé*** et le ***parfum coquelicot,*** en mémoire de la Première Guerre mondiale. Durant la visite, on assiste à la cuisson traditionnelle en chaudrons de cuivre, à l'impressionnante coulée du nougat, à la coupe et la mise en sachets de celui-ci.

Le + : animation avec dégustation à l'aveugle du nougat pour reconnaître son goût, son arôme.

NORD CONTRE SUD

Qu'est-ce qui différencie les friandises madeleinoises de leurs cousines de Montélimar ? Traditionnellement, le nougat du Nord contient des amandes naturelles, celui de la Drôme, des amandes torréfiées.

Distillerie Claeyssens Wambrechies : *1, rue de la Distillerie, 59118* ***WAMBRECHIES.*** *☎ 03-20-14-91-91. • wambrechies.com • Visite guidée slt. Résa par tél min 3 j. avant. Lun-ven, sam à partir de 15 pers. Tarifs : 6,10 € ; 12-18 ans : 4,10 € ; - 12 ans : gratuit. Visite de groupe sur rdv, pour 2-50 pers. Résa par tél au moins une semaine à l'avance. Tarifs jusqu'à 25 pers : 6,30 €/pers ; à partir de 25 pers : 5,80 €/pers ; scolaires : 4,10 €/pers. Durée de la visite : 1h.* ***Boutique :*** *lun-sam 9h-12h et 14h-16h, sf sam ap-m.*

Cette vénérable institution régionale est classée Monument historique, en toute logique. Pensez donc, on y distille, sur les bords de la Deûle, le fameux genièvre depuis 1817 ; d'ailleurs, c'est l'une des deux dernières ***genièvreries*** en France. Une rescapée ! Les bâtiments des XVIIIe et XIXe s, les moulins en bois d'un autre temps, les cuiseurs en cuivre et toutes les machineries complexes ont conservé tout leur cachet. Et leur valeur émotionnelle, aux yeux des visiteurs du temps. La très haute salle de distillation, avec ses colonnes et ses alambics, pourrait même évoquer quelque palais élevé à la gloire du ***genièvre.*** Mais le plus impressionnant, c'est que tout est en parfait état de marche et tourne à plein régime d'octobre à mars. Odeurs entêtantes et bruits mécaniques garan-

tis. Bref, vous saurez tout sur cette eau-de-vie de seigle et d'orge maltée, distillée deux fois et parfumée aux baies de genévrier. Bien sûr, dégustation à la fin de la visite.
Outre sa distillerie, cette agréable bourgade présente une ***extravagante mairie d'architecture flamande,*** beffroi de 1868 et siège de l'office de tourisme, et un petit port fluvial sur la Deûle, bien agréable.
Label : Entreprise du Patrimoine Vivant, Site remarquable du goût, Monument historique.

EDF – Centrale nucléaire de Gravelines : *rue de la Digue-Level, 59820* ***GRAVELINES.*** *☎ 03-28-68-42-36. • edf.fr/gravelines • Centre d'information du public (CIP), entrée libre et gratuite. Lun-ven 9h-12h et 13h30-17h30. ♿ Visite en bus autour de la centrale : visite guidée de groupe slt, gratuite, sur rdv. Résa par tél. Durée de la visite : 1h. Animations et conférences gratuites tout au long de l'année.*
À mi-chemin entre Calais et Dunkerque, Gravelines, station balnéaire prisée de la Côte d'Opale, accueille sur son territoire la plus puissante centrale nucléaire d'Europe de l'Ouest. Mise en service entre 1980 et 1985, elle dispose d'une puissance électrique totale de 5 400 mégawatts, qui lui permet de produire environ 10 % de la consommation française annuelle d'électricité.
L'exposition du CIP constitue une excellente entrée en matière : en effet, le CIP de la centrale de Gravelines offre au grand public l'occasion de découvrir de manière ludique et interactive les enjeux de l'énergie, les grandes inventions, les moyens de production d'électricité et les métiers qui y concourent. Cet espace propose un parcours pédagogique qui explique au travers de maquettes, d'écrans tactiles, de films et d'expériences le fonctionnement d'une centrale nucléaire.
On peut prolonger sa découverte avec une visite en bus autour de la centrale (sur inscription). Une visite commentée aussi agréable qu'instructive.
Le + : Site participant aux « Journées de l'Industrie électrique EDF » et aux Journées européennes du patrimoine.

Ferme Brasserie Beck : *rue Eeckelstraete, 59270* ***BAILLEUL.*** *☎ 03-28-49-03-90. • fermebeck.com • Visite guidée slt. Premier w-e d'avr-dernier w-e d'oct : sam à 19h et dim à 17h. Tarif : gratuit. Visites de groupe sur rdv (sf nov-fév), pour 20-50 pers. Tarif : 7 €/pers ; scolaires : tarifs sur demande. ♿ Durée de la visite : 1h.* ***Boutique :*** *tlj, appeler avant d'y aller.*
Dans l'une des plus jolies villes de Flandres, la famille Beck produit l'***Hommelpap, une bière ambrée*** devenue sa spécialité et fait visiter sa brasserie pour comprendre tous les secrets de production. Découverte de la houblonnière, puis des étapes du brassage et bien sûr dégustation pour finir. La ***ferme Beck*** prépare aussi la bière de printemps l'Alezane, qui contient deux fois plus de houblon que la moyenne des bières françaises. D'un roux clair, couronnée d'une mousse dense, la bière est un peu trouble. En bouche, l'amertume du houblon se conjugue avec une pointe de sucre.
Tous les 2 ans, le premier dimanche du mois de septembre, ***fête du houblon*** à la ferme Beck.
Les + :
– Estaminet pour déguster une carbonnade à la bière *(ouv avr-oct).*
– Également 2 gîtes de groupe labellisés Gîtes de France.
Label : Bienvenue à la Ferme.

Pocheco : *13, rue des Roloirs, 59510* ***FOREST-SUR-MARQUE.*** *☎ 03-20-61-90-90. • pocheco.com • Visites de groupe slt (à partir de 12 ans), sur rdv, pour 6-50 pers. Tarif : 20 €/pers. Durée de la visite : 2h30.* ***Boutique :*** *ouv tlj, sf w-e, 8h30-18h.*
En pleine campagne lilloise, à proximité du parc du Héron, ***Pocheco*** fabrique des ***enveloppes, des pochettes et des sacs à soufflets.*** L'entreprise a tout pensé pour réduire son impact sur l'environnement, diminuer la pénibilité au

IMPORTANT : pensez toujours à prévenir l'entreprise et à réserver votre visite, en individuel ou en groupe, par téléphone ou par mail.

travail sans pour autant renoncer à la productivité. Emmanuel Druon, son président, a réussi à faire de cette ancienne fabrique un modèle en matière d'environnement et d'économie circulaire. La visite est intéressante à plus d'un titre. On vous présente non seulement les différentes activités de Pocheco, mais également sa philosophie et le modèle économique sur lequel l'entreprise fonde son développement, à l'image de cette bambouseraie à l'entrée de l'usine qui épure les eaux usées du site. La visite des ateliers permet d'apprendre comment on fabrique une « écoveloppe » grâce aux différentes techniques écolonomiques mises en place : écoconception, achats responsables, réutilisation des énergies, utilisation de l'eau de pluie, revalorisation des déchets. La suite du parcours s'articule sur le thème de l'écorénovation. En effet, la transformation du bâtiment, construit en 1848, est un exemple d'intégration et d'écorénovation d'un site industriel. Toiture végétalisée qui permet de récupérer l'eau de pluie, panneaux photovoltaïques qui produisent 7 % de l'énergie utilisée, chaudière à bois alimentée par des palettes usées en remplacement des chaudières à gaz… tout a été pensé pour que l'ensemble de l'entreprise et ses bâtiments soient un ***modèle en terme d'architecture durable.*** L'entreprise a même mis en place un site de covoiturage pour ses salariés. Bref, ici on pense ***écologie*** à tous les niveaux et la cohérence du projet nous a particulièrement séduit. Une visite passionnante qui intéressera particulièrement tous ceux qui militent pour une autre organisation du travail et un monde plus vert.

Label : PEFC et FSC.

Les + : animation : sport, sensibilisation à l'apiculture, formation sur l'antimanagement et l'entreprise libérée ; possibilité de se restaurer sur place.

Port de Dunkerque : *pl du Minck, 59140* ***DUNKERQUE.*** *☎ 03-28-66-79-21. Visite guidée slt. Juil-août : lun-sam à 10h30, 14h30 et 16h (sf sam mat) et dim à 15h et 16h30 (se présenter 10 mn avant le départ). Hors saison : rejoindre une visite de groupe. Voir le calendrier en ligne sur • le-texel.fr •, ou contacter l'office de tourisme de Dunkerque : ☎ 03-28-26-27-31. Tarifs : 9,50 € ; 5-12 ans : 7,50 € ; - 5 ans : gratuit. Visites de groupe sur rdv, pour 30-150 pers. Résa par tél auprès de l'office de tourisme de Dunkerque. Tarif base de 30 pers : 8,80 €/pers. Durée de la visite : 1h.*

Le port de Dunkerque est le troisième port de France. Quelques chiffres éloquents : il occupe 17 km de rivage, une vingtaine de kilomètres de quais, 7 500 escales par an, plus de 55 millions de tonnes y transitent chaque année, chiffre en constante augmentation…

La ***visite guidée à bord du Texel*** est le meilleur (sinon le seul) moyen de découvrir les gigantesques installations du port, les bateaux (pétroliers, vraquiers et autres porte-conteneurs) longs de 200 m, les chantiers de réparation navale, les dantesques usines sidérurgiques… De temps à autre, dîners-croisières dans le port : la nuit, les paysages prennent des allures fantasmagoriques à la lueur des hauts fourneaux…

Pour compléter votre visite, prévoyez aussi d'aller visiter le ***Musée portuaire.*** Ce musée incontournable est un endroit unique où les visiteurs font connaissance avec l'univers du port dans sa dimension historique comme contemporaine. La visite de ses bateaux, patrimoine flottant exceptionnel, complète celle de la collection permanente. Le musée propose régulièrement des expositions temporaires, des ateliers juniors et de nombreuses autres activités culturelles.

– ***Le Musée à quai :*** *9, quai de la Citadelle. ☎ 03-28-63-33-39. • museeportuaire.com • ♿ Tlj sf mar (tlj pdt vac scol) 10h-12h30, 13h30-18h. Entrée : 7 € ; forfait famille (couple avec enfants, quel que soit le nombre) : 20 €. Entrée Musée à quai + Musée à flot : 12 € ; forfait famille : 30 €. Visites guidées, ateliers pédagogiques, centre de documentation, conférences, librairie,* ***boutique.*** Le Musée portuaire, à la fois musée maritime et musée de société, est situé dans un lieu typique de l'architecture industrielle du XIXe s qui abritait un entrepôt de tabac. Né en 1992 à l'initiative d'anciens dockers qui, dès les années 1970, avaient entrepris de réunir et de conserver des témoignages de leur métier et de leur milieu. À l'origine constitué essentiellement d'outils traditionnels de dockers, le musée s'est enrichi et s'est considérablement développé par la suite. Aujourd'hui, les collections présentées réunissent peintures, maquettes, objets du quotidien, et permettent, à partir de l'histoire de la ville de Dunkerque, de découvrir le fonctionnement et le rôle essentiel du port dans les échanges maritimes d'hier et d'aujourd'hui.

– **Le Musée à flot :** *dans le bassin du Commerce, face au Musée à quai. Voir horaires sur • museeportuaire.com • Fermé déc-janv. Durée de la visite : min 1h30. Entrée : 7,50 €; forfait famille : 20 €. Entrée Musée à quai + Musée à flot : 12 € ; forfait famille : 30 €.* Le Musée à flot comprend un ensemble de navires anciens représentatifs de l'activité maritime du XXe s. Le trois-mâts *Duchesse Anne* évoque l'univers de la voile au long cours. La visite permet de découvrir les conditions de vie et d'apprentissage des 200 cadets et matelots qui naviguaient à bord pendant de longues campagnes. La péniche *Guilde,* construite en 1929, parcourait les canaux du nord de la France et de la Belgique. L'exposition présentée à son bord évoque l'histoire de la batellerie et la vie quotidienne des mariniers. Le rouge flamboyant du bateau-feu *Sandettie* ne passe pas inaperçu dans le bassin, et pour cause ! Ce navire, utilisé jusqu'en 1989, indiquait les bancs de sable, à l'entrée du port. Son équipage veillait jour et nuit pour garder le phare allumé et éviter aux navires d'échouer.

OISE (60)

Les Carrelages de Saint-Samson-la-Poterie : *4, rue de la Briqueterie, 60220* ***SAINT-SAMSON-LA-POTERIE.*** *☎ 03-44-82-40-22. • carrelages-de-st-samson.com • Visite guidée slt, à partir de 15 ans. Visite de groupe sur rdv, pour 10-50 pers. Résa par tél ou par mail : • info@carrelages-de-st-samson.com • Tarifs forfait : 85 € pour 10 pers ou moins ; 8,50 €/pers à partir de 10 pers. Scolaires : sur demande. Durée de la visite : 2h.*

Dans une briqueterie créée en 1836, qui a conservé ses installations d'origine, encore intactes pour l'essentiel, la société des Carrelages de Saint-Samson-la-Poterie poursuit une activité pluriséculaire en fabriquant de façon artisanale des ***carreaux en terre cuite.*** La visite permet de voir un site unique, qui fait pleinement partie du patrimoine industriel de la région et qui perpétue des savoir-faire ancestraux. Deux argiles locales sont utilisées puis transformées en pâtes pour être découpées en galettes puis moulées pièce par pièce. Les carreaux sèchent ensuite 2 à 3 semaines avant d'être cuits durant une quarantaine d'heures à très haute température. On les laisse refroidir 2 semaines avant de les sortir du four. Les amateurs de beaux produits traditionnels ou les restaurateurs de bâtiments anciens scrupuleux trouveront à la fabrique de quoi satisfaire leurs exigences, les autres y trouveront plein d'idées de déco authentiques et non formatées. Les carrelages sont proposés dans différents formats et différentes couleurs.

Label : Entreprise du Patrimoine Vivant, manufacture inscrite à l'Inventaire des métiers d'art rares en France sous l'égide de l'Unesco.

Clouterie Rivierre : *6, rue des Usines, 60100* ***CREIL.*** *☎ 03-65-96-00-66. • clous-rivierre.com • Visite guidée slt. Mer à 14h. Tarifs : 9 €; - 12 ans : 6 €. Visite de groupe sur rdv (sf août), pour 15-80 pers. Tarif : 6 €/pers; scolaires : forfait de 125 €/classe. ♿ Durée de la visite : 1h30-2h.* ***Boutique :*** *ventes à l'issue de la visite.*

> **« METTRE AU CLOU »**
>
> *Cette expression renvoie à l'image d'un objet déposé en gage au Mont-de-Piété et que l'on suspendait à un clou, en attendant que le débiteur vienne rembourser sa dette et récupérer son bien. Il arrivait aussi que le créancier refuse le prêt, estimant que l'objet ne valait (même) pas un clou !*

La maison Rivierre, la ***dernière clouterie de France,*** est un endroit vraiment extraordinaire. Elle a obtenu le label Entreprise du Patrimoine Vivant et ses machines sont en cours de classement aux Monuments historiques. Surtout, l'usine est toujours en activité ! Installée à Creil depuis 1888, elle emploie au-

jourd'hui 18 personnes que l'on voit s'activer aux machines, avec tout le bruit et toutes les odeurs que cela implique. À l'époque, son fondateur Théodore Rivierre utilisait une technique nouvelle pour fabriquer des semences – petits clous pour la cordonnerie et la tapisserie – à partir de ***fils de métal.*** Depuis, la production s'est diversifiée, mais les procédés de fabrication n'ont pas changé. Les ouvriers utilisent toujours les machines et les techniques du XIXe s pour produire plus de ***2 800 modèles différents de clous,*** qui sont ensuite utilisés partout dans le monde, dans l'industrie, l'artisanat et le luxe. Fascinant ! Mais salissant… En optant pour une production de qualité et un secteur de niche, la clouterie fournit les professionnels en quête d'excellence (clous fabriqués pour beaucoup à la commande) : de la fine semence pour les tapissiers (voire plus petit encore pour le modélisme) jusqu'aux énormes clous forgés pour les grands chantiers de restauration d'églises, de châteaux, de bateaux, etc. La visite débute à la ***tréfilerie,*** la salle où l'on étire le fil de métal jusqu'au diamètre voulu (jusqu'à celui du cheveu !), et se termine à l'***empaquetage,*** en passant par l'étape du ***bleuissage*** des clous au charbon (certains artisans, faute de troisième main, les mettent dans la bouche ; ils doivent être donc exempts de toute saleté). Le « clou » de la visite reste, malgré tout, la salle des machines, avec 325 engins, datant pour la plupart de 1895 à 1925. Les fans de tourisme industriel seront vraiment comblés.
Les + : Animations.
Enfants et famille : visites et ateliers spécifiques pendant les vac scol.
Adultes (démonstrations en supplément) :
– Démonstration d'un forgeron (fabrication artisanale d'un clou).
– Démonstration d'un tapissier (utilisation des clous).
– Possibilité de commencer la visite du matin par un petit déjeuner ou de finir celle de l'après-midi par un goûter (en supplément).
Label : label Industrie, Entreprise du Patrimoine Vivant.

Manufacture nationale de Beauvais : *24, rue Henri-Brispot, 60000* ***BEAUVAIS.*** *☎ 03-44-14-41-90. Visite guidée de groupe slt, jusqu'à 25 pers par groupe, sur rdv. Résa au ☎ 03-44-15-30-34 (office de tourisme de Beauvais) ou par mail : • groupes.beauvaisis@beauvais-tourisme.fr • Mar, mer et jeu 14h-16h. Tarifs droit d'entrée à la manufacture : 3,20 €/pers pour un groupe de moins de 25 pers ; 2,20 €/pers pour un groupe de plus de 25 pers. Prestation d'un guide-conférencier (obligatoire, pour 25 pers maximum) : 115 € ♿. Durée de la visite : 1h15.*
Manufacture royale fondée en 1664 par Colbert, la manufacture de ***tapisserie de Beauvais*** est installée depuis 1989 dans les anciens abattoirs municipaux, entièrement réaménagés à cet effet. On peut y admirer le travail des lissiers (ils ne sont plus que 150 aujourd'hui en France, et une dizaine seulement à Beauvais). En vous guidant de loge en loge, le lissier vous expliquera les techniques de la basse lisse et toutes les étapes de fabrication d'une tapisserie. Vous pourrez ainsi admirer des œuvres uniques, exclusivement réalisées sur commande d'État. Dépaysement assuré dans cet univers feutré hors du temps, où il faut compter le plus souvent 3 à 5 ans pour la réalisation d'une tapisserie.
Si, à une certaine période, on pouvait considérer les tapisseries comme des reproductions d'œuvres de grands maîtres, aujourd'hui, l'art contemporain leur permet de donner libre cours à leur interprétation (en accord avec l'artiste !) en fonction de leur sensibilité.
Pour la petite histoire, la manufacture de Beauvais et celle des Gobelins ont réalisé 11 tapisseries qui ont été livrées en l'an 2000 à la reine Marguerite II de Danemark pour son jubilé et ses 60 printemps (220 m² et plus de 6 ans de travail !).
– ***La galerie nationale de la Tapisserie :*** *22, rue Saint-Pierre, 60000* ***BEAUVAIS.*** *☎ 03-44-15-39-10. Mar-ven 12h-18h. Sam-dim 10h-18h. Dernière entrée 30 mn avt. Gratuit.* Dans un bâtiment moderne au pied de la cathédrale. Expositions temporaires qui multiplient les passerelles entre l'histoire, le patrimoine et la création actuelle. Ensemble un peu froid et austère, mais la grandeur des espaces permet d'apprécier les œuvres présentées (400 m de cimaises). Également des vestiges des murailles gallo-romaines et d'une habitation du Ier s, mis au jour lors des travaux.

PAS-DE-CALAIS (62)

Arc International : *Zone Industrielle, 132, av. du Général-de-Gaulle, 62510* ***ARQUES.*** *☎ 03-21-12-74-74. • visiteverrerriearc.com • À partir de 8 ans. Visite guidée slt. Lun-sam 10h-18h30. Tarifs : 12,90 €; tarif réduit (8-18 ans, étudiants, demandeurs d'emploi, handicapés) : 9,90 €. Visite de groupe sur rdv, pour 20-100 pers. Lun ap-m et mar-sam : 9h-11h et 13h30-17h. Tarifs : 6,50 €/pers. Tarif réduit et scolaires : 4,10 €/pers. ♿ Durée de la visite : 1h30.* ***Boutique :*** *lun 14h-18h30, mar-ven 10h-18h30, sam 10h-19h.*
Petite cité entre le marais audomarois et la forêt de Rihoult, Arques est mondialement réputée pour sa ***verrerie-cristallerie.*** La cristallerie, qui reste une affaire familiale (fondée en 1815 par les Des Lyons de Noircame, propriété de la famille Durand depuis 1912), est une vraie ville dans la ville. Impossible d'y échapper, du joli ***château néogothique*** habité par la famille Durand (ne se visite évidemment pas) à la ***rue d'usines.***
En 1h30, on ne visite bien entendu qu'une toute petite partie des bâtiments de cette gigantesque entreprise qui couvre 220 ha. Une visite qui permet de découvrir toutes les étapes de la fabrication et l'histoire de la verrerie-cristallerie, ou comment un petit atelier artisanal est devenu le ***leader mondial*** des arts de la table. Dans la première partie de la visite, le guide explique comment la verrerie s'est développée pour devenir un groupe international. L'espace scénarisé permet de comprendre la longue évolution de l'objet. Visionnage d'un film qui met en lumière les différents procédés de fabrication et qui introduit ainsi l'étape suivante : la ***visite du site de production.*** Une passerelle surplombant un atelier en activité vous permet d'observer en toute sécurité les machines de fabrication, le contrôle et l'emballage automatique ou manuel des articles. À ce moment, le verre en fusion est partout. Les gouttes fusent, se métamorphosent en gobelets ou verres délicats, puis les articles rougeoyants se durcissent et poursuivent leur chemin jusqu'à l'étape finale de l'emballage.
Le + : si vous passez par ici entre mi-octobre et mi-novembre, *Arc International* organise sous chapiteau une ***grande braderie*** du verre attirant des milliers d'amateurs de bonnes affaires !

Brasserie Castelain : *13, rue Pasteur, 62410* ***BÉNIFONTAINE.*** *☎ 03-21-08-68-61. • chti.com • Visite libre tlj sf dim et j. fériés 9h-11h et 14h-17h. Tarifs : 5 €; - 18 ans : gratuit. Visite de groupe sur rdv à partir de 20 pers l'ap-m mer-sam. Tarif : 3 €/pers. Durée de la visite : 1h30.* ***Boutique :*** *lun-ven 9h-12h et 14h-18h, sam 9h-13h.*
À 3 km au nord de Lens, c'est la brasserie qui produit cette fameuse *ch'ti bière de garde.* Visite guidée, par petits groupes, où l'on apprend, entre autres, que la bière remonte à 10 000 ans et qu'elle est la boisson la plus consommée dans le monde. Vous découvrirez toute l'histoire de la bière et les différentes étapes d'élaboration des bières blonde, ambrée, brune, blanche et triple. On voit donc les chaudières, les belles cuves de cuivre, ainsi que de vieux matériaux, vieilles publicités et plaques métalliques. Dégustation en fin de visite et une bonne occasion pour faire un petit détour vers la boutique, où vous trouverez toute la gamme de bières, ainsi que des produits régionaux.
Le + : dégustation.

Brioche Pasquier Aubigny : *rue Georges-Lamiot, BP 10, 62690* ***AUBIGNY-EN-ARTOIS.*** *☎ 03-21-21-95-00. • briochepasquier.com • Visite de groupe slt, le mardi, sur rdv, pour 15-30 pers. Tarif : gratuit. ♿ Durée de la visite : 1h30.* ***Boutique :*** *jeu-ven 9h-17h.*
Une des 15 entreprises de cette entreprise familiale fondée en 1974 et devenue depuis numéro un de la ***production de viennoiseries industrielles*** en France. Visite guidée par un collaborateur qui permet de suivre le parcours d'un

IMPORTANT : pensez toujours à prévenir l'entreprise et à réserver votre visite, en individuel ou en groupe, par téléphone ou par mail.

produit, de la réception de ses matières premières jusqu'à son expédition. Les gourmands seront ravis d'apprendre que l'usine d'Aubigny est équipée d'une ligne de production pour la gamme des brioches de poche fourrées « Pitch ».
Le + : dégustation.

Chocolaterie de Beussent Lachelle : *66, route de Desvres, 62170* ***BEUSSENT.*** *☎ 03-21-86-17-62. • choco-france.com • Visite guidée slt, pdt les vac scol. Lun-sam à 15h, 16h et 17h. Fermé en août. Résa par tél. Tarifs : 2,80 €/pers ; - 10 ans : gratuit. Visite de groupe sur rdv, pour 10-25 pers (à partir de 10 ans). Résa par tél. Tarifs jusqu'à 25 pers : forfait de 75 € ; à partir de 25 pers : 2,80 €/pers. ♿ Durée de la visite : 30-45 mn.* ***Boutique :*** *lun-ven 9h-12h30 et 13h45-18h, sam 9h-12h et 15h-18h.*
Dans le petit village de Beussent, au cœur de la vallée de la Course dans l'arrière-pays boulonnais. Une des dernières chocolateries artisanales de France, dont le nom est connu dans toute la région et même au delà. Il y a maintenant une vingtaine de boutiques et deux ateliers de fabrication en France.
Dans une ambiance saturée de bonnes odeurs de cacao, c'est l'occasion d'observer les différentes phases de transformation de ce succulent produit, de la torréfaction au conchage, en passant par le concassage. Dans le couloir surplombant les ateliers, on vous explique la fabrication du chocolat, pendant que coulent sous vos yeux gourmands de nombreuses fontaines de chocolat. Difficile de se concentrer, il faut bien l'avouer ! On assiste également à des démonstrations de moulage et d'enrobage. Également une exposition photo sur les plantations de cacao en Équateur qui alimentent la chocolaterie.
Le + : dégustation.

Criée de Boulogne-sur-Mer : *Halle à marée, 62200* ***BOULOGNE-SUR-MER.*** *☎ 03-21-10-88-18. • tourisme-boulognesurmer.com • Visite de groupe slt, sur rdv, pour 10-20 pers. Les mer, ven et sam à 4h30. Tarifs sur demande. Durée de la visite : 1h30.*
Le port de Boulogne-sur-Mer est le premier port de pêche français et aussi le leader européen de transformation, de commercialisation et de distribution des produits de la mer avec 380 000 t traitées et commercialisées par an (salaison-fumaison, conserve, surgélation, etc.).
Les lève-tôt pourront assister à la criée au cœur de la zone de Capécure, la plus importante de France avec pas moins de 70 espèces de poissons débarquées et vendues chaque jour. L'occasion de découvrir le quotidien des professionnels de la pêche, et observer les techniques de vente informatisée du poisson à grande échelle.
Le + : petit déj à l'issue de la visite.

Distillerie Persyn : *19, route de Watten (face à l'église de Houlle), 62910* ***HOULLE.*** *☎ 03-21-93-01-71. • genievredehoulle.com • Visite guidée slt. Juil-août : lun-sam 16h. Le reste de l'année : sur résa. Tarifs : 6,50 € ; réduc. Visites de groupe sur rdv, pour 20-120 pers. Tarif : 5,50 €/pers. Durée de la visite : 1h30.* ***Boutique :*** *lun-sam 9h-12h et 14h-18h.*
Créée en 1812, c'est l'une des deux dernières distilleries (l'autre est à Wambrechies) à fabriquer cette eau-de-vie emblématique du nord de la France qu'est le ***genièvre.*** La visite guidée, précédée de la projection d'un film et d'une dégustation, permet de découvrir le processus de distillation dans de beaux alambics de cuivre, et les chais où le genièvre vieillit en fûts de chêne. Le commentaire du film existe même en ch'ti, cela dit pour les amateurs !
En sortant, on peut aussi s'offrir une petite balade sur le chemin de halage, le long de la Houlle.
Le + : dégustation et mignonnette (sf pour les mineurs).
Label : Entreprise du Patrimoine Vivant.

Les Escargots du Bocage : *217, rue Henri-Bethouart, 62180* ***AIRON-SAINT-VAAST.*** *☎ 03-21-84-32-27. Visite guidée slt. Mai-mi-oct : mer-sam 10h-12h30 et 15h-18h30. Tarif : gratuit. Visite de groupe sur rdv (sf mi-oct-fin avr), pour 10-45 pers. Scolaires à partir de 6 ans. Tarif : 4,60 €/pers. ♿ Durée de la visite : 1h30.* ***Boutique :*** *mer-sam 10h-18h.*

Sur la Côte d'Opale, non loin de Montreuil-sur-Mer, Fabienne et Sylvain vous invitent à découvrir leur ***élevage de gastéropodes,*** des gros gris pour être plus précis. De quoi se nourrissent-ils ? Comment se reproduisent-ils ? Comment grandissent-ils ? Vous saurez tout sur la vie de ces petits mollusques, de leur naissance à leur consommation dans votre assiette, après avoir visité le parc d'élevage, où ils sont notamment protégés des prédateurs extérieurs.
Le + : dégustation *(pour les groupes slt).*

Port de Boulogne-sur-Mer : *quai des Paquebots, 62200 **BOULOGNE-SUR-MER.** ☎ 03-21-10-88-18. • tourisme-boulognesurmer.com • Visite de groupe slt, sur rdv, pour 10-60 pers. Les groupes doivent venir avec leur propre car. ♿ Tarifs lun-sam : 134 €/groupe ; dim : 201 €/groupe ; j. fériés : 222 €/groupe ; scolaires (lun-ven) : 128 €/groupe. Durée de la visite : 1h30.*
Situé à un carrefour majeur et stratégique, aux portes de l'Europe, le port de Boulogne compte parmi les plus fréquentés du monde. C'est également le premier port européen de transformation et de distribution des produits de la mer, avec plus de 300 000 tonnes de poissons traitées par 150 entreprises. Vous allez déambuler sur les quais et pouvoir admirer les nombreux navires, paquebots et bateaux de plaisance qui occupent le lieu, port à la fois de commerce et de plaisance. Le port de commerce est idéalement situé face à un détroit des plus fréquenté. Son terminal HUB PORT dispose depuis 2009 d'un poste roulier pour l'accueil des navires conventionnels et rapides, d'un centre logistique pour stockages…
On aura une belle vue d'ensemble de ses installations depuis le calvaire des Marins, une chapelle contemporaine (1996) dont la forme évoque un navire.
Pour compléter votre découverte du port de Boulogne-sur-Mer, ne manquez pas d'aller visiter ***Nausicaä, Centre national de la mer*** *(bd Sainte-Beuve, 62200 **BOULOGNE-SUR-MER.** ☎ 03-21-30-99-99. • nausicaa.fr •).* Dans un bâtiment contemporain, sur le front de mer. Près de 5 000 m² de surface d'exposition, 50 aquariums (soit 4,5 millions de litres d'eau de mer) et plus de 35 000 animaux marins. Ces quelques chiffres en préambule pour situer un peu ce qu'est Nausicaä (nom emprunté à l'une des héroïnes de l'*Odyssée* d'Homère). Mais Nausicaä ne saurait être réduit à quelques aquariums remplis de poissons (même superbes). À travers une exposition permanente en partie renouvelée, une exposition temporaire, un plateau interactif, mais aussi une série de publications et de films, sans oublier le site internet pour relayer en temps réel les informations de la mer, chaque visiteur est interpellé et invité à devenir « citoyen de l'océan ». Le but ultime est bien sûr d'amener petits et grands à prendre conscience de la nécessité de préserver les richesses dont regorge l'océan. Les concepteurs de Nausicaä ne pratiquent pas le terrorisme écolo et plaident plutôt pour une gestion raisonnée des ressources maritimes. La pêche y est bien sûr évoquée (Boulogne oblige) : reconstitution d'un bâtiment de pêche au large, gigantesque aquarium pyramidal où évoluent des sérioles comme prises au piège dans un filet…

SOMME (80)

Au Fil de l'Angora : *1, rue Guynemer, 80250 **JUMEL.** ☎ 03-22-41-51-22. Visite de groupe slt, pour 15-100 pers. Résa sur agenda en ligne : • labooneferme.com • ♿ Tarif : 5 €/pers. Durée de la visite : 1h30. **Boutique :** ven-sam 14h30-18h30 ou sur rdv.*
Associant histoire, culture et savoir-faire, Odile vous fait découvrir un élevage rare et étonnant de ***lapins angora,*** et un produit totalement naturel : la laine angora. Depuis près de 30 ans, grâce à sa curiosité et à son expérience, cette agricultrice sort des sentiers battus. Elle présente les étapes qui mènent du poil de lapin à la pelote de laine. La visite se termine par une pause plaisir autour de boissons et de gâteaux.
Les + :
– Dégustation (à préciser lors de la résa).

– Animations : visites en famille possibles.
Label : Bienvenue à la Ferme, Tourisme et Handicap.

Vannerie du Boisle : *53, route Nationale, 80150* ***LE BOISLE.*** *☎ 03-22-29-65-66. • vannerie-du-boisle.fr • Lun-ven 10h-12h30 et 14h-17h30 (16h30 le ven) Visite libre gratuite. Visite de groupe sur rdv, pour 8-50 pers. Tarifs : visite simple : 4,50 €/pers. Avec collation et cadeau-souvenir : 6,90 €/pers. ♿ Durée de la visite : 1h.* ***Boutique :*** *tlj 10h-12h30 et 14h-19h, dim et j. fériés slt l'ap-m 14h30-19h. Nombreux articles pour la décoration intérieure, l'ameublement, la cuisine, le plaisir des enfants...*
Depuis plusieurs décennies, à proximité d'Abbeville, la vannerie Candas perpétue dans son atelier un savoir-faire traditionnel de Picardie. Aux heures d'ouverture, l'atelier est en accès libre et l'on peut y voir l'extraordinaire dextérité des vanniers dans le tressage des différents objets. Une projection vidéo, consacrée à la récolte de l'osier, donne de plus amples informations sur ce métier.
Le + : dégustation (uniquement pour les groupes).
Label : Artisan d'art.

Toutes les informations concernant la région sont à retrouver sur le site : • entrepriseetdecouverte.fr •

ÎLE-DE-FRANCE

Au carrefour des échanges européens et mondiaux, la première région économique française, et l'une des premières au niveau européen, accueille 86000 entreprises. Ses 8 départements abritent une population de 12 millions d'habitants - soit 18 % de la population française métropolitaine -, plus jeune que la moyenne nationale. Son PIB représente 31 % de la richesse nationale et près de 4 % du PIB de l'Union européenne, devant le Grand Londres et la Lombardie. Elle se classe au premier rang pour le développement des startups en Europe de l'Ouest... C'est un véritable creuset d'innovation.
Cet élan vers l'avenir repose sur une forte tradition industrielle, caractérisée par un tissu dense de PME / PMI et un large éventail d'activités. Celui-ci inclut la permanence d'un artisanat haut de gamme et de métiers d'art. Ainsi, la verrerie de Soisy constitue le premier site d'Île-de-France en nombre de visiteurs, et la Maison du vitrail à Paris est également très courue. Comme ailleurs en France, l'agroalimentaire est doté d'une attractivité forte : la distillerie du Noyau de Poissy, la chocolaterie Girard et surtout le marché de Rungis figurent dans le top ten des visites. L'industrie énergétique est également représentée avec la centrale thermique EDF de Vitry-Arrighi.
L'Île-de-France reste aussi très attractive pour les touristes internationaux : elle accueille 42 millions de visiteurs par an, dont 10 millions dans les salons et les expositions. Elle s'est établie, depuis plusieurs années, comme la première région touristique mondiale. Une attractivité culturelle qui profite également à des départements supposés moins favorisés : ainsi les visites proposées par le comité départemental du tourisme de Seine-Saint-Denis attirent près de 15000 visiteurs par an. La Cité du cinéma, l'accès aux réserves des grands musées parisiens permettent l'essor de cette économie de la culture.

BONS PLANS : Seine-Saint-Denis Tourisme a créé dès 2001 l'opération « Et Voilà le Travail ! » • tourisme93.com/visites/fr •. Hauts-de-Seine Tourisme organise l'opération « Trimestre des visites d'entreprises », qui permet de découvrir des sites industriels insolites et pour certains habituellement fermés au public, ainsi qu' un programme de visites sur l'année. • visites92.com/118-visites-d-entreprises •.
Val-de-Marne Tourisme développe les visites d'entreprises annuelles sur son territoire. • reservation.tourisme-valdemarne.com/fr/39-visites-entreprises •

ESSONNE (91)

Verrerie de Soisy : *12, rue du Moulin-des-Noues, 91840* ***SOISY-SUR-ÉCOLE.*** *☎ 01-64-98-00-03. • verrerie-soisy.com • Mi-mars-oct, mar-ven 10h-12h30 et 13h30-18h, sam 10h-12h30 et 14h-18h30, dim et j. fériés (sf 1er mai) 14h30-18h30. Nov-mi-mars : mar-sam 10h-12h30 et 13h30-18h, dim et j. fériés (sf 25 déc et 1er janv) 14h-18h. Tarif : gratuit. Visite de groupe sur rdv (sf de mi-juil à mi-août), pour 15-100 pers. Tarifs : 4 €/pers ; scolaires : 3 €/pers. ♿ Durée de la visite : 1h30.* ***Boutique :*** *mêmes horaires. Nombreux objets de déco mais aussi des bijoux et arts de la table.*
La ***verrerie d'art*** de Soisy-sur-École fait découvrir au public l'art du verre soufflé depuis 1978. Créée par Marie-Alice Alary, issue d'une famille de tradition verrière remontant au XIXe s, elle est aujourd'hui tenue par son fils, jeune souffleur de verre à l'origine d'un beau renouveau des collections.

L'atelier et la boutique sont bâtis au cœur d'un parc exceptionnel en bordure de la rivière École qui abrite un surprenant jardin de verre, rêvé et soufflé par Frédéric Alary assisté de Nicolas Pinquier. La visite vous fera découvrir la magie du verre soufflé à la canne qui prend forme et couleur devant vous. Vous pourrez assister à toutes les étapes de fabrication d'une pièce : cueillage, coloration du verre, maillochage, soufflage, tranchage, détachage. Toute une technique et tout un art qui demande un savoir-faire acquis après plusieurs années d'apprentissage. À l'entrée, une ***expo sur le travail du verre et son histoire.***

Le + : animation : stages d'initiation au fusing et au thermoformage destinés aux enfants pendant les vac scol.

Label : Entreprise du Patrimoine Vivant.

La Poste, la plate-forme industrielle du courrier Paris-Sud-Wissous : *PIC Paris-Sud-Wissous, 2, av. de la Méridienne, 91321* ***WISSOUS*** *Cedex. ☎ 01-55-09-16-20. Visite guidée slt, jusqu'à 20 pers. Résa sur le site internet : • reservation.tourisme-valdemarne.com/fr • ou par tél. ♿ Tarif : 3 €.*

> ***À SAVOIR :** pièce d'identité obligatoire. Prévoir des chaussures adaptées à la marche. Durée de la visite : 2h.*

Sur un terrain de 9 ha, la ***plate-forme industrielle du courrier Paris-Sud-Wissous*** connaît un trafic quotidien de 7 millions d'objets. La PIC trie le courrier « départ » et « arrivée » (entreprises et particuliers) des 10 arrondissements du sud de Paris, de l'ensemble de l'Essonne, d'une partie du Val-de-Marne et d'une partie des Hauts-de-Seine. Son parc de machines est à la pointe de la technologie. La plate-forme possède 3 machines de tri préparatoire, 11 machines de tri industriel petit format et 3 machines de tri industriel grand format. C'est la plus grande plate-forme de tri d'Europe.

La visite permet de découvrir tous les procédés de fonctionnement d'une plate-forme industrielle de courrier. On comprend ainsi les différentes étapes par lesquelles passe l'ensemble du courrier avant d'être livré dans votre boîte aux lettres.

PARIS (75)

Chocolaterie Girard : *5, rue de la Tâcherie, 75004* ***PARIS.*** *☎ 01-42-72-39-62. • dragees-girard.com • Visite guidée slt. Résa par tél. Visite de groupe sur rdv, pour 20-50 pers. Tarifs : 15 €/pers ; - 14 ans : 12 € ; scolaire : tarifs sur demande. ♿ Durée de la visite : 45 mn-1h.* ***Boutique :*** *vente de chocolats en fin de visite ou dans la boutique, 4, rue des Archives, 75004 Paris ; sept-juil, mar-sam 10h-19h ; août, mar-sam 11h-19h.*

D'abord réputée pour ses dragées, la société ***Girard*** fabrique ses ***chocolats*** depuis 1968 en plein cœur de Paris près de l'Hôtel de Ville. Convivialité et gaieté sont les maitres-mots de cette visite : après avoir dégusté un bon chocolat chaud maison, vous partirez à la découverte de la fabrication des chocolats de la maison avec des commentaires sur les provenances des matières premières, les différentes recettes de chocolat et les techniques pour les élaborer. Les explications sont accompagnées de démonstrations pour comprendre le fonctionnement des machines (découpe des chocolats, enrobage, moulage…).

La visite offre de nombreuses occasions de déguster différents types de chocolats. Et vous repartirez chez vous avec un petit ballotin offert en souvenir.

Le + : dégustation de chocolat chaud et de chocolats.

> ***Toutes les informations concernant la région sont à retrouver sur le site : • entrepriseetdecouverte.fr •***

La Maison du vitrail : *69, rue Desnouettes, 75015* ***PARIS.*** *☎ 01-42-50-88-03. • vitrail.net • Mar-sam 9h-12h et 13h-18h. Tarif : gratuit. Visite de groupe sur rdv (sf août), jusqu'à 25 pers. Tarifs : 300 €/groupe. ♿ Durée de la visite : 2h.* ***Boutique :*** *mar-sam 9h-12h et 13h-18h.*
La ***Maison du vitrail*** est un atelier où depuis plus de 40 ans, Christiane, Philippe et Emmanuelle Andrieux exercent leur passion. En visitant cet atelier, où ils sont entourés d'une dizaine de compagnons, on devine la rigueur extrême que requiert cette expression. À ce jour, ils font partie des références tant dans le domaine de la restauration que de la création.
Vous trouverez également un département dédié à la formation initiatique ou professionnelle, qui vous permettra de découvrir le métier de maître verrier ou de le devenir.
La Maison du vitrail vous propose une ***visite conférence,*** animée par Philippe Andrieux qui relate l'histoire du verre et du vitrail de 4 000 ans avant J.-C. jusqu'à nos jours. Aspects techniques, peintures, assemblages sont également traités, et vous pouvez assister au travail des verriers.

SEINE-ET-MARNE (77)

Chocolaterie des Lis : *Zone Industrielle des Rochers-Verts, 6, rue Louis-Blériot, 77140* ***NEMOURS.*** *☎ 01-64-29-20-20. • deslischocolat.com • Visite guidée slt sur résa par tél. Visite de groupe sur rdv (sf déc et sam avant Pâques), pour 15-55 pers. Tarif : 3,50 €/pers. Durée de la visite : 1h30.* ***Boutique :*** *lun-sam 9h-12h et 14h-19h.*
Créée en 1987, la chocolaterie sélectionne les meilleures fèves de cacao pour fabriquer des produits de la plus haute qualité. Depuis 1995, les maîtres-chocolatiers ont repris la fabrication de ***spécialités à base de liqueur de coquelicots*** dont Nemours fut longtemps considérée comme l'une des capitales. Un film documentaire retrace l'histoire et la transformation du cacao, et un parcours vitré dans les ateliers permet de voir le travail du chocolat. Belle collection de chocolatières et de moules anciens. La maison des Lis a également repris une ancienne spécialité de la ville de Nemours, le bonbon au coquelicot, en créant en 1996 un arôme à base de fleurs de coquelicots sauvages. Les fleurs de coquelicots sauvages sont cueillies à la main dans le canton de Nemours, sur les terres en jachère, de mai à juin. La maison produit de nombreuses spécialités à base de coquelicots (confiture, vinaigre, gâteaux, sirops...) sans oublier des sucres d'orge, un des plus vieux bonbons de France, spécialité de Moret-sur-Loing et fabriqué depuis 1638.
En sortant, n'hésitez pas à aller faire un tour à ***Nemours.*** La ville a conservé son ***château fort du XIIe s, son église de la Renaissance et ses canaux.*** Vieux moulins et ruelles pavées font le charme du centre historique de Nemours. Sans oublier la forêt et les rochers alentour, qui offrent quelques chouettes balades.
Le + : dégustation.

Fromagerie de Meaux Saint-Faron : *rue Jehan-de-Brie, 77100* ***MEAUX.*** *☎ 01-64-36-69-44. Mar-sam 10h-12h30 et 14h30-17h. Visite guidée résa par tél. Mar-sam à 9h et à 14h30. Tarifs : 4 € ; 12-18 ans : 2 € ; - 12 ans : gratuit. Visite de groupe sur rdv, pour 15-50 pers. ♿ Durée de la visite : 1h.* ***Boutique :*** *mar-sam 10h-12h30 et 14h30-17h.*
La fromagerie de Meaux Saint-Faron perpétue la longue tradition de fabrication fromagère dans l'abbaye Saint-Faron. Vers 670, saint Faron, évêque de Meaux, accueillit saint Fiacre, fils d'une famille de nobles irlandais, qui commença à fabriquer du fromage pour les miséreux. Aujourd'hui la fromagerie de Meaux travaille avec une vingtaine de producteurs de lait de la région pour fabriquer les principales ***appellations franciliennes*** (brie de Melun, brie de Meaux...) mais aussi des produits uniques comme le saint-faron. La visite de la fromagerie de Meaux Saint-Faron permet de découvrir les ***secrets de fabrication et d'affinage*** des bries de Meaux et de Melun. On assiste aux différentes étapes de la transformation du lait jusqu'au fromage prêt à être consommé. L'étape du ***moulage*** est décisive : la délicatesse qu'on y apporte conditionne la qualité du

fromage. Il doit se faire à la main, par fines couches successives à l'aide de la traditionnelle « pelle à brie ». Après égouttage et salage au sel sec, les fromages sont entreposés dans les caves de l'affineur pendant 4 à 9 semaines.
Le + : dégustation.

LE BRIE DE MEAUX

Le brie de Meaux pèse 2,5 à 3 kg, pour un diamètre de 36 à 37 cm. Il présente une croûte fine, blanche, parsemée de pigments colorés. Il faut le choisir « affiné à cœur » : pâte souple, homogène sur toute la coupe, de couleur crème uniformément. Le toucher doit être onctueux mais pas coulant. Le tester au nez permet de vérifier son bouquet bien développé. Bonne dégustation !

SEINE-SAINT-DENIS (93)

Aéroport du Bourget : *180, esplanade de l'Air et de l'Espace, 93350* ***LE BOURGET.*** *☎ 01-49-15-98-98. • tourisme93.com • Visite guidée slt. Résa sur • tourisme93.com •, ou par tél. Groupe sur demande par mail. Tarif : 16 €. Durée de la visite : 2h.*
Une visite exceptionnelle guidée par le directeur de la plate-forme du Bourget d'Aéroports de Paris. Embarquez au cœur du ***premier aéroport d'affaires d'Europe.*** Vous verrez toute la zone en bus depuis le terminal, ses espaces, les différentes compagnies et les aérogares de maintenance, la gestion et le trafic aérien, la tour de contrôle, en vous rendant sur les pistes en zone sous douane pour un parcours sur le tarmac.
Dès sa construction, pour raisons militaires, en 1914, l'aérodrome, puis l'aéroport du Bourget fut le siège d'événements qui ont marqué la mémoire collective du monde entier. C'est là, d'abord, que s'illustrent les « as » de la guerre de 1914-1918 : ***René Fonck*** « le matador du ciel », ***Félix Madon*** « le diable rouge », ***Charles Nungesser*** « le hussard de la mort »…
La guerre finie, commence la grande épopée de l'aviation civile. Le 8 mai 1927, Nungesser et Coli s'envolent sur l'*Oiseau blanc,* un Levasseur bourré de carburant, pour rejoindre New York. Personne ne les reverra plus. Deux semaines plus tard, Charles Lindbergh, un Américain, réussit l'exploit dans l'autre sens, et atterrit au Bourget devant une foule de 250 000 Parisiens en délire. En 1937, on construit la nouvelle aérogare, la plus moderne du monde pour l'époque.
L'aérogare publique ferme définitivement en 1975, quand Orly puis Roissy prennent le relais. Elle s'est reconvertie depuis dans ***le plus grand musée du monde de l'Aéronautique et de l'Espace*** (voir ci-dessous). Tous les deux ans en juin (années impaires), l'aéroport et le Parc des expositions accueillent le Salon de l'aéronautique et de l'espace, le plus grand au monde. Néanmoins, outre l'***activité militaire*** et celle d'***aérodrome d'affaires*** (le premier en Europe) qui se poursuivent, l'aérogare continue, grâce au luxe et à la discrétion de son salon d'honneur, de servir à la ***réception des personnalités illustres*** en visite à Paris.
– ***Le musée de l'Air et de l'Espace :*** *☎ 01-49-92-70-62 et 70-00. • museeairespace.fr • ♿ Par l'A 1, sortie nº 5 en venant de Paris ; sinon, bus nº 152 depuis la porte de La Villette ou bus nº 350 depuis les gares de l'Est et du Nord. Tlj sf lun 10h-17h (18h du 1er avr au 30 sept). Fermé 25 déc et 1er janv. Entrée gratuite pour les expositions permanentes ; forfaits 9-21 € avec différentes animations au choix (planétarium, avion, simulateurs, planète pilote) ; réduc. Audioguide gratuit. Accès au planétarium les mer ap-m, sam et dim : séance de 30 mn env à réserver sur place (5 €). Resto* L'Hélice *sur le tarmac.*
Le musée occupe l'ancienne aérogare, dont la construction, vue du ciel, figure un bimoteur au sol : les ailes seraient les terrasses latérales, le cockpit la tour de contrôle s'avançant au centre, tandis que l'allée centrale dessinerait le fuse-

lage, terminé par les deux ailerons de queue à l'endroit des postes d'entrée. C'est, dans son domaine, un des plus importants musées du monde, avec une collection de plus de 350 avions d'origine, grâce auxquels on revisite la légende des grands aviateurs et pionniers de l'Espace depuis les premiers modèles de machines volantes jusqu'à nos jours avec le Concorde. Le tout présenté dans une belle muséographie vivante et didactique adaptée à tous les publics. Une visite à ne pas manquer. Également de nombreuses animations pour ceux qui voudraient en savoir plus ou s'initier au pilotage.

Label : Seine-Saint-Denis-Tourisme.

Archives diplomatiques : *rue Suzanne-Masson, 93120* ***LA COURNEUVE.*** *☎ 01-49-15-98-98. • tourisme93.com • Visite guidée slt. Rens et résa sur site internet ou par tél. Tarif : 7 €. Durée de la visite : 2h.*

Cette visite permettra aux passionnés d'histoire et plus particulièrement à ceux qui s'intéressent aux relations entre la France et les autre pays de découvrir les trésors et le fonctionnement du ***Centre des archives diplomatiques du ministère des Affaires étrangères*** : dépêches transmises par les ambassadeurs et les consuls depuis le XVIe s, traités signés par la France du XVe s à nos jours… Ces archives représentent un fonds patrimonial d'une exceptionnelle richesse dont les 70 km linéaires sont désormais conservés en toute sécurité à La Courneuve, dans un spacieux bâtiment en brique édifié tout spécialement pour leur conservation et leur consultation par les chercheurs sur les plans d'Henri Gaudin, médaille d'or de l'Académie d'architecture. Le centre abrite une salle de lecture, une salle multimédia, une salle des inventaires, un auditorium, des espaces d'exposition, et une bibliothèque patrimoniale de plus de 500 000 ouvrages. Les généalogistes pourront y consulter l'état civil consulaire ainsi que le notariat consulaire. Également les dossiers nominatifs du personnel du ministère pour retracer la carrière d'un aïeul.

Archives nationales : *59, rue Guynemer, 90001, 93380* ***PIERREFITTE-SUR-SEINE.*** *☎ 01-49-15-98-98. • tourisme93.com • Visite guidée slt ts les lun ap-m. Rens et résa sur site internet ou par tél. Tarif : gratuit. Visite de groupe sur rdv, pour 15-30 pers. Résa par tél ou par mail : • groupes@tourisme93.com • Mar, jeu et ven. La visite inclut une collation à la crêperie* La Bigoudène, *dans le centre de Saint-Denis, à une station de métro. Tarif : 11 €, collation incluse. Durée de la visite : 2h.*

Le nouveau bâtiment des Archives Nationales, ***le plus grand centre d'archives d'Europe,*** abrite depuis 2013 les ***documents de l'histoire de France depuis la Révolution française.*** Les archives antérieures sont conservées sur le site parisien bien connu des chercheurs ainsi qu'à Fontainebleau. Imaginé par l'architecte italien Massimiliano Fuksas, il s'agit d'un monolithe de 10 étages en partie recouvert d'aluminium adonisé, sorte de bâtiment coffre pour conserver la mémoire de la Nation française selon des impératifs techniques de protection évidents auquel s'ajoutent des espaces d'accueil du public plus ouverts et plus lumineux. La visite permet de découvrir l'envers du décor de ce monument contemporain, qui renferme entre autre la Déclaration des droits de l'homme et les archives de l'Élysée. Guidés par un agent du département des Publics des Archives nationales, vous suivrez le trajet d'un document depuis l'inventaire jusqu'à la salle de consultation au public, en passant par son lieu de conservation (320 km de linéaire !) et l'atelier de restauration. Vraiment très intéressant.

L'Atelier du Saumon : *11, rue de la Charronnerie, 93200* ***SAINT-DENIS.*** *☎ 01-49-15-98-98. • tourisme93.com • Visites guidées slt. Résa par tél ou sur site internet. Tarif : 7 €. Durée de la visite : 1h30.* ***Boutique :*** *mar et ven 15h30-19h, mer, jeu et sam 10h-13h30 et 15h30-19h.*

Le ***fumage*** est, à l'origine, une opération de conservation qui comporte plusieurs étapes de transformation du poisson, depuis son arrivage d'Écosse : salage, séchage et fumage. À ***L'Atelier du Saumon,*** le poisson est salé au sel sec, fumé au bois de hêtre, tranché à la main. Le produit ne subit ni congélation ni action provenant d'une quelconque machine. Intéressant et appétissant.

Label : Seine-Saint-Denis-Tourisme.

Cité du cinéma : *20, rue Ampère, 93200* ***SAINT-DENIS.*** *☎ 01-49-15-98-98. • tourisme93.com • Visite guidée slt. Résa sur • tourisme93.com • ou par tél. Enfant à partir de 10 ans, accompagné d'un parent. Tarifs : 15 €. Visite de groupe sur rdv (lun-ven), à partir de 20 pers. Résa par mail : • groupes@tourisme93.com • Tarifs : à partir de 12,50 €/pers ; scolaires : à partir de 9 €/pers. Durée de la visite : 1h30.*

La ***Cité du cinéma*** est un lieu unique en Europe : un temple du cinéma de 62 000 m², aux portes de Paris, réunissant ***tous les intervenants d'un film, de l'écriture du scénario à la post-production et la distribution, en passant par la création de décors et le tournage.*** La Cité contient 9 plateaux de tournage, des ateliers de peinture, menuiserie, des magasins lumière et caméra, ainsi que les prestigieuses écoles de la Cité et Louis-Lumière. La visite débute dans l'ancienne salle des machines, une impressionnante nef, longue de plus de 200 m. On poursuit sur l'avenue des studios, les ateliers d'impression des décors, un stock technique, une salle de cours, et sans oublier un plateau de tournage. Votre guide vous racontera des anecdotes se rapportant notamment au tournage de films dont vous pourrez voir certains décors ou costumes originaux. Vous découvrirez également les différents métiers du cinéma. Un film est projeté, retraçant les différentes évolutions de ce projet ambitieux imaginé par Luc Besson – réalisateur et producteur à succès *(Le Cinquième Élément, Le Grand Bleu, Nikita, Lucy, Taxi...)* – qui repéra ce site pour son film *Léon* au début des années 1990. Il lui aura fallu 12 longues années pour que son rêve devienne réalité et qu'il soit désormais possible en France de créer un film de A à Z. La Cité du cinéma, en activité depuis fin 2012, est un exemple réussi de reconversion d'un site industriel. Véritable héritage du patrimoine industriel français, la Centrale Saint-Denis II alimentait le réseau de traction du métro parisien. Le site a conservé l'ambiance du style Art déco des années 1930. Seul regret, la visite ne permet pas d'assister à un tournage. La Cité du cinéma présente aussi des expositions spectacles de grande envergure comme celle consacrée à *Star Wars* ou l'univers de *Harry Potter* plus récemment.

Placoplatre : *354, rue de Meaux, 93410* ***VAUJOURS.*** *☎ 01-49-15-98-98. • tourisme93.com • À partir de 16 ans. Visite guidée slt. Résa sur • tourisme93.com • ou au ☎ 01-49-15-98-98. Tarif : 6 €. La visite se fait à pied sur 2 km : il faut donc une condition physique correcte et prévoir des chaussures adaptées. Photos non autorisées. Durée de la visite : 2h.*

QUI DIT QUOI ?

En France, « Placoplatre » et « placo » sont devenus une antonomase (une figure de style consistant à remplacer un nom commun par un nom propre et inversement). Ces deux termes sont en effet déposés dans la gamme de plaques de plâtre propriété du groupe Saint-Gobain. Le nom est déposé tel quel à l'INPI, sans accent circonflexe, bien que venant de plâtre.

Le site de Vaujours est exploité depuis 1922 pour sa proximité avec des ***carrières de gypse.*** L'usine, dont la production a démarré en 1949, occupe 50 ha et emploie 400 salariés. Placoplatre, filiale de Saint-Gobain, est le ***numéro 1 mondial du plâtre,*** l'usine de Vaujours fabrique 40 % de la production nationale de Placoplatre et assure 25 % de l'activité plâtrière nationale. C'est le premier site de transformation de gypse dans le monde et la plus importante usine de plâtre en Europe. Elle est dotée de 3 chaînes de fabrication de plaques de placo et se veut exemplaire en matière de ***respect de l'environnement et d'économie d'énergie*** puisque les sites naturels sont ensuite restaurés.

Présentation en salle de l'extraction et des qualités du plâtre puis, équipé de casque audio, le guide vous emmènera voir l'immense chaîne de fabrication automatisée où le plâtre liquide s'écoule entre deux feuilles de carton pour devenir une plaque géante. C'est très spectaculaire. Une fois solidifiée, elle sera

découpée, séchée et stockée au rythme de 150 m à la minute, sous l'œil du contrôle-qualité. Ensuite le « placo » rejoindra les magasins de bricolage pour être utilisé dans des travaux de rénovation ou d'isolation où il a fait ses preuves depuis de nombreuses années.
Le site accueille également un ***centre de formation aux techniques du plâtre et de l'isolation.*** Une visite qui intéressera surtout les spécialistes compte tenu de la spécificité du matériau et du site.

Réserves du musée des Arts et Métiers : *218, av. du Président-Wilson, 93210* ***LA PLAINE-SAINT-DENIS.*** *☎ 01-49-15-98-98. • tourisme93.com • Visite guidée slt. Résa sur site internet ou par tél. Tarif : 6 €. Visite de groupe sur rdv lun-ven, pour 15-20 pers. Résa par tél ou mail : • groupes@tourisme93.com • Tarif : 26 €, collation incluse. Durée de la visite : 1h30-2h.*
Les réserves du musée des Arts et Métiers renferment les neuf dixièmes d'une ***fabuleuse collection de 80 000 objets, témoins de l'histoire des techniques, du XVIIe s à nos jours.*** C'est lors de la rénovation du musée des Arts et Métiers à Paris que ces nouvelles réserves ont été construites. Le concept architectural repose sur un fuselage de 7 m de haut, recouvert en façade et en toiture de tôles nervurées en acier inoxydable. Une porte basculante monumentale permet de rentrer des œuvres de dimensions importantes au moment de la livraison. Parallèlement à ce corps de bâtiment s'étend un grand parallélépipède dont les proportions et la matière rappellent les coffrets d'instruments scientifiques. Le choix du contraste architectural entre les deux parties émergées du bâtiment (formes matériaux, volumétrie) correspond à une différenciation des fonctions muséographiques assurées dans l'une et l'autre. Les œuvres sont conservées dans le « coffre », à l'abri de la lumière, tandis qu'elles sont traitées et étudiées dans le « fuselage », où sont regroupés les espaces de travail qui nécessite un éclairage naturel, à l'exception du studio photographique. Au cours de la visite, on découvre comment cette collection composée d'objets très divers est organisée, triée, rangée, conservée et restaurée, grâce aux techniques les plus modernes.
Et n'hésitez pas à aller visiter le musée lui-même. ***Le Conservatoire national des arts et métiers*** a été créé en 1794 afin de réunir « tous les outils et machines nouvellement inventés ou perfectionnés, en promouvoir la démonstration et l'enseignement pour former de bons artisans et leur permettre de copier les bons modèles et perfectionner l'industrie nationale ».
Les bâtiments, restaurés, conservent leur intégrité, et leur aménagement, renforcé de matériaux contemporains, offre un remarquable cadre aéré pour présenter les quelque 3 000 pièces, témoins privilégiés du génie de l'esprit humain. *60, rue Réaumur, 75003* ***PARIS.*** *☎ 01-53-01-82-00. • arts-et-metiers.net •*

VAL-DE-MARNE (94)

Aéroport Paris-Orly : *• tourisme-valdemarne.com • Visite guidée sur réservation, maximum 25 pers. Âge min 8 ans. Réservations : • reservation.tourisme-valdemarne.com/fr • ou par téléphone au ☎ 01-55-09-16-20. Visites mer à 14h. La photocopie de la pièce d'identité sera obligatoirement adressée par mail à l'adresse • visites94@tourisme-valdemarne.com • ou par voie postale (16, rue Joséphine-de-Beauharnais, 94500 Champigny), au plus tard 10 jours avant la date de la visite. Tarif : 3 € ♿ Durée de la visite : 2h. Photos interdites.*
Le circuit qui s'effectue en bus permet de visiter l'***aéroport international de Paris-Orly*** et de comprendre l'organisation et le fonctionnement d'une telle entreprise, un petit monde en soi fonctionnant presque 24h/24 et soumis à des règles de sécurité et de ponctualité très strictes.
La visite démarre à la Maison de l'environnement à Athis-Mons où un écran tactile permet de visualiser les trajectoires des avions dans le ciel tandis que des vidéos expliquent les procédures d'atterrissage et de décollage des gros

avions. Vous pourrez également y découvrir l'histoire de l'aéroport depuis sa création en 1961. On prend ensuite un bus pour se rendre du côté des pistes, en zone réservée après avoir passé les contrôles de sécurité comme tous les voyageurs qui embarquent sur un vol. Orly comprend 2 aérogares ; la Sud, la plus ancienne (avec les fameuses terrasses d'où l'on pouvait autrefois observer le ballet des avions) et l'aérogare Ouest construite 10 ans plus tard ainsi que 3 pistes. Au cours de la visite, les différentes procédures de préparation d'un avion entre deux vols sont détaillées. En ce qui concerne le carburant, vous apprendrez qu'un important réseau d'oléoducs souterrains permet d'approvisionner directement les aéroports franciliens depuis… Le Havre !

Au cours du trajet, on passe devant la caserne des pompiers, le pavillon d'honneur, et bien sur la tour de contrôle dont le rôle est primordial dans la gestion de la circulation aérienne.

Au retour, n'oubliez pas de saluer respectueusement le Concorde qui a pris sa retraite aux abords de la N 7.

LES GRANDS OISEAUX N'AIMENT PAS LES PETITS

De nombreux animaux vivent sur le site de Paris-Orly. Il n'est pas rare d'y apercevoir des lapins, et il y a de nombreux rongeurs dans les sous-sols. Ceux-là sont tolérés. Ce n'est pas le cas des oiseaux dont la présence peut se révéler dangereuse lors du décollage ou de l'atterrissage. De nombreuses espèces sont présentes : oies, pigeons, corneilles, buses ainsi que des vanneaux. Une brigade d'agents dédiée à la vie sauvage a donc pour mission de limiter la présence des oiseaux pour éviter les risques de collision.

Boucherie Del Païs : *10, pl du Marché, 94320* ***THIAIS.*** *☎ 01-55-09-16-20. Visite guidée slt, jusqu'à 16 pers. Dates et résa sur • reservation.tourisme-valdemarne.com/fr • ou par tél. Jeu 14h30-16h. Tarif : gratuit. Durée de la visite : 1h.* ***Boutique :*** *7h30-12h45.*

Installé à Thiais depuis 2001, Stéphane Lajoie, boucher passionné, a décidé de faire découvrir son métier. En visitant les locaux, on voit le fonctionnement d'une boucherie, et on comprend mieux les normes d'hygiène et la traçabilité de la viande. On assiste ainsi aux différentes étapes par lesquelles passent les pièces de viande, de leur sélection sur le marché de Rungis à leur arrivée dans les assiettes.

Label : Stéphane Lajoie, titulaire du titre de Maître Artisan et de la Charte qualité.

EDF – Centrale thermique de Vitry-Arrighi : *7, rue des Fusillés, 94405* ***VITRY-SUR-SEINE.*** *☎ 01-58-91-63-70. • edf.fr/cetac • Visite guidée de groupe slt sur rdv. Résa obligatoire par tél. Tarif : gratuit. Durée de la visite : 1h30.*

À SAVOIR : ***visite à partir de 12 ans. Le jour de la visite, présenter une pièce d'identité (carte nationale d'identité ou passeport) en cours de validité. Porter un pantalon, des vêtements à manches longues, ainsi que des chaussures plates et fermées.***

Le site de Vitry-sur-Seine, dans le Val-de-Marne, est situé à l'est de Paris. Il a abrité pendant près de 50 ans une centrale à charbon composée de deux unités, qui ont été arrêtées en avril 2015. Elles sont en cours de déconstruction. En parallèle, EDF a choisi de construire sur ce site une nouvelle centrale de type « centrale à combustion » dite aussi « turbines à gaz » ou « turbines à combustion », qui comporte deux turbines d'une puissance unitaire de 125 mégawatts, mises en service en 1997 et 2007.

Le principe d'une turbine à combustion est proche de celui du moteur à réaction : en mélangeant de l'air comprimé à du combustible (fioul ou gaz naturel)

on obtient du gaz de combustion qui va actionner la turbine. Elles ont pour avantage un rendement élevé et une très grande souplesse d'utilisation : il leur faut moins de 30 minutes pour atteindre leur plein régime !
Les turbines de Vitry ne fonctionnent certes qu'une centaine d'heures par an, mais elles assurent la sécurité en alimentation électrique de l'Île-de-France, notamment lors de pics de consommation journaliers et des périodes de pointes saisonnières.
La visite guidée par un guide-conférencier permet d'explorer la salle des machines de la centrale et de comprendre son fonctionnement et le rôle de l'énergie thermique dans le mix de la production électrique française.

La chocolaterie Janin : *48, rue de la Procession, 94470* ***BOISSY-SAINT-LÉGER.*** *☎ 01-55-09-16-20. • chocolaterie-janin.fr • Visite guidée slt, jusqu'à 13 pers. Dates et résa sur le site : • reservation.tourisme-valdemarne.com/fr • ou par tél. Tarif : 5 €. Durée de la visite : 1h.* ***Boutique :*** *lun-sam 10h-12h et 15h 19h.*
Chocolatiers de père en fils, depuis 1950. Stéphane Janin maintient aujourd'hui la tradition de ce métier. Dans son atelier de Boissy-Saint-Léger, il transforme artisanalement les fèves de cacao en chocolat brut d'exception, destiné aux gourmets. Truffes et pralinés croquent en bouche et fondent sous la langue. Une entreprise artisanale, gourmande et indépendante.

Marché de Rungis : *1, rue de la Tour, 94150* ***RUNGIS.*** *☎ 0811-69-44-11 ou 06-26-58-35-74. • rungis.com • À partir de 13 ans. Visite guidée slt. Résa par tél ou sur le site internet. Rdv pl Denfert-Rochereau à Paris à 4h30, retour à 10h30 au même endroit. Visite de groupe sur rdv (sf août), pour 25-200 pers. Tarifs : 80 € ; scolaires : 10 €. Munissez-vous de chaussures adaptées à la marche et de vêtements chauds (on traverse des pavillons réfrigérés où la température est de 3 °C). Durée de la visite : 3h.*
À quelques dizaines de kilomètres de Paris, Rungis est le ***plus grand marché de produits frais du monde*** et un des sites professionnels les plus visités de France. Pas moins de 1 200 entreprises sont réunies sur les 232 ha que compte le marché, vaste ville nocturne où se croisent 30 000 personnes chaque jour. Poisson, viande, fruits et légumes, mais aussi fleurs coupées, produits laitiers, ou encore produits traiteurs, tout est acheminé puis réexpédié à partir de Rungis.
Rungis peut se vanter d'être le fournisseur privilégié des principaux artisans de la gastronomie française. Non content de valoriser les produits des régions françaises, Rungis est un lieu unique qui propose aussi des ***produits en provenance du monde entier.*** Le marché a évolué avec son temps et la demande puisqu'il fait également la part belle aux offres labellisées responsables et notamment l'offre bio qui a très fortement évolué au cours des dernières années, passant de moins d'une dizaine d'opérateurs dans les années 2000 à plus de 260 en 2013 dont une partie propose une gamme bio à 100 %.
Le guide profite du trajet entre Paris et Rungis pour raconter l'histoire du déménagement des halles de Paris à Rungis au début des années 1970. Une fois arrivé sur place, vous êtes équipé de la tenue d'hygiène obligatoire avant de commencer la visite par le pavillon de la Marée, la plus grande halle d'Europe, puis les produits carnés (impressionnants), les produits laitiers (le plus grand plateau de fromage du monde), les fruits et légumes (le secteur le plus important) et enfin pour finir dans un carnaval de couleurs et de senteurs, par celui des fleurs coupées. Durant la visite, on vous explique comment s'organise et fonctionne ce gigantesque garde-manger dans lequel viennent se fournir ***tous les commerces de bouche de l'Île-de-France et des régions limitrophes.***

IMPORTANT : *pensez toujours à prévenir l'entreprise et à réserver votre visite, en individuel ou en groupe, par téléphone ou par mail.*

Une visite tout en odeur et en saveur, mais attention, il faut être noctambule ou matinal, puisque c'est entre 3h et 6h du matin que le marché bat son plein ! La visite se termine vers 8h autour d'un copieux petit déjeuner avec de la tête de veau, comme le veut la tradition ici, histoire de bien commencer ou plutôt continuer la journée !

Observatoire Météo-France Orly : *• reservation.tourisme-valdemarne.com • Visite guidée slt. Résa par mail ou par tél au ☎ 01-55-09-30-72. Tarif : 5 €. Durée de la visite : 1h30.*
Perpétuant la présence depuis 1946 d'un service météorologique sur l'aéroport d'Orly, le centre de Météo-France a pour mission d'assister l'activité aéronautique locale par une surveillance permanente de l'état des conditions atmosphériques (vent, orages, neige, verglas, brouillard) pouvant affecter la sécurité ou la régularité des vols. Cette surveillance s'étend aussi à des aérodromes distants comme Tours, Châteauroux ou Toussus-le-Noble. On commencera par vous présenter dans une salle de réunion l'activité du centre d'Orly : besoins des usagers aéronautiques, mesures météorologiques sur le terrain, production (messages d'observation, de prévision et d'alerte). Puis vous irez visiter la salle d'exploitation où l'on vous présentera et expliquera les outils informatiques à disposition des prévisionnistes, en particulier les images satellite et radar. Une visite pointue mais passionnante.

VAL-D'OISE (95)

Fertisol Lombriculture : *2, rue du Trou-Millot (accès par la sortie nº 18), 95420* ***CLÉRY-EN-VEXIN.*** *☎ 01-30-27-20-20. • fertisol.fr • Visite guidée slt. Lun-ven 9h-12h et 13h30-17h. Visites de groupe sur rdv, à partir de 10 pers. Tarifs : 3 €/pers ; enfant : gratuit ; scolaires : 5 €/pers (visite pédagogique). ♿ Durée de la visite : 1h30.*
La société Fertisol Lombriculture fabrique et vend un ***engrais naturel puissant,*** appelé le « lombricompost ». Grâce à l'épandage de fumier, les lombrics « mettent au point » un engrais naturel et universel pour les cultures, que ce soit pour les agriculteurs, pour les plantes d'intérieur ou même les aquariums ! Au cours de la visite, explications sur le mode de vie du lombric et les méthodes de fabrication de l'engrais : séchage, mise en sacs, conservation… À la fin, présentation de la ferme et de l'élevage d'animaux. Sur place, vente des lombrics et de supports de culture : terreau, terre de bruyère, tourbe, fumier de cheval…
Les + :
– En cas d'achat au point de vente, la visite est remboursée.
– Animation : portes ouvertes au printemps.

Météo-France Roissy : *rue du Moulin, 95700* ***ROISSY-EN-FRANCE.*** *☎ 01-49-15-98-98. • tourisme93.com • Visite guidée slt. Résa sur • tourisme93.com • Tarif : 6 €. Durée de la visite : 2h.*
Sur la zone de l'***aéroport Paris Charles-de-Gaulle***, le ***centre de Méteo France*** est en activité 24h/24. La visite du centre permet de découvrir et de comprendre les mesures, outils et techniques utilisés par les météorologues pour la prévision du temps. Ce travail passe par 4 étapes fondamentales : l'observation avec principalement les satellites, puis ces données sont traitées pour en extraire les infos utiles au modèle de prévision, il s'agit de l'assimilation des données. Vient ensuite l'étape de la modélisation. À ce stade, pour effectuer les milliards de calculs nécessaires à la résolution des équations mathématiques simplifiées qui traduisent l'évolution de l'atmosphère, Météo-France utilise des supercalculateurs. Enfin l'expertise des prévisionnistes est indispensable pour analyser ces résultats complexes et les traduire en informations concrètes. Ils choisissent parmi les différents scénarios celui qui apparaît comme le plus probable et le déclinent en « produits de prévision » adaptés aux utilisateurs, à savoir des cartes et des bulletins de prévision.

On vous parlera aussi du rôle spécifique de la météo dans la navigation aérienne : la réglementation de la circulation aérienne stipulant que toute action préalable au vol doit comprendre l'étude attentive des bulletins et prévisions météorologiques les plus récents.
Une visite, bien qu'assez technique, passionnante et pédagogique pour comprendre sur quelles infos est fondé votre bulletin météo quotidien.

YVELINES (78)

Distillerie du Noyau de Poissy : *105, rue du Général-de-Gaulle, 78300* ***POISSY.*** *☎ 01-39-65-20-59. • noyaudepoissy.com • Visite guidée slt, 1 visite/mois avec l'office du tourisme de Poissy. Résa au ☎ 01-30-74-60-65. Tarifs : 7 €; réduc, - 16 ans : 6,50 €. Visite de groupe sur rdv, 15-25 pers. Tarifs : 7 €/pers; réduc. ♿ (sf espace musée). Durée de la visite : 1h30.* ***Boutique :*** *mar-sam 10h-12h30 et 14h30-19h.*
Le Noyau de Poissy date de la fin du XVIIe s, quand une aubergiste eut l'idée de faire macérer des noyaux d'abricots dans de l'eau de vie de Gascogne. En 1846, il y avait une vingtaine de distillateurs à Poissy. Il faut dire que la ville était très fréquentée et comptait de nombreuses auberges en raison de son immense marché aux bestiaux qui alimentait Paris en viande.
À la fois patrimoine historique et gastronomique, la ***Distillerie du Noyau de Poissy,*** qui produit la liqueur éponyme, ouvre ses portes lors des visites organisées avec l'office de tourisme de Poissy. C'est l'occasion de voir fonctionner la dernière distillerie de type artisanal d'Île-de-France et la doyenne des liqueurs nationales. Au menu : visites commentées sur l'histoire de cette institution, et découverte des modes d'élaboration traditionnels des ***deux liqueurs de la distillerie : le Gobelet d'Argent,*** de couleur ambrée, obtenu à partir d'amandons de noyaux d'abricots macérés, et le ***Sceau de Saint-Louis,*** élaboré à partir d'amandons de noyaux d'abricots distillés, au goût plus puissant.
À coté, dans un espace d'exposition, anciens flacons, photos et affiches. Cerise sur le gâteau : dégustation de gourmandises élaborées à base de Noyau de Poissy (confiture, pâtes de fruits, chocolats…).
Coté cuisine, vous repartirez avec des idées et des recettes qui vous permettront de savourer et de faire apprécier à vos amis des plats et des desserts délicieusement parfumés et originaux.
Les + :
– Dégustation animée par notre conférencière à la « manière française ».
– Animation : différents cours de cuisine à base de Noyau de Poissy (sur réservation).

Toutes les informations concernant la région sont à retrouver sur le site :
• entrepriseetdecouverte.fr •

OCCITANIE
Languedoc-Roussillon
Midi-Pyrénées

LANGUEDOC-ROUSSILLON

Avec environ un million de visiteurs en 2013, la filière de la visite d'entreprise est forte en Languedoc-Roussillon (d'après l'étude Entreprise & Découverte sur la fréquentation dans les entreprises, chiffres 2013).
Les secteurs de l'agroalimentaire et des vins et spiritueux arrivent en tête, englobant plus de la moitié des entreprises à visiter, à l'image de la moyenne nationale. Ce secteur compte quelques champions et visites remarquables : l'Oulibo, coopérative oléicole devenue le champion régional en nombre de visiteurs, talonnée par le salin d'Aigues-Mortes. Les vins et spiritueux représentent à eux seuls près du quart des entreprises ouvertes à la visite. Ainsi, la cave de Terres des Templiers et la maison Noilly Prat, productrice de vermouth, se situent respectivement au 3e et 4e rang en nombre de visiteurs.
Elles sont suivies par 2 sites exceptionnels appartenant au domaine des industries technologiques, toutes deux centrées sur l'énergie solaire : le Grand Four Solaire d'Odeillo, centre de recherche du CNRS, et Four Solaire Développement, premier four solaire industriel du monde, créé dès 1947.

MIDI-PYRÉNÉES

Concernant les visites d'entreprises, Midi-Pyrénées fait partie des régions les plus fréquentées.
Le secteur de l'alimentaire y est fort. Véritable moteur régional, la filière fromagère compte 4 entreprises dans le top 10 régional, dont la coopérative fromagère Jeune Montagne, 2e en nombre de visiteurs, et des caves de roquefort.
Le secteur des industries technologiques compte quelques entreprises de renom, Airbus en tête, 3e sur le podium régional. Et la filière énergie et environnement est très présente, dans une proportion deux fois supérieure à la moyenne nationale. La région arrive en tête du nombre de sites EDF ouverts au public. La centrale hydraulique de Toulouse, Le Bazacle, constitue de loin le site EDF le plus visité de France avec plus de 100 000 visiteurs par an : le parcours de visite, très complet, inclut l'impressionnante salle des machines.
La tradition artisanale locale de la coutellerie a repris toute sa vigueur : deux entreprises perpétuant cette activité se situent parmi les 10 premières de la région en nombre de visiteurs, les Forges de Laguiole et surtout la coutellerie de Laguiole Honoré Durand, champion régional.
La filière mode et textile se distingue également : Millau, capitale mondiale du gant, propose ainsi quelques visites remarquables, comme celles de Causse Gantier ou de la maison Fabre. C'est l'une des rares places en France où l'industrie du luxe est accessible au grand public (avec le Limousin).

Toutes les informations concernant la région sont à retrouver sur le site :
• entrepriseetdecouverte.fr •

ARIÈGE (09)

Carrière de talc de Trimouns : *6, rue de la Mairie, 09250* ***LUZENAC.*** *☎ 05-61-64-68-05. • vallees-ax.com • Visite guidée slt. Mi-mai-début juil et mi-sept-mi-oct : lun-ven à 16h. Début juil-mi-sept : lun-ven à 10h, 11h, 14h, 15h et 16h. Pas de visite les j. fériés. La visite n'est pas maintenue en cas de mauvaises conditions météorologiques. Avant de monter à la carrière, renseignez-vous au Point Info de l'office de tourisme de Luzenac. De Luzenac, prévoir un trajet de 30 mn avec son véhicule pour accéder à la carrière. Tarifs : 8,20 €; 5-20 ans : 5,50 €; - 5 ans : gratuit. Visite de groupe sur rdv, pour 20-60 pers mi-mai-mi-sept. Tarifs : 6,50 €/pers; enfant/scolaire : 3,90 €/pers. Durée de la visite : 1h.* ***Boutique :*** *lun-ven aux heures de visite.*

Quoi de commun entre du chewing-gum, de la céramique, du papier et du rouge à lèvres ? Du talc ! Et à Trimouns *(« les trois monts »)*, on ne plaisante pas. À 1 800 m d'altitude, sur les gradins géants, aux commandes d'énormes machines, des hommes découvrent, extraient, trient et transportent ***le talc, la roche la plus douce et la plus tendre de la Terre.*** En face d'eux, la haute chaîne des Pyrénées déroule ses cimes enneigées… Environ 400 000 tonnes sont extraites chaque année de cette carrière, descendues par téléphérique jusqu'à l'usine, dans la vallée. Car il faut déplacer 10 tonnes de roche pour obtenir 1 tonne de talc ! L'exploitation remonte au XIXe s et l'entreprise a fêté ses 100 ans d'activité en 2005, c'est dire si cette activité a marqué l'histoire et le développement de ce coin de l'Ariège. Avec 6 % de la production, la société Imerys est le ***leader mondial de la production de cette matière première*** issue d'une roche tendre dont la densité moyenne est équivalente à celle du granit. Ce qui signifie que le talc à l'état brut n'est pas pulvérulent (c'est à dire en poudre) ! Exploration spectaculaire de ce gigantesque chantier grâce au parcours défini par la société Imerys Talc Luzenac France, qui vous mènera en bus sur deux belvédères aménagés permettant de découvrir les différentes étapes d'exploitation.

Pour se poser dans le coin : Trimouns se trouve à proximité d'Ax-les-Thermes, ville carrefour commerçante, station de montagne (été et hiver) et station thermale réputée pour ses eaux traitant les rhumatismes et les voies respiratoires.

EAU CHAUDE À VOLONTÉ

Le pittoresque bassin des Ladres, dans le centre-ville d'Ax-les-Thermes (à 9 km de Luzenac), fut aménagé en 1260, sous le règne de Saint Louis, pour traiter ses soldats ayant contracté la lèpre lors des croisades ; il n'a guère changé d'aspect depuis. À la sortie de la source, l'eau atteint les 77 °C. Ainsi, Ax-les-Thermes est l'un des rares villages où, sur les fontaines publiques, des panneaux mettent en garde contre les risques de brûlures…

EDF – Centrale hydraulique d'Orlu : *Les Forges d'Orlu, 09110* ***ORLU.*** *☎ 05-61-03-06-06 (Observatoire de la montagne). • edf.fr/ariege • observatoire-montagne.com • Espace EDF Orlu : visite slt sur rdv. Résa par tél et mail. Tarif : gratuit. ♿ Durée de la visite : 1h30.*

La centrale hydraulique d'Orlu est située dans le sud-est de l'Ariège, près de la station thermale d'Ax-les-Thermes, dans la vallée de l'Oriège, dite aussi vallée d'Orlu. L'énergie de cette rivière fut utilisée dès le Moyen Âge : une petite forge hydraulique y est déjà signalée en 1292. Son avatar moderne est la centrale hydroélectrique d'Orlu, troisième centrale de l'Ariège par la taille, en service depuis 1958.

La centrale d'Orlu exploite les eaux accumulées dans le lac Naguilhes (à 1 900 m d'altitude), et dans deux autres petits lacs de barrage situés sur des torrents adjacents. Sa puissance est de 90 mégawatts.

Comme toutes les centrales hydroélectriques des Pyrénées, celle-ci sert à produire de l'électricité pendant les périodes de pointe de la demande. Elle est capable d'approvisionner l'équivalent de plus de 45 000 habitants.
Sur place, l'Espace EDF Orlu, doté d'un parcours de visite à la fois ludique et pédagogique, reflète l'environnement dans lequel se déroule la production d'électricité en Ariège. Les maquettes et films aident à mieux comprendre l'énergie hydraulique. Et on plonge au cœur du fonctionnement de l'usine, avec une vue directe sur la salle des machines de la centrale d'Orlu.
La visite du site EDF peut être combinée avec celle du ***musée de l'Observatoire de la montagne*** (entrée payante), qui invite à la découverte des villages et des cultures environnantes, et à l'observation de la faune et de la flore de la réserve naturelle d'Orlu. Cet organisme propose un très beau musée, reconstituant les divers niveaux que l'on trouve en montagne : villages et cultures, forêts de feuillus et de résineux, prairies et crêtes. Films et documentaires, vitrines thématiques, bornes interactives pour approcher la montagne d'un peu plus près. Le billet d'entrée, si on commence par là, inclut la visite des installations (turbines…) de l'usine hydroélectrique. Des sorties de découverte de la nature sont proposées dans la réserve naturelle d'Orlu, comme des observations de la faune sauvage, en particulier des isards (la version pyrénéenne du chamois des Alpes).

Sensiboot : *hameau le Barraca, 09350* ***DAUMAZAN-SUR-ARIZE.*** *06-10-37-28-45. • sensiboot.fr • Lun-sam 14h-18h à l'atelier du Baccara. Juil-août : mar-dim 15h-19h, accueil à l'atelier Sensiboot (rempart nord à Carla Balye). Visite guidée (sf juil-août). Visite de groupe sur rdv (sf fév), jusqu'à 10 pers. Tarif : gratuit. Durée de la visite : 30 mn.* ***Boutique :*** *juil-août, mar-dim 15h-19h.*
Depuis 1996, Sensiboot confectionne des ***chaussures en cuir à la demande*** – ce qui lui permet de s'adapter à toute forme de pied – et dans une gamme de modèles très originale. Pieds et jambes se parent d'un arc-en-ciel ou d'un costume de super-héros, de nostalgie médiévale ou de dessins psychédéliques. À la fois confortables et farfelues, de véritables chaussures de rêve. Dans l'atelier Sensiboot, on s'évertue à perpétuer les techniques de fabrication traditionnelles et artisanales, comme celle du mocassin intégral cousu main.

AUDE (11)

Bulles et Lumières : *3, av. du Chemin-de-Ronde, 11300* ***LIMOUX.*** *☎ 04-68-31-01-33. • bullesetlumieres.fr • Caves : visite guidée slt. Résa par tél ou par mail : • info@bullesetlumieres.fr • Tarifs visite guidée individuelle : 6 € ; 6-16 ans : 4 €. Départs à 10h, 14h30 et 16h. Visite de groupe sur rdv, pour 10 à 200 pers. Tarifs : 5 €/pers, ou 10 €/pers avec une bouteille incluse ; scolaires : 5 €/pers. Durée de la visite : 1h30.* ***Boutique :*** *lun-dim 9h-12h et 14h-18h.*
Voici la plus ancienne maison de ***blanquette et de crémant de Limoux,*** où l'on est vigneron et producteur de père en fils depuis 5 générations, la maison Guinot ayant été fondée en 1875. Celle-ci a fêté ses 140 ans en rénovant son parcours de visite, agrémenté de sons et lumières, de vidéos et de reconstitutions historiques. Sur plus de 2 500 m², on parcourt le chai, les galeries de vieillissement de bouteilles et les salles de remuage, mis en valeur par des haltes numériques. Dans les caves d'élaboration, on apprend tout de la méthode traditionnelle : le vieillissement sur lie, le remuage manuel de plus de 30 000 bouteilles par jour, le dégorgement à la volée… On conclut la visite en dégustant ces vins effervescents AOP et AOC dont on a découvert la belle histoire.
Le + : remise de 15 % pour les achats sur place pour les participants d'une visite en groupe.
Label : Qualité Sud de France Languedoc-Roussillon, Le Pays Cathare (une marque Sud de France).

La Cure Gourmande : *3, allée de Plaisance, Zone industrielle de Plaisance, 11100* ***NARBONNE.*** *☎ 04-68-32-06-93. • curegourmande.fr • Lun-sam 9h30-12h30 et 14h30-18h (18h30 juil-août). Visite guidée lun-ven à 11h et 14h30. Visites de groupes et de scolaires sur rdv, 30-50 pers. Tarif : gratuit. ♿ Durée de la visite : 30 mn.* ***Boutique.***
La Cure Gourmande ouvre au public les portes de son deuxième site de production, situé à Narbonne. Une ***biscuiterie-confiserie-chocolaterie*** de style 1900. Régressif et esthétique ! Ici, l'accent est mis sur la fabrication du chocolat. Pour compléter la visite, on peut voir une vidéo sur l'histoire de l'entreprise, ainsi qu'un documentaire sur les origines de la culture et de la transformation du cacao. Le magasin propose une foule de tentations : biscuits, olivettes, sucettes... et de magnifiques boîtes à l'ancienne.

Le moulin à papier de Brousses : *11390* ***BROUSSES-ET-VILLARET.*** *☎ 04-68-26-67-43. • moulinapapier.com • Visite guidée slt. Oct-juin : lun-ven à 11h et 15h30, sam, dim, j. fériés, et pdt les vac scol (ttes zones) à 11h, 14h30, 15h30, 16h30 et 17h30. Juil-août : tlj à 10h, 11h, 12h, 13h, 14h, 15h, 16h, 17h et 18h. Sept : tlj à 11h, 14h30, 15h30, 16h30 et 17h30. Tarifs : 7,50 € ; 5-12 ans : 4 € ; - 5 ans : gratuit. Visite de groupe sur rdv, 15-60 pers. Tarif : 6 €/pers ; scolaires : école primaire, formule à choisir (infos sur demande) ; collège-lycée : 6 €/pers. ♿ Durée de la visite : 1h.* ***Boutique*** *: tlj 10h-12h et 14h-18h.*
Le dernier survivant des moulins à papier du XVIIIe s (en 1845, Brousses en comptait encore une dizaine en activité) rappelle qu'autrefois le versant sud de la Montagne noire faisait partie des grands centres papetiers du Languedoc. Depuis sept générations (1820), la même famille perpétue et transmet son savoir-faire en produisant des ***papiers faits main.*** On y accède par un joli petit sentier botanique qui surplombe la rivière, pour une leçon sur l'histoire et la fabrication du papier fait à la main. Parmi les découvertes, des papiers à base de chiffons, mais aussi à base de crottin de cheval, de rafles de raisins, de posidonie... Après la visite, dans l'atelier, les enfants et adultes peuvent réaliser à la forme à main leurs feuilles de papier qu'ils emportent après la séance.
Brousses-et-Villaret se trouve à 8 km au nord de Montolieu, qui est devenue, depuis 1990, l'une des six cités du livre de France. Un bel endroit : le village, bâti tel un amphithéâtre, accroché au flanc rocailleux de deux ravins, surplombe les impressionnantes gorges de l'Alzeau et de la Dure. Au XIIIe s, il s'appelait poétiquement Mount a Ouliou (le mont des Oliviers). Libraires, bouquinistes, éditeurs, artisans d'art graphique sont venus s'installer ici sous l'impulsion de Michel Braibant, relieur à Carcassonne. On peut y approfondir le sujet en visitant le ***musée des Arts et Métiers du livre*** *(☎ 04-68-24-80-04. • montolieu-livre.fr •),* qui détaille la typo, la calligraphie, la reliure, l'imprimerie, etc.
Les + :
– Animations.
– Nuit des papyvores 2de quinzaine d'août.
– Ateliers de fabrication pour adulte : 4 €/pers.
– Ateliers pédagogiques : plusieurs formules possibles.
Label : Qualité Tourisme, Sud de France, Marque Pays Cathare.

L'Oulibo : *hameau de Cabezac, 11120* ***BIZE-MINERVOIS.*** *☎ 04-68-41-88-88 • loulibo.com • Visite guidée slt. Juin-sept : à 11h, 15h, 16h, 17h. Juil-août : à 11h, 15h, 16h, 17h, 18h. Hors saison : à 10h30, 14h30, 16h Tarifs : 6 € ; 6-15 ans : 4 € ; moins de 6 ans : gratuit. Visite de groupe sur rdv (sf entre le 25 déc et le Jour de l'an), pour 20-100 pers. Tarifs : 5 €/pers ; scolaires : 2 €/pers. Durée de la visite : 1h30.* ***Boutique :*** *oct-avr, tlj 8h-12h et 14h-18h ; avr-juin, tlj 8h-13h et 14h-19h ; juil-août, tlj 8h-20h.*
On est ici non loin du canal du Midi, qui paresse sous de frais tunnels d'arbres. À l'ombre des oliviers et dans un moulin en activité, la visite guidée de l'Oulibo permet de découvrir ***le monde de l'olive, le moulin à huile et la coopérative.*** Le parcours est réparti en 7 pôles d'intérêt qui racontent chacun à sa manière, et avec l'appui des nouvelles technologies de l'image et du son, l'histoire de

l'olivier, depuis l'Antiquité jusqu'à nos jours, On part en balade dans une oliveraie réaménagée, à l'aide de tablettes d'interprétation qui fournissent des zooms et des gros plans, des cartes des zones de production... pour tout savoir sur la culture de l'olivier en France et à travers le monde. Puis on voit un film de 20 mn, *L'Odyssée de l'olivier,* sur écran géant. Enfin, un ***espace muséographique multimédia*** a été aménagé dans l'ancien moulin pour découvrir, en cinq étapes, les vertus et toute la symbolique de l'olivier, son rôle dans la littérature et les arts, son utilisation ancestrale dans l'univers des cosmétiques et de la beauté, les nombreux métiers qui lui sont associés, ses vertus médicinales et ses atouts santé. Une visite complète et ludique, en extérieur comme en intérieur : tout le monde sera content !
La dernière partie est consacrée à la dégustation commentée des huiles et des olives de l'Oulibo. On peut notamment y acheter la Lucques du Languedoc, la fameuse olive verte de table en forme de croissant de lune.

L'ENFANT CENTENAIRE

L'olivier de cent ans est encore un enfant ! Doté d'une croissance lente, il produit ses premières olives vers 3 et 7 ans (selon la variété) et atteint sa pleine production à partir de 10 ans, jusqu'a environ 150 ans. C'est à cet âge respectable que sa fertilité commence à décroître. Sa longévité peut, dans des conditions favorables, se compter en millénaire. Et ses conditions de culture ne sont pas les plus difficiles : typique de la garrigue, l'olivier résiste à la sécheresse (en revanche, il craint le gel et l'humidité). Peu sensible à la nature des sols même les plus pauvres, il pousse dans des sols pierreux et ses racines peuvent aller puiser l'eau jusqu'à 6 m de profondeur. À l'origine, c'est un arbuste sauvage, rescapé des dernières glaciations: l'oléastre. On compte aujourd'hui 830 millions d'oliviers cultivés dans le monde, dont 90 % sur le pourtour méditerranéen.

Le + : animations : atelier de cuisine, atelier de taille (sur résa) et chasse au trésor enfant pendant la visite.
Label : Qualité Tourisme, Tourisme et Handicap, Qualité Sud de France Languedoc Roussillon, Le Pays Cathare une marque Sud de France.

Salin de l'île Saint-Martin : *route de l'Ayrolle, 11430* ***GRUISSAN.***
☎ 09-54-35-47-56. • lesalindegruissan.fr • Visite guidée slt. Avr-oct : tlj à 11h, 15h, 16h30 et 18h. Tarifs : 7,60 € ; 8-14 ans : 4,50 € ; - 8 ans : gratuit. Visite de groupe sur rdv (sf nov), pour 20-50 pers. Tarif : 6,40 €/pers. Durée de la visite : 1h30. ***Boutique :*** *tlj 10h-12h30 et 14h30-19h ; juil-août, ferme à 20h.*
À 10 km au sud de Narbonne-Plage, Gruissan se mire dans les eaux des étangs peuplés de flamants roses. Le vieux village a du cachet avec ses maisons couleur de terre brûlée par le soleil et ses toits rouges. Bâti sur un plan circulaire, il semble encore sous la protection du château de Barberousse. Un « tribunal des prud'hommes pêcheurs » et le *Café de la Paix,* siège du club de rugby, achèvent de conférer au lieu toute son authenticité.
En prenant la route de l'Ayrolle, on arrive au salin de l'île Saint-Martin, qui a la particularité d'associer les ***trois techniques de production de sel : agricole (le sel de mer), industrielle (le sel raffiné) et minière (sel gemme).*** Le parcours pédestre de 2 km s'accompagne d'une présentation des différentes phases de production et usages du sel. Un guide de la Ligue de protection des oiseaux (LPO) vous aide pour des observations ornithologiques et biologiques passionnantes. En fin d'après-midi, à la fraîche, on augmente ses chances d'apercevoir de multiples espèces d'oiseaux... au soleil presque couchant ! Pour étayer ces découvertes, un écomusée explique la récolte du sel, et présente la faune et la flore des milieux salés.
Le + : animation : organisation de concerts et de repas.

AVEYRON (12)

Atelier Max Capdebarthes : *route de Rodez, 12800* ***SAUVETERRE-DE-ROUERGUE.*** *☎ 05-65-47-06-64. • max-capdebarthes.fr • Visites libre et guidée possibles. Lun-ven 8h-12h et 13h30-17h. Visite de groupe jusqu'à 10 pers. Tarif : gratuit. ♿ Durée de la visite : 20 mn.* ***Boutique :*** *lun-ven 8h-12h et 13h30-17h.*

La région du Ségala étale un pittoresque paysage de vallons verdoyants dominés par des éperons rocheux. C'est là que se dresse ***Sauveterre-de-Rouergue,*** classé parmi les ***« Plus Beaux Villages de France ».*** Fondée en 1281 par Guillaume de Mâcon, sénéchal du Rouergue, cette ***bastide royale*** est un chef-d'œuvre d'équilibre urbain, au charme infini, avec ses maisons à colombages, vestiges de fortifications, douves, tours, portes de la ville… le tout construit autour d'une place à arcades (elle fait partie du réseau « pays d'art et d'histoire des bastides du Rouergue »).

C'est le village natal de ***Max Capdebarthes, sellier et maroquinier,*** qui y crée son entreprise en 1987. Il propose aujourd'hui toute une gamme de sacs pour femme et pour homme, à la fois fantaisistes et d'inspiration vintage. Son inspiration vient en partie de sa collaboration avec l'artiste Isabelle Kessidjian, son amie d'enfance. Également toute une gamme de maroquinerie de poche, d'objets de bureau et de décoration, et d'étuis à stylo et à couteau – le couteau de Sauveterre ayant sa réputation. Dans une belle bâtisse du XIIIe s, on peut visiter la boutique et l'atelier, où œuvre toute une équipe appliquée à travailler cette matière noble qu'est le cuir.

Label : Entreprise du Patrimoine Vivant.

Causse Gantier : *5, bd des Gantières, 12100* ***MILLAU.*** *☎ 05-65-60-03-05. • causse-gantier.fr • Lun-ven 9h30-12h30 et 14h-16h30. Musée : lun-sam 9h30-12h30 et 14h-19h. Visite individuelle et de groupe sur rdv pour 5-20 pers. Tarif : gratuit. ♿ Durée de la visite : 45 mn.* ***Boutique :*** *lun-sam 9h30-12h30 et 14h-19h.*

Fondée en 1892, Causse est la plus ancienne manufacture de gants de Millau encore en activité. Elle a été inscrite à l'Inventaire des ***« métiers d'art rares »*** à la demande de l'Unesco en 2011. L'étonnant bâtiment contemporain signé de l'architecte Jean-Michel Wilmotte abrite une boutique, un petit espace muséographique et l'atelier où l'on découvre les gantiers au travail : découpe traditionnelle, couture des gants de peau par les ***maîtres gantiers.*** Madonna, Sharon Stone, Pharrell Williams se fournissent ici.

Visiter Causse Gantier, c'est aussi l'occasion de découvrir Millau, deuxième ville du département mais la seule ville en France de plus de 20 000 habitants située au cœur d'un parc naturel régional. L'ambiance y est bien agréable, déjà méridionale. C'est que, de Millau, on sillonne en amont comme en aval les gorges du Tarn, et on n'est jamais à plus de 30 mn d'un site touristique à découvrir (Roquefort, La Couvertoirade, les gorges de la Dourbie, Micropolis). La pratique du parapente, de l'escalade ou du kayak est possible à moins de 15 mn du centre-ville. Par ailleurs, on parle aussi de Millau pour son colossal ***viaduc, le plus haut du monde,*** qui permet de désenclaver la région en reliant le causse Rouge à celui du Larzac sans descendre dans la vallée. Le tablier s'élève jusqu'à 270 m au-dessus du Tarn, pour une longueur totale de 2 460 m. Le soir, en été, Millau se pare d'un décor lumineux assez époustouflant : les falaises du causse Noir, à l'est, éclairées par-dessous, répondent, à l'ouest, aux fines aiguilles des piliers du viaduc, escadrille de fusées intergalactiques prêtes au décollage…

Label : Entreprise du Patrimoine Vivant, Tourisme et Handicap.

IMPORTANT : ***pensez toujours à prévenir l'entreprise et à réserver votre visite, en individuel ou en groupe, par téléphone ou par mail.***

Caves de Roquefort Société : *av. François-Galtier, 12250* ***ROQUEFORT-SUR-SOULZON.*** *06-65-58-54-38. • visite-roquefort-societe.com • Visite guidée slt. Nov-avr : 10h-12h et 13h30-16h30. Avr-mi-juil et sept-oct : 9h30-12h et 13h-17h. Mi-juil-fin août : 9h30-18h (17h30 en juil). Tarifs : 5 € ; enfant, étudiants et demandeurs d'emploi (sur présentation d'un justificatif) : 3 €; - 10 ans : gratuit. Visite de groupe sur rdv, à partir de 20 pers. Tarif sur demande. Durée de la visite : 1h.* ***Boutique :*** *avr-oct, tlj 9h30-18h; nov-mars, tlj 9h30-12h et 13h30-16h30.*

À SAVOIR : ***la température sous terre oscille entre 8 et 12 °C, n'oubliez pas votre petite laine.***
On ne voit les fromages dans les caves que de janvier à juin, en raison du cycle de production de lait des brebis.

Capitale du célèbre fromage, Roquefort-sur-Soulzon s'étire le long de la grande falaise du plateau du Combalou, à la frontière du causse du Larzac. Il y a très longtemps, un pan de la falaise s'effondra, provoquant un énorme éboulis ; les nombreuses cavernes alors formées fournirent des abris naturels. Avec le lait des brebis, qui paissaient sur les plateaux herbus, on se mit à faire du ***fromage,*** auquel la fraîcheur des cavernes du Combalou garantissait une bonne conservation et un affinage parfait. Mais le roquefort lui-même devrait sa naissance à un petit berger tête en l'air, qui avait un jour oublié son repas (un morceau de fromage sur un bout de pain) au fond d'une grotte. Quand il le retrouva, longtemps après, celui-ci présentait des veinures vert-bleu, mais restait mangeable. Dès que l'on s'aperçut que le fromage moisi à l'intérieur était bien meilleur que le frais, on systématisa la méthode.

GÉOLOGIE GUSTATIVE

Le caractère spécifique du roquefort tient avant tout à la conjonction des conditions de maturation et d'affinage exceptionnelles du site. Les éboulis créèrent un réseau de cheminées souterraines, tunnels, couloirs, appelé ici « fleurine ». Sous l'ensemble, des nappes d'eau assurent l'humidité des lieux. Caves et tunnels en contact avec l'atmosphère, plus la condensation et l'évaporation créent dans ces rochers un air climatisé sans cesse renouvelé, contenant entre 95 et 98 % d'humidité. Ajoutez une température constante de 8 à 10 °C à ces spécificités 100 % naturelles, et vous obtiendrez un bon roquefort.

Car le secret réel du roquefort, c'est un micro-organisme, le *Penicillium roqueforti,* champignon obtenu à partir de pain au levain à base de farine de seigle et de blé. Ses spores sont ensemencées dans le lait, avant caillage, dans les fromageries. Puis, dans l'atmosphère humide des caves, le champignon transforme doucement la pâte.
En 1666, le parlement de Toulouse dicte des règles et des droits pour les affineurs locaux et leur garantit le nom de roquefort. En 1925, c'est la ***première « Appellation d'origine contrôlée »*** connue régissant définitivement la fabrication d'un fromage : il doit être fait exclusivement à partir de lait de brebis, pur et entier, non pasteurisé. Ce lait provient d'une zone et d'une race (la brebis Lacaune) très précises. Enfin, ce fromage est fabriqué suivant les méthodes traditionnelles (pain de 20 cm de diamètre et de 10 cm de haut, pesant 2,5 kg) et affiné dans les caves naturelles, dans un périmètre délimité, correspondant à l'éboulis du Combalou. Les pains sont affinés au minimum 3 mois à Roquefort, dont 3 semaines dans les caves, et les opérations de conditionnement sont effectuées dans la commune.
La visite des caves de Roquefort Société vous apprend tout sur ce fromage grâce à une maquette animée, une vidéo, une mise en lumière d'une des plus anciennes caves et pour clore la visite, une dégustation.

Coopérative Fromagère Jeune Montagne : *La Borie-Neuve, 12210* ***LAGUIOLE.*** *☎ 05-65-44-35-54. • jeune-montagne-aubrac.fr • Sept-juin : tlj 8h-12h et 14h-18h, sf dim et j. fériés ap-m. Juil-août : de même, ouv dim et j. fériés jusqu'à 17h, avec visite guidée. Un départ ttes les 30 mn. Visites de groupe sur rdv, pour 20-60 pers. La fabrication du fromage se fait essentiellement le matin. Tarif : gratuit. ♿ Durée de la visite : 45 mn.*
Boutique : *mêmes horaires, ferme à 18h juil-août. Vente de Laguiole AOP, de tome fraîche de l'Aubrac et d'aligot de l'Aubrac préparé en barquette.*
Un morceau d'Auvergne en région Midi-Pyrénées : voilà l'Aubrac aveyronnais. L'esprit auvergnat, mais le cœur méridional. Ce bout du monde, à 1 000 m d'altitude, vous récompensera de son accès difficile. Là-haut, ce ne sont que vastes prairies vert plomb, grattées par les nuages, où des pistes poussiéreuses conduisent à quelque buron abandonné. Basalte et herbe nue, ce morceau de lune où des milliers de fleurs peuvent éclore en un jour est aussi la patrie du ***fromage de Laguiole.*** D'un poids d'environ 40 kg, ce fromage à pâte pressée (non cuite) a un ancêtre prestigieux : la fourme, élaborée naguère dans le secret des burons de l'Aubrac. Il jouit d'une Appellation d'origine contrôlée et obéit à des règles strictes. Seulement 73 communes peuvent se targuer de posséder les vaches dont le lait sert à son élaboration. En effet, les règles du cahier des charges de l'AOP sont strictes : des vaches de races Simmental ou Aubrac uniquement, qui doivent pâturer au minimum 120 jours, et dont l'alimentation hivernale ne s'effectue qu'avec les foins récoltés dans la région herbagère de l'Aubrac.
Le laguiole est aujourd'hui fabriqué en laiterie. La Coopérative Fromagère Jeune Montagne, sur la route de Saint-Flour, perpétue cette tradition. On y découvre la production du ***fromage de Laguiole AOP au lait cru entier et de la tome fraîche de l'Aubrac au lait cru.*** Après avoir visionné le film sur l'histoire de l'aligot de l'Aubrac et la production fromagère dans les burons, on va dans la galerie surplombant les ateliers de fabrication observer le travail des fromagers au sein d'installations modernes, le matin. La visite s'achève par la dégustation de Laguiole AOP à différents stades d'affinage.
Label : Appellation d'origine protégée.

CONSEILS GOURMANDS

La tome fraîche de l'Aubrac au lait cru mélangée à une purée de pommes de terre se mange en aligot. Le fromage de Laguiole AOP, nécessitant au moins 4 mois d'affinage, peut se déguster avec la fouace, moelleuse et parfumée, ou avec de la saucisse à l'ancienne, que l'on trouve en ville.

Coutellerie de Laguiole Honoré Durand : *route d'Aubrac, Zone Artisanale la Poujade, 12210* ***LAGUIOLE.*** *📱 06-65-51-50-14. • layole.com • Visite guidée tte l'année : lun-sam à 11h, 14h30, 15h45 et 17h. 1re partie (histoire et légendes), à partir de 6 adultes. Moins de 6 adultes : première partie en vidéo, 2e partie (démonstration coutelier) en visite guidée. Visite de groupe sur rdv. Tarif : gratuit ♿ Durée de la visite : 1h.* ***Boutique :*** *janv-mi-juil et sept-déc, tlj 9h-12h30 et 14h-18h30 ; juil-août, tlj 9h-19h.*
L'abeille, le taureau et l'espadon : ce pourrait être le titre d'une nouvelle fable. Eh non ! Il s'agit en vérité des trois signes distinctifs de ces superbes ***couteaux du terroir,*** à la fois élégants et pratiques. Certains racontent que c'est Napoléon III qui autorisa les premiers couteliers du village à prendre l'abeille comme label de qualité, en remerciement de leur bravoure pendant les guerres du Second Empire. Et le taureau ? Il symbolise la marque du laguiole. L'espadon enfin ? C'est la forme générale du couteau, lame ouverte. Profil effilé, dessin élégant, manche fin et élancé, lame pointue… Montés à la main et composés de matériaux de grande qualité (attention aux imitations !), les mitres et les rivets sont en ***laiton*** (le prix du couteau varie selon le nombre de mitres). La lame, à l'origine en ***acier,*** est aujourd'hui le plus souvent en ***inox.***

L'histoire de ce couteau ressemble à une petite épopée. Tout commença au début du XIXe s. L'ancêtre du couteau actuel, le ***capuchadou,*** aux allures de poignard et avec une lame fixe, était souvent utilisé pour la cuisine. En 1829, ***Pierre-Jean Calmels,*** un artisan du village, eut l'idée de concevoir un nouveau couteau, pliable cette fois, que les buronniers de l'Aubrac pourraient glisser dans le fond de leur poche. Le laguiole était né. Longtemps fabriqué sur place, il fut ensuite entièrement usiné à Thiers (Puy-de-Dôme). Si bien que dans les années 1970, plus aucun couteau n'était fabriqué sur place. Étrange renversement des choses !
Pour faire revivre la ***production locale,*** une jeune association va se démener, animée par un seul objectif : créer une entreprise et relancer cette activité. Le succès aidant, en ville, les vendeurs de couteaux pullulent au point que tout le monde vend la spécialité du pays.
Aujourd'hui, ce sont 200 000 couteaux par an qui sont produits à Laguiole par les deux fabricants en titre, dont la ***coutellerie de Laguiole Honoré Durand,*** entreprise la plus visitée de l'Aubrac. C'est un des endroits où vous êtes assuré de trouver des couteaux forgés, fabriqués et assemblés à Laguiole, dans un large choix, du simple couteau de poche à la pièce unique (et prix tout aussi variés). La fabrique artisanale (coutellerie et forge) maîtrise toutes les étapes de fabrication du couteau, de l'***atelier de forge*** (lames, ressorts…) à l'***atelier de coutelier*** (montage, façonnage…). Alors, avant d'acheter votre couteau et pour découvrir sa fabrication, allez suivre une conférence sur l'histoire du couteau ; les « vrais-faux », l'aiguisage ; puis on passe dans l'atelier, au contact des couteliers qui font partager leur passion. On peut même, ***sur réservation,*** participer à un ***stage*** et repartir avec son couteau, assemblé par ses soins, sous l'œil vigilant du coutelier maître de stage.

Le + : animation : stage de coutellerie.

Label : Entreprise du Patrimoine Vivant.

QUELQUES CONSEILS : évitez de laver votre couteau à l'eau. Pour le nettoyer, il suffit d'essuyer soigneusement la lame après chaque utilisation. Si vous recevez un couteau en cadeau, offrez en retour à la personne une petite pièce de monnaie en échange… « Pour ne pas couper l'amitié », dit-on !

EDF – Centrale hydraulique de Couesques : *lieu-dit Couesques 12140* ***SAINT-HIPPOLYTE.*** *☎ 05-34-39-88-70. • edf.fr/lot-truyere • visites.edf.couesques@manatour.fr• Espace EDF Truyère : entrée libre et gratuite. Ouv se rens par tél. Visite guidée de l'Espace sur rdv. Résa par tél ou par mail.*
Mis en service en 1950, l'aménagement hydroélectrique de Couesques est situé à 6 km en amont de la confluence de la Truyère et du Lot. Il se compose d'une centrale d'une puissance de 124 mégawatts et d'un barrage dit à « crête déversante ».
Situé dans l'ancienne salle de commandes de la centrale de Couesques, l'Espace découverte EDF Truyère a été inauguré en septembre 2015. Ce lieu d'information offre l'occasion de découvrir de manière ludique et interactive l'histoire de l'hydroélectricité sur les vallées du Lot et de la Truyère. L'espace scénographique doté d'un parcours pédagogique explique au travers de maquettes, d'écrans tactiles, de films et d'expériences le fonctionnement des centrales et barrages qui, chaque jour, produisent l'énergie hydraulique, première des énergies renouvelables.
On peut prolonger la visite en se rendant au niveau du barrage de Couesques pour profiter du magnifique panorama sur l'ouvrage et la retenue d'eau, situés en zone Natura 2000. Le lit encaissé en canyon de la Truyère a formé de véritables gorges entre les monts du Cantal et le plateau de l'Aubrac. Le réservoir est un lieu de pêche réputé (à pratiquer en bateau puisque les rives sont quasi verticales). Les sandres y sont majoritaires, mais on y trouve aussi des perches et des brochets.

Maison Fabre : *20, bd Gambetta, 12100* ***MILLAU.*** *☎ 05-65-60-58-24. • maisonfabre.com • Visite guidée sans rdv : lun-ven 9h-12h et 14h-19h. Tarif : gratuit. Visite de groupe sur rdv, à partir de 10 pers. Résa par tél ou par mail : • info@maisonfabre.com • Tarif : gratuit. Durée de la visite : 20-30 mn.* ***Boutique :*** *lun-ven 9h-12h et 14h-19h, sam 10h-12h et 14h-18h.*
Avec pour capitale Millau, le pays des Grands Causses englobe quasiment un tiers de la surface de l'Aveyron. Doté d'un climat des plus agréable, on y croise une riche faune, allant des rapaces aux incontournables troupeaux de brebis. Et c'est justement la valeur de cet ***agropastoralisme*** que l'Unesco a reconnu en juin 2011, en décidant de classer les Causses et les Cévennes (qui en Aveyron, recoupent en partie le tracé du parc naturel).
Ces ruminants sont à l'origine de la grande époque de prospérité de Millau. Le travail des ***peaux*** et des ***cuirs*** remonte au XIe s et occupe rapidement une part prépondérante de l'industrie locale. À l'origine de cette activité, l'abattage d'agneaux très jeunes pour récupérer le lait des brebis destiné à la fabrication du fromage. On dispose alors de peaux d'une très grande finesse, adaptées à une ***production de luxe*** qui fait la réputation de la ville. Millau s'enrichit grâce au traitement et au commerce des peaux, favorisant ainsi la construction d'élégants hôtels particuliers à découvrir en centre-ville.
Contrairement au reste du Rouergue, Millau devient huguenote, et Louis XIII doit assiéger et prendre la ville. La révocation de l'édit de Nantes, en 1685, porte un coup très dur à la ganterie – principale industrie locale, dont Millau met longtemps à se remettre.
Néanmoins, l'âge d'or du travail du gant dure une grande partie du XIXe s et jusqu'aux années 1930 ; la crise économique, la Seconde Guerre mondiale et les changements de mode entraînent la chute de la production. Aujourd'hui, face à la concurrence internationale, Millau a décidé de réorienter sa production vers le ***gant de luxe.***
La Maison Fabre, fondée en 1924, est aujourd'hui reconnue comme le nec plus ultra de la ***ganterie française,*** avec des éditions sur mesure raffinées, alliant son savoir-faire traditionnel à un souffle résolument contemporain. L'actrice ***Nicole Kidman*** devient l'ambassadrice de prestige de la maison en incarnant Grace Kelly dans le film *Grace of Monaco*. Pas moins d'une vingtaine de paires sur mesure ont été fabriquées dans la manufacture familiale pour la star australienne : des gants en agneau long avec des boutons de nacre, en satin de coton français ou en crochet coton tricoté à la main. Car dans les années 1950, la ganterie fournissait ***Christian Dior,*** où Grace Kelly achetait ses gants... Le réalisateur Olivier Dahan a donc demandé à la Maison Fabre de fournir les gants du rôle titre, ainsi que ceux du reste des comédiens.

GANT MAGIQUE

Dans le domaine du cinéma, la Maison Fabre a également ressuscité le gant magique de la Bête, celui qui permet à Belle de voyager à travers l'espace et le temps, dans le film de Jean Cocteau La Belle et la Bête, *inspiré du conte de Madame Leprince de Beaumont. Des merveilles de gants en agneau doublés de soie et brodés à la main au fil d'or par Pascale Duchénoy (entreprise Linge au cœur), avec des éclats percés de cristal de Swarovsky. À admirer au musée du Gant de Millau.*

La Maison Fabre parfume aussi ses créations... N'oublions pas que du XVIe au XVIIIe s, le parfum était uniquement commercialisé par les maîtres gantiers parfumeurs. Inutile de prendre des gants, la quatrième génération aux commandes d'une des dernières ganteries de prestige en France vous tend les mains.
Label : Entreprise du Patrimoine Vivant, Bottin du Made in France.

Poterie du Don du Fel : *Le Don du Fel, 12140* ***LE FEL.*** *☎ 05-65-54-15-15. • ledondufel.com • Visite de groupe slt, pour 10-80 pers. Lun-ven 9h30-12h et 14h-16h30. Juil-août : visites ts les mar à 10h. Tarif : 6 €/pers.* ♿

Durée de la visite : 1h. ***Boutique/Galerie :*** *avr-sept, tlj 10h-18h30 ; les w-e, fermé 12h-14h ; oct-mars, tlj 10h-18h ; les w-e, fermé le mat.*
Le Fel est un minuscule et adorable village de 145 habitants avec une rue unique et fleurie. Un cadre qui a beaucoup de charme, avec vue imprenable sur le Lot. C'est là que s'est installée la ***céramiste Suzy Atkins,*** d'origine américaine et de renommée internationale. La famille Atkins accueille, au sein de sa galerie et de sa boutique, de nombreux artistes et créateurs européens mondialement reconnus, afin de faire découvrir leurs œuvres au public dans le cadre d'***expositions exceptionnelles.*** Car le site est à couper le souffle, et l'architecture des lieux très moderne. Suzy Atkins confectionne des pièces très originales, qui sont reproduites en série – mais avec passion – par ses employés. Elle crée aussi des pièces uniques, souvent décorées d'or. Elle décline son œuvre selon son inspiration, mais son point de départ se situe toujours dans le monde de l'utilitaire, avec des objets ayant une fonction bien précise (matériel de cuisine, art de la table, lampes…). Sa technique très personnelle de superposition d'engobes lui ouvre une palette de couleurs jusqu'alors insoupçonnée pour le ***grès au sel.***
En près de 30 ans, la poterie du Don du Fel est devenue un pôle européen de la ***céramique contemporaine.*** On peut visiter les ateliers, et même s'y inscrire à des stages de poterie.

Les + :
– Animations.
– Expositions de céramiques (de février à octobre).
– Festival de la sculpture (en juillet-août).

Raynal et Roquelaure : *ZI Les Taillades, 12700* ***CAPDENAC-GARE.*** *☎ 05-65-80-23-00. • raynal-roquelaure.fr • Visite guidée slt. Résa au ☎ 05-65-64-74-87 (office de tourisme de Capdenac-Gare). Vac scol (sf mi-juil-mi-août) : mer à 10h. Tarifs : 6 € ; à partir de 12 ans et étudiant : 3 € ; - 12 ans : gratuit. Visites de groupe sur rdv (sf mi-juil-mi-août), pour 15-50 pers. Tarifs : forfait 76 € (15-20 pers) ; forfait 152 € (20-35 pers) ; forfait 228 € (35-50 pers). ♿ Durée de la visite : 2h.*
En 1876, Théophile Raynal, gérant du buffet de la gare de Capdenac et Ernest Roquelaure, chef cuisinier, ont eu la bonne idée de mettre en boîte les bons petits plats qu'ils préparaient. Le concept du plat cuisiné appertisé était né ! Les deux associés fondent alors Raynal & Roquelaure. Aujourd'hui numéro 2 sur le marché des ***plats cuisinés*** en France, l'entreprise élabore et commercialise des recettes sous les marques Raynal & Roquelaure et Zapetti. La visite permet de découvrir l'histoire de la société en traversant le « couloir du temps ». Grâce à une galerie surplombant les ateliers, on suit l'ensemble des étapes de fabrication d'un plat cuisiné.

Le Sac du Berger : *Layrolle, 12540* ***LATOUR-SUR-SORGUES.*** *☎ 05-65-99-36-60. • lesacduberger.com • Visite guidée slt. Juil-août : tlj à 15h30 ; le reste de l'année sur rdv. Tarifs : 3 € ; - 12 ans : gratuit. ♿ Visites de groupe sur rdv, pour 8-35 pers. Tarif : 2 €/pers. Durée de la visite : 1h.* ***Boutique :*** *lun-ven 9h-12h et 14h-18h, sam-dim 14h-18h.*
À Layrolle, entre Causses et Cévennes, en bordure du Larzac, dans la région de Millau, on perpétue le ***travail du cuir et de la laine*** autour d'un objet on ne peut plus typique et pratique à la fois : le ***sac du berger.*** Héritage du pastoralisme méridional, d'une forme qui n'a plus bougé depuis le XVIIe s, il est encore utilisé de nos jours par les bergers transhumants du sud de la France. La gamme de l'entreprise s'est élargie au reste de l'équipement du berger : sandales en été et bottes en hiver, cape en pure laine foulonnée, imperméable et coupe-vent, qui lui assure confort et chaleur lorsqu'il passe la nuit à la belle étoile, à proximité de son troupeau…
On approche ici au plus près le travail des artisans des métiers du cuir : sellerie, maroquinerie, confection de vêtements en cuir, fabrication de chaussures. Un témoignage émouvant et rassurant d'une démarche artisanale dans la micro-économie rurale, à l'ère de la mondialisation. Un accueil, un diaporama, une déambulation dans les bâtiments et la boutique permettent de s'immerger dans le monde du berger, « témoin silencieux et fidèle du mystérieux tutoiement de l'homme avec le ciel».
Label : Entreprise du Patrimoine Vivant.

GARD (30)

Domaine Royal de Jarras : *route du Grau-du-Roi, 30220* ***AIGUES-MORTES.*** *☎ 04-66-51-17-00. • domainedejarras.com • Visite guidée slt. Visite faune et flore en petit train suivie d'une dégustation : 10 €; 13-17 ans : 6 €; groupe : 7,90 €/pers. Visite faune et flore en petit train et observation du tri du bétail, suivie d'une dégustation : 14 €; 13-17 ans : 8 €; groupe : 10,90 €/pers. Visite du vignoble et des chais historiques avec dégustation (pour groupe de plus de 25 pers slt). Avr-sept : lun-sam à 10h30 et 15h15. Tarifs : 4 €; 13-17 ans : 2 €. Groupe de plus de 25 pers : 3 €/pers. Visite de la cave (pour groupe de plus de 25 pers slt). Avr-sept : tlj à 10h15, 11h15, 14h, 16h, 17h et 18h. Tarifs : 4 €; -12 ans : gratuit. ♿* ***Boutique :*** *oct-mars, lun-ven 10h-12h et 14h-17h ; avr-sept, tlj 10h-19h.*

Les Grands Domaines du Littoral constituent le ***plus grand domaine viticole d'Europe :*** 4 500 ha de terre, dont 2 000 ha plantés de vignes. Ce site unique offre des paysages alliant le domaine viticole à des espaces naturels typiques du paysage camarguais, où terre et eau se confondent, où les flamants roses viennent se reposer… On embarque à bord d'un petit train, d'où l'on peut apercevoir les vignes plantées dans le sable. C'est cette particularité qui les a protégées du phylloxéra au XIXe s, et qui donne son caractère très particulier au vin qui en est issu. La visite se poursuit par la découverte des chais, et se termine par une dégustation du ***Pink Flamingo Gris de Gris,*** un rosé très connu. On peut également assister à une ***démonstration de tri des taureaux par des gardians à cheval.*** En effet, 60 chevaux camarguais, descendants de ceux entraînés par les chevaliers pour les croisades de Saint Louis, composent aujourd'hui la manade.

Le + : animation.

Label : Tourisme et Handicap.

Le salin d'Aigues-Mortes : *route du Grau-du-Roi, 30220* ***AIGUES-MORTES.*** *☎ 04-66-73-40-24 • visitesalinaiguesmortes.com • Visite guidée slt. 1er mars-2 avr : à 10h30, 11h30, 14h30, 16h (fermé 1er mai). 3 avr-2 juil et 29 août-30 sept : ttes les 30 mn de 10h à 11h30 puis de 14h à 17h. 3 juil-28 août : ttes les 30 mn de 10h à 12h et de 13h30 à 18h. Tarifs : 10 €; 5-13 ans : 8 €; forfait famille (2 adultes et 2 enfants) : 30 €. Visite de groupe sur rdv à partir de 20 pers. Résa obligatoire. Tarifs : 8 €/pers; 5-13 ans : 6,30 €; 1 gratuité pour 20 pers. Scolaires : 6,30 €/pers; 1 gratuité pour 10 pers. ♿ (appeler avant). Durée de la visite : 1h15.* ***Boutique :*** *mars-oct, tlj (sf 1er mai).*

Un paysage de marais, de sable et d'eau, « plat désert de mélancolie, frissonnant de solitude »… ***Aigues-Mortes*** offre une part de rêve, un soupçon d'irréel à quiconque l'approche. Ce bout du monde planté entre lagunes, marais et canaux, enfermé entre ses ***remparts,*** ne peut que susciter l'admiration. D'ailleurs, ce modèle d'architecture militaire médiévale destiné à défendre la porte vers l'Orient du royaume de France est devenu un lieu touristique très prisé. Et les efforts en matière d'environnement ont payé : la ***Camargue gardoise*** a obtenu le ***label Grand Site de France.*** C'est dans cet écrin environnemental préservé que miroitent comme des nappes d'argent les tables salantes d'Aigues-Mortes.

UNE PINCÉE DE SEL POUR RELEVER LE QUOTIDIEN

On récolte le sel dans la région depuis l'Antiquité. Les fonctionnaires chargés de la récolte et de la commercialisation du sel recevaient une partie de leur solde en sel : le salarium*, d'où le mot « salaire ».*

À la fin du XVIIe s, 17 modestes saliniers exploitaient les marais camarguais. Dure tâche : leur espérance de vie était de 25 ans. Comme le disait un manadier : « Les femmes pouvaient donc espérer se marier trois fois ! » Après les graves inondations de 1842, les propriétaires des terres se sont associés à un négociant montpelliérain pour fonder, en 1856, la célèbre ***Compagnie des Salins du Midi.***

L'exploitation que l'on visite ici couvre une superficie totale de 9 800 ha (soit l'équivalent de Paris intra-muros). Le site accueille une faune et une flore intéressantes. Le faible degré hygrométrique de l'air et le fort ensoleillement favorisent la production : 15 000 t par jour pendant la récolte. Le sel stocké (entre 400 000 et 500 000 t) forme une impressionnante colline (appelée « camelle ») visible à des kilomètres à la ronde.

La visite permet de découvrir d'une part le ***monde de l'or blanc et le travail du saunier,*** d'autre part un endroit préservé au cœur d'une nature encore sauvage, à la biodiversité importante. Pendant plus d'une heure, on circule à bord du petit train qui traverse les tables salantes. On comprend ainsi pourquoi les eaux sont roses avant la récolte… La visite est également possible à VTT *(avr-oct).* Cette balade de 3h30 est accompagnée par un guide naturaliste.

Label : Sud de France Languedoc-Roussillon.

GERS (32)

Armagnac Ryst Dupeyron : *1, rue Daunou, 32100* ***CONDOM.*** *☎ 05-62-28-08-08. • tourisme3281.com • Visite guidée slt. Sept-fin juin : lun-ven 9h-12h et 14h-18h. Juil-août : sam-dim 14h30-18h en plus. Visite de groupes et de scolaire sur rdv, à partir de 15 pers. Tarif : gratuit. (accès partiel). Durée de la visite : 1h.* ***Boutique :*** *sept-fin juin, lun-ven 9h-12h et 14h-18h ; juil-août, w-e aussi 14h30-18h.*

DU CRAPAUD AU PRINCE CHARMANT

Il était une fois une piquette si misérable que le moindre transport lui était fatal. On la fortifia avec de l'eau-de-vie, puis on en vint à la distiller. Et c'est ainsi que le méchant jaja devint l'armagnac, roi des alcools français. L'armagnac était déjà commercialisé au XVe s. Il ne subit qu'une seule distillation, d'octobre jusqu'à fin avril. C'est la vinification la plus naturelle qui soit ; aucun ajout (soufre, sucre) n'est autorisé. Dès sa sortie de l'alambic, l'eau-de-vie vieillit dans des fûts de chêne neufs du pays (chêne noir). Pour avoir droit à l'appellation, l'eau-de-vie doit rester au moins 2 ans en fût. Quatre ans de fût, au moins, lui donnent sa teinte ambrée, mais il existe des armagnacs d'un siècle. Une vieille eau-de-vie se respire plus qu'elle ne se boit : du tilleul à la réglisse, en passant par l'amande, la pêche et la vanille, le poivre et le pruneau, on n'en finit pas… La production d'armagnac est protégée par une AOC (Appellation d'origine protégée).

Avec les Pyrénées en toile de fond, l'ouest du Gers est le pays de la vigne et du vin, le royaume de l'armagnac. C'est à Condom, petite capitale de l'Armagnac-Ténarèze (qui donne un armagnac au goût de pruneau), que Joseph Dupeyron, bouilleur de crus, a fondé en 1905 la maison Ryst-Dupeyron. Sa passion s'est transmise à sa lignée depuis cinq générations. Après la projection d'un film de 10 mn retraçant les différentes étapes de la ***fabrication de l'armagnac,*** on visite les caves, où sont élevées dans la plus pure tradition ces eaux-de-vie réputées pour leur longue maturation. Des senteurs de pruneaux et de vanille accompagnent le visiteur dans ce dédale à l'ambiance mystérieuse. Les galeries voutées abritent des ***chais centenaires*** et des dizaines de ***fûts de chêne de Gascogne*** de 400 litres. On atteint même le « paradis », où sont conservés les plus anciens millésimes – de plus de 40 ans d'âge. Quotidiennement, Jacques-François Ryst et son maître de chai veillent à leur élaboration. Lorsque le maître de chai estime le vieillissement suffisant, il commence les coupes, c'est-à-dire l'assemblage harmonieux de plusieurs eaux-de-vie d'origines et d'âges différents. Le circuit termine par une dégustation de différents arma-

gnacs dans une salle conçue comme la reconstitution d'un chai du début du XXe s, avec des personnages en situation. Une visite commentée avec passion dans des lieux aux parfums enivrants.
Pour la compléter, on se rend au ***musée de l'Armagnac,*** installé dans les dépendances (anciennes écuries) du palais des Évêques (☎ 05-62-28-47-17 ou 05-62-28-47-21. • patrimoine-musees-gers.fr •). Une petite vidéo y explique tout le processus de fabrication de l'armagnac. On y voit du matériel de vigneron et des outils multiples qui sentent bon la vieille France et le terroir, une collection de vieilles bouteilles – dont une dame-jeanne de 18,75 l ! –, une amusante cloche antigrêle de 1607, et un immense pressoir à tessons (XIXe s) de 18 t... Impressionnant. À l'étage, splendide charpente en coque de bateau renversé.
Le + : animation : dîner dans les chais.

Armagnac Samalens : *route Panjas, 32110* ***LAUJUZAN.*** *☎ 05-62-09-14-88. • samalens.fr • Visite guidée slt. Sept-juil : lun-ven 9h-12h et 14h-17h30. Visites de groupes sur rdv (sf août), jusqu'à 55 pers. Tarif : gratuit. Durée de la visite : 1h30.* ***Boutique :*** *sept-juil, lun-ven 9h-12h et 14h-17h30.*
La maison Samalens est située à Laujuzan, au milieu des vignes et des forêts de chênes, au cœur de la région du bas Armagnac (capitale : Eauze), qui produit le plus réputé des ***armagnacs.*** Pour fabriquer le précieux élixir, elle ne sélectionne d'ailleurs que des vins du coin, qui donnent des eaux-de-vie d'une grande finesse. Elle a été fondée en 1882 par Jean Samalens, l'arrière-grand-père des propriétaires actuels. Avec ses ***8 alambics,*** dont certains remontent au XIXe s, c'est la plus importante de la région. Son stock inclut de très vieilles réserves, comme le millésime 1888 ! Un des facteurs qui lui a permis de devenir leader sur des marchés très exigeants, comme le Japon ou Taïwan.
La fabrication se fait dans les règles de l'art : après l'étape de la distillation (octobre-fin janvier), les jeunes bas armagnacs sont mis dans des barriques neuves de bois de chêne de Gascogne, dont les douves (les planches incurvées) ont été fendues sur place à la main et asséchées pendant 4 ou 5 ans. Pendant les premières années, ces pièces sont placées dans le grenier, sous les toits, là où la chaleur est la plus forte en été, où il fait le plus froid en hiver. Puis au fur et à mesure du vieillissement elles descendent d'étage, pour arriver dans des locaux où la température est plus égale. Et où l'on peut déguster ces armagnacs.

Le Bleu de pastel de Lectoure : *55, rue Alsace-Lorraine, 32700* ***LECTOURE.*** *☎ 05-62-28-14-93. 📱 06-40-07-56-97. • bleu-de-lectoure.com • Lun, mar, jeu-sam 10h-12h30 et 14h-18h, mer 14h-18h, dim 10h-13h. Visite sur rdv : 14h30, 15h30, 16h30. Tarif : 2 €/pers.*

UNE PEUR BLEUE

Le pastel connut son âge d'or à la Renaissance, mais les Gaulois, eux, avaient déjà bien compris les vertus de cette plante ! Ils l'utilisaient pour se peindre le visage en bleu avant d'aller au combat. Les troupes de Jules César auraient été tellement surprises par ce déballage de furies qu'elles auraient eu une sacrée... peur bleue !

Ceinturée par les vestiges de ses anciens remparts médiévaux, Lectoure, l'une des plus jolies petites villes du Gers, s'étire comme une acropole sur une haute colline. Installée dans une tannerie du XVIIIe s, Denise y fait revivre l'industrie du pastel et communique son enthousiasme aux visiteurs. On apprend ainsi que le pastel (la fleur de rosette) est une plante qui produisait jadis un colorant bleu au teint caractéristique et indélébile, utilisé entre autres pour teindre les uniformes de l'armée napoléonienne. Cette plante ne fleurit que 15 jours la deuxième année de sa culture. Avec passion, elle cultive à nouveau la ***fleur de rosette*** *(Isatis tinctoria)* et en perfectionne les techniques d'extraction. Grâce à ses efforts, ce pigment bleu unique intéresse à nouveau les beaux-arts, l'industrie textile, la cosmétique, et même l'aéronautique ! Galerie d'art et magasin

(foulards, peintures, crayons, etc.) complètent la visite guidée de l'atelier, où l'on peut assister au changement de couleur du tissu comme par magie, passant du jaune au vert puis au bleu au contact de l'air dès sa sortie de la cuve, par un processus naturel d'oxydation.
Label : Entreprise du Patrimoine Vivant.

Maison Gelas : *46-48, av. Edmond-Bergès, 32190* ***VIC-FEZENSAC.*** *☎ 05-62-06-30-11. • gelas.com • Visite guidée slt. Résa par tél. Lun-sam 9h-17h (12h le sam). Visite de groupe sur rdv, jusqu'à 50 pers. Tarif : 3 €. ♿ Durée de la visite : 1h.* ***Boutique :*** *lun-sam 9h-17h (12h le sam).*
Maison familiale créée en 1865, quand Baptiste Gélas se lance dans la production et le négoce d'***armagnac*** en rachetant son affaire à son père, qui était tonnelier. Aujourd'hui, la maison Gélas propose aussi, outre une rare collection de vieux millésimes d'armagnacs, une sélection de vins régionaux et d'épicerie fine du Gers. On visite les chais centenaires, la salle des alambics et le chai de vieillissement, et on déguste à la fin. Rigolo : diplôme de connaisseur d'Armagnac remis après avoir répondu à un questionnaire.
Label : Excellence Gers, Entreprise du Patrimoine Vivant.

POUR DEVENIR UN PRO DE L'ARMAGNAC

– 3 étoiles : assemblage d'armagnac de plus de 3 ans.
– VSOP : assemblage d'armagnac de plus de 4 ans.
– Napoléon : assemblage d'armagnac de plus de 5 ans.
– Hors d'âge : assemblage d'armagnac entre 10 et 15 ans.
– Millésimé : seule année avec indication de l'année de production.

HAUTE-GARONNE (31)

Biscuiterie Vital Ainé : *ZA Les Lanes, 31220* ***MARTRES-TOLOSANE.*** *☎ 05-61-98-80-05. • vital-aine.com • ♿ Visite de groupe sur rdv slt, env 15-100 pers (sf fin déc-début janv), plutôt lun-jeu le matin. Tarif : gratuit. Durée de la visite : 1h.* ***Boutique :*** *lun-ven 8h-19h.*
C'est en 1836 que Jacques Vital et sa femme Jeanne-Marie, tous deux enfants du pays, créent à Martres-Tolosane la ***pâtisserie*** qui porte encore aujourd'hui leur nom. Très vite, la renommée de leur maison dépasse les frontières du canton. Puis le fils aîné reprend l'enseigne… Puis encore les aînés des fils… depuis 180 ans. L'esprit de famille perdure, et avec lui la transmission de génération en génération de secrets de ***pâtissiers.*** Des secrets de fabrication qui assurent le succès de leurs cakes, tourtes, madeleines, meringues, boudoirs et autres biscuits maison. Une déclinaison bio enrichit désormais la gamme.
Label : AB.

La Dépêche du Midi : *av. Jean-Baylet, 31000* ***TOULOUSE.*** *☎ 05-34-39-42-02. • manatour.fr • Visite guidée slt. Tarifs : 10 €; enfants, étudiants et handicapés : 8,50 € ; - 6 ans : gratuit. Visite de groupe sur rdv, jusqu'à 50 pers. Tarifs sur site internet. ♿ Durée de la visite : 1h30.*
Une visite passionnante au cœur du ***journal régional du Grand Sud !*** Commentée par un guide, cette visite vous emmène au cœur du journal, là où le public n'est normalement pas admis. D'atelier en atelier, on découvre les 7 étapes la fabrication du journal :
– La salle de rédaction, où apparaissent le cheminement et le traitement de l'information.
– L'atelier PAO (publication assistée par ordinateur), où sont intégrés dans la maquette les textes, les photos et la publicité.
– L'atelier des plaques offset, qui sont flashées (gravées) à partir des fichiers informatiques grâce à la technologie du « CTP » *(computer to plate).*
– La salle des rotatives, où 23 journaux sont imprimés par seconde sur 2 rotatives.

– Le dérouleur et le stock de papier, destiné à alimenter les rotatives : les 42 000 journaux imprimés par jour consomment 40 tonnes de papier à eux seuls.
– La salle des expéditions, alimentée par un système de crémaillère aérienne relié aux rotatives. Les paquets sont préparés par les compteurs empileurs, puis les fardeleuses et les ficeleuses.
– Le quai des expéditions : 3 800 points de vente sont approvisionnés et 17 000 km parcourus chaque nuit.
Également une ***exposition permanente*** consacrée à l'histoire de *La Dépêche du Midi* et de ceux qui l'ont faite.

EDF – Centrale hydraulique de Luchon : *74, av. Jean-Jaurès, 31110* ***BAGNÈRES-DE-LUCHON.*** *☎ 05-61-79-21-21 21 (office de tourisme de Bagnères-de-Luchon). • edf.fr/haute-garonne • Espace EDF Luchon : visite slt sur rdv tte l'année. Lun-ven 9h-17h. Tarif : gratuit. ♿ Durée de la visite : 1h.*
Au cœur des Pyrénées, près de la frontière espagnole, dans un fond de vallée escarpée, la centrale hydroélectrique de Luchon fait partie d'un ensemble d'aménagements comprenant 3 vallées, 10 lacs et 5 centrales.
La centrale de Luchon est alimentée par le barrage du Lac d'Oô, à 1 500 m d'altitude, haut lieu de randonnée, dont la position, au confluent de deux rivières, la Pique et l'One, lui permet en effet de collecter l'eau de nombreux torrents. La centrale, construite en 1921, alimente en électricité l'équivalent d'une ville d'environ 25 000 habitants et contribue à satisfaire les pointes de consommation.
Sur place, votre visite, accompagnée par un guide-conférencier, commencera par un parcours pédagogique dans l'Espace EDF Luchon, récemment rénové. Celui-ci propose des maquettes et des films qui vous permettront de découvrir de façon ludique et interactive l'énergie hydraulique, première des énergies renouvelables. Puis, moment fort du parcours, vous vous rendrez sur une plate-forme en surplomb de la salle des machines pour pouvoir comprendre au plus près le fonctionnement d'une centrale hydraulique.
Des expositions temporaires (photos et toiles) complètent l'offre culturelle de cet espace découverte.
Label : Tourisme et Handicap.

EDF – Centrale hydraulique de Toulouse (Le Bazacle) : *11, quai Saint-Pierre, 31000* ***TOULOUSE.*** *☎ 05-62-30-16-00. • bazacle.edf.com • et • edf.fr/haute-garonne • Espace EDF Bazacle visite libre et gratuite tte l'année, mar-dim 11h-18h (19h mai-oct). Visite de la salle des machines slt sur rdv. Résa au ☎ 05-34-39-88-70 ou par mail : • visites.edf.bazacle@manatour.fr • Tarif : gratuit. ♿ Durée de la visite : 45 mn.*
L'histoire de Toulouse et celle de la Garonne sont intimement liées : c'est le fleuve qui a dicté l'emplacement, le développement de Toulouse, ainsi que son activité économique jusqu'à l'arrivée du chemin de fer en 1856. Quelques kilomètres à peine après sa confluence avec l'Ariège, son lit se courbe, ses eaux ralentissent. La rive droite, surélevée de 8 à 10 m par rapport à la rive gauche, était idéale pour l'implantation de l'activité humaine. On pouvait même traverser le fleuve à pied ou à cheval au Bazacle, grâce à un dallage de pierre, avant même la construction de tout pont. Ce gué naturel, aménagé dès l'époque romaine, a permis au XIIe s la construction de moulins à eau, ancêtres de ces moulins à électricité que sont les centrales hydroélectriques.
En 1889, un de ces anciens moulins est transformé en centrale hydroélectrique, toujours en fonctionnement : sa puissance est de 3 mégawatts, ce qui correspond aux besoins d'environ 10 000 habitants.
Ce site est désormais l'Espace EDF Bazacle. Outre la visite de la salle des machines de la centrale (sur réservation), on peut voir les anciens souterrains hydrauliques, ainsi qu'une passe à poissons aménagée pour faciliter leur migration et permettre leur recensement lorsqu'ils passent le fleuve à hauteur du barrage. Il

est d'ailleurs possible d'observer ce phénomène par un hublot au sous-sol donnant sur un des bassins de la passe. C'est assez ludique, et puis il ne faut pas oublier qu'on est sous le niveau de la Garonne.
Au-delà de la découverte du fonctionnement d'une centrale hydraulique, le grand hall de l'Espace accueille régulièrement des ***expositions temporaires.*** Le Bazacle nourrit l'ambition d'élargir les champs des découvertes entre technique, culture et poésie fluviale. Il accueille désormais 100 000 visiteurs chaque année.
Le + : un super point de vue sur la Garonne à partir d'une terrasse de 400 m²
aménagée pour observer les oiseaux (n'oubliez pas les jumelles).
Label : Tourisme et Handicap.

Let's Visit Airbus : *allée André-Turcat, 31700* ***BLAGNAC.*** *☎ 05-34-39-42-00. • manatour.fr • Visite guidée slt. Résa par tél ou sur le site : • manatour.fr • Vac scol ttes zones : lun-sam. Hors vac scol : 2 à 3 visites/sem. Tarifs : 15,50 €/pers ; tarif réduit (6-17 ans, handicapés, famille nombreuse et étudiants sur présentation de la carte) : 13 €/pers ; - 6 ans : gratuit. On peut combiner plusieurs circuits. Visite de groupe et de scolaires sur rdv, jusqu'à 49 pers. Tarifs : plusieurs circuits sont proposés, qu'on peut combiner entre eux. Voir sur • manatour.fr • Moins de 20 pers : tarif forfaitaire pour le groupe ; plus de 20 pers : prix/pers. ♿ Durée de la visite : 1h30.* ***Boutique :*** *lun-sam 9h-18h.*

À SAVOIR : s'inscrire 48h ouvrées avant la visite. Le jour dit, se présenter 30 mn avant le début de la visite, avec sa pièce d'identité : carte d'identité ou passeport pour les ressortissants de l'UE, passeport pour les non-UE. On peut combiner différents circuits de visite (et profiter d'une réduction). Photos interdites.

Voici ***le plus grand site aéronautique d'Europe,*** rien de moins – et un site véritablement européen, puisque l'Allemagne, l'Espagne et le Royaume-Uni participent à l'épopée Airbus. On y assemble presque trois avions par mois, relevant de quatre familles d'avions : l'A380, l'A330, l'A320 et l'A350. Airbus, qui dispose d'un réseau de quelque 1 500 fournisseurs dans plus de 20 pays, emploie ici près de 20 000 personnes. Le site propose plusieurs visites.
La visite « Airbus Découverte » révèle les ***coulisses des essais en vol.*** On débute en salle de télémesure, puis on accède au site d'assemblage du « géant des airs » pour l'observer à loisir depuis le sommet d'un hangar haut de 46 m. Impressionnant !
Le « Circuit panoramique » s'effectue en autocar, sur les différents sites Airbus de Toulouse, soit 700 ha. On voit le siège social, les bureaux d'études, les sites d'assemblage des Airbus A320, A330, A350, le bâtiment consacré à l'aménagement commercial, les centres de livraisons. Une déclinaison écolo est prévue : le circuit « visite verte » présente la démarche d'Airbus en matière de ***production d'avions « verts »,*** respectueux de l'environnement et conçus selon des processus industriels écologiques.
Les enfants ne sont pas oubliés : la visite Airbus découverte « en famille » est ludique et interactive, avec une présentation adaptée aux enfants de 6 à 12 ans (obligatoirement accompagnés par un adulte). Dans le cadre de l'école, cela devient plus sérieux : la visite « Découverte des métiers » permet de ***découvrir les carrières de l'aéronautique*** (pour les classes de 3ᵉ).
Pour faire le tour de la question, rendez-vous également à ***Aeroscopia,*** musée dédié à l'histoire et à la culture aéronautiques *(rue Roger-Béteille, aussi à* ***Blagnac.*** *• aeroscopia-blagnac.fr • Possibilité de billet combiné avec la visite Airbus).* Dans une vaste nef d'acier, moderne et lumineuse. En début de visite, on embarque dans le *Super Guppy,* un ***avion cargo*** particulièrement impressionnant qui a été utilisé pour transporter les pièces d'Airbus à travers l'Europe. À l'intérieur, projection d'un film sur l'histoire de l'aviation à Toulouse. Ensuite, on déambule, en hauteur, sur une passerelle qui court le long du hall et qui permet de voir plusieurs avions de légende, dont ***le Concorde,*** ainsi qu'une vingtaine d'avions civils et militaires restaurés. Une grande fresque retrace les principales étapes de l'aviation depuis le pionnier Clément Ader jusqu'à nos jours (panneaux

explicatifs, écrans vidéo et nombreuses maquettes). Au rez-de-chaussée, on peut découvrir les coulisses d'un vol, expérimenter les grands principes aéronautiques, imaginer l'avion du futur et même découvrir l'archéologie aéronautique. C'est à la fois un lieu de mémoire, d'éducation et un espace ludique, pédagogique et interactif.

Le + : animation spécifique pour les enfants.

Marché d'intérêt national Toulouse Métropole : *146 et 200, av. des États-Unis, 31000* ***TOULOUSE.*** *☎ 05-61-47-68-48. • min-tm.com • Privilégiez les lun, mer et ven et j. de plus forte activité. Visite guidée slt, à partir de 10 pers. Résa au ☎ 05-34-39-42-02 ou par mail • manatech.visites@manatour.fr • Tarifs : 12 € ; étudiants, demandeurs d'emploi et moins de 18 ans : 10 € ; - 6 ans : gratuit. Visite de groupe sur rdv, jusqu'à 50 pers. Résa au ☎ 05-34-39-42-02. Groupe de 25 pers et moins : à partir de 110 €. De 26 à 50 pers : à partir de 220 €. Durée de la visite : 1h30.* ***Boutique :*** *tlj 14h-17h.*

Le MIN de Toulouse est le 3e plus gros marché d'intérêt national en tonnage de ***fruits et légumes.*** Il occupe 18 ha de surface, dont 8 construits. 400 producteurs viennent y vendre leurs produits ; le secteur horticole à lui seul représentant un quart d'entre eux. 6 000 acheteurs viennent s'y fournir : grossistes, grandes surfaces, commerces alimentaires, marchés de la ville et de la région, restaurants… Un « carreau des producteurs » offre 2 100 m² de surface couverte aux agriculteurs locaux. Tous les domaines de l'alimentaire (et au-delà) sont couverts : ***la marée, les produits carnés, l'horticulture, et les fruits et légumes.*** Le tout représente 900 emplois : une véritable « ville dans la ville » et une visite tout en odeurs et en saveurs.

Le + : dégustation possible.

SETMI : *11, chemin de Perpignan, 31000* ***TOULOUSE.*** *☎ 05-34-39-42-02. • manatour.fr • À partir de 7 ans. Visite guidée slt sur rdv. Visite en groupe jusqu'à 38 pers. Tarif : gratuit. ♿ Durée de la visite : 1h30.*

L'incinération et la valorisation des déchets n'est pas une nouveauté à Toulouse : dès 1926, la ville collectait et incinérait ses déchets à l'usine des Gadoues, sur l'île du Ramier, alors que la majorité des agglomérations françaises jetait tout dans des décharges. Et dès 1926, la chaleur dégagée par la combustion de ces déchets alimentait un réseau de chauffage urbain.

L'***unité de valorisation énergétique SETMI*** a pris le relais en 1968. Et depuis 1970, l'installation d'un turbo-alternateur permet de ***transformer les vapeurs en électricité.*** Un système de traitement des dioxines et furannes (des résultats de combustion pas du tout *eco-friendly*) a également été mis en place, 4 ans avant qu'il ne devienne obligatoire.

Aujourd'hui, chacun rejette chaque jour, en moyenne et après tri sélectif, 1 kg de déchet par personne. Les services de propreté de la mairie de Toulouse collectent plus de 600 tonnes de déchets chaque jour. En suivant le circuit en 3 étapes (visite virtuelle de l'usine en 3D, atelier « déchethèque » et point de vue sur le site depuis le belvédère), on découvre comment ces déchets sont incinérés, et surtout comment l'énergie et les mâchefers issus de cette combustion sont valorisés, alimentant près de 10 000 foyers en eau chaude et chauffage.

HAUTES-PYRÉNÉES (65)

Biscuiterie Védère : *423, route de la Gare, 65200* ***MONTGAILLARD.*** *☎ 05-62-91-63-33. • biscuiterievedere.com • À partir de 6 ans. Visite guidée slt. Mar-ven à 10h30. Visite de groupe sur rdv, 5-25 pers. Tarif : gratuit. ♿ Durée de la visite : 1h.* ***Boutique :*** *lun 14h-19h, mar-ven 9h-13h et 14h-18h30, sam 10h-12h30 et 14h30-19h, dim 15h-18h30.*

Au début du XXe s, Jean Brau cuit et vend dans sa petite échoppe de Tarbes les traditionnels biscuits de Pyrénées (une variété locale de biscuits à la cuillère) dont se régalent tous les gamins et les gourmands du coin.

À Montgaillard, au pied du pic du Midi, entre Tarbes et Bagnères-de-Bigorre,

Paul Védère cuit le pain, pendant que son fils tente de ressusciter les pâtisseries qu'il mangeait enfant, comme les tourtes de sa grand-mère.
C'est en 1950 que débute la saga qui transformera la boulangerie en ***pâtisserie de renom.*** Les tourtes plaisent tellement que l'échoppe familiale s'agrandit et rachète la petite fabrique de Jean Brau, élargissant du même coup son savoir-faire et sa gamme. Aujourd'hui, la biscuiterie se fournit toujours en produits locaux (blés et œufs gascons) pour produire ***gâteaux biscuits et boudoirs des Pyrénées, et bien sûr les fameuses tourtes.*** À déguster dans un lieu original : un wagon SNCF transformé en salon de thé ! Succès assuré auprès des enfants.
Label : Tourisme et Handicap.

EDF – Centrale hydraulique de Saint-Lary-Soulan : *parc Benoît-Fourneyron, 65170* ***SAINT-LARY-SOULAN.*** *☎ 05-62-39-50-00 (office de tourisme de Vielle-Aure). • edf.fr/hautes-pyrenees • Espace EDF Saint-Lary visite slt sur rdv. Résa par tél auprès de l'office de tourisme de Vielle-Aure. Tte l'année : lun-ven 9h-12h. Tarif : gratuit. ♿ Durée de la visite : 1h-1h30.*
Dès le début du XXe s, les Pyrénées ont été équipées d'un ensemble de barrages et de centrales hydrauliques destinés autant à réguler le débit des torrents qu'à produire de l'électricité.
L'Espace EDF Saint-Lary se situe au pied de la centrale hydraulique de Saint-Lary-Soulan, au cœur de la plus importante station de ski des Pyrénées et à proximité de la superbe réserve naturelle de Néouvielle.
Dans ce nouvel espace, inauguré en 2016, maquettes, films et cartes des vallées d'Aure et du Louron rendent la découverte de l'énergie hydraulique, première des énergies renouvelables, ludique et attrayante. Le point d'orgue de la visite est l'entrée sur la plate-forme en surplomb de la salle des machines, qui permet une immersion dans le quotidien des exploitants et de mieux comprendre le fonctionnement d'une centrale hydraulique.
Label : Tourisme et Handicap pour handicaps moteur, mal-entendant, malvoyant et mental.

HOMMAGE

L'Espace EDF Saint-Lary rend hommage à Benoît Fourneyron (1802-1867), ingénieur pionnier dans la maîtrise de la « houille blanche », qui a eu l'idée d'associer une turbine hydraulique à des conduites forcées, un procédé toujours utilisé sur toutes les centrales hydroélectrique à lac-réservoir, comme à Pragnères (voir ci-dessous).

EDF – Centrale hydraulique de Pragnères : *hameau de Pragnères, 65120* ***GEDRE.*** *☎ 05-62-92-35-25. • edf.fr/hautes-pyrenees • Espace EDF Pragnères : juil-août, lun-ven 10h-17h, visite libre ; sept-juin, lun-ven 14h-18h, visite sur rdv. Tarif : gratuit. ♿ Durée de la visite : 1h30.*
Doté d'un emplacement exceptionnel sur le site de la centrale hydraulique, l'Espace EDF Pragnères propose un circuit pédagogique riche en découvertes grâce à des maquettes, synoptiques et photos. Ce parcours original propose aux visiteurs de revivre la formidable épopée humaine qu'a constituée la construction de ce site. Il permet également de comprendre la « cueillette de l'eau », une technique mise au point par EDF. De plus, l'Espace offre une vue directe sur la salle des machines de la centrale hydraulique de Pragnères, la plus moderne et la plus puissante des Pyrénées. Elle est l'un des ouvrages hydroélectriques de la haute vallée du Gave-de-Pau.
Entre 1947 et 1953, tout un ensemble d'aménagements hydrauliques a été réalisé dans cette vallée. Il comporte des centrales et des barrages qui s'étagent de 2 150 m à 1 100 m. L'eau des massifs du Néouvielle et du Vignemale est collectée par une quarantaine de prises d'eau, puis, acheminée par des galeries souterraines jusqu'aux conduites forcées. Au-delà de Pragnères, l'ensemble comprend également les centrales de Gèdre, Esterre, Luz et Pont-de-la-Reine,

ainsi que deux stations de pompage. Elles permettent en période creuse, où la demande d'électricité est faible, de remonter l'eau vers le réservoir supérieur, remplissant le lac de retenue. Ainsi, en période de pic de consommation, l'eau est à nouveau turbinée pour produire de l'électricité quand il y en a le plus besoin. L'électricité est donc stockée sous forme d'eau, ce qui est plus économique.

HÉRAULT (34)

La Botte Gardiane : *470, chemin de Lunel, 34400* ***VILLETELLE.*** *☎ 04-67-66-29-58. • labottegardiane.com • Lun-ven 8h-11h30 et 13h-17h (fermé 3 sem en août, 1 sem entre Noël et le Nouvel An, 1 sem à Pâques). Tarifs : 7 € ; gratuit pour les - 12 ans. ♿ Durée de la visite : 20 mn.* ***Boutique :*** *lun-ven 8h-12h et 13h-18h, w-e sur rdv.*

Maison fondée en 1958, ***La Botte Gardiane*** s'inspire des bottes de gardians camarguais (cavaliers veillant sur les taureaux) pour concevoir ses collections. Ses modèles, sans perdre leur authenticité, sont traversés par un souffle de modernité qui les porte sous les projecteurs de la presse fashion. ***Sandales, bottes, bottines et ballerines sont réalisées à la main.*** La famille Alguhon ouvre son atelier de production, situé aux portes de la Camargue, dans le petit village de Villetelle, entre Nîmes et Montpellier. Un succès tel que 40 % du chiffre d'affaires est réalisé à l'exportation, notamment vers le Japon et les États-Unis et que deux boutiques lui sont dédiées à Paris.

Label : Entreprise du Patrimoine Vivant, Bottin du Made in France.

La Cure Gourmande : *pl de l'Ancienne-Gare, 34540* ***BALARUC-LES-BAINS.*** *☎ 04-67-80-38-87. • curegourmande.fr • Visite guidée. Visites de groupes et de scolaires sur rdv, jusqu'à 50 pers. Attention : il n'y a pas d'activité de production le week-end. Tarif : gratuit. Durée de la visite : 30 mn.* ***Boutique :*** *tlj 9h-20h.*

L'objectif de la ***Cure Gourmande***, fondée en 1989 et située dans l'ancienne gare de Balaruc-les-Bains, est de renouer avec la fabrication des confiseries traditionnelles pour retrouver les goûts et les saveurs d'antan. Spécialité du magasin : la ***fabrication des madeleines et des cakes traditionnels.*** À la suite de la visite – et de la dégustation ! –, on retrouve dans le magasin toute la gamme de produits : biscuits, sucettes, calissons, chocolats…

Maison Noilly Prat : *1, rue Noilly, 34340* ***MARSEILLAN.*** *☎ 04-67-77-20-15. • noillyprat.com • Visite guidée slt. Départ ttes les 45 mn. Mars-avr et oct-nov : lun-sam 10h-11h et 14h30-16h30. Mai-sept : tlj 10h-11h et 14h30-18h. Tarifs : 7,50 € ; 12-18 ans : 4,50 € ; - 12 ans : gratuit. Visite de groupe sur rdv, pour 20-55 pers. Tarif : 4,50 €/pers. ♿ Durée de la visite : 40 mn.* ***Boutique :*** *mars-déc, lun-sam 10h-12h et 14h30-17h30 ; mai-sept, lun-dim 10h-12h et 14h30-19h.*

Bien que très construits, les abords de l'étang de Thau ne manquent pas de charme et d'attractions diverses : les parcs à huîtres, l'arrivée du canal du Midi, Sète, mais aussi les villages de Bouzigues, Mèze et bien sûr Marseillan. Ce port très animé, avec l'arrivée des bateaux ayant descendu le ***canal du Midi,*** s'est refait une beauté au fil des ans : quais en pierre basaltique, maisons en pierre noire du volcan d'Agde. Cette petite cité s'enorgueillit de posséder la plus vieille Marianne de France (1878) et un château d'eau relooké avec… des coquilles d'huîtres !

C'est ici que s'installe Louis Noilly en 1850. Son père, Joseph, avait élaboré en 1813 une fabrication originale à partir du processus naturel de vieillissement du vin. C'est la première formule de ***vermouth sec français.*** Depuis 1855, l'apéritif Noilly Prat est toujours fabriqué de la même manière : conservé dans de grands fûts de chênes, le vin vieillit dans la fraîcheur des chais puis dans des milliers de fûts alignés dans l'enclos à ciel ouvert. Car c'est justement le rapport à l'extérieur qui fait la spécificité du Noilly Prat. Sur les anciens voiliers, battus par les vents, les

barriques de vin étaient transportées sur le pont. Exposé à la force des éléments pendant ces longues routes maritimes, le vin vieillissait d'une façon unique, rendant sa robe plus profonde et son goût plus intense et puissant.
Dans la même logique, les raisins blancs sont récoltés dans des vignes à proximité de la mer. Ces cépages régionaux sont élevés en plein air dans L'Enclos, une impressionnante arène à ciel ouvert contenant des centaines de fûts de chêne. Ils y sont exposés au vent, à la pluie, au soleil et aux embruns méditerranéens. Les fûts ont entre 20 et 60 ans, ainsi le vin n'est pas altéré par les tanins du bois neuf. Les ***fûts de chêne*** jouent en effet un rôle si important dans la qualité du vin vieilli que les fûts endommagés sont réparés sur place par des spécialistes Noilly Prat.
Pendant ce temps, d'autres vins mûrissent pendant 12 mois dans le ***chai des Mistelles,*** une des caves originelles de la maison. Certaines cuves de chêne peuvent contenir jusqu'à 40 000 litres de vin ! Leur oxydation lente produit un vin riche et doré.
Puis les vins mélangés arrivent dans les cuves de chêne de la salle des Secrets, et on y fait macérer pendant trois semaines une concoction d'une vingtaine d'herbes et épices, récoltées de par le monde et préparées par l'herboriste maison. Cet ***ingrédient secret*** comprend notamment de la camomille romaine et de la gentiane de France, de la noix de muscade d'Indonésie, et de l'orange amère de Tunisie. L'herboristerie est un lieu magique – devenu un musée – où il fait bon remonter le temps, dans une douce pénombre.
Lorsque cette phase est achevée, les herbes et épices sont retirées du vin, et celui-ci repose encore pendant 6 semaines.
Le Noilly Prat (décliné aussi en « rouge » et « ambré ») se déguste à l'***apéritif,*** ou sert de base en particulier dans certains ***cocktails,*** comme le classique Dry Martini. On en mangerait presque : il est utilisé aussi dans bien des sauces, et la maison a développé une gamme de produits gastronomiques exclusifs : rillettes de saint-jacques, foies gras…

Label : Qualité Tourisme, Tourisme et Handicap, Sud de France Languedoc-Roussillon, Qualité Hérault.

LOT (46)

Distillerie Louis Roque : *41, av. Jean-Jaurès, 46200* ***SOUILLAC.*** *☎ 05-65-32-78-16. • lavieilleprune.com • Visite guidée du musée et des chais. Lun-ven 8h30-12h et 14h-17h. Visite de groupe sur rdv jusqu'à 50 pers. Tarif : gratuit. ♿ Durée de la visite : 1h.* ***Boutique :*** *lun-ven 8h30-12h et 14h-17h.*
Souillac est une petite ville de plaine, porte de la vallée de la Dordogne, qui a gardé quelques charmantes traces de son passé médiéval. C'est ici que Louis Roque, troisième du nom, installe sa distillerie en 1905. Les recettes ancestrales y sont transmises au sein de la famille depuis cinq générations. La balade permet de voir le personnel de la maison refaire les mêmes gestes qu'autrefois, du remplissage au bouchage, puis de la pose de la cire sur le goulot jusqu'à l'étiquetage manuel des bouteilles. Belle collection de vieux alambics remontant jusqu'à 1880. Depuis plus d'un siècle, ***« la Vieille Prune »,*** célébrissime bouteille de prune à l'étiquette écrite à la plume d'oie, fleuron de la maison, y acquiert son goût unique, ses parfums subtils et sa longueur en bouche. À déguster à l'issue d'une visite instructive et savoureuse des chais. Aujourd'hui, la distillerie produit aujourd'hui 100 000 bouteilles par an.

Laboratoire Phyt's : *La Bouygue, 46140* ***CAILLAC.*** *☎ 05-65-20-20-21. • phyts.com • Résa au ☎ 05-65-20-20-00. Visite guidée slt. Lun-ven 10h-18h. Juil-août : sam aussi. Visite de groupe sur rdv, pour 15-30 pers. Tarif : gratuit. ♿ Durée de la visite : 30 mn.* ***Boutique :*** *lun-ven 9h-18h ; juil-août, sam aussi.*
Les Laboratoires Phyt's de Caillac, situés au cœur des vignes, dans les anciens chais du château Lagrezette, permettent d'entrer dans l'univers des ***cosmétiques certifiés bio.*** Un engagement de fond de cette entreprise, qui a par-

ticipé à la création de la charte Cosmebio pour permettre au consommateur de se repérer. L'une des gammes, par exemple, conjugue les vertus de l'huile d'argan, riche en vitamine E et en antioxydants, et celle de l'eau de Gamarde-les-Bains, aux vertus dermatologiques reconnues dues à sa richesse en soufre.

Le + : lors de la visite, les esthéticiennes de la maison prodiguent des conseils personnalisés sur l'utilisation et la fonction des produits.

Label : Charte Cosmebio.

PYRÉNÉES-ORIENTALES (66)

Four solaire développement : *résidence Vauban, 66210 **MONT-LOUIS.** ☎ 04-68-04-14-89. • four-solaire.fr • Visite guidée slt. Fermeture annuelle nov-déc. Janv-mi-juin et mi-sept-fin oct : départs 10h30, 11h30, 14h, 15h et 16h. Mi-juin-mi-sept : départs 10h, 11h, 14h, 15h, 16h, 17h et 18h. Juil-août : départs ttes les 30 mn de 10h à 11h30, puis de 14h à 18h. Tarifs : 7 € ; réduc (carte Intercités, étudiant, chômeur, personne handicapée) : 6 € ; 6-16 ans : 5 € ; - 5 ans : gratuit. Visite de groupe sur rdv, 10-60 pers. Résa au ☎ 04-68-04-14-89. Tarif : 5 €/pers ; scolaires : maternelles et primaires : 3 €/pers, collège : 4 €/pers, lycée : 4,50 €/pers, étudiants : 5 €/pers. Gratuit pour les accompagnateurs. Durée de la visite : 50 mn. **Boutique :** janv-mi-juin et mi-sept-oct, 9h30-12h30 et 14h-18h ; mi-juin-mi-sept, 9h30-12h30 et 14h-19h.*

La ***plus haute ville forte de France*** (à 1 580 m d'altitude) a été ***créée par Vauban*** (sa citadelle est classée au ***Patrimoine mondial de l'Unesco***). Elle a pris le nom de son maître, Louis XIV. Au cœur du parc naturel régional des Pyrénées catalanes, elle est idéalement placée à l'entrée de la Cerdagne, un vrai paradis pour les randonneurs avec ses cimes enneigées, ses vastes panoramas, ses somptueuses forêts et sa faune de montagne. Ce plateau cerné de hautes montagnes, à 1 200 m d'altitude moyenne, jouit d'un ensoleillement et d'une luminosité privilégiés. On y a donc logiquement installé le ***premier four expérimental du monde*** en 1949. Le principe est simple : un ensemble de miroirs permet de concentrer les rayons du soleil et d'obtenir des températures excessivement élevées. Il suffit alors de 34 secondes pour faire fondre 1 cm d'acier ! Le guide vous amène au cœur des installations, explique le fonctionnement du four solaire ainsi que les technologies utilisant l'***énergie solaire*** : capteurs solaires thermiques, douche solaire, distillateur solaire... Aujourd'hui, les fours solaires construits ici présentent un réel intérêt écologique, économique aussi, notamment pour les pays tropicaux où ils permettraient de lutter contre la déforestation, le bois étant pour l'heure l'une des principales énergies de ces pays. Visite intéressante, avec impressionnante démonstration de l'efficacité du four, lorsque le temps le permet. Les poteries vendues dans la boutique ont été cuites dans le four.

Le + : animations : construction d'un cuiseur solaire (scolaire), conférence sur les énergies renouvelables (centrale de Thémis).

Label : Qualité Tourisme, Sud de France Languedoc-Roussillon, Tourisme et Handicap.

Le grand four solaire d'Odeillo : *7, rue du Four-Solaire, 66120 **FONT-ROMEU-ODEILLO-VIA.** ☎ 04-68-30-77-86. • foursolaire-fontromeu.fr • Accueil à et par l'espace « Héliodyssée ». Périodes d'ouverture variables, voir site internet ou téléphoner. Tarifs : 7 € ; 7-17 ans : 3,50 € ; - 7 ans : gratuit. Visite de groupe sur rdv. Tarifs : 5 €/pers ; scolaires : école, 2,50 €/pers, collège-lycée m 3,60 €/pers. Durée de la visite : 1h30-2h.*

Dans une célèbre station climatique et sportive, la plus ancienne de France après Chamonix, ce ***laboratoire du CNRS*** fut créé en 1968 à l'initiative du Pr Trombe, pionnier en France dans le domaine de l'énergie solaire. Les scientifiques y font des recherches sur les matériaux utilisés dans des conditions extrêmes et sur la conversion, le transport et le stockage de l'énergie solaire. Avec une puissance de 1 000 kilowatts et des températures allant jusqu'à 3 400 °C, ce laboratoire est l'***un des deux plus grands fours solaires du monde.*** Très impressionnant : 63 héliostats, d'une surface totale de 2 835 m^2, renvoient la lumière sur les 9 130 facettes d'une grande parabole de 1 830 m^2. Le faisceau est concentré dans la tour centrale où se situe le plus puissant des 12 fours solaires du laboratoire. La visite permet de découvrir l'extraordinaire potentiel de l'***énergie solaire.*** Avec une partie commentée, des démonstrations, un film et une exposition interactive sur les énergies renouvelables, la lumière, les recherches du laboratoire et l'utilisation de l'énergie solaire dans la vie courante. Vraiment très intéressant.

Label : Qualité Tourisme, Sud de France Languedoc-Roussillon.

Manufacture du grenat : *rond-point du Canigou, 66500* ***PRADES.*** *☎ 04-68-96-21-03. • manufacturedugrenat.com • Mar-sam 9h-12h30 et 14h-19h ; juil-août, lun-sam 9h-12h30 et 14h-19h30. Visite guidée : mar-sam, et de mi-juin à mi-sept lun également, à 10h, 11h, 14h30, 15h30, 16h30 et 17h30. Tarifs : 3 €/pers ; - 18 ans : gratuit. Visite de groupe sur rdv, pour 10-55 pers. Tarif : forfait de 20 €/groupe. ♿ Durée de la visite : 50 mn.* ***Boutique :*** *mar-sam 9h-12h30 et 14h-19h ; juil-août, lun-sam 9h-12h30 et 14h-19h30.*

La grosse bourgade de Prades constitue une bonne base de départ pour des excursions et des promenades dans le ***Canigó, magnifique région de montagnes*** escarpées tapissées de forêts, recelant moult trésors… de la période romane. Vous y attend aussi l'intéressante visite d'une ***fabrique de joaillerie traditionnelle catalane,*** qui perpétue depuis des décennies un savoir-faire familial attaché à cette tradition locale. Une promenade interactive, de l'écomusée aux ateliers de fabrication, en passant par une mine reconstituée dans laquelle un guide commente l'histoire de ces pierres semi-précieuses. Un petit film de 13 mn explique le processus de transformation de la pierre en bijou.

Label : Entreprise du Patrimoine Vivant, Tourisme et Handicap, Qualité Tourisme, Sud de France Languedoc-Roussillon.

Terres des Templiers : *route du Mas-Reig, 66650* ***BANYULS-SUR-MER.*** *☎ 04-68-98-36-70. • terredestempliers.fr • Visite guidée slt. Départ ttes les 30 mn. Avr-oct : tlj 10h-19h30. Nov-mar : lun-ven 10h-13h et 14h30-18h30. Tarif : gratuit. Visite de groupe sur rdv (sf 2 premières sem janv), pour 8-50 pers. Tarif : 3 €/pers. Durée de la visite : 45 mn.* ***Boutique :*** *avr-oct, tlj 10h-19h30 ; nov-mar, lun-ven 10h-13h et 14h30-18h30.*

ÉLEVAGE EN PLEIN AIR

Pour lui donner son goût caractéristique, le banyuls mûrit dans des tonneaux exposés en plein air et donc soumis aux variations de températures, de la fraîcheur de l'hiver à la canicule estivale. Une méthode découverte par les Templiers lors du transport des vins par bateau. On s'aperçut alors que les barriques stockées sur le pont produisaient un nectar différent de celles conservées en cale.

On est ici dans ***la plus grande cave des AOC banyuls et collioures*** : près de 80 % des viticulteurs y adhèrent. La vieille cave souterraine est superbe, avec ses voûtes du XIIIe s. La grande cave est intéressante pour ses cuves en bois centenaires (tonneaux géants) et la projection d'un film instructif sur l'élaboration du banyuls. Car le banyuls n'est pas un vin cuit (genre porto) mais ***un vin doux naturel auquel on ajoute de l'eau-de-vie de vin en cours de fermentation.*** Quatre communes de la côte ont droit à l'étiquette AOC banyuls : Collioure, Port-Vendres, Cerbère et bien sûr Banyuls-sur-Mer. Ce qui en fait l'une des plus petites AOC de France ! Les vignes sont cultivées en terrasses et tout est encore fait main, sans aucune mécanisation possible. Cette histoire prend toute sa dimension au cours de la dégustation proposée en fin de visite : au programme, collioure rouges, rosés et blancs, banyuls et banyuls grands crus.

Le + : animation : circuit découverte du vignoble *(30 €/pers, slt sur résa ; infos : ☎ 04-68-98-36-92 ou • accueil-visites@templiers.com •)* ; escapade gourmande *(20 €/pers, sur résa).*

TARN (81)

Carrière et maison du Sidobre : *Maison du Sidobre, Vialavert, 81260 **LE BEZ.** ☎ 05-63-74-63-38. • sidobre.tourisme-tarn.com • Visite guidée slt. Juil-août : mer et jeu à 15h, selon disponibilité des entreprises. Tarifs 6 € ; - 12 ans : 4 €. Visite de groupe sur rdv, pour 15-100 pers. Pour 15-30 pers : 4,50 €/pers ; pour plus de 30 pers et scolaires : 3,50 €/pers. ♿ Durée de la visite : env 2h. **Boutique :** nov-mars, lun-ven 10h-12h et 14h-17h ; avr-oct, tlj 10h-12h et 14h-17h ; juil-août, tlj10h-18h ; vac scol de Noël, fermé.*
Prolongement naturel du Massif central, dans le parc naturel régional du Haut-Languedoc et à quelques kilomètres seulement de la plaine industrielle de Castres, la sauvage forêt montagneuse du Sidobre (alt. 650 m), sillonnée de petites routes tortueuses et ombragées, cache de sensationnelles ***curiosités géologiques.*** Constellé sur 100 km² de monumentaux ***blocs de granit,*** ce site où jouent les forces naturelles est devenu le théâtre d'un phénomène d'***érosion*** modelant depuis des millénaires les rocs en silhouettes fantastiques... On y découvre, au hasard des sentiers, ici un petit éléphant, là une oie démesurée, puis des fromages superposés, une rivière de rochers, un œuf de 800 t en équilibre sur un socle, d'autres blocs tremblants et, partout, une multitude de chaos à donner le vertige ! Ce gigantesque espace de granit de 12 000 ha est aussi ***le plus grand centre européen d'exploitation du granit.*** Environ 108 000 tonnes de granit brut sont extraites chaque année, et plus de 100 entreprises travaillent à mettre en valeur les formidables ressources de ce gisement.
La ***maison du Sidobre,*** aux animateurs très compétents, vend des cartes, topoguides de randonnées et plein de petits livres intéressants. Un centre muséographique sur le travail du granit se trouve dans ce même bâtiment, vous y découvrirez l'évolution du métier (accès libre). À côté de la maison du Sidobre, un ***petit sentier de 15 minutes sur la géographie et la géologie des lieux.*** Le parcours « Sidobre, le monde du granit » permet d'appréhender, accompagné d'un guide, toutes les étapes du travail de cette roche, de l'extraction à la transformation.

Cave de Labastide de Lévis : *La Barthe, 81150 **LABASTIDE-DE-LÉVIS.** ☎ 05-63-53-73-63. • cave-labastide.com • Visite libre. Lun-sam 9h-11h et 14h-17h ; juil-août, lun-sam 9h-12h30 et 14h-18h. Tarifs : 8 € ; - 12 ans : gratuit. Visite guidée : 10h30 ou 15h, sur résa. Tarifs : 5 € ; - 18 ans : gratuit. Visite de groupe sur rdv, 8-50 pers. Résa par tél ou par mail : • tourisme@cave-labastide.com • Tarif : 3,50 €/pers. Durée de la visite : 1h30. **Boutique :** lun-sam 9h-12h et 14h-18h ; juil août, tlj 9h-13h et 14h-19h.*
Avec ses collines ondulantes où alternent vignes, cultures et prairies, avec Gaillac et sa forêt de toits aux tuiles rouges, avec cette lumière du coin si particulière, le ***Gaillacois*** est une région qui prend par moments des allures et des ***couleurs toscanes.*** Entre Albi et Gaillac, au cœur de ce vignoble, la cave de Labastide propose un voyage ludique à la découverte des ateliers de vinification, de la chaîne d'embouteillage, du chai à barriques, en passant par le jardin des vignes, ainsi qu'un film retraçant son histoire. Installée depuis 1949, c'est à la fois la plus ancienne et la plus importante cave coopérative de vinification du Tarn. Ses vignerons défendent, depuis sa création, la production d'un vin de qualité, qui se caractérise par une démarche alliant savoir-faire ancestral et modernité technologique. Spécialisée dans le ***gaillac perlé (vin légèrement pétillant)*** qu'elle a lancé en 1958, elle reste une référence pour les amateurs de ce vin.
Label : Vignoble et Découverte.

Oberti et Fils : *chemin de Granisse, 81230 **LACAUNE-LES-BAINS.** ☎ 05-63-50-82-04. 📱 06-47-02-69-42. • oberti.fr • Mi-fév-mi-nov : ouv lun-sam. Visite guidée : départ à 10h30 et à 15h. Visite avec audioguide 9h30-11h15 et 14h30-16h30. Vac scol : visite « spéciale enfant » mer à 10h30 (slt sur réservation). Tarifs : 3 € ; - 12 ans : gratuit. Visite de groupe sur rdv, à partir de 10 pers. Tarifs groupe de moins de 40 pers : 2,50 €/pers ; groupe* *de 40 pers et plus : 2 €/pers ; scolaires : forfait 30 €/groupe. ♿ Durée de la visite : 1h.* ***Boutique :*** *lun-ven 8h30-12h et 14h30-18h, sam et j. fériés ouv en fin de visite, 11h30-12h et 16h-17h30.*

Pensez à prendre une petite laine : la température est de 13 °C dans le séchoir à jambons.

Cette entreprise familiale fondée en 1956, l'une des ***salaisons*** les plus réputées de Lacaune, produit près de ***2 000 jambons par semaine*** et propose une intéressante visite commentée. À travers de grandes vitres, on comprend le processus de production du jambon : salage au sel de mer, phase de maturation, séchage. On a aussi le privilège de pénétrer dans un impressionnant séchoir à jambons... Également un ***espace musée*** avec d'anciennes machines en état de marche, et divers objets d'époque. En fin de visite, vidéo, démonstration de tranchage d'un jambon avec l'os, par le maître salaisonnier, dégustation gratuite. À la boutique, spécialités de la maison à prix intéressants. Pour compléter cette visite, on peut se rendre à la ***Maison de la charcuterie*** *(☎ 05-63-37-46-31 en saison ou ☎ 05-63-37-04-98, bureau d'information touristique).* Avec près de 35 000 t produites par an dans le coin, la charcuterie méritait bien ce lieu ! Dans cette maison du XVIIe s très bien aménagée, on apprend tout sur la charcuterie dans les monts de Lacaune, une tradition locale composée de rites et de savoir-faire ancestraux. Saviez-vous par exemple qu'il vaut mieux tuer le cochon lorsque la lune est en phase descendante pour une meilleure conservation des produits ? La prise au sel s'effectue également dans de meilleures conditions à cette période. L'histoire singulière de cette petite ville de montagne et de ses environs est aussi évoquée.

Les poteries d'Albi : *112, av. Albert-Thomas, 81000* ***ALBI.*** *☎ 05-63-60-71-00. • lespoteriesdalbi.fr • Visites de groupes slt (sf 3e sem juil, 3 premières sem août, et entre Noël et le Nouvel An), à partir de 20 pers. Groupes scolaires à partir du CP. Lun-ven 8h30-11h et 14h-16h. Tarifs : 4 €/pers ; à partir de 6 ans et scolaires : 2 € ; - 6 ans : gratuit ; scolaires : 2 €/pers. ♿ Durée de la visite : 45 mn-1h.* ***Boutique :*** *lun-ven 8h30-12h et 14h-17h30, ou 18h30 au printemps et en été.*

Être briquetier à Albi, ville toute de brique et de tuile rouge, classée par l'Unesco, c'est s'incorporer à la chair même de la ville... C'est en 1891 qu'est fondée la ***briqueterie Bergeal,*** qui participe à cette odyssée de la terre. Elle ouvre la voie à une meilleure connaissance de l'argile, dont la souplesse et l'élasticité permettent de tourner des formes originales et d'émailler des couleurs vives et lumineuses. Et en 1962 apparaît la ***poterie Bergeal,*** qui perpétue la tradition locale du jaspé, un émaillage qui aboutit à un jaillissement de couleurs chaudes aux formes abstraites du plus bel effet, un motif flammé unique. Les ***Poteries d'Albi*** sont portées sur les fonds baptismaux en 1978 – un changement de nom qui accompagne le redéploiement de l'activité dans des ***lignes de poteries horticoles et culinaires*** associant tradition et air du temps. Un savoir-faire qui se transmet depuis 6 générations de mère en fille. La visite traverse les ateliers des tourneurs, la salle de l'émaillage, les enfourneurs et les défourneurs, le service expédition, et finit à la boutique. On y trouve les produits qu'on a vu se constituer à prix d'usine, et des pièces uniques ou des séries très limitées.

Le + : atelier autour de la terre et de la couleur : fabrication d'une pièce en terre cuite ou son émaillage. Tarif : 60 € /pers, visite et fourniture du matériel inclus.

Label : Entreprise du Patrimoine Vivant, Entreprise Centenaire Familiale.

TARN-ET-GARONNE (82)

EDF – Centrales hydraulique et nucléaire de Golfech :

– ***Centrale hydraulique :*** *route d'Ondes 82400* ***GOLFECH.*** *☎ 05-34-39-88-70. • edf.fr/tarn-et-garonne • Espace EDF Golfech : entrée libre et gratuite.*

Juil-août : entrée libre. Parcours de visite guidée et gratuite : sans rdv. Sept-juin : contacter le Centre d'information du public de la centrale nucléaire. Départs de visites ttes les heures, dernier départ à 17h. Tarif : gratuit. ♿ Durée de la visite : 1h.

La centrale hydroélectrique de Golfech, inaugurée en 1973, est située sur la Garonne, à environ 1 km de la centrale nucléaire. Sa puissance installée est de 69 mégawatts.

Le parcours de visite guidée commence à l'Espace EDF Golfech, centré sur l'hydroélectricité ainsi que sur la faune et la flore de la Garonne. Plus de 150 000 poissons migrateurs appartenant à 22 espèces empruntent en effet chaque année l'ascenseur à poissons ou le tapis à anguilles dont est équipée la centrale. La visite se poursuit par la découverte de ces installations, qui permettent une observation privilégiée de la faune qui peuple nos rivières. Un cheminement extérieur sur le barrage complète le parcours.

Le + : visite de l'ascenseur à poissons de la centrale hydraulique.

– **Centrale nucléaire :** *CNPE de Golfech, 82401* ***VALENCE-D'AGEN.*** *☎ 05-34-39-88-70. • edf.fr/golfech • Visite du Centre d'information du public (CIP) : entrée libre et gratuite. Mer et ven 13h30-17h30. Vac scol : lun-ven (sf j. fériés) 9h30-12h30 et 13h30-17h30. Visite du simulateur de conduite sur rdv. Résa par tél. Tarif : gratuit. ♿*

La centrale nucléaire de Golfech comporte deux réacteurs de 1 300 mégawatts chacun, mis en service en 1991 et 1994. Elle répond annuellement à 3 % des besoins français en électricité. Elle est refroidie par les eaux de la Garonne et par deux tours aéoréfrigérantes en forme de diabolo.

À proximité du site, le CIP de la centrale offre au grand public l'occasion de découvrir de manière ludique et interactive les enjeux de l'énergie, les grandes inventions, les moyens de production d'électricité et les métiers qui y concourent. Cet espace propose un parcours pédagogique qui explique au travers de maquettes, d'écrans tactiles et de films, le mix énergétique d'EDF et le fonctionnement des centrales nucléaires et hydrauliques.

Le public est invité à prolonger sa découverte avec une visite du simulateur de conduite (réplique de la salle de commandes de la centrale) et de l'ascenseur à poissons de la centrale hydroélectrique toute proche (les deux, sur inscription). Une visite guidée aussi agréable qu'instructive qui permet de découvrir, en un seul lieu, deux énergies majeures.

Les + :

– Animations et conférences gratuites organisées tout au long de l'année.

– La centrale nucléaire de Golfech participe aux « Journées de l'industrie électrique d'EDF », un des moments exceptionnels où le grand public peut entrer dans la centrale et découvrir les coulisses de la production d'électricité et un patrimoine industriel unique. Se renseigner par tél ou sur le site internet.

La Ferme du Ramier : *2250, route de Saint-Étienne, 82000* ***MONTAUBAN.***

☎ 05-63-03-14-49. • lafermeduramier.fr • Visite guidée slt. Mer et sam à 16h. Tarifs : 4 € ; forfait famille : 10 € ; enfant : gratuit. Visite de groupe sur rdv, jusqu'à 100 pers. Tarifs forfait moins de 20 pers : 80 €/groupe ; groupe de plus de 20 pers : 4 €/pers. ♿ Durée de la visite : 1h30. ***Boutique :*** *lun-sam 8h30-18h30.*

Bien-être des animaux, tradition et innovation sont les maîtres-mots de cette ***ferme familiale*** hors du commun. Les vaches se reposent sur des matelas et se font traire en toute liberté : pas étonnant qu'avec leur lait les fromages soient de si grande qualité ! Les visites sont guidées et commentées par l'agriculteur lui-même. Au programme : vidéo explicative, découverte de l'étonnant robot de traite et du troupeau de 110 vaches laitières, visite de la ***fromagerie et de la cave d'affinage*** où mûrissent patiemment 6 000 fromages, qu'on déguste à la fin.

Le + : animation pour enfants (train à pédale, promenade d'âne, etc.) pendant les vacances scolaires de la zone A : tous les mercredis 16h.

Label : Bienvenue à la Ferme.

NORMANDIE

La Normandie a fait de la visite d'entreprise un secteur dynamique, et constitue une des rares régions à présenter au public une vraie diversité de l'activité économique normande. Tous les secteurs y sont représentés.
Les secteurs de l'agroalimentaire et des vins et spiritueux dominent, avec un secteur agricole particulièrement fort. Des entreprises emblématiques du territoire se sont ouvertes, telles que la Biscuiterie de l'Abbaye, Normandie Caramels SA qui fabrique les caramels d'Isigny, la fromagerie Graindorge qui produit notamment le livarot et le pont-l'évêque, fromages on ne peut plus typiques de la région, ou encore les nombreuses cidreries et distilleries de Calvados.
Nombre de ces entreprises ont fait de la visite d'entreprise une activité à part entière qui complète leur activité de production. C'est le cas notamment du splendide Palais Bénédictine, champion régional de la visite d'entreprise, des fermes d'élevage comme la Valaine ou du Chocolatrium de la chocolaterie Michel Cluizel.
Certaines entreprises présentent des savoir-faire d'exception, comme la fonderie de cloches Cornille Havard, héritière d'une tradition qui remonte à la fin du Moyen Âge et qui réalise des cloches pour le monde entier, ou plus familièrement la fabrication de parapluies, comme elle se perpétue à Cherbourg.
Le secteur industriel compte quelques grandes entreprises : c'est le cas du Grand Port maritime du Havre, ou encore de Terre de Lin, la plus grande coopérative de lin textile d'Europe. Et le secteur de l'énergie est également bien représenté avec une réelle diversité de sites EDF, nucléaires ou thermiques.

BONS PLANS : l'office de tourisme du Havre organise les Mercredis de l'industrie. • lehavretourisme.com/visites-et-decouvertes/tourisme-decouverte-economique •
À la suite, dans la semaine, Manche Développement propose les visites du Jeudi de juin à septembre. • manchetourisme.com •

CALVADOS (14)

Calvados Christian Drouin : *le Lieu Saint-Pierre n°1895, RD677 (route de Trouville), 14130* ***COUDRAY-RABUT.*** *☎ 02-31-64-30-05. • calvados-drouin.com • Visite guidée slt. Lun-sam 9h30-12h et 14h-17h30. Tarif : gratuit. Visites de groupe sur rdv, pour 15 pers. Tarifs : 2,90 €/pers ; scolaires : 1,80 €/pers. Durée de la visite : 1h.* ***Boutique :*** *lun-sam 9h-12h et 14h-18h. Vente des produits au chai (cidre, poiré, pommeau, calvados).*
Région enchanteresse de Normandie, voici l'arrière-pays normand conforme à l'image idéalisée de la campagne française : toits de chaume, vaches grasses, pommiers en fleur, vert profond des doux pâturages, adorables fermettes à pans de bois, villages proprets, cuisine à la crème et bonnes bouteilles d'eau-de-vie de derrière les fagots…
Vous êtes ici dans une distillerie artisanale et familiale à l'architecture augeronne typique du XVIIe s. Voir cet alambic à roulettes datant de 1946, qui servait à la distillation dans les fermes, ou bien ces fûts de chêne, aux formes peu conventionnelles dans les chais : la forme ovoïde permettait aux producteurs de tricher quelque peu sur la contenance exacte de leurs tonneaux ! Dégustation gratuite

de ***cidre, pommeau et calvados*** et une gamme unique de vieux millésimes qui remonte jusqu'en 1939.
Le + : animation (au choix, info sur demande).
Label : Tourisme et Handicap.

Calvados Huet : *manoir La Brière des Fontaines, 5, av. des Tilleuls, 14340* ***CAMBREMER.*** *☎ 02-31-63-01-09. • calvados-huet.com • Visite guidée slt. Avr-sept : tlj 10h, 11h, 14h30, 15h30 et 17h. Oct-mars : lun-ven 11h et 15h. Tarifs : 3 €/pers ; enfant : gratuit. Visites de groupe sur rdv, jusqu'à 150 pers. Tarifs moins de 20 pers : 2,50 €/pers ; plus de 20 pers : 3 €/pers ; scolaires : 2,50 €/pers. ♿ (accès partiel). Durée de la visite : 45 mn.* ***Boutique :*** *avr-sept, tlj 9h-12h30 et 14h-18h ; oct-mars, fermé dim et j. fériés.*
La famille Huet, productrice depuis 5 générations, a acquis une grande notoriété par la commercialisation de son précieux breuvage : le calvados. Depuis 1921, de nombreuses médailles ont récompensé son savoir-faire. Au cours de la visite guidée, vous découvrez la lente transformation de la pomme en calvados, et pénétrez ainsi dans un univers où tradition et qualité restent les uniques préoccupations de la famille. Le pressoir et l'alambic unique en Normandie vous étonneront. Mais c'est dans les chais qui abritent des fûts centenaires que vous serez envahi par des parfums aussi subtils qu'agréables. Enfin, une dégustation de ***cidre, de pommeau et de calvados*** conclut la visite.

Caramels d'Isigny : *ZA Isypole, rue du 19-Mars-1962, 14230* ***ISIGNY-SUR-MER.*** *☎ 02-31-51-39-89. • caramels-isigny.com • Fév-mars et oct : lun-ven 10h-13h et 14h-17h. Avr-juin et sept : lun-sam 9h-13h et 14h-17h. Juil-août : lun-sam 9h-18h. Nov-janv : fermé sf visites de groupe sur rdv. Visite libre ou guidée. Tarifs : 3 €/pers ; 6-18 ans : 2 €/pers ; - 6 ans : gratuit. Visites de groupe sur rdv (sf dernière sem oct et entre Noël et le Jour de l'an), pour 30-75 pers. Tarifs : 3 €/pers, gratuit pour le chauffeur et le responsable de groupe ; scolaires : 2 €/pers, gratuit pour les accompagnateurs. ♿ Durée de la visite : 45 mn.* ***Boutique :*** *lun-sam 9h-19h.*

MICKEY AIME LE FROMAGE (COMME TOUTES LES SOURIS)

Isigny peut se prévaloir d'être le berceau de la famille Disney, le célèbre créateur de Donald et Mickey. En effet, à l'époque de Guillaume le Conquérant, deux frères Deisigni figurent parmi les compagnons du roi. Et c'est de cette lointaine branche, devenue américaine, que naîtra le célèbre Walt.

Ici, on fabrique le vrai ***caramel d'Isigny*** au lait entier et au beurre doux ou salé. D'un côté, vous avez le magasin de vente. De l'autre, sur 300 m², la galerie du caramel et son parcours normand, tout un ***espace pédagogique*** dédié à l'histoire d'Isigny, à la coopérative d'Isigny-Sainte-Mère, mais surtout aux délicieux produits maison, avec la découverte des ateliers de fabrication à travers une baie vitrée et grâce à des vidéos, du mélange des matières premières aux bonbons emballés. Vous y apprendrez que ce sont les Arabes qui auraient inventé le caramel aux environs de l'an 1000 en perfectionnant les procédés de décantation du sirop de canne à sucre. Et que l'origine du mot « caramel » vient de l'espagnol, lui-même provenant du latin « cannamella » signifiant « canne à sucre ».
Dans les années 1930 et jusque dans les années 1990, deux entreprises se partageaient le marché du caramel à Isigny : les Galliot et la société Dupont-d'Isigny. Quand, en 1994, cette dernière partit s'installer à Carentan, la chambre de commerce et la coopérative laitière œuvrèrent pour que la production de caramel ne cesse pas. C'est ainsi que naquit l'entreprise ***Caramel d'Isigny*** qui, aujourd'hui encore, travaille main dans la main avec la laiterie. Si les caramels restent délicieux, le marché, lui, n'est plus tout à fait le même : on ne produit aujourd'hui plus que 1,5 tonne de caramels par jour contre 5 tonnes dans les années 1930. Eh oui, en quelques décennies, l'offre en matière de confiserie s'est incroyablement élargie.

Les + : Dégustation, animation.
Label : Tourisme et Handicap.

LA LIBÉRATION D'ISIGNY

La ville devait être libérée, en théorie, le 6 juin 1944. Mais, dès Longueville, de durs combats attendent les GI's. Les Américains seront contraints de bombarder durement Isigny. La compagnie de tête du 175e RI entre dans la ville en flammes le 9 juin : elle y découvre les ponts intacts et non minés. Isigny entre dans l'histoire de France grâce au discours prononcé par le général de Gaulle le 14 juin, dans la foulée de son débarquement éphmère à Courseulles et de son passage à Bayeux.

Château du Breuil : *les Jourdains, 14130* ***LE BREUIL-EN-AUGE.*** *☎ 02-31-65-60-00. • chateau-breuil.fr • Visite guidée slt. Tlj 9h-11h30 et 14h-17h30. Tarifs : 4,50 €/pers ; enfant : gratuit. Visites de groupe sur rdv, pour 20-120 pers. Tarifs groupe de 1 à 19 pers : 4,50 €/pers ; à partir de 20 pers : 2,50 €/pers. Durée de la visite : 1h.* ***Boutique :*** *tlj 9h-12h et 14h-18h.*
Dans un château classé Monument historique, l'entreprise distille des ***spiritueux*** depuis trois générations. Lors de votre visite, vous découvrirez les mystères de la double distillation du cidre. La visite se poursuit par le chai. Vous y apprendrez que chaque calvados est différent, chaque maître de chai a son secret qu'il garde jalousement. Le goût délicat et raffiné des ***calvados*** dépend moins de leur âge que de la qualité de leurs assemblages, créés par le maître de chai.
Le + : Dégustation de pommeau et de calvados 15 ans d'âge.
Label : Destination Entreprise, Qualité Tourisme.

Distillerie Calvados Boulard : *moulin de la Foulonnerie, 14130* ***COQUAINVILLIERS.*** *☎ 02-31-62-60-54. • calvados-boulard.com • Visite guidée. Avr-oct : tlj à 10h30, 11h30, 14h30, 15h30, 16h30. Tarifs : 6 € ; - 18 ans : gratuit. Visite de groupe sur rdv, pour 20-60 pers. Tarif à partir de 20 pers : 5 €/pers. ♿ (accès partiel). Durée de la visite : 1h30.* ***Boutique :*** *nov-mars, lun-ven 10h30-12h et 14h-18h ; avr-oct, tlj 10h-12h30 et 14h-18h.*

UN ALCOOL FOUDROYANT

Inventée en 1553 par un gentilhomme gastronome, l'eau-de-vie fabriquée à partir du cidre (et souvent aussi de poires à poiré) attendit la fin du XIXe s pour s'appeler calvados. Héros des tranchées de 1914, puis du café-calva prolétaire, le calva a recyclé l'expérience du cognac et de l'armagnac pour accéder au statut d'alcool noble. Le calvados a 3 AOC : le « Calvados, » le « Calvados pays d'Auge » et le « Calvados domfrontais ». Les puristes ne boivent rien de moins de 15 ans, mais tout le monde n'est pas richissime. Trois étoiles ou trois pommes indiquent un calva d'au moins 2 ans d'âge. Vieux ou réserve : 3 ans. Après 6 ans, c'est Napoléon, hors d'âge, etc. L'âge indiqué étant celui du plus jeune des composants.

Au cœur des vergers du pays d'Auge, depuis plus de 170 ans, cette distillerie élabore le calvados Boulard, le premier des ***calvados d'Appellation pays d'Auge contrôlée.*** C'est parmi les alambics et les chais de vieillissement que se déroule la visite autour de trois temps forts : de la pomme au cidre, de l'eau-de-vie au calvados… jusqu'au plaisir de la dégustation. Au cours de cette visite, le guide vous initie au travail passionnant du maître de chai.
Les + : dégustation, animation : atelier arômes et senteurs.
Label : Bienvenue en Gourmandie.

Domaine de Saint-Hippolyte : *route de Livarot, RD579, 14100 **SAINT-MARTIN-DE-LA-LIEUE.** ☎ 02-31-31-40-86. Visites de groupes slt, sur rdv, le mat, pour 20-100 pers (à partir de 15 ans). Résa par tél au 📱 06-64-97-46-68. Tarifs : 10 €/pers, dégustation incluse de 3 fromages. ♿ (accès partiel). Durée de la visite : 2h. **Boutique :** fromagerie ouv ven 14h-16h, sinon téléphoner.*

Situé en Normandie, au cœur du pays d'Auge, le ***Domaine de Saint-Hippolyte*** vous accueille dans un écrin de verdure de 70 ha. De la ferme traditionnelle augeronne à la ferme moderne, vous y découvrez un patrimoine historique rural et agricole du XVIe s, ainsi que la fromagerie en activité. On y assiste à toutes les étapes de la fabrication artisanale et fermière du pavé d'Auge, du ***livarot et du pont-l'évêque, deux fromages AOP.*** La spécificité de l'exploitation de Saint-Hippolyte est la transformation du lait cru de vache normande, exclusivement. C'est la dernière ***fromagerie*** à préserver le savoir-faire de la fabrication du livarot fermier AOP. Si vous venez le vendredi après-midi à la fromagerie, pour atteindre le bureau de vente des fromages, vous longerez un couloir vitré, et pourrez ainsi observer la salle de fabrication et les salles d'affinage. On y voit les fromages qui ont été fabriqués le matin en train de s'égoutter et d'autres fabriqués une dizaine de jours avant, en période d'affinage. Des photos montrent les gestes de fabrication à la main des fromages.

Les + :

– Dégustation.

– Animation : ateliers thématiques et pédagogiques en juillet et août, et selon les événements en région le reste de l'année.

Label : Bienvenue à la Ferme.

À VOS ORDRES, MON COLONEL !

Le livarot, une des trois gloires normandes avec le camembert et le pont-l'évêque, est communément surnommé « colonel » parce que son pourtour est serti de cinq fines lanières de roseau, rappelant les cinq galons d'un colonel.

Fromagerie Graindorge – Le Village Fromager : *42, rue du Général-Leclerc, BP 38, 14140 **LIVAROT.** ☎ 02-31-48-20-10. • graindorge.fr • Avr-juin et sept-oct : lun-sam 9h30-13h et 14h-17h30. Juil-août : lun-sam 9h30-17h30, dim 10h30-17h30. Nov-mars : lun-ven 10h-12h et 14h30-17h30, sam 10h-13h. Tarif : gratuit. Visites de groupe sur rdv, pour 20-100 pers. Tarif : gratuit (inclut une dégustation gratuite et collective), y compris scolaires. Dégustation spéciale : 3,30 €/pers. ♿ Durée de la visite : 45 mn. **Boutique :** avr-juin et sept-oct, lun-sam 9h30-13h et 14h-17h30 ; juil-août, lun-sam 9h30-17h30, dim 10h30-17h30 ; nov-mars, lun-ven 10h-12h et 14h30-17h30, sam 10h-13h.*

Créée en 1910 par Eugène Graindorge, fabricant et affineur de Livarot, bourgade mondialement connue pour son fromage, la ***fromagerie Graindorge*** est une entreprise familiale et indépendante située au cœur du pays d'Auge. L'usine Graindorge en produit à elle seule près de 80 000 par jour. Figurez-vous qu'il faut 5 l de lait pour en fabriquer un. Sa mise au point est des plus complexe, et il faut attendre plus de 3 mois pour qu'il soit à point…

DES FROMAGES ODORANTS

En plus du camembert, le pays d'Auge a engendré trois autres gâteries. Le livarot – un vieux de la vieille celui-là, il n'y a qu'à sentir –, surnommé « le colonel » pour les cinq galons qui l'entourent. C'est un fromage artisanal, guère gras, mais corsé… Quant au pont-l'évêque, sa croûte orangée cache une pâte souple, très odorante elle aussi. Enfin, le pavé d'Auge de forme carrée au goût plus doux et plus crémeux.

Le Village Fromager propose une visite instructive de la fromagerie pour tout apprendre de la fabrication des ***4 AOP régionales : livarot,*** bien sûr, mais aussi ***pont-l'évêque, neufchâtel et camembert de Normandie.*** On passe au-dessus des lignes de production, de l'arrivée du lait (130 producteurs !) au conditionnement, tout en suivant un parcours audiovisuel. Cette entreprise familiale travaille avec du lait cru et a entrepris depuis quelques années un virage développement durable. Tout cela est habilement mis en scène avant d'arriver… à la boutique du terroir où vous pourrez déguster les 4 délicieux fromages normands.

Les + :

- Bar à fromages en juil-août.
- Dégustation gratuite et collective.
- Ateliers pédagogiques pour les groupes scolaires avec fabrication d'un fromage: 2 € par élève.

Label : Entreprise du Patrimoine Vivant, Bienvenue en Gourmandie.

VIRE ET SON ANDOUILLE

Tout le secret réside dans le fumage de cette charcuterie composée de l'estomac, de l'intestin grêle et du gros intestin du porc. Pas moins de 1 mois passé dans une cheminée alimentée de bois de hêtre est indispensable. L'andouille perd alors plus de 50 % de son poids et de son volume. Heureusement, on trouve encore des artisans à avoir conservé ce savoir-faire séculaire de l'andouille. Et tous les ans, au mois de novembre, lors d'une énorme foire, Vire rend hommage à cette spécialité qui a fait sa réputation dans les ventres du monde entier.

Guy Degrenne : *route Guy-Degrenne, BP 50 056, 14500* ***VIRE.*** *☎ 02-31-66-44-44. • guydegrenne.fr • Visite guidée slt. Vac scol (sf août) : mar et jeu à 10h et 14h30. Tarifs : 3,50 € ; enfant : 1,20 €. Visites de groupe sur rdv (sf août et période de Noël), pour 20-70 pers. Tarifs : 3 €/pers ; scolaires : 1 €/pers. ♿ Durée de la visite : 1h15.* ***Boutique :*** *lun-sam 10h-12h30 et 14h-19h. Magasin d'usine à 700 m qui propose les dernières collections de vaisselle à prix normal, les fins de série et les produits très légèrement défectueux vendus à des prix intéressants.*

Qui n'a pas souri en voyant la célèbre publicité mettant en scène un proviseur prédisant à un jeune Degrenne en culottes courtes, surpris en train de dessiner des fourchettes et des couteaux dans les marges de ses cahiers d'écolier : « Ce n'est pas comme cela que vous réussirez dans la vie. » Pourtant son fondateur Guy Degrenne n'a rien d'un cancre puisque il est diplômé de l'ESSEC. Mais son histoire est exemplaire. À l'origine, la forge Degrenne est située à Sourdeval, terroir historiquement attaché au ***travail du métal et à la coutellerie.*** C'est ici, en effet, que les « terre-neuvas » achetaient leur couteau à poisson avant de partir pêcher dans l'Atlantique nord. À la sortie de la guerre, Guy Degrenne récupère et travaille les aciers abandonnés par la bataille de Normandie. En 1958, il développe une activité de platerie, puis se lance, en 1963, dans les couverts haut de gamme. Son ambition est de démocratiser l'argenterie en fabriquant en acier inoxydable massif, ce qui se démarque des modèles classiques des grands orfèvres parisiens.

En 1967, il transfère une partie de ses activités dans une nouvelle usine à Vire (Calvados), toujours dans la ***« vallée des alliages »,*** et emploie 600 salariés dans une usine de 35 000 m².

La visite vous dévoile les savoir-faire de l'entreprise et l'évolution des techniques de fabrication des couverts en inox Guy Degrenne, de la bobine d'acier aux produits finis. Au sein de l'espace Guy Degrenne, les temps forts de l'entreprise née en Normandie en 1948 vous sont contés et l'on suit l'épopée industrielle et publicitaire de la création et de la diversification des produits Guy Degrenne.

Depuis 1987, dans le giron de la holding « Table de France », elle est aujourd'hui un des ***leaders dans les arts de la table en Europe*** puisque, depuis cette date, la marque développe aussi des produits dans la vaisselle, la verrerie et le culinaire.
Label : Entreprise du Patrimoine Vivant.

Parapluies H2O : *7, route de Creully, 14480* ***CRÉPON.*** *☎ 02-31-92-89-61. • h2oparapluies.fr • Visite libre lun-sam 9h-12h et 14h-19h. Visite guidée. Juil-août : mer à 11h. Visites de groupe sur rdv (sf été), pour 15-50 pers. Lun-ven mat. Tarif : gratuit ♿ Durée de la visite : 45 mn.* ***Boutique :*** *lun-sam 9h-12h et 14h-19h. Plus de 300 modèles !*
Vous êtes ici chez un ***fabriquant artisanal de parapluies,*** dans l'atelier de fabrication H2O, où vous découvrirez les différentes étapes de la réalisation d'un parapluie dont celles des deux créations maison : le ***passvent*** et la ***canapluie.***
– La coupe du tissu : un parapluie classique est composé de huit pointes de tissu. Pour certains des modèles, le nombre peut même aller jusqu'à 40 !
– L'assemblage des pointes sur une machine à coudre de type surjeteuse.
– La pose du biais : opération qui consiste à border le parapluie afin de lui assurer une plus grande solidité.
– La pose des aiguillettes : ces pièces métalliques, cousues à l'extrémité des huit coutures, permettent de fixer la toile sur les baleines.
– La machine à arrêtures : elle permet de coudre le tissu sur chaque baleine.
– Et enfin l'assemblage du parapluie, avant sa dernière vérification technique et son repassage.

EURE (27)

Chocolatrium Chocolaterie Michel Cluizel : *av. de Conches, 27240* ***DAMVILLE.*** *☎ 02-32-35-20-75. • cluizel.com • Mar-sam 10h-16h45 (dernière entrée). Tarifs : 5,50 € ; enfant : 4 € ; - 6 ans : gratuit. Visite de groupe sur rdv, à partir de 20 pers. Résa par tél ou par mail : • damville@cluizel.com • Tarifs : 5 €/pers ; scolaires : 4 €/pers. ♿ Durée de la visite : 1h15.* ***Boutique :*** *lun-sam 10h-18h.*
Cet espace entièrement dédié au chocolat est installé dans un bâtiment moderne, en bord de route, au cœur de la manufacture du fameux artisan chocolatier Michel Cluizel. Grâce à une bande dessinée et une exposition d'objets insolites, l'aventure passionnante du chocolat vous est retracée, de la fève de cacao au chocolat d'exception. Un film vous dévoile les 3 métiers (cacaofévier, confiseur et chocolatier) et la fabrication de ces ***confiseries au chocolat.*** Depuis un observatoire, vous pourrez aussi observer les chocolatiers à l'œuvre. Propose également des ateliers de dégustation ou des ateliers de pâtisserie.
Les + : dégustation, animation.
Label : Destination Entreprise, Qualité Tourisme, Label Normandie Qualité Tourisme.

Distillerie Busnel SAS : *route de Lisieux, 27260* ***CORMEILLES.*** *☎ 02-32-57-38-80. • distillerie-busnel.fr • Individuels, visite guidée slt. Mars-mi-nov : tlj 10h30-12h30 et 14h30-19h. Tarifs : 2 € ; - 12 ans : gratuit. Visites de groupe sur rdv, jusqu'à 200 pers. Tarif : 2 €/pers. ♿ Durée de la visite : 1h30.* ***Boutique :*** *Mars-mi-nov, tlj 10h30-12h30 et 14h30-19h.*
Il faut toute la passion des hommes et le secret d'un terroir pour élaborer un produit d'exception. Découvrez chaque étape de ce lent processus qui transforme la pomme en nectar ambré : le ***calvados.*** La Maison du pays d'Auge et des Calvados vous accueille dans un cadre chaleureux et typiquement normand pour vous raconter l'authentique histoire du calvados au travers de la salle de distillation, d'embouteillage et des deux chais de vieillissement. À l'issue de ce parcours, initiation aux différents arômes des calvados Busnel et Anée.
Les + : dégustation, animation.
Label : label Normandie Qualité Tourisme, Tourisme et Handicap, Qualité Tourisme, Destination Entreprise.

Le Pressoir d'Or : *50, route des Andelys, domaine Saint-Jean-de-Frenelles, 27150* ***BOISEMONT.*** *☎ 02-32-69-41-25. • pressoirdor.com • Lun-sam 9h-12h et 14h-18h (sf mer et sam mat, dim et j. fériés). Visite guidée : avr-oct, aux horaires de la boutique. Tarifs : 4,60 €. Visite de groupe sur rdv, pour 30-300 pers. Tarifs : 4,60 €/pers. ♿ Durée de la visite : 1h30.* ***Boutique :*** *lun-sam 9h-12h et 14h-18h (sf mer mat et sam mat). Plein de bons produits de la maison (cidre de glace, vinaigre, gelées, jus, confit de cidre, etc.), mais aussi d'autres producteurs.*

LAQUELLE CHOISIR ?

Le cidre normand est plus épais, plus « fileux » que son copain breton. Tout l'art est de choisir entre les 30 espèces de pommes, baie d'Auge ou pied court, rougette ou coqueret, etc. « Hochées » (gaulées) après la Toussaint, abandonnées 15 jours sous la paille, elles sont à point. Âpres ou douces, toutes se donnent la main pour composer la compote idéale d'où sera extrait le moût, qui fermente ensuite 1 mois en cuve. Puis on le soutire (en lune descendante, s'il vous plaît) et on le filtre. Parmi les cidres fermiers, on peut choisir le sec (il a au moins 1 an), « pur jus » (pas d'eau ajoutée), « mousseux » (le gaz est naturel), voire « bouché » (la fermentation se poursuit dans la bouteille, comme pour le champagne).

Splendide domaine des XVIIe-XVIIIe s de 27 ha, comprenant un verger de plus de 19 000 arbres et une cave-musée, mais il s'agit d'un pressoir à pommes. Car ici, on fabrique du cidre selon des méthodes raisonnées. Producteur et récoltant de ***cidre fermier normand, le Pressoir d'Or*** vous accueille pour vous faire découvrir sa production. Première étape, le verger, avec ses pommiers de variétés différentes. Direction ensuite la cave, qui a connu des travaux de modernisation pour faire face à une production grandissante. Du brassage à la mise en bouteille, les différentes étapes de la transformation cidricole vous seront expliquées, avant une dégustation qui vous permettra d'apprécier pleinement ce pur produit du terroir.

Les + : dégustation, animation.

Label : Bienvenue à la Ferme.

MANCHE (50)

Centre de stockage de la Manche : *ZI de Digulleville, BP 807, 50440* ***BEAUMONT-HAGUE.*** *☎ 0810-12-01-72. • andra.fr • Visite libre de l'Espace d'accueil et d'information. Lun-ven 9h-18h. Visite de groupe sur rdv (sf entre Noël et le Jour de l'an), pour 5-35 pers. Tarif : gratuit. ♿ (accès partiel). Durée de la visite : 2h.*

Le centre de stockage de la Manche (CSM) est le premier centre français de stockage de déchets faiblement et moyennement radioactifs. Le bâtiment d'accueil permet de se familiariser avec les missions de l'Andra (Agence nationale pour la gestion des déchets radioactifs), l'histoire et l'actualité du centre. Des expositions temporaires y sont présentées sur des thématiques en lien avec la transmission de la mémoire et la sauvegarde du patrimoine. Sur réservation, il est également possible de découvrir les installations de contrôle du centre et de son environnement : la couverture et ses repères topographiques, les chambres de mesure des eaux, les appareils de contrôle de l'air et de la pluie situés dans la station météo, la salle de conduite…

Le + : animation.

IMPORTANT : pensez toujours à prévenir l'entreprise et à réserver votre visite, en individuel ou en groupe, par téléphone ou par mail.

EDF – Centrale nucléaire de Flamanville : *50340 **LES PIEUX.** ☎ 02-33-78-70-17. • edf.fr/flamanville • edf.fr/flamanville3 • cip-flamanville@edf.fr • Centre d'information du public (CIP) : visite libre ou guidée gratuite. De janv à mi-juin : lun-ven 13h30-17h30. De mi-juin à mi-sept : lun- sam 8h30-12h30 et 13h30-17h30. De mi-sept à fin déc : lun-ven 13h30-17h30.* ♿

La centrale nucléaire de Flamanville est située sur la côte ouest du Cotentin, dans le département de la Manche. Elle se trouve au pied d'une falaise de granite haute de 70 m, à 30 km de Cherbourg et à 20 km de la Hague.

La centrale est composée de deux réacteurs de 1300 mégawatts chacun (soit 2 600 mégawatts de puissance électrique totale), mis en service en 1985 et 1986. Un 3e réacteur, de type EPR, est en cours de construction sur le même site. Sa puissance est de 1650 mégawatts.

Tout au long de l'année, le Centre d'information du public de Flamanville propose de découvrir l'électricité et les différents moyens de la produire. Cet espace interactif, destiné à toute la famille, offre également un très beau point de vue sur la centrale et sur la Manche. L'espace de visite donne régulièrement lieu à des expositions, des animations, des conférences et des évènements intergénérationnels.

Les + :

– Animations et conférences gratuites tout au long de l'année. Se renseigner par tél ou par mail.

– La centrale de Flamanville participe aux « Journées de l'industrie électrique d'EDF », un des moments exceptionnels où le grand public peut entrer dans la centrale et découvrir les coulisses de la production d'électricité et un patrimoine industriel unique. Pour plus d'informations : *• edf.fr/flamanville •*

Label : Clic Normandie, Tourisme et Handicap pour handicaps moteur, mal entendant, mal voyant et mental.

Fonderie de cloches Cornille Havard : *10, rue du Pont-Chignon, 50800 **VILLEDIEU-LES-POÊLES.** ☎ 02-33-61-00-56. • cornille-havard.com • Visite guidée slt. Mi-fév-mi-juil et de sept à mi-nov : mar-sam 10h-12h30 et 14h-17h30. Mi-juil-fin août : tlj 9h30-18h. Tarifs : 7,50 €; 6-12 ans : 6,50 €. Visites de groupe sur rdv, à partir de 20 pers. Tarifs : 6,50 €/pers; scolaires : 5,50 €/pers.* ♿ *Durée de la visite : 1h. **Boutique :** mi-fév-mi-juil et sept-mi-nov, mar-sam 10h-12h30 et 14h-17h30; mi-juil-fin août, tlj 9h30-18h.*

Visite à ne pas manquer, pour tous ceux qui apprécient la noblesse des vieux métiers et pour tous les amateurs d'artisanat en général ! Visite en outre exceptionnelle vu le très faible nombre de fonderies de cloches en France (il n'en reste plus que quatre). Celle-ci, brillamment reprise en main en 1981 par un couple de passionnés et rachetée par leur fils en 2012, peut se vanter d'avoir à son palmarès récent de fort belles cloches : les nouvelles cloches de Notre-Dame de Paris, les cloches de la cathédrale de Bayeux pour le 70e anniversaire du Débarquement, les cloches de la cathédrale de Sées en 2015 ou, dans un autre genre, celles de la frégate *l'Hermione* ou du *Queen Mary 2.*

DING, DONG !

Villedieu, une des villes les plus anciennes de Normandie, est spécialisée depuis le XIIIe s dans l'industrie du cuivre, de l'étain et la fonderie de cloches. C'est le martelage dû à leur activité qui valut d'ailleurs à ses habitants d'être appelés les Sourdins. Rabelais rapporte que les poêliers de Villedieu participèrent à la fabrication d'un réchauffoir à bouillie pour Pantagruel.

En tout cas, la ***maison Cornille Havard*** a le goût des traditions artisanales. Cet atelier, construit en 1865, a conservé son aspect d'origine. Ce qui donne un cachet, un certain charme même à la visite (sol en terre battue, pavés de bois debout, outils traditionnels en cuivre). La fonderie a fêté les 150 ans de son atelier historique en 2015, mais c'est en fait plus de neuf siècles de tradition que l'on découvre au cours de la visite. Une sonnerie de carillon vous accueille dans le jardin où de nombreuses cloches anciennes vous montrent la diversité des formes et des décors des fondeurs d'autrefois Puis une visite guidée à travers l'atelier historique vous initie à l'art de construire les moules et fondre le métal. Des commentaires sur les travaux en cours, préparation des décors de cire, ciselage, accordage… Essayez de venir en semaine pour admirer le travail des compagnons fondeurs et les voir « mouler au trousseau » d'énormes cloches à partir d'argile, de poil animal et de crottin de cheval. Imposant four-réverbère à double voûte de 13 t. Également pittoresques : les fosses à mouler, les bois sculptés pour les décors en cire. Aujourd'hui, une centaine de cloches sont fabriquées chaque année. Autres productions de l'atelier : les paratonnerres, coqs de clocher, plaques commémoratives en bronze, médaillons en bas relief, etc. Avant de repartir, les enfants (ainsi que les grands !) pourront jouer *Frère Jacques* ou *Le Bon Roi Dagobert* sur de petites cloches à l'aide d'un maillet ou s'effrayer gentiment en sonnant une cloche de plus de 1 t dans la cour.

Label : Entreprise du Patrimoine Vivant, Tourisme et Handicap, Normandie Qualité Tourisme.

Lait Douceur de Normandie : *24, route d'Auréville, 50390* ***SAINT-SAUVEUR-LE-VICOMTE.*** *☎ 02-33-41-07-11. • lait-douceur.com • Visite guidée slt, sur rdv. Résa par tél. Pdt les vac scol de Toussaint, Pâques et été : mar et jeu à 11h, 14h et 16h. Visite de groupe sur rdv, pour 15-65 pers. Lun-sam 9h-19h. Tarifs : 2,50 €/pers ; scolaires : gratuité chauffeur et accompagnateur. ♿ Durée de la visite : 1h à 1h15.* ***Boutique :*** *mi-avr-mi-sept et vac Toussaint, lun-sam 9h30-12h30 et 14h-19h ; hors vacances, jeu-sam même horaires ; déc, tlj même horaires.*

L'atelier artisanal de confitures de lait et autres gourmandises, Lait Douceur de Normandie, ouvre ses portes aux gourmands de tous âges. C'est au cœur des marais du Cotentin, dans la Manche, que Stéphanie Leblond et Sylvie Philippon, artisans-fabricants, préparent avec passion et imagination leurs ***produits gourmands ; confiture de lait nature et parfumée, pomme caramélisée, confitures de fruits*** éphémères, confits d'oignons, de figues, de cidre, de pommes mais aussi des chocolats (les fondants du Cotentin, des bâtons chocolatés), des berlingots, des sucettes, des bonbons, des guimauves… et encore des alcools à base de calvados (Menthéa, crème et calvados).

Les + :

– Dégustation.

– Animation : atelier fabrication de berlingots, goûter et petit déjeuner pendant les vacances scolaires mardi et jeudi.

Label : Tourisme et Handicap, Label Normandie Qualité Tourisme.

La Manufacture de Parapluies de Cherbourg : *22, quai Alexandre III, 50100* ***CHERBOURG.*** *☎ 02-33-93-66-60. • parapluiedecherbourg.com • Visite guidée slt. Tarifs : 5 € ; enfant : 3 €. Visites de groupe sur rdv, jusqu'à 65 pers. Résa par tél à la manufacture. Tarifs : à partir de 20 pers, forfait à 250 € en semaine, à 350 € le week-end. ♿ Durée de la visite : 2h.* ***Boutique :*** *vente au moment des visites. 2e boutique dans le centre de Cherbourg (30, rue des Portes, 50100 Cherbourg) : mar-sam 10h-12h et 14h-19h.*

LES PARAPLUIES DE CHERBOURG

On se souvient du film de Jacques Demy, mais la fabrique de parapluies est née… après le film. L'usine est aujourd'hui célèbre pour son Parapactum : ce parapluie avec sa toile en Kevlar protège les personnalités, notamment le locataire de l'Elysée.

Toutes les informations concernant la région sont à retrouver sur le site :
• entrepriseetdecouverte.fr •

Jean-Pierre Yvon, natif de Cherbourg, décide de créer en 1986 sa propre marque de parapluies. Le véritable Cherbourg est devenu en quelques décennies une référence incontournable en matière de ***parapluie*** sur le marché du luxe, une marque exportée dans le monde entier qui démontre l'excellence du savoir-faire français. Visite guidée en direct et découverte en temps réel de la fabrication d'un véritable Cherbourg avec également, sur place, une boutique, une salle de projection et un ***musée*** racontant l'histoire du parapluie et l'évolution de la marque « Le véritable Cherbourg ».

Saumonerie Granvillaise : *ZI du Mesnil, 210, rue du Conillot, 50400* ***GRANVILLE.*** *☎ 02-33-59-45-07. • lesaumonier.fr • Mar-sam 14h30-18h30. Visite guidée : pdt les vac scol, jeu 17h ; juil-août, mar et jeu 17h. Tarif : gratuit. Visites de groupe sur rdv (sf en déc), pour 15-60 pers. Tarif : 3,60 €/pers. ♿ Durée de la visite : 1h.* ***Boutique :*** *mar-sam 14h30-18h30.*
La ***Saumonerie Granvillaise*** est une entreprise artisanale de ***fumage de poissons.*** Elle travaille des saumons d'élevage, français ou écossais et des saumons sauvages. D'autres poissons locaux sont également transformés, ainsi que des coquillages : bulots, coquilles Saint-Jacques, pétoncles.
On découvre au cours de la visite la multitude des produits élaborés par l'entreprise et l'importance du choix des matières premières ainsi que les différentes étapes de la production : salage au sel sec, fumage à la ficelle, affinage lent, tranchage à la main – qui leur donne un goût incomparable !
Le + : dégustation.

Tricots Saint-James : *ZI Route d'Antrain, BP 1, 50240* ***SAINT-JAMES.*** *☎ 02-33-89-15-60. • saint-james.fr • Visite guidée slt. Mar 10h30. Jeu 14h30. Été : horaires supplémentaires (appeler). Tarifs : 3,50 €/pers (remboursé à partir de 50 € d'achat en boutique) ; - 12 ans : gratuit. Visites de groupe sur rdv (sf vac scol Noël), lun-ven, pour 15-25 pers. Tarifs : 3,50 €/pers (1 gratuite pour 20 payantes) ; scolaires : 4,90 €/pers. - 10 % à la boutique dès 50 € d'achat. Durée de la visite : 1h.* ***Boutique :*** *lun-sam 10h-19h.*
Les ***Tricots Saint-James*** vous invitent à découvrir leur savoir-faire traditionnel de la fabrication du véritable ***pull marin*** et de la ***marinière,*** en vous ouvrant les portes de leurs ateliers, à deux pas du Mont-Saint-Michel. Depuis 1889, Saint-James, labellisé Entreprise du Patrimoine Vivant, perpétue la tradition artisanale française dans la confection textile. En 1850, Saint-James est une filature : on y teint, peigne et tisse des écheveaux et des pelotes vendus à des merceries ou des bonneteries qui en font des chaussettes ou des sous-vêtements. Dès la fin du XIXᵉ s, sous l'impulsion de Léon Legallais, Saint-James se met à fabriquer des chemises de laine de pays pour les marins pêcheurs dans lesquels l'aspect gras de la laine est encore présent pour mieux assurer isolation et chaleur. Ainsi naît l'ancêtre du fameux pull marin. Puis, au début du XXᵉ s, apparaît la marinière en coton, tricot rayé porté dans la Marine. En 1913, Coco Chanel lance le « style marin ». La vogue du pull à boutons sur l'épaule et des rayures ne se démentira pas, comme en témoigne les photos de vedettes au début de la visite, succès amplifié plus récemment par Jean-Paul Gaultier. La visite commence par la salle des tricoteuses où les machines tricotent les panneaux dont on fera les pulls et les gilets. Ils sont ensuite controlés manuellement dans la salle de raccoutrage avant de passer à l'assemblage après moults opérations. Un pull passe entre 18 mains avant d'être fini et aujourd'hui certains produits sont devenus des classiques. Avec deux collections par an, la marque est aussi présente aux 4 coins du monde et principalement en Asie.
Les + :
– tarif de la visite remboursé à partir de 50 € d'achat en boutique.
– 10 % à la boutique à partir de 50 € d'achat.
Label : Entreprise du Patrimoine Vivant.

ORNE (61)

Biscuiterie de l'Abbaye : *route du Val, 61700* ***LONLAY-L'ABBAYE.*** *☎ 02-33-30-64-64. Visite guidée slt, sur rdv. Lun-ven 8h-12h et 13h30-17h. Visite de groupe sur rdv (sf j. fériés), à partir de 15 pers. Tarif : gratuit. Durée de la visite : 1h.* ***Boutique :*** *lun-ven 8h-12h et 13h30-17h. Premier sam de chaque mois : 9h-12h.*

UN JOLI SITE EN PLEINE CAMPAGNE

Lonlay-l'Abbaye est un petit village avec son abbaye bénédictine fondée au XIe s. L'abbaye connut un rayonnement important jusqu'en Angleterre, où elle possédait trois prieurés. Suite à des mésaventures historiques (incendies, pillages, Révolution…), elle tomba dans l'oubli. Elle est aujourd'hui restaurée. Chœur gothique à trois étages, transept roman avec chapiteaux du XIe s et superbes stalles du XVIIe s.

Connu depuis le XVIIIe s en Normandie, le ***sablé*** est remis à l'honneur pendant la Seconde Guerre mondiale par le boulanger de Lonlay-l'Abbaye, Georges Lautour. Le succès est au rendez-vous, si bien que son fils et son gendre s'associent pour créer la Biscuiterie de L'Abbaye et développer la production. La Biscuiterie de l'Abbaye s'installe en 1964 à Lonlay-l'Abbaye, et produit depuis ces petits biscuits, devenus l'une des ***spécialités de la région.*** La maison emploie plus de 200 personnes et produit tous les jours sablés, galettes et cookies vendus sous son nom (vous les trouverez dans tous les magasins de Normandie), mais aussi sous celui des marques de la grande distribution. Les guides vous font ainsi pénétrer dans les ateliers, pour vous montrer les techniques de fabrication. Première étape, le ***pétrissage*** de la pâte, étape clé garantissant la saveur du biscuit. Les boulangers-pâtissiers y apportent tout le soin nécessaire, avant d'introduire la pâte dans la rotative, qui va donner leur forme ronde aux petits biscuits. Direction ensuite le ***tunnel de cuisson,*** où les fours dorent les sablés, avant que ceux-ci ne partent à l'***empaquetage.***

Le + : Dégustation offerte après la visite de l'usine.

Label : Destination Entreprise, Qualité Tourisme, Bienvenue en Gourmandie.

La Manufacture Bohin : *1, Le Bourg, 61300* ***SAINT-SULPICE-SUR-RILLE.*** *☎ 02-33-24-89-38. • lamanufacturebohin.fr • Mar-ven 10h-18h, en activité. Sam, dim et j fériés (sf 1er mai) 14h-18h : vidéo, pas d'activité. Tarifs : 8,90 € ; 6-12 ans : 5,90 € ; - 6 ans : gratuit. Visites de groupe sur rdv, à partir de 10 pers (à partir de 6 ans). Tarifs : 7,90 €/pers ; scolaires : 4,90 €/pers. Durée de la visite : 2h15.* ***Boutique :*** *mar-ven 10h-18h, sam dim et j. fériés (sf 1er mai) 14h-18h.*

Bohin est le ***dernier fabricant d'aiguilles et d'épingles en France.*** Les bâtiments sont inscrits au titre des Monuments historiques, c'est donc un vrai patrimoine vivant qui mérite le détour ! D'autant plus que le musée créé autour de la manufacture elle-même est superbe. Bohin est à l'origine une entreprise de menuiserie et bimbeloterie créée avant 1833 à L'Aigle. C'est le fils du fondateur, ***Benjamin Bohin,*** qui transforme l'atelier artisanal de bimbeloterie en un atelier de production en série et oriente l'activité de l'entreprise vers les aiguilles.

Lors de l'exposition universelle de 1889, l'entreprise recevra une médaille d'or pour la qualité de ses produits. Progressivement, il regroupe et modernise plusieurs ateliers de petits artisans aiguilliers et épingliers et les installe sur les bords de la Risle pour utiliser son énergie hydraulique. Benjamin invente la ***première machine automatique*** de montage des épingles de sûreté avec « protège pointe » en 1890 et, en 1908, Paul son fils invente la première machine capable de réaliser la fabrication complète des aiguilles. C'est en ce début du XXe s l'âge d'or de l'entreprise qui produit annuellement 400 millions d'aiguilles (soit 40 tonnes) et 3 milliards d'épingles.

Dans un premier temps, en traversant les ateliers répartis sur 2 étages, vous apprendrez tout sur la fabrication des aiguilles (imaginez, une simple aiguille nécessite 27 opérations successives, échelonnées sur 2 mois) et verrez, en semaine, les ouvriers à l'œuvre (le week-end, on traverse aussi les ateliers, mais seules des vidéos vous expliquent et montrent les différentes tâches effectuées par les machines et les hommes). On découvre avec surprise que certaines étapes n'ont pas changé depuis le XIXe s, comme la technique pour ranger les aiguilles à l'horizontale ! Idem pour les machines. Si cette partie de la visite est déjà très intéressante, elle est magnifiquement complétée par le ***musée*** qui vous entraîne encore plus loin dans le monde de l'aiguille et de ses métiers (haute couture, broderie…), mais aussi de la Risle et de toutes les industries que cette rivière a fait naître. Sans parler de l'espace consacré au fondateur de cette usine, Benjamin Bohin, un sacré personnage ! Vraiment, chapeau pour cette belle entreprise où explications didactiques, poésie, bel ouvrage, technique et art se mêlent et vous entraînent dans un autre monde durant quelque 2h.

Le + : ateliers créatifs sur réservation.

SEINE-MARITIME (76)

EDF – Centrale thermique du Havre : *1, route du Môle-Central, Entrée portuaire 3745, 76600* ***LE HAVRE.*** *☎ 02-35-11-31-30. • edf.fr/le-havre • centrale-lehavre@edf.fr • Visite guidée sur rdv. Inscription par tél et mail au moins 1 sem à l'avance. Visites lun-ven 8h-12h et 13h-16h. Tarif : gratuit. ♿ (contacter la centrale). Durée de la visite : 2h.*

À SAVOIR : visite à partir de 8 ans. Fournir une copie des pièces d'identité à la réservation (carte nationale d'identité ou passeport). Le jour de la visite, présenter la même pièce d'identité, en cours de validité. Porter un pantalon, des vêtements à manches longues, ainsi que des chaussures plates et fermées.

La centrale thermique du Havre se situe en Haute-Normandie, au cœur même de l'agglomération havraise. Ses deux cheminées de 240 m sont emblématiques du paysage industrialo-portuaire havrais qu'elles surplombent. Sa proximité immédiate avec la mer permet le refroidissement de l'unité de production et le déchargement à quai des minéraliers.
Depuis sa mise en service en 1963, la centrale a compté jusqu'à quatre unités de production : les plus anciennes ont été définitivement arrêtées, tandis que l'unité 4, la plus récente, d'une puissance de 600 mégawatts, et disposant de systèmes de traitement des fumées, a bénéficié en 2014 et 2015 de grands travaux de modernisation. Elle sert surtout à produire de l'électricité lors des pointes de demande des consommateurs.
Au programme de la visite : vous débuterez par une présentation du site du Havre, dans le cadre d'une conférence pédagogique pour vous familiariser avec les moyens de production d'électricité et comprendre le fonctionnement d'une centrale thermique. Par la suite, vous prolongerez cette découverte par une visite au cœur des installations industrielles, accompagné par un guide-conférencier.

Label : Tourisme et Découverte économique Le Havre, Clic Normandie.

EDF – Centrale nucléaire de Paluel : *76450* ***PALUEL.*** *☎ 02-35-57-69-99. • edf.fr/paluel • paluel-cip-visites@edf.fr • Centre d'information du public, entrée libre et gratuite. Lun-ven 8h30-12h30 et 13h30-17h30. Tarif : gratuit. ♿*

La centrale nucléaire de Paluel est située au pied d'une falaise de craie sur la côte de la Manche. En 2015, la centrale (4 réacteurs) a produit 29,5 milliards de kilowattheures, soit plus de deux fois la consommation électrique annuelle de la Haute-Normandie et 7 % de la production nucléaire nationale. Surplombant la centrale, le Centre d'information du public vous propose de découvrir de manière ludique et interactive les enjeux de l'énergie, les grandes inventions, les moyens de production d'électricité et les métiers qui y concourent. Cet espace propose un parcours pédagogique qui explique au travers de maquettes, d'écrans tactiles, de films et d'expériences le fonctionnement d'une centrale nucléaire. Une visite agréable qui peut être commentée par un guide-conférencier. L'occasion de poser vos questions !

Les + :

– Animations et conférences gratuites tout au long de l'année. Programme sur le site internet.

– Participation aux « Journées de l'industrie électrique d'EDF » ainsi qu'aux Journées européennes du patrimoine, à la Semaine de l'industrie et à la Fête de la science, des moments exceptionnels où le grand public peut entrer dans la centrale et découvrir les coulisses de la production d'électricité et un patrimoine industriel unique. Infos sur le site internet.

EDF – Centrale nucléaire de Penly : *76630* ***PENLY.*** *☎ 02-35-40-60-30. • edf.fr/penly • Espace Info de Penly, entrée libre et gratuite. Lun-ven, 14h-18h. Vac scol (zones B et C) : tlj, 14h-18h. Visite guidée de l'exposition de l'Espace info sur rdv. Résa par tél. Animations ludiques ou scientifiques et conférences gratuites tt au long de l'année. Résa 24h à l'avance par tél. Tarif : gratuit.* ♿

La centrale nucléaire de Penly est située entre Dieppe et Le Tréport, en bordure de la Manche. Ses deux réacteurs, d'une puissance de 1 300 mégawatts chacun, ont été mis en service en 1990 et 1992. Depuis lors, plus de 430 milliards de kilowattheures ont été produits par le site.

En haut de la falaise, à proximité de la centrale, l'Espace Info de Penly surplombe la mer. Il offre au grand public l'occasion de découvrir, de manière ludique et interactive, les enjeux de l'énergie, les grandes inventions, les moyens de production d'électricité et les métiers qui y concourent. Cet espace propose un parcours pédagogique qui explique au travers de maquettes, d'écrans tactiles, de films et d'expériences, le fonctionnement d'une centrale nucléaire.

Les + : la centrale de Penly participe aux « Journées de l'industrie électrique d'EDF », aux Journées européennes du patrimoine, à la Semaine de l'industrie et à la Fête de la science ; des moments exceptionnels où le grand public peut entrer dans la centrale et découvrir les coulisses de la production d'électricité et un patrimoine industriel unique. Pour plus d'informations : *• edf.fr/penly •*

Le Grand Port maritime du Havre : *terre-plein de la Barre, 76600* ***LE HAVRE.*** *Programmation de visites du port pour les individuels avr-oct à des dates spécifiques. Rens et inscriptions à l'office de tourisme de l'agglomération havraise : ☎ 02-32-74-04-04. Visites guidées pour les groupes à la demande. Rens et tarifs au service commercial de l'office de tourisme : ☎ 02-32-74-04-05. Durée de la visite : 2 ou 3h.*

Un site exceptionnel que l'on parcourt en autocar avec les commentaires d'un guide qui raconte le passé maritime de la place havraise et son patrimoine – les bassins historiques, les hangars, les anciens docks, la cloche des Dockers… – et explique le port aujourd'hui : l'écluse François Iᵉʳ, les terminaux à conteneurs et leurs portiques. Panorama exceptionnel sur Port 2000.

Des chiffres impressionnants :

– 1ᵉʳ port à conteneurs du commerce extérieur français (pour un total d'environ 2,6 millions par an !).
– 1ʳᵉ plate-forme française pour l'import/export de véhicules.
– 1ᵉʳ port mondial pour les vins et spiritueux (avec plus d'un milliard de bouteilles, quand même !).
– Un port de 27 km de long.
– 36 km de quais, 150 km de routes et 200 km de rails.
– Une écluse de 67 m de long, deux fois plus grande que celle du Panama.
– 32 000 emplois directs et indirects.
– Plus de 6 000 escales.
– Des porte-conteneurs géants de plus de 18 000 unités (soit plus de 100 km de longueur de conteneurs mis bout à bout !).

– Un conteneur déchargé toutes les 75 secondes par un portique.
Il est également possible d'associer dans une même visite la centrale EDF et le port du Havre. Un duo de conférenciers commente alors les activités complémentaires de la zone industrielle et portuaire à travers un tour en autocar. Les visiteurs entrent sur le site de la centrale EDF, longent les installations de production d'électricité et de lavage des fumées et s'arrêtent au pied du démonstrateur de recherche de captage du CO_2. La visite se poursuit par la découverte du port en prenant la direction de l'écluse François Ier, puis de Port 2000 avec ses postes à quai, avant de prendre le chemin du retour.
Label : Tourisme et découverte économique : Le Havre.

Palais Bénédictine : *110, rue Alexandre-le-Grand, 76400* ***FÉCAMP.*** *☎ 02-35-10-26-10. • benedictinedom.com • Juil-août, tlj 10h-18h45. Le reste de l'année, voir horaires sur le site internet. Tarifs : 8,50 € ; 12-18 ans : 3,50 € ; famille (2 adultes + 2 enfants) : 19 €. Visite guidée à 15h les w-e et j. fériés. Juil-août : tlj. Tarifs : 15 € ; 12-18 ans : 4 € ; - 12 ans : gratuit. Visites de groupes sur rdv (sf de janv à mi-fév), jusqu'à 50 pers. Résa par tél. Dégustation (pour les personnes majeures) et salon de thé sous la verrière. Tarifs en visite libre, groupe de 10 à 19 pers : 6,20 €/pers ; 20 pers et plus : 5,20 € ; scolaires 12-18 ans : 3,50 €/pers. En visite guidée : groupe de 10 à 19 pers : 7,90 €/pers ; 20 pers et plus : 6,80 € ; scolaires 12-18 ans : 4 €/pers. ♿ (accès partiel : pas d'accès au 1er étage ni aux caves). Durée de la visite : 1h30.*
Boutique : *juil-août, tlj 10h-19h30. Le reste de l'année, horaires sur Internet.*
En 1863, Alexandre Le Grand (rien à voir avec l'autre, bien plus grand) retrouve la formule d'une liqueur mise au point par un moine bénédictin de l'abbatiale de Fécamp au XVIe s, et perdue pendant la Révolution. Ce moine d'origine vénitienne, dom Bernardo Vincelli, avait eu la riche idée de concocter un ***élixir de santé*** à base de trois plantes cauchoises : la mélisse, l'angélique et l'hysope, mélangées à des épices orientales. Cette liqueur, composée au total de ***27 plantes et épices,*** devient la Bénédictine, bien connue des amateurs de digestifs (et dont, aujourd'hui, 95 % de la production sont exportés, notamment vers les États-Unis)… Le Grand est un visionnaire : en 1864, il dépose la marque et, dans la foulée, il fait de la publicité dans les journaux ! Enrichi, il fait construire ce vaste palais « romantique » mâtiné de néogothique et de néo-Renaissance, destiné à accueillir à la fois ses unités de production et son musée personnel, car Le Grand était aussi un collectionneur averti.
– ***Le musée des Beaux-Arts :*** on pénètre d'abord dans la ***salle gothique*** à l'étonnante charpente, véritable coque de navire renversée, réalisée par les charpentiers du port. Parmi les merveilles, de délicats ivoires de Dieppe, des émaux de Limoges et des statues polychromes des XVe-XVIIIe s. La ***salle du Dôme*** est à signaler pour son amusant vitrail représentant le fondateur confiant sa bouteille de Bénédictine à La Renommée, la main posée sur le globe dans le but de développer ses exportations ! Plus insolite, la ***salle Renaissance*** réunit la cinquième collection de ferronneries de France provenant de divers châteaux de la Loire. Remarquez les coffres de mariage du XVIe s avec leur incroyable système de verrous. Dans le cabinet des manuscrits, voir les chartes, manuscrits et autres livres d'heures enluminés. Ensuite, l'oratoire avec les vestiges du jubé de l'église abbatiale de Fécamp, d'un gothique absolument flamboyant. Enfin, la ***pinacothèque,*** avec quelques peintures du XVIe s. Dans la ***salle des Abbés,*** les 16 principaux sont représentés, dont le cardinal puis archevêque Jean Balue que Louis XI fit enfermer. Des expositions temporaires de peintures ou de sculptures sont proposées tout au long de l'année dans un espace de 400 m^2.
– La deuxième partie de la visite est consacrée à ***l'histoire puis à l'élaboration de la Bénédictine.*** L'histoire est évoquée au gré de différents panneaux thématiques, dans une vaste salle qui abrita jusqu'en 1972 la mise en bouteilles. Parmi les curiosités, noter la vitrine rassemblant les contrefaçons repérées aux 4 coins du globe ! Puis on aborde la fabrication, détaillée dans une vidéo, avant de découvrir quelques-unes des plantes et épices nécessaires à l'élaboration de la liqueur. Vient alors le moment de pénétrer dans le cœur de la maison : ***la distillerie*** aux alambics de cuivre martelé et les vastes caves

à foudres de chêne centenaire où vieillissent les alcools. La visite s'achève, logiquement, par une dégustation (réservée aux personnes majeures) dans un beau jardin d'hiver !

Les + :
Animations sur réservation :
– Atelier Cocktail bénédictine avec un chef barman renommé : 45 €/pers.
– Visite « passion » avec l'archiviste : 25 €/adulte, 15 €/jeune de moins de 18 ans.

Label : Qualité Tourisme, Destination Entreprise.

Terre de Lin : *605, route de la Vallée, 76740* ***SAINT-PIERRE-LE-VIGER.*** *☎ 02-35-84-19-55. • terredelin.com • Visite guidée slt. Résa par tél (office de tourisme du Bourg-Dun). Tarifs : 4 € ; 13-18 ans : 3 € ; - 12 € : 1 €. Visite de groupe sur rdv (sf août), pour 10-40 pers. Tarifs : 3 €/pers ; scolaires : 1 €/pers. ♿ Durée de la visite : 1h30.* ***Boutique :*** *lors des visites slt.*

Saviez-vous que la France est le premier producteur mondial de lin textile ? Et que la Normandie regroupe à elle seule 50 % des surfaces de production du lin français ?

Terre de Lin est ***la plus grande coopérative de lin textile en Europe.*** Au cours de la visite, vous découvrirez l'ensemble de ses activités : la création de variété, la culture du lin (du semis à la floraison, l'arrachage, la récolte des graines, le rouissage et la récolte des pailles) puis viennent le teillage et le peignage, étapes nécessaires pour extraire la fibre de lin avant de l'expédier en filature.

La visite se déroule en 3 temps : une projection vidéo sur la plante, une visite des ateliers de teillage et de peignage et une présentation de la filière lin et de ses débouchés. En effet si le textile (habillement et tissus) reste le premier utilisateur du lin, le lin sert aussi pour le paillage, l'isolation et dans la papeterie. On l'utilise aussi pour fabriquer des matériaux composites.

Le Valaine : *route du Havre, 76790* ***ÉTRETAT.*** *☎ 02-35-27-14-02. • levalaine.com • Visite guidée slt. Pâques-11 nov : dim et j. fériés à 11h. Juil-août : tlj sf jeu-ven à 11h. Tarifs : 7 € ; 8-17 ans : 4 € ; - 7 ans : gratuit. Visites de groupe sur rdv (sf de mi-nov à mi-mars), pour 20-110 pers. Tarifs : 6 €/pers ; scolaires à partir du CP : 4,50 €/pers à partir de 30 pers ; 1 gratuité accompagnateur pour 10 enfants. ♿ Durée de la visite : 1h.* ***Boutique :*** *tlj 9h-12h30 et 14h30-19h.*

Sur les superbes falaises d'Étretat, dans le cadre d'un manoir datant de Louis XIV, vous êtes invité à découvrir un sympathique ***élevage de chèvres,*** la ***production de fromages*** mais aussi de ***glaces,*** les Capr'ice, et pour les plus gourmands, ***Les Chocolats du Valaine***. La maison propose aussi des terrines de chevreau au calvados et un délicieux cidre cauchois.

Les + : dégustation, animation.

Label : Bienvenue à la Ferme.

Toutes les informations concernant la région sont à retrouver sur le site :
• entrepriseetdecouverte.fr •

PAYS DE LA LOIRE

Cette région fait depuis près de 20 ans le pari de la visite d'entreprise. Elle profite pleinement de sa spécificité géographique : l'importance de son littoral. Le secteur mer et littoral occupe une place bien supérieure à la moyenne nationale. La région propose des visites de marais salants, d'ostréiculteurs, de ports, de chantiers navals... Ainsi Terre de sel est devenu le champion régional de la visite d'entreprise. Les Chantiers navals STX occupent la troisième marche du podium. Et le port de Nantes-Saint-Nazaire propose des visites guidées en bateau pour découvrir ses infrastructures.
Les secteurs de l'alimentaire et des vins et spiritueux dominent, avec près de 40% des entreprises et quelques sites atypiques. Vignobles réputés, vins à fines bulles... Plusieurs caves se situent parmi les 10 entreprises les plus visitées de la région : Ackerman – et son parcours en son et images « Au cœur de la bulle » –, la Veuve Amiot, Louis de Grenelle... Le liquoriste Giffard a ouvert son propre espace culturel : l'Espace Menthe Pastille, en même temps que son circuit de visite au cœur de la production. Côté solide, ce sont les champignonnières avec leur mystérieuse ambiance troglodytique qui tiennent le haut du pavé, particulièrement la champignonnière du Saut aux Loups, première d'entre elles en nombre de visiteurs.
Le secteur des industries technologiques présente quelques sites monumentaux : outre les chantiers navals déjà évoqués, les ateliers Airbus ou la centrale EDF de Cordemais, qui attirent aussi de nombreux visiteurs français et étrangers.

BONS PLANS : l'association Visitez nos Entreprises en Pays de la Loire anime un réseau d'entreprises et d'institutions sur la filière. • visiteznosentreprises.com •
L'opération « Made in Angers » constitue le plus important événement local de la visite d'entreprise en France : plus 100 entreprises ouvrent leurs portes pendant 1 mois. • madeinangers.fr •
Laval Tourisme et la chambre de commerce et d'industrie de la Mayenne et leurs partenaires proposent « Industrielle Attitude ». • laval-tourisme.com •
L'office du tourisme du Choletais et la communauté d'agglomération du Choletais proposent l'opération « Au Fil des Savoir-Faire ». • visites-entreprises-choletais.fr •
L'office de tourisme Une Autre Loire organise l'événement « C'est quoi ton entreprise ? » • uneautreloire.fr/page/visites-dentreprises •

LOIRE-ATLANTIQUE (44)

Airbus Saint-Nazaire : *Base sous-marine, bd de la Légion-d'Honneur, 44600* ***SAINT-NAZAIRE.*** *☎ 02-28-54-06-40. • saint-nazaire-tourisme.com • Résa au moins 2 j. avant. À la visite, montrer une pièce d'identité en cours de validité (C.I. ou passeport). Visite guidée mer et ven. Visites complémentaires pdt les vac scol (lun-ven en juil-août). Tarifs : 13 €/pers ; tarif réduit (chômeurs, étudiants, personnes en situation de handicap) sur présentation de justificatifs : 11,70 €/pers ; 4-14 ans : 6,50 € ; - 4 ans : gratuit. Visite de groupe sur rdv (sf janv), pour 20-50 pers. Résa par tél ☎ 02-28-54-08-09. Tarifs : sur demande. Durée de la visite : 2h.*
Site industriel qui fait partie d'un réseau complexe où les pièces sont fabriquées et assemblées dans plusieurs usines à l'échelle européenne. Saint-Nazaire est le deuxième site de production d'Airbus en France après Toulouse, avec plus de

2 400 salariés. On y ***assemble et équipe certaines parties de fuselage,*** dont celui de l'A 380, actuellement le plus gros avion civil au monde. Spectacle assuré ! Les coups de rivets finaux sont donnés à Toulouse. Depuis les passerelles de visite, on fait face aux avions en cours d'assemblage. Tout est impressionnant, comme le nombre de rivets qui viennent fixer les tronçons de fuselage ! Une carlingue d'ailleurs bien fine quand on y pense : entre 2 et 4 mm ! Et avec un peu de chance, on voit le fameux *Beluga,* cet immense avion-cargo d'Airbus qui vient chercher des tronçons, sauf ceux de l'A 380, trop grands même pour lui. Vous découvrirez le site en ***visite guidée*** (départ de la base sous-marine en autocar). Les circuits effectués sur le site et les contenus de la visite peuvent varier selon des contraintes liées à l'activité de l'entreprise.
Label : Qualité Tourisme.

L'AÉRONAUTIQUE EST NÉE DE LA NAVALE

Au début des années 1920, lors d'une grave crise de la construction navale, les chantiers navals cherchent à se diversifier et se tournent vers l'aéronautique. À l'époque, on construit des hydravions ; certains essais de catapultage se font dans l'estuaire de la Loire. Au fil des années des avions très différents sortent des ateliers nazairiens : Vautour, Caravelle, même des tronçons de Concorde… Le premier Airbus sera livré en décembre 1970.

Chantiers navals STX France : *Base sous-marine, bd de la Légion-d'Honneur, 44600* ***SAINT-NAZAIRE.*** *☎ 02-28-54-06-40. • saint-nazaire-tourisme.com • Visite guidée. Résa au moins 2 j. avant. Mer, sam et dim, et pdt les vac scol (7 j./7 en juil-août). Tarifs : 13 €/pers ; tarif réduit (chômeurs, étudiants, personnes en situation de handicap) sur présentation de justificatifs : 11,70 €/pers ; 4-14 ans : 6,50 € ; - 4 ans : gratuit. Visite de groupe sur rdv (sf janv), pour 20-50 pers. Résa par tél au ☎ 02-28-54-08-09. Tarif : sur demande. Durée de la visite : 2h ou 1h30 selon formule de visite.*
Employeur très important de la ville et de la région, les chantiers navals sont immanquables à Saint-Nazaire. Depuis 1864, nombreux sont les paquebots de légende qui en sont sortis (plus de 120) mais aussi des cargos, pétroliers, méthaniers, etc. Aujourd'hui, on produit avant tout des ***bâtiments de croisière,*** dont le chantier nazairien est l'un des leaders mondiaux, sans parler de la ***recherche dans le domaine des énergies marines renouvelables.*** La visite passionnante part de la base sous-marine en autocar et permet d'approcher un lieu vivant, actif, où les bateaux se découvrent à différents stades de leur construction : de la découpe des tôles à l'assemblage des panneaux et le TGP (très grand portique) pouvant soulever quelque 1 250 t. Équipé d'un casque récepteur, le visiteur découvre un site gigantesque de plus de 100 ha en bordure de Loire. Deux formules de visite sont proposées : « Chantiers navals » (2h), une découverte complète du site ; et « Géant des mers » (1h30), traitant de l'actualité des géants en construction et pouvant se combiner avec la visite d'Escal'Atlantic pour une véritable immersion dans l'univers des paquebots. Les circuits effectués sur le site et les contenus de la visite peuvent varier selon des contraintes liées à l'activité de l'entreprise.
– ***Escal'Atlantic :*** le parcours évoque l'histoire des paquebots transatlantiques à travers 25 espaces scénographiés, basés sur des paquebots construits à Saint-Nazaire. Des objets de collection, témoins de la vie à bord, ancrent le parcours dans la réalité historique. *Base sous-marine, bd de la Légion-d'Honneur, ☎ 02-28-54-06-40. Horaires sur • saint-nazaire-tourisme.com • Durée env. 1h30, fermé en janv. Entrée 13 € ; forfait Escal'Atlantic + visite « Géant des mers » : adulte 20 €. Réduc.*

IMPORTANT : ***pensez toujours à prévenir l'entreprise et à réserver votre visite, en individuel ou en groupe, par téléphone ou par mail.***

Le Curé Nantais : *16, rue du Docteur-Auguste-Guilmin, 44210* ***PORNIC.*** *☎ 02-40-82-28-08. • curenantais.com • Visite guidée slt mar-ven 10h. Tarif : 1 €. Visite de groupe sur rdv, jusqu'à 25 pers. Résa par tél ou par mail : • eric.quernez@curenantais.com • Tarif : 3 €. ♿ Durée de la visite : 1h.* ***Boutique :*** *mar-sam 9h-13h et 15h-19h.*
Le fromage du curé, né il y a plus de 100 ans, est ***le plus ancien fromage breton.*** Le plus célèbre des fromages de Loire-Atlantique est fabriqué sur les hauteurs de Pornic. Créé en 1880 à Saint-Julien-de-Concelles, près de Nantes, sur les conseils d'un curé, il a été réhabilité il y a une vingtaine d'années par Georges Parola, qui fournit aujourd'hui l'ensemble des restaurateurs de la région, mais aussi l'étranger et le Japon, où il fait fureur. Ce fromage au lait cru, à pâte molle et à croûte lavée, est toujours préparé selon des méthodes traditionnelles. Vous assisterez à la transformation du lait en fromage, suivie d'une dégustation, selon l'expression « bouffer du curé ».
Label : Qualité Tourisme.

UN CURÉ TOUT EN RONDEUR

Entre le munster et le reblochon, au lait frais de vache et affiné sur des planches d'épicéa, le curé nantais était carré à l'origine (200 g). Il devint rond (800 g) après la guerre, pour finir parfumé au muscadet depuis quelques années. Histoire de se singulariser…

EDF – Centrale thermique de Cordemais : *44360* ***CORDEMAIS.*** *☎ 02-40-44-30-44. • edf.fr/cordemais • Centre d'information du public, visite libre (visite commentée possible) et gratuite. Mer 14h-18h. Tour de la centrale en bus et visite des installations : visite de groupe, sur rdv. Calendrier sur le site internet. Résa par tél. Tarif : gratuit. ♿ (pour le CIP et les visites en bus). Durée de la visite : 2h.*
La centrale de Cordemais se situe sur l'estuaire de la Loire, entre Nantes et Saint-Nazaire, et s'étend sur près de 150 ha. Elle se compose de deux unités de production au charbon de 600 mégawatts et de deux unités de production au fioul de 700 mégawatts. La centrale mène une action en faveur de l'environnement en recyclant et en valorisant les produits issus de la combustion, et en limitant son impact sur l'eau et sur l'air. Elle est notamment équipée des meilleures technologies de traitement des fumées, en termes de désulfuration, de dénitrification et de dépoussiérage. Le Centre d'information du public, à l'entrée du site, permet de découvrir de manière ludique et interactive les enjeux de l'énergie, les grandes inventions, les moyens de production d'électricité et les métiers qui y concourent. Cet espace propose un parcours pédagogique qui explique au travers de maquettes, de films et d'expériences le fonctionnement d'une centrale thermique.
Les + :
– Animation moulage de gypse pour les enfants, chaque mercredi après-midi de 14h à 18h (en accès libre).
– Animations et conférences gratuites pour les petits et les grands dans le cadre d'événements nationaux. Se renseigner par tél ou sur le site internet.
Label : Tourisme et Handicap, Qualité Tourisme.

Espace Escargots : *33, rue des Becs-Salés, 44490* ***LE CROISIC.*** *☎ 02-40-15-79-69. • espace-escargots.com • Visite guidée slt. Juil-août : mar-dim à 15h, 16h et 17h. Avr-juin et sept-11 nov : mar, mer, ven, dim et j. fériés à 15h, 16h et 17h. Tarifs : 7,20 € ; 5-11 ans : 5,80 € ; - 5 ans : 2 €. Visite de groupe sur rdv, pour 15-35 pers. Résa par tél ou par mail : • info@espace-escargots.com • Tarifs : 6,80 €/pers ; 5-11 ans : 5,50 €/pers ; - 5 ans : 2 €/pers. ♿ appeler avant. Durée de la visite : 1h.* ***Boutique :*** *mar-dim 10h-12h30 et 14h30-18h30 ; juil-août, tlj.*
Une ***ferme hélicicole*** qui ouvre ses portes au public, ce n'est pas si fréquent (il y seulement 150 éleveurs d'escargots en France). Après un petit film de 10 mn pour assimiler quelques bases (saviez-vous que l'escargot a des dents et aime le

chocolat ?), on suit un parcours d'observation passionnant passant par l'accouplement, les naissances, la mise en parc pour l'engraissage... En France, on consomme 30 000 t d'escargots par an ! En prime, petite ferme pour les enfants. Espace Escargots produit 500 000 escargots Gros Gris chaque année qui sont transformés en produits frais et conserves. Ces produits sont préparés artisanalement, sans aucun ajout de produits chimiques. À l'issue de la visite dégustation d'escargots en coquilles, croquilles ou mini bouchées.
Le + : Démonstrations de cuisine (sur résa).

Fromagerie Beillevaire : *rue Denis-Papin, La Seiglerie, 44270* ***MACHECOUL.*** *☎ 02-40-02-33-98. • fromagerie-beillevaire.com • Visite guidée slt, lun-ven mat à 10h. Visite de groupe sur rdv, pour 10-50 pers. Résa par tél. Tarifs : 3 € ; enfants, scolaires, étudiants : 1 € ; - 6 ans : gratuit. ♿ (appeler avant). Durée de la visite : 1h30.* ***Boutique :*** *vente à la fin des visites.* Dans la capitale historique du pays de Retz, la fromagerie Beillevaire ouvre les portes de ses ateliers, où sont produits depuis 30 ans des ***fromages et autres spécialités au lait cru.*** Ici, 6 millions de litres de lait sont transformés en plus de 150 produits différents. Après la projection d'un film de présentation sur l'histoire de la maison Beillevaire et le circuit du lait, on assiste derrière une galerie vitrée à la fabrication des différents produits maison, dans un univers alliant tradition et technologies.
Les + :
– Dégustation à la fin de la visite.
– Animation : visite gourmande sur 1 journée, découverte de la fromagerie et déjeuner autour du fromage dans l'ancienne maison familiale (35 €/pers, sur réservation préalable).

Nantes-Saint-Nazaire Port : *Base sous-marine, bd de la Légion-d'Honneur, 44600* ***SAINT-NAZAIRE.*** *☎ 02-28-54-06-40 (centrale de résa). Visite guidée. Résa obligatoire. Dates et horaires sur • saint-nazaire-tourisme.com • Tarifs : 13 €/pers ; tarif réduit (chômeurs, étudiants, personnes en situation de handicap...) : 11,70 € sur présentation de justificatifs ; 4-14 ans : 6,50 €/pers ; - 4 ans : gratuit. Visite de groupe sur rdv (sf janv), pour 20-50 pers. Résa et tarifs au ☎ 02-28-54-08-09. Durée de la visite : 2h.* ***Premier port de la façade atlantique française,*** le Grand Port Maritime Nantes Saint-Nazaire est un acteur économique majeur dans la région, relié à 400 ports dans le monde entier et accueillant près de 3 000 navires par an. La visite guidée part de la base sous-marine en autocar. Après la partie urbaine du port, le car suit la route portuaire à la découverte des terminaux, des diverses entreprises installées, des types de marchandises qui transitent ici. Grâce aux explications du guide, le chargement ou le déchargement de navires très spécifiques, la manutention des conteneurs, un chargement de pales d'éoliennes ou le départ de tronçons d'Airbus sont placés dans le contexte de l'économie maritime et n'auront plus de secrets pour vous.
– ***Croisière « Saint-Nazaire sur mer » :*** balade sur l'estuaire et le long des installations industrielles et portuaires, avec un passage spectaculaire sous le pont de Saint-Nazaire. Au début, le bateau longe un littoral préservé et peu construit, entre falaises, criques et plages. *Résa à la billetterie centrale (☎ 02-28-54-06-40). • saint-nazaire-tourisme.com • Juin-sept (une trentaine de dates, dont la majorité en juil-août). Visite commentée de 2h. Tarif : 20 € ; réduc.*

Terre de sel – le sel de Guérande : *Pradel, 44350* ***GUÉRANDE.*** *☎ 02-40-62-08-80. • terredesel.com • Visite guidée slt. Planning sur le site internet. Tarifs : 9 € ; 3-15 ans : 4 €. Durée de la visite : 45 mn.* ***Boutique :*** *juil-août, tlj 9h30-19h30 ; nov-févr, tlj 10h-12h30 et 14h-17h ; le reste de l'année, tlj 10h-18h. Sel sous ttes ses formes et produits régionaux.*
Cet espace, entièrement dédié ***au sel et aux marais,*** est le fruit d'un partenariat entre paludiers et animateurs nature. La visite combine, de façon très intelligente, une ***exposition*** retraçant la vie du marais au fil des saisons et l'***explication sur le terrain.*** Le but est avant tout de montrer le lien intime qui existe entre les hommes et l'environnement et de parler des marais d'aujourd'hui, depuis leur

réhabilitation et la relance de l'activité. Des balades familiales avec expériences ludiques et sensorielles très appréciées. Penser à mettre des chaussures de marche. Pour observer les oiseaux, mieux vaut choisir une visite matinale (ou l'une des nocturnes proposées en été). Du bâtiment principal, vue panoramique sur les marais et expos temporaires (à vocation scientifique ou artistique).
Label : Destination Entreprise, Qualité Tourisme, Site remarquable du goût.

PETIT LEXIQUE DU PALUDIER

*– **Paludier :** nom du récolteur de sel (« saunier » en Vendée). Son travail, contrairement à ce que l'on croit, consiste avant tout à entretenir le marais, la récolte ne durant qu'une quarantaine de jours dans l'année.*
*– **Fleur de sel :** le « caviar de sel ». Tandis que le gros sel se dépose sur l'argile du marais, la fleur de sel flotte à la surface. D'un geste précis et élégant, le paludier cueille ce sel, plus fin, plus blanc. Vous avez tout aussi bien le droit de préférer le sel gris...*
*– **Vasière, corbier, fares, adernes et œillets :** ce sont les différents bassins (on en compte 10 000 par ici !), correspondant aux différents stades d'évaporation de l'eau.*
*– **Trémet :** endroit où l'on « roule » et dépose en tas le sel pendant le temps de la récolte.*
*– **Salorge :** hangar (les plus beaux sont en bois) où l'on conserve le sel jusqu'à sa commercialisation.*

Brève histoire du sel
Les pêcheurs des Pays-Bas ont été les premiers à découvrir les vertus conservatrices du sel. C'est pour cette raison que de nombreuses églises de la presqu'île guérandaise ont été bâties avec des pierres en provenance des villes hanséatiques de Brême ou de Hambourg, dont les navires étaient lestés. Posséder du sel ou en produire a très tôt représenté un intérêt politique et économique. Les princes, les évêques ou les potentats locaux s'arrangeaient pour en maîtriser les flux. En 1340, Philippe VI de Valois institua une ponction fiscale : la gabelle, récoltée par les « gabelous ». La Bretagne en était exemptée jusqu'en 1765. Créant de profondes injustices entre les régions, la gabelle représentait, en 1715, un peu plus du dixième du revenu fiscal du royaume.

Une qualité reconnue
À Guérande, le marais a repris du poil de la bête grâce à une poignée d'anciens paludiers qui ont formé une nouvelle génération, attirée par la vie au grand air, la mise en valeur du terroir... Leur production chiffre 10 000 t par an grâce à un groupement de 250 producteurs indépendants. Aujourd'hui, le ***sel de Guérande*** est une réussite commerciale (qui a obtenu en 2012 son ***Indication géographique protégée,*** une première pour un sel en Europe). Présent sur les bonnes tables, de grands chefs l'ont adopté pour ses qualités gustatives. Qu'il soit gros sel gris, sel fin ou fleur de sel, le sel de Guérande reste un produit haut de gamme (ce qui ne veut pas dire cher). Et pas seulement pour son goût, mais aussi pour ses qualités nutritionnelles, pauvre en sodium mais riche en magnésium et en oligoéléments.

MAINE-ET-LOIRE (49)

Brioche Pasquier Brissac : *7, bd des Fontenelles, 49320* ***BRISSAC-QUINCÉ.*** *☎ 02-41-47-70-00. • pasquier.fr • Pas de bijoux, seule l'alliance est autorisée. Visite de groupe slt, sur rdv, mar, mer mat et jeu (sf juil-août), 15-30 pers. Résa par tél ou mail • bpbr@pasquier.fr • Tarif : gratuit. ♿ (appeler avant). Durée de la visite : 2h.* ***Boutique :*** *mar-sam 10h-13h30 et 15h30-19h (sam 18h).*

Visite guidée de l'usine de fabrication ***Brioche Pasquier,*** dédiée à la fabrication des ***biscottes*** par un collaborateur de l'entreprise, on suit le parcours d'une biscotte de la réception des matières premières jusqu'à son expédition. Dégustation en fin de visite.

Brioche Pasquier Cerqueux : *route d'Yzernay, 49360* ***LES CERQUEUX.*** *☎ 02-41-63-75-00. • pasquier.fr • Visite de groupe slt, sur rdv mar et jeu (sf juil-août et de mi-nov à fév), 15-40 pers. Tarif : gratuit. ♿ (appeler avant). Durée de la visite : 2h.* ***Boutique :*** *mar-ven 10h-18h, sam 9h30-16h.*
Guidé par un collaborateur, la visite est l'occasion de pénétrer dans l'usine et de suivre la fabrication d'un ***Pitch,*** de la réception de ses matières premières jusqu'à son emballage et son expédition. Dégustation en fin de visite.

Carré Cointreau : *2, bd Bretonnières, carrefour Molière, 49124* ***SAINT-BARTHÉLEMY-D'ANJOU.*** *☎ 02-41-31-50-50. • carre-cointreau.fr • Visite guidée slt. Mai-oct : mar-sam. Nov-avr : sam. Tarifs : 10 € ; tarif réduit (étudiant) : 9 € ; 12-17 ans : 3,80 € ; - 12 ans : gratuit. Visite de groupe sur rdv, à partie de 20 pers. Résa par tél ou par mail : • sylvain.marsollier@remy-cointrau.com • Mai-oct : mar-sam. Nov-avr : mar-ven. Tarifs : sur demande. ♿ (appeler avant). Durée de la visite : 2h dont 30 mn de dégustation.* ***Boutique :*** *mar-sam 11h-18h.*
La recette originale fut mise au point par Édouard Cointreau en 1875 qui inventa un nouveau procédé de distillation pour obtenir un triple sec, un liquide trois fois plus concentré en arôme. Aujourd'hui, Cointreau est un nom connu aux quatre coins du monde et près de la moitié des ventes se font aux États-Unis. Dans les années 1970, la distillerie fondée en 1849 par les frères Cointreau déménage des quais de la Maine, à Angers, pour investir des locaux plus grands, plus modernes, plus adaptés à l'essor commercial de la célèbre ***liqueur à base d'écorces d'oranges douces et amères.*** C'est son histoire que la visite guidée détaille par le menu, en entraînant les visiteurs dans la salle des alambics (magnifiques), sur la passerelle surplombant l'immense salle d'assemblage et de stockage, et dans le musée consacré à la marque. Où l'on apprend notamment le génie en matière de communication d'Édouard Cointreau, qui, en 1898, n'avait pas hésité à commander une publicité cinématographique à un opérateur des frères Lumière !

Le + : Dégustation suivie d'une initiation à l'art du cocktail dans l'ambiance intime du bar.

Label : Tourisme et Handicap, Qualité Tourisme, Destination Entreprise, Entreprise du Patrimoine Vivant.

Caves Louis de Grenelle : *839, rue Marceau, 49400* ***SAUMUR.*** *☎ 02-41-50-23-21. • louisdegrenelle.fr • Visite guidée slt (à partir de 2 pers). Juin-août : tlj 10h30-17h30. Avr, mai et sept : tlj 10h-11h et 14h-17h. Oct-mars : lun-ven à 11h, 14h, 15h, 16h, 17h. Dernier départ : 1h avant la fermeture. Tarifs : 2,50 €/pers ; 7-16 ans : 1,50 €/pers ; -7 ans : gratuit. Visite de groupe sur rdv, pour 20-45 pers. Résa par tél ou par mail : • contact@louisdegrenelle.fr • Tarifs : sur demande. ♿ (avec accompagnateurs). Durée de la visite : 1h15.* ***Boutique :*** *juin-août, tlj 9h30-18h30 ; avr, mai et sept, tlj 10h-12h et 13h30-18h ; fermé dim oct-mars.*
La maison Louis de Grenelle est une cave familiale et indépendante située dans les souterrains de la ville de Saumur. Cette ancienne carrière de tuffeau creusée au XVe s. abrite aujourd'hui près de 4 millions de bouteilles. C'est une cave en activité, d'une température constante de 12 degrés. Lors de la visite, le guide dévoile les étapes d'un savoir-faire ancestral : ***la méthode traditionnelle.*** Ce labyrinthe de 2,5 km entraîne le visiteur dans une découverte originale des rues souterraines de Saumur. À l'issue de la visite, une dégustation commentée est proposée afin de découvrir les vins de fines bulles élaborés sur le site : ***saumur brut et crémant de Loire.***

Toutes les informations concernant la région sont à retrouver sur le site : • entrepriseetdecouverte.fr •

Champignonnière du Saut aux Loups : *route de Saumur, 49730 **MONTSOREAU.** ☎ 02-41-51-70-30. • troglo-sautauxloups.com • Mars-mi-nov : tlj 10h-18h. Visite guidée : résa par tél. Tarifs : 6,50 € ; enfants et étudiants : 5 € ; - 5 ans : gratuit. Visite de groupe sur rdv (sf mi-nov-févr), pour 5-60 pers. Tarifs pour plus de 20 pers : 6 € /pers ; scolaires plus de 20 pers : 4,50 €/pers. ♿ Durée de la visite : 1h. Ne pas oublier sa petite laine. **Boutique :** mars-mi-nov, tlj 10h-18h.*

CUEILLETTE

Depuis Louis XIV, les champignons de Paris prospéraient dans les carrières et les catacombes de la capitale. Avec la création du métro, ils furent indésirables (la moisissure entraîne la pourriture du bois). Voilà pourquoi on continua leur culture dans la région de Saumur, qui présente tous les avantages : on y trouve des kilomètres de caves et des élevages de chevaux (pour le fumier !). La région de Saumur produit pas moins de 85 % de la production nationale. Pourtant, on appelle toujours ces champignons… de Paris.

Le site troglodytique du Saut aux Loups se trouve à mi-coteau sur la rive sud de la Loire, à Montsoreau. Importante carrière à tuffeau exploitée du XVIe au XIXe s, elle devint ensuite un site de culture de champignons qui, depuis 30 ans, est ouvert aux visiteurs. Le parcours de 400 m dans ces vastes galeries permet de comprendre l'origine géologique du site, le travail du tuffeau et la culture des champignons.
Outre le fameux ***champignon de Paris,*** les étapes de la culture du ***pleurote, de la pholiote et du shiitake*** sont également présentées. Une visite ludique et pédagogique qui fait découvrir un monde souterrain plein de surprises… et met en appétit ! La production est vendue à la boutique sous forme de champignons frais ou préparés (bocaux, soupes, déshydratés etc.).
Restaurant Le Saut aux Loups : *route de Saumur. ☎ 02-41-51-70-30. ♿ Attenant à la champignonnière. Fermé de mi-nov à fin fév. Menus 21,50-23,50 €* Voici le 1er resto-troglo de la région à avoir relancé les originales spécialités de « galipettes ». Ce sont de très gros champignons de Paris (8 cm de diamètre minimum !), farcis de rillettes ou d'andouille et crème fraîche, voire d'escargots, de saumon fumé et de fromage de chèvre. Le tout servi dans deux salles toutes mignonnes ou à la terrasse dominant la Loire.

Chocolaterie Guisabel : *route de Loiré, Z.A. du Bois-Robert, 49440 **CANDÉ.** ☎ 02-41-92-70-88. Lun-sam 10h-17h. Résa par tél. Tarifs : 4 €/pers ; - 16 ans : gratuit. Visite de groupe sur rdv (sf de mi-oct à janv), pour 15-50 pers. Résa par tél ou par mail : • albesnard.guisabel@orange.fr • Tarifs : 4 €/pers. 1 gratuité pour 20 pers ; scolaires : 4 €/pers. ♿ Durée de la visite : 1h30. **Boutique :** lun-sam 9h30-12h et 14h-18h30.*
Un film permet de découvrir la fabuleuse histoire du cacao, de la culture de la fève jusqu'au bonbon. Puis vous verrez s'élaborer sous vos yeux les moulages et les chocolats. Pour finir, dégustation dans la boutique.
Label : Destination Entreprise, Qualité Tourisme.

Distillerie Combier : *48, rue Beaurepaire, 49400 **SAUMUR.** ☎ 02-41-40-23-00. • combier.fr • Avr, mai et oct : mar-dim à 10h30, 14h30 et 16h30. Juin et sept : tlj. Juil-août : tlj à 10h30, 12h, 14h30, 16h et 17h30. Le reste de l'année : sur rdv par tél. Tarifs : 4 €/pers ; - 16 ans : gratuit. ♿ (appeler avant). Visite de groupe sur rdv, jusqu'à 50 pers (scolaires : à partir du lycée). Tarifs : 3,20 €/pers ; scolaires : sur demande. Durée de la visite : 1h. **Boutique :** en juil-août, 10h-19h ; horaires restreints le reste de l'année.*
Fondée en 1834, la plus ancienne distillerie du Saumurois encore en activité a gardé son atmosphère familiale. Visite de la salle de macération et de distillation avec des machines et des techniques inchangées depuis le XIXe s :

alambics en cuivre, serpentins, cuves, le tout inscrit dans une charpente métallique dessinée par les ingénieurs d'Eiffel. Jean-Baptiste Combier contribua à son époque à populariser cet alcool créé à l'origine dans les monastères et connut le succès en inventant le fameux ***« triple sec »*** (appelé de nos jours « l'Original Combier »), ***liqueur à base d'écorces d'oranges douces et amères.*** Puis son fils James reprit l'affaire en diversifiant la production. James Combier (maire de 1879 à 1892), personnage haut en couleur, a par ailleurs fortement marqué l'histoire de Saumur et reste connu pour son anticléricalisme et son grand respect envers ses employés. Une visite originale et pleine d'anecdotes, qui se termine par une dégustation de liqueurs et sirops (dont une ***gamme bio*** pleine de saveurs). C'est l'occasion de découvrir également la gamme d'absinthes, le guignolet d'Anjou, la soupe saumuroise, l'Élixir Combier, etc.

Domaine du Closel : *château des Vaults, 49170* ***SAVENNIÈRES.*** *☎ 02-41-72-81-00. • savennieres-closel.com • Brochure à disposition. Dernière visite 1h avant la fermeture. Avr-oct : tlj 10h-19h. Nov-mars : lun-sam 10h-18h. Tarifs : 4 € ; enfants : gratuit. Visite guidée thématique. Infos et résas sur le site internet. Tarifs : 6-12 € selon thème ; réduc - 6 ans : gratuit. Visite de groupe sur rdv, pour 10-50 pers. Tarifs : visite avec dégustation de 3 vins (à partir de 20 pers) : 9 €/pers ; de 6 vins: 12 €/pers. ♿ Durée de la visite : 1h30 en visite guidée, 45 mn en visite libre.* ***Boutique :*** *avr-oct, tlj 10h-19h ; nov-mars, lun-sam 10h-18h.*

Le paysage du ***château des Vaults,*** au cœur du village de Savennières, constitue un ensemble romantique sur des coteaux de schiste dominant la Loire, avec un parc de style anglais construit autour d'une boire (un bras mort de la Loire). On y trouve un étang, un potager à l'ancienne et un ravissant château viticole angevin. Le site, qui a gardé toute son âme, est également connu pour ses collections remarquables de bulbes, d'iris, d'agapanthes, d'hydrangeas et de roses.

Le domaine du Closel produit des ***vins naturels en agriculture bio.*** AOC Anjou rouge, Anjou Village ainsi que du Savennières, l'un des grands crus angevins. C'est un vin blanc sec et élégant. Le visiteur est accueilli par la famille, dans la tradition de l'excellence.

Les + : dégustation possible à la boutique. Animations :
– Randonnées dans les vignes.
– Accueil de groupes et séminaires.
– Organisation de courts séjours.

Label : AB, Qualité Tourisme, Vigneron indépendant, Caves touristiques vignoble de Loire/Cave excellence, Accueil vélo.

Giffard : *chemin du Bocage, ZA La Violette, 49240* ***AVRILLÉ.*** *☎ 02-41-18-85-14. • giffard.com • Visite guidée slt (sf sem du 15 août et entre Noël et le Jour de l'an). Individuels sur rdv (min 6 pers) : 5,50 €/pers ; - 12 ans : gratuit. Groupes sur rdv, pour 20-50 pers : 4 €/pers. Gratuité pour l'accompagnateur et le chauffeur. Résa par tél ou mail : • marion.dallet@giffard.com •. Lun-jeu 10h30 et 14h30 et ven mat. ♿ (appeler avant). Durée de la visite : 1h30.* ***Boutique :*** *mar-ven 14h-18h. Liqueurs, dont la menthe-pastille à l'origine du succès d'Émile Giffard, pharmacien à Angers, mais aussi crèmes de fruits, sirops et guignolet d'Angers.*

Giffard, liquoriste né à Angers en 1885 et installé sur Avrillé depuis 1972, vous accueille au cœur de son site de production. La visite guidée commence dans l'***Espace Menthe-Pastille*** qui fait découvrir l'histoire et le patrimoine de l'entreprise toujours familiale, grâce à une collection d'affiches et de documents anciens datant pour certains de la création de la société. Le parcours se déroule ensuite sur le site même de production, depuis l'arrivée des fruits provenant du val de Loire et d'ailleurs jusqu'à l'expédition, en passant par la salle des macérations et d'embouteillage. Pour finir, rendez-vous au bar à cocktails et au bar des senteurs pour des dégustations et des reconnaissances olfactives. L'occasion aussi de repartir avec des recettes de cocktails créés par la maison ***Giffard.***

Label : Tourisme et Handicap, Qualité Tourisme.

Gratien et Meyer : *route de Montsoreau, 49400* ***SAUMUR.*** *☎ 02-41-83-13-32. • gratienmeyer.com • Visite guidée slt. Pâques-sept : tlj 10h-11h et 14h-17h. Tarifs : 3 € ; - 12 ans : gratuit. Visite de groupe sur rdv, pour 10-50 pers. Tarif : 2,50 €/pers. ♿ Durée de la visite : 40 mn.* ***Boutique :*** *avr-oct, tlj 9h30-18h (18h30 juil-aout) ; nov-déc, tlj 10h-17h ; janv, mar-sam 10h-17h ; fév-mars, tlj 10h-17h.*

Niché à flanc de coteaux, le site des ***caves Gratien et Meyer,*** créé en 1864, était à l'origine d'anciennes carrières de tuffeau. La visite, dans un réseau de galeries jalonnées de sculptures, de reconstitutions et de petites vidéos, retrace l'historique de la maison et plus largement l'aventure des vins de fines bulles du XIXe s à nos jours, de la nuit des caves (troglodytiques) à la dégustation. Elle se termine par une dégustation des ***vins à bulles et vins tranquilles*** dans la boutique, avec vue panoramique sur la Loire.

Label : Vignoble et Découverte.

Langlois-Chateau : *3, rue Palustre, Saint-Hilaire, 49400* ***SAUMUR.*** *☎ 02-41-40-21-40. • langlois-chateau.fr • Visite guidée slt. Résa par tél ou mail : • visite@langlois-chateau.fr • Tte l'année sur rdv. Tarifs : 5 € ; - 16 ans : gratuit. Visite de groupe sur rdv, pour 20-60 pers. Tarif : 2,50 €/pers. ♿ (appeler avant). Durée de la visite : 2h.* ***Boutique :*** *tlj 10h-12h30 et 14h-18h30.*

Fondée en 1885, la maison a conservé son caractère familial. Elle propose aujourd'hui de partir à la découverte des ***« Coulisses du Vin »*** en 4 actes. La visite permet de voir et de comprendre ce qui fait l'âme d'une maison (vignoble, chais, caves de tuffeau). Une dégustation commentée des vins du domaine clôture la visite : Langlois crémant de Loire blanc brut et rosé, Domaine Langlois-Chateau blanc et rouge en saumur et saumur-champigny, cabernet rosé et sancerre.

Les + :

– Animation.
– Les Coulisses du Vin : une initiation à l'œnologie en 4 actes.
– Visite personnalisée : 10 €/pers, sur réservation préalable.

Label : Destination Entreprise, Qualité Tourisme, Cave excellence/Caves touristiques vignoble de Loire.

Maison des vins de Loire à Saumur : *quai Carnot, à côté de l'office de tourisme de Saumur, 49400* ***SAUMUR.*** *☎ 02-41-38-45-83. • vinsvaldeloire.fr • ♿* Vitrine du vignoble des vins de Saumur, d'Anjou, de Touraine et de l'ensemble des appellations du Val de Loire. Lieu idéal pour s'informer, déguster et acheter, si vous n'avez pas le temps de visiter les caves. Excellent accueil.

Minoterie Bouin : *Le Moulin, 49220* ***CHENILLÉ-CHANGÉ.*** *☎ 02-41-95-14-23. • domaine-moulin.fr • Visite libre possible, mais mieux vaut appeler avant. Avr-oct : lun-sam 14h30-17h30. Tarifs : 3,90 € ; 10-15 ans : 3 € ; 4-9 ans : 2 € ; - 4 ans : gratuit. Visite de groupe sur rdv, min 15 pers. Résa par tél ou par mail : • reservation@anjou-moulin.com • Tarifs : 4,50 €/pers ; 10-15 ans : 3,10 €/pers ; 4-9 ans : 2,20 €/pers. Tarifs agences de voyages et autocaristes : 4,20 €/pers ; 10-15 ans : 2,90 €/pers ; 4-9 ans : 2 €/pers. Tarifs scolaires primaire : 3,20 €/pers ; secondaire : 3,50 €/pers. Gratuit pour les accompagnateurs. Durée de la visite : 30 mn.* ***Boutique :*** *vente de produits régionaux à l'issue de la visite.*

À une dizaine de km au nord du Lion-d'Angers, dans un coquet « Village de charme » et « Village fleuri » qui vit au rythme lent de la Mayenne. Pendant des siècles, il était nécessaire et habituel de fréquenter régulièrement le moulin et son meunier. Aujourd'hui, le moulin Bouin de Chenillé-Changé constitue l'une des dernières « roues tournantes » sur la Mayenne. Il perpétue et valorise le savoir-faire des meuniers d'antan pour le plaisir des petits et des grands. Grâce aux visites guidées qui sont proposées, il est possible d'y découvrir, étape par étape, tous les ***secrets de fabrication de la farine,*** dans le respect de la tradition. Et depuis 2007, ce moulin est équipé de deux génératrices d'énergie qui lui permettent aussi de produire de l'électricité. Une nouvelle vie s'ouvre à lui !

Label : Destination Entreprise, Monument historique, Qualité Tourisme.

Terres Cuites Yvon Cailleau : *5, rue de Bazouges, 49430 **LES RAIRIES.** ☎ 02-41-76-32-09. • cailleau.fr • Visite libre sans résa. Lun-ven 9h-12h et 13h30-17h ; sam 10h-12h. Gratuit. Visite de groupe sur rdv (sf août), pour 5-50 pers. Résa par tél ou par mail : • visite@cailleau.fr • Au choix : visite d'un seul atelier (1h) : 3 €/pers ; visite des 2 ateliers (2h) : 5 €/pers.* ♿ ***Boutique :*** *lun-ven 9h-12h et 13h30-17h30, sam 10h-12h.*
Dans ce village dévolu depuis le XVe s à la briquèterie (en raison de l'abondance d'argile dans le sol), deux sites à voir chez les Cailleau : ***l'usine*** même, avec ses séchoirs traditionnels et ses fours d'un autre temps, et le très ***bel atelier Le Croc,*** classé Monument historique, où l'on peut assister à des démonstrations en saison. Tout est resté très artisanal et familial, avec des rendements réduits.
La visite offre de découvrir le processus complet de fabrication de l'authentique ***carreau de terre cuite artisanal des Rairies*** depuis l'extraction de l'argile à la cuisson et au séchage.
L'Atelier Le Croc *(ouv avr-oct),* en activité depuis 1836, continue de fabriquer des carreaux de terre cuite à la main selon des méthodes ancestrales dans les fours et les séchoirs d'origine remis en activité. De ce fait, il est inscrit à l'Inventaire supplémentaire des Monuments historiques depuis 1995. Une salle d'exposition présente les différents coloris obtenus selon la cuisson.

Le + : ateliers de modelage pour groupes d'enfants (sur réservation préalable).

Label : Destination Entreprise, Entreprise du Patrimoine Vivant, Monument historique, Qualité Tourisme.

Maison Veuve Amiot : *maison Veuve Amiot, 19-21, rue Jean-Ackerman, 49400 **SAINT-HILAIRE-SAINT-FLORENT.** ☎ 02-41-83-14-14. • veuve-amiot.fr • Visite guidée slt. Résa par tél ou par mail. Tlj 10h-13h et 14h-18h. Visites de groupe sur rdv, jusqu'à 60 pers. Résa par tél ou par mail : • visites.saumur@veuve-amiot.com • Tarif : gratuit. Durée de la visite : 1h.* ***Boutique :*** *tlj 10h-13h et 14h-18h (sf dim en janv-fév).*
C'est en 1884 qu'Élisa Amiot, veuve d'Armand Amiot, décide de fonder sa société de fines bulles à Saint-Hilaire-Saint-Florent. Femme de caractère, intelligente, dynamique et ambitieuse, elle se fixe un défi à la hauteur de ses exigences : élaborer et diffuser un ***saumur de prestige*** reconnu pour sa qualité dans le monde entier. Aujourd'hui encore, les amateurs des quatre coins du monde célèbrent la maison Veuve Amiot pour ses vins fleuris, fougueux et tout scintillants de bulles d'or. La visite permet de parcourir les galeries creusées dans le tuffeau, ainsi que de voir le site de production en activité (du lundi au vendredi matin, selon le planning de production). Durant la visite, le guide explique la méthode traditionnelle et retrace l'histoire de la maison Veuve Amiot. Elle s'achève par une dégustation commentée des différentes cuvées.

Les + :
– Dégustation gratuite de saumur et crémant de Loire.
– Animation : l'Aventure sensorielle : découverte des caves en musique et dégustation de vins à l'aveugle par groupe de 25 à 30 pers minimum, durée : 1h30, tarif : 5 €/pers. Sur résa préalable.

Label : Destination Entreprise, Qualité Tourisme, Caves touristiques vignobles de Loire.

MAYENNE (53)

La Cité du lait – Le Lactopôle : *18, rue Adolphe-Beck, 53000 **LAVAL.** ☎ 02-43-59-51-90. • lactopole.com • Visite guidée slt. Fermé les j. fériés. Pdt les vac de Noël, d'hiver et de la Toussaint (académie de Nantes) : visite lun-ven à 15h (sans résa). Pdt les vac de Pâques (académie de Nantes) : visite tlj 15h. Pâques-fin sept : visites guidées sam-dim 15h sans résa. Juil-août : visites guidées à 15h sans résa (2h) lun-dim. « Visites famille » lun-dim à 15h adaptées aux enfants (plus courtes avec un discours moins technique), quizz et dégustation sans résa. Tarifs : 10 € ; 12-18 ans : 6,50 € ; 6-12 ans : 2 € ; - 6 ans : gratuit ; pack famille : 25 €. Visite de groupe* *sur rdv, pour 15-25 pers. Résa par tél. Tarifs : 6,50 €/pers ; scolaires lycée et école supérieure : 6,50 €/pers ; collège : 2 €/pers. ♿ Durée de la visite : env 2h.*

***Boutique :** mar 12h-13h30 et 16h45-19h, mer 16h45-18h, jeu-ven 12h-14h et 16h45-19h. Vente de produits laitiers et d'objets se rapportant au lait et aux fromages.*

Au sud de Laval, sur les bords de la Mayenne, la ***Cité du lait*** présente sur plus de 5 000 m² tous les ***métiers du lait*** ainsi que l'histoire de cette petite entreprise lavalloise fondée en 1933 par André Besnier devenue depuis le premier laitier mondial. Dans un parcours scénographique, les vidéos, archives cinématographiques et outils anciens permettent d'appréhender l'univers de la tradition laitière et fromagère.

La visite commence par la laiterie de Laval telle qu'elle fonctionnait en 1948 depuis la salle de réception de la collecte jusqu'au conditionnement en passant par le moulage du camembert. On découvre ensuite, dans un espace moderne feutré et bleuté, la ***transformation du lait*** sous toutes ses formes (yaourts, beure, crème, fromages…). Passionnant.

Au premier étage, la visite se poursuit avec ***l'histoire de l'entreprise familiale*** devenue le groupe Lactalis en 1999. On peut voir une collection impressionnante d'étiquettes de fromages (espace tyrosémiophile) et l'évolution du packaging à travers des emballages du monde entier depuis les premiers pas de la réclame jusqu'aux films publicitaires diffusés dans de nombreux pays.

Les + :

– Dégustation à la fin de la visite.

– Animations :

Pour les enfants : ateliers de fabrication de fromage et du beurre pendant les vacances scolaires de la zone A, mar et jeu 10h-11h30. Sur résa. 2 €/enfant, 6,50 €/accompagnateur.

Pour les adultes : soirées dégustation vins et fromage.

Résa par tél ou par mail : ☎ *02-43-59-51-90.* • *lactopole@lactalis.fr* •

VENDÉE (85)

Cafés Albert : *39, impasse Paul-Renaud, Parc éco 85-2, 85000 **LA ROCHE-SUR-YON.** ☎ 02-51-37-06-16. Lun-ven 9h-12h et 14h-18h. Visite guidée pour groupe sur rdv, pour 6-17 pers. Résa par tél via l'office de tourisme de La Roche-sur-Yon : ☎ 02-51-36-00-85. Ven 11h-12h. Tarif : gratuit. ♿ Durée de la visite : 45 mn **Boutique :** lun-ven 9h-12h30 et 14h-18h.*

À l'origine simple usine située en plein centre-ville, les cafés Albert alimentent aujourd'hui près de 1 000 clients, bars et restaurateurs et vendent plus de 1 000 paquets de café par jour. Installé désormais en périphérie, dans un bâtiment cubique multicolore, on peut y découvrir les étapes de la torréfaction via un circuit pédagogique « Du caféier à la tasse », qui permet de toucher, sentir, déguster, humer ce breuvage tant apprécié et de faire la différence entre les différents types de cafés (arabica et robusta) et selon leur provenance.

Le + : dégustation à la sortie.

La Mie Câline : *ZAC du Clousis, 18, rue des Essepes, 85160 **SAINT-JEAN-DE-MONTS.** ☎ 02-51-59-99-88. • lamiecaline.com • Visite guidée slt (à partir de 6 ans). Aucun bijou ni piercing, même avec pansement. Vous serez habillé d'une charlotte, d'une blouse et d'une paire de sur-chaussures. Sur résa au ☎ 02-51-35-40-58. Juil-août : mar-jeu 10h30-12h, 14h30-16h et 17h-18h30. Le reste de l'année, sur demande au ☎ 02-51-59-99-88. Visite de groupe sur rdv, pour 10-60 pers. Juil-août : résa au musée de La Mie Câline. Le reste de l'année, sur demande. Résa à La Mie Câline par tél ou par mail : • visites@lamiecaline.com • Tarifs : 4 € ; 12-18 ans : 3 € ; 6-11 ans : 2 €. Durée de la visite : 1h30.*

Rendez-vous sur le site du premier fournil de cette petite entreprise familiale vendéenne devenue une grande marque alimentaire pour découvrir son histoire et son savoir-faire. Après une présentation et un historique de l'enseigne, on vous fera visiter les différents ateliers du site de production : pâtisserie, traiteur, boulangerie, préparation des commandes... Le guide explique les procédures de fabrication et le fonctionnement d'une grande ***boulangerie industrielle*** ainsi que le concept de franchise. Dégustation en fin de visite.

Le + : en juillet-août, pour compléter votre visite, allez au ***musée de La Mie Câline,*** installé dans la première boulangerie familiale. Vidéos, panneaux sur la fabrication du pain, évolution de l'enseigne et à la fin dégustation de gâteaux. *8, rue du Pélican, 85300* ***Sallertaine.*** *Ouv 9h30-13h et 14h30-18h30, w-e slt l'ap-m. Entrée : 4 €, réduc.*

N'hésitez pas à participer à un atelier pains pour toute la famille. Très sympa *(juil-août, mar-jeu 10h-12h30 et 15h-16h30. Sur résa auprès du musée, ☎ 02-51-35-40-58, 8 €, réduc).*

Label : Destination Entreprise, Qualité Tourisme.

Poterie de Nesmy : *23, rue Georges-Clemenceau, 85310* ***NESMY.*** *☎ 02-51-07-62-57. • poteriedenesmy.com • Lun-ven 10h-12h et 14h-17h (sf sept, les 3 premiers dimanches d'oct et entre Noël et Jour de l'an). Visite guidée et visite de groupe sur rdv, pour 8-20 pers. Résa au ☎ 02-51-36-00-85 ou par mail à l'adresse : • tourisme@larochesuryonagglomeration.fr • Juil-août : mar et ven à 10h15. Prévoir une petite laine. Tarif : gratuit. ♿ (appeler avant). Durée de la visite : 1h.* ***Boutique :*** *mi-juin-mi-sept, lun-sam 10h-12h et 14h-19h, dim 14h-19h ; le reste de l'année, fermeture à 18h30.*

La Poterie de Nesmy perpétue une tradition familiale depuis 1867. Spécialiste de la ***faïence tournée*** et garnie comme autrefois à la main, la plus ancienne poterie familiale du territoire vous convie à découvrir son savoir-faire ancestral. C'est l'occasion de visiter les ateliers dans une atmosphère paisible et de rencontrer le tourneur et la décoratrice, qui appose la petite fleur de Nesmy sur chaque pièce.

SARL Guitton La Lutine : *197, rue des Lutins, 85200* ***L'ORBRIE.*** *☎ 02-51-69-12-27. • accueil-vendee.com • Visite guidée et de groupe slt, sur rdv, pour 10-50 pers. Résa par tél. Visite courte (30 mn) : 2,50 €/pers ; - 10 ans : gratuit. Visite longue (1h) : 5,80 €/pers ; - 10 ans : 2 €/pers. 1 gratuité pour 20 pers. Scolaires : sur demande. ♿ (appeler avant). Durée de la visite : 30 mn à 1h.* ***Boutique :*** *mar-ven 7h30-20h, sam-dim 7h-20h (nov-mar 19h30).*

Entreprise familiale installée à l'orée de la forêt de Mervent, ***La Lutine*** fabrique depuis 50 ans une ***brioche*** de façon 100 % artisanale. Au cours de la visite, on assiste à la cuisson de la brioche et à la fabrication du préfou (un pain aillé à déguster chaud pour l'apéro), plusieurs fois médaillé d'or au Concours des produits de Vendée, avant de faire escale dans le laboratoire pâtisserie et celui de la chocolaterie. Un vrai régal pour les yeux et les papilles !

Les + :

– Dégustation : différentes dégustations en fonction du type de visite.

– Agréable ***salon de thé pâtisserie*** adjacent *(ouv tlj 7h30-20h, en hiver fermé lun et à 19h30)* qui permet de déguster en salle ou en terrasse les gâteaux et les glaces maison.

– Animation : atelier de fabrication sur demande.

PROVENCE-ALPES-CÔTE D'AZUR

La région joue le rôle de chef de file en matière de visite d'entreprise : c'est la première pour le nombre d'entreprises ouvertes au public, la première également en termes de fréquentation, avec environ 2,5 millions de visiteurs en 2013 (d'après l'étude Entreprise & Découverte sur la fréquentation dans les entreprises ; chiffres de 2013). Elle présente une spécificité forte : un secteur cosmétique prédominant. En tête, Fragonard avec 3 usines-laboratoires, L'Occitane, qui propose un parcours au cœur de la production, et Marius Fabre, une des dernières entreprises de saponification qui fabrique du savon de Marseille dans les règles de l'art. Les attraits de la lavande restent fédérateurs, la distillerie de lavande les Agnels figurant dans le top 10 régional.
Le secteur artisanal est également bien positionné. Dans ce secteur, la verrerie de Biot (labellisée Entreprise du Patrimoine Vivant) constitue à la fois le champion régional et le champion national de la visite d'entreprise. La Poterie Ravel (également labellisée Entreprise du Patrimoine Vivant), qui travaille la terre cuite tant pour l'intérieur que pour l'extérieur de la maison, arrive en 3e position l'échelle régionale. Le secteur alimentaire occupe également une large place, dominé par les moulins à huile et la confiserie. La confiserie Florian, avec ses 2 sites de Nice et Tourette-sur-Loup, occupe la 2e place à l'échelle régionale en nombre de visiteurs, et les calissons d'Aix remportent un franc succès, particulièrement ceux de la confiserie du Roy René. L'ancrage de l'olivier dans le terroir provençal assure le succès des huileries... et de leurs visites.

__BONS PLANS :__ la Route des saveurs et des senteurs joue la carte de la visite d'entreprise : les entreprises du réseau proposent des démonstrations sur place des savoir-faire provençaux. • routedessaveursetdessenteurs.fr • Chaque année, en octobre-novembre, une opération est mise en place dans toute la région PACA : Bienvenue chez vous – Visitez les trésors de votre patrimoine régional. • bienvenuechezvous.regionpaca.fr •

ALPES-DE-HAUTE-PROVENCE (04)

L'Occitane en Provence : *ZI Saint-Maurice, 04100 **MANOSQUE.** ☎ 04-92-70-32-08. • loccitane.com • Résa par tél ou par mail : • reservations.visites@loccitane.com • Visite guidée slt, sur résa. Visite de groupe sur rdv pour 10-80 pers. Tarif : gratuit. ♿ (parcours en braille dans le musée). Durée de la visite : 1h15. **Boutique :** lun-sam 10h-19h, plus dim 10h-18h juin-sept.*

En celte, Manosque signifie « habitants des collines ». La colline du Mont-d'Or, à 2 km au nord-est de la ville, est coiffée d'une « tour » (pans de mur d'une tour du château des comtes de Forcalquier, dont dépendait Manosque), du sommet duquel on découvre un magnifique panorama : la vieille ville en forme de poire et ses toits patinés, le ruban du canal bordé de cultures et de vergers, parallèle à la Durance. Les horizons révèlent le Luberon, la Sainte-

Victoire, la Sainte-Baume, le mont d'Aiguines surplombant les gorges du Verdon, et les premiers sommets des Alpes. C'est donc au cœur même de la Provence que se dresse cette cité au centre médiéval, aux rues tortueuses, aux petites places charmantes, aux portes fortifiées, aux vestiges de remparts plus que suggérés.

À la sortie de la ville, sur la route de Valensole, s'élève le site de production de ***L'Occitane en Provence.*** L'usine et le musée dévoilent les coulisses de la fabrication de cette gamme de ***produits cosmétiques*** qui véhicule l'image de la Provence à travers toute la planète.

L'histoire d'Olivier Baussan, son fondateur, est une *success story* hexagonale. Le jeune licencié ès lettres, avec pour tout bagage un vieil alambic, une camionnette et une bonne culture des plantes qui ont bercé son enfance, distille et vend de l'huile essentielle de romarin sur les marchés locaux de Provence. Tout change lorsqu'il récupère une ancienne savonnerie sur le déclin, en association avec un ami chimiste. En 1976, L'Occitane est fondée, et en 1977, elle réserve sa première récolte de lavande. La diversification des ingrédients ne tarde pas : 3 ans plus tard, le karité, utilisé au Burkina Faso, fait son entrée dans la gamme. Puis viendront la verveine (1999), l'immortelle corse (2002), cultivée en agriculture biologique, base de la Crème divine, l'un des best-sellers de la marque… Celle-ci explose à partir des années 1990 : des boutiques s'ouvrent à Paris, mais aussi à New York, à Hong-Kong, au Japon, au Brésil… Il y en a désormais plus de 2 800 à travers le monde.

Au cours de la visite, on suit, au gré des senteurs, les différentes étapes de fabrication des soins cosmétiques. On évolue du ***laboratoire L'Occitane*** jusqu'au pôle d'expéditions, en passant par les ateliers de pesée, de fabrication, de conditionnement et l'espace dédié au Parfum. On découvre également les principales plantes utilisées, leur provenance et leurs caractéristiques : lavande, verveine, immortelle et noix de karité bien sûr, mais aussi rose, pivoine, vetyver, fleur de cerisier, angélique, cédrat, cade… Elles insufflent leurs propriétés bénéfiques aux produits de cosmétiques, mais aussi aux huiles essentielles qui sont au fondement de la palette d'aromachologie.

Puis on passe dans le ***musée L'Occitane,*** un espace interactif et sensoriel qui retrace l'histoire de la marque et évoque les actions menées par la Fondation L'Occitane. En effet, c'est l'une des premières entreprises à avoir ajouté sur ses étiquettes une explication en braille, et elle soutient des initiatives destinées à lutter contre la cécité évitable dans le monde. Petit tour en magasin pour terminer – le plus grand de France –, avec des conseils personnalisés et des prix inférieurs de 10 % à ceux des boutiques classiques.

Enfin, on se remet de ses découvertes en humant les parfums du ***Jardin méditerranéen,*** conçu pour offrir un véritable moment de détente sensorielle dans une ambiance provençale. On y découvre les plantes valorisées dans les produits de L'Occitane, ainsi que d'autres plantes aromatiques ou médicinales typiquement méditerranéennes.

Label : Destination Entreprise, Qualité Tourisme.

EDF – Belvédère des énergies de Sainte-Tulle : *59, av. Marcel-Paul, croisement de la rue Blondel, 04220* ***SAINTE-TULLE.*** *☎ 04-92-54-58-11. • edf.fr/durance-verdon • Accès libre tte l'année. Tarif : gratuit. Durée de la visite : 1h.*

Les deux centrales hydroélectriques de Sainte-Tulle, mises en service successivement en 1925 et en 1969, produisent en moyenne l'équivalent de la consommation en électricité de 140 000 personnes chaque année. Ces centrales sont alimentées par le canal EDF de la Durance qui débute au barrage de Serre-Ponçon (voir page 211) pour se jeter dans l'étang de Berre (à l'ouest de Marseille), 250 km plus loin.

IMPORTANT : *pensez toujours à prévenir l'entreprise et à réserver votre visite, en individuel ou en groupe, par téléphone ou par mail.*

Toutes les informations concernant la région sont à retrouver sur le site :
• entrepriseetdecouverte.fr •

Aménagé par EDF et la commune de Sainte-Tulle dans le respect du paysage et de l'environnement, le belvédère de Sainte-Tulle vous invite à la promenade tout en vous faisant découvrir l'énergie hydraulique. Trois parcours ludiques et pédagogiques s'offrent à vous :
– la ***spirale des énergies,*** pour découvrir la production d'énergies renouvelables, le fonctionnement et l'histoire des installations hydrauliques ;
– le ***canal miniature,*** une reproduction « manipulable » pour comprendre le fonctionnement et le partage de l'eau sur le territoire ;
– le ***ponton volant,*** pour admirer les paysages de la vallée de la Durance et les aménagements hydroélectriques de Sainte-Tulle.
Les aménagements hydroélectriques de la Durance et du Verdon sont des gisements d'énergie renouvelable produisant chaque année l'équivalent de la consommation de 2,5 millions d'habitants, soit plus de trois fois la population de Marseille.
Vingt centrales de cet ensemble sont commandées à distance par le centre de contrôle hydraulique de Sainte-Tulle qui permet d'obtenir, en dix minutes, près de 2 000 mégawatts de puissance (soit l'équivalent de deux réacteurs nucléaires) et de répondre quasi-instantanément aux besoins du réseau électrique français.
Ces aménagements alimentent aussi 3 millions de personnes en eau potable dans 150 communes de la région (dont Marseille, Aix-en-Provence, Toulon…), fournissent l'eau industrielle pour 440 entreprises (dont le CEA de Cadarache), irriguent plus de 120 000 ha de terres agricoles, luttent contre les effets des crues et des sécheresses. Enfin, ils favorisent le développement du tourisme et de l'économie autour des lacs formés par les barrages, comme à Sainte-Croix-du-Verdon ou à Serre-Ponçon, hauts lieux touristiques de la région Provence-Alpes-Côte d'Azur.
À côté des centrales hydrauliques, EDF exploite également à Sainte-Tulle une centrale solaire d'une puissance de 5,25 mégawatts, occupant 18 ha au sol.
Label : Tourisme et Handicap (moteur, visuel, auditif et mental).

Comtes de Provence – Agro'Novae : *11, Espace Saint-Pierre, 04310* ***PEYRUIS.*** *☎ 04-92-33-23-00. • comtes-de-provence.com • Résa par tél ou par mail : • comtesdeprovence@agronovae.com • À partir de 10 ans. Visite guidée slt. Visite de groupe sur rdv (sf août), pour 5-10 pers. Mar à 9h30. Tarif : 2 €/pers. Durée de la visite : 30-45 mn.* ***Boutique :*** *lun-ven 9h-18h.*
Depuis 1986, l'entreprise ***Les Comtes de Provence*** raconte l'histoire de la Haute-Provence en particulier et de la France des terroirs en général à travers ses ***créations culinaires.*** Les fruits, source de recettes aussi inventives que savoureuses, image typique de la cuisine méditerranéenne, sont cuisinés en atelier traditionnel selon un savoir-faire et des secrets de fabrication acquis patiemment par la pratique du métier de confiturier. Les ***confitures,*** à la base de l'activité, sont riches en fruits et garanties 100 % naturelles : sans colorants, additifs ou exhausteurs de goût – bien des produits existant en version bio. Mais la gamme propose également d'intéressants ***confits*** pour accompagner les fromages, des compotes et des miels appétissants, ainsi que des terrines et des tapenades pour commencer le repas sur une note apéritive salée. Les chefs et autres artisans de l'alimentaire sont conquis – des produits sont fabriqués justement pour devenir leurs ingrédients de préparation. Et 15 % de la production est exportée… Une équation réjouissante : une réussite à la fois économique et gustative.
Label : Destination Entreprise, Qualité Tourisme, Entreprise du Patrimoine Vivant.

ALPES-MARITIMES (06)

Confiserie Florian : *Le Pont-du-Loup, 06140* ***TOURRETTES-SUR-LOUP.*** *☎ 04-93-59-32-91. • confiserieflorian.com • Visite guidée slt. Juil-août : tlj 9h-18h30. Janv : tlj 9h-11h15 et 14h-17h15. Le reste de l'année : tlj 9h-11h30 et 14h-17h30. Visite de groupe sur rdv, jusqu'à 50 pers. Tarif : gratuit. Durée de la visite : 15 mn.* ***Boutique :*** *janv, 9h-12h et 14h-18h ; juil-août : 9h-19h ; le reste de l'année, tlj 9h-18h30.*

On vient ici ne serait-ce que pour le plaisir de se rendre dans la ***belle région de la vallée du Loup,*** et visiter la cité qui a gardé son cachet médiéval, avec les trois tours de sa vieille enceinte et ses ruelles pavées enroulées autour de son imposant château. Ce lieu stratégique, sur un éperon rocheux et entouré de ravins, a fait face à toutes les invasions : Francs, Huns, Wisigoths et Lombards. D'où son front de maisons patinées par le soleil, fièrement érigées en rempart au-dessus d'un à-pic. On a dit qu'« elles semblaient se raidir pour ne point choir dans le vide ». Et c'est vrai ! Certes, le village n'a pas résisté à l'invasion pacifique d'une pléiade d'artistes : Francis Poulenc, Claude Lelouch, Marthe Keller, Guy Bedos et bien sûr Jacques Prévert qui y écrivit même le scénario des *Enfants du paradis* dans sa bastide en 1942-1943. Nombre de scènes de films y furent tournées, comme *Les Visiteurs du soir*, *La Main au collet*, *Les Diables de l'Oklahoma*. De nombreux ***ateliers d'artisanat*** essaiment la Grand-Rue (sculpture sur bois ou bronze, tissage, peinture, poterie, joaillerie...). Cette « Cité des arts et des violettes » garde l'authenticité d'un bourg provençal vivant et animé, avec ses placettes à platanes et fontaines qui assurent de la fraîcheur même en pleine canicule.

C'est dans ce cadre idyllique qu'est installée la ***Confiserie Florian,*** ses ateliers et leurs beaux meubles anciens des XVIIe et XVIIIe s. Cette fabrique de ***confitures,*** de ***fruits confits*** et de ***sirops,*** à la bonne odeur de sucre tiède et de violette, a gardé depuis 1949 son caractère artisanal. On y assiste à la transformation des meilleurs ***fruits*** et des plus jolies ***fleurs*** de la région en produits de confiserie. En hiver, les agrumes se métamorphosent en confitures, en écorces d'oranges aux différents chocolats ; les fruits confits se parent de leur glaçage. De février à août, on observe le travail de la violette, puis de la rose Tango, du jasmin et de la verveine, qui deviennent de délicieuses fleurs cristallisées ou des confits de fleurs pour le plaisir de tous les gourmands. Et tout au long de l'année, la fabrication des chocolats « maison », caramels et bonbons acidulés aux saveurs de la Provence, continue. La visite se termine bien sûr dans la boutique, qui pratique des prix d'usine... Excellents produits, comme la gelée de jasmin et de violette.

Nec plus ultra : en sortant côté viaduc, on fait un tour dans le ***jardin d'agrumes,*** de plantes à confiserie et de quelque 80 variétés de végétaux adaptés au climat méditerranéen qui agrémente les restanques. Ça y est, on peut même répondre aux questions des gamins : « Comment pousse le jasmin, quand récolte-t-on la violette, et la verveine, et le cédrat ?... »

Les passionnés perfectionneront leur savoir horticole à ***La Bastide aux violettes*** *(☎ 04-93-59-06-97).* Ce musée raconte 150 ans d'histoire d'amour entre Tourrettes et les violettes au gré de tableaux explicatifs, d'outils et de serres où poussent ces violacées (sur d'astucieux systèmes de boudins verticaux), dans une ferme du XIXe s rénovée.

Label : Qualité Tourisme, Famille Plus.

Parfumerie Fragonard – L'usine historique : *20, bd Fragonard, 06130* ***GRASSE.*** *☎ 04-93-36-44-66. • fragonard.com • Visite guidée slt (à partir de 6 ans). Mi-fév-mi-nov et vac scol : tlj 9h-18h. Mi-nov-mi-fév, tlj 9h-12h30 et 14h-18h. Visite de groupe sur rdv, jusqu'à 50 pers.*

Résa au ☎ 04-93-36-44-66. Tarif : gratuit ♿. Durée de la visite : 1h-1h30. ***Boutique :*** *mi-fév-mi-nov et vac scol, tlj 9h-18h ; mi-nov-mi-fév, tlj 9h-12h30 et 14h-18h.*

L'ORIGINE SACRÉE DU PARFUM

En brûlant l'encens et la myrrhe, le per-fumus (en latin, « à travers la fumée ») montait au ciel et reliait les hommes aux dieux. De sacré, le produit devint profane, en devenant liquide grâce à l'alambic, invention des Arabes. En distillant les fleurs, l'élixir chassait les mauvaises odeurs puis devint objet de séduction. Vous voilà mis au parfum !

Dès le Moyen Âge, on trouvait ici quantité de moulins et de tanneries, car l'eau était omniprésente. Au début du XVIIIe s, les grandes familles de gantiers abandonnèrent le cuir pour la parfumerie (voir encadré page 200). Or qui dit « parfum », dit « fleurs », qui se plaisent ici, sur cette terre « grasse » – à l'origine du nom de la ville paraît-il. Si vous vous promenez… le nez au vent, arrêtez-vous au début de la rue Tracastel, entre les nos 3 et 4. Mettez vous à la fenêtre d'un atelier fermé depuis les années 1970 et laissez vos narines humer l'odeur du parfum toujours imprégné dans ces vieux murs.
Au cœur de cette pittoresque vieille ville, la fabrique, créée en 1782, compte parmi les plus anciennes de Grasse. C'est en 1926 que le créateur de la marque eut la bonne idée de la baptiser du nom du célèbre peintre, enfant du pays. Dans une belle bâtisse, qui expose des ***objets de parfumerie*** bien présentés, on apprend tout de cette industrie, son matériel, puis son évolution au cours de 3 000 ans d'histoire. On découvre les procédés de fabrication et d'emballage des produits maison en parcourant le ***laboratoire du parfumeur*** et son orgue, le ***distilloir,*** l'atelier de ***macération*** et de ***filtrage,*** ainsi que les salles d'***enfleurage,*** les ateliers de conditionnement et la savonnerie. Produits en vente à la clé.
Une visite à compléter avec celle du ***musée international de la Parfumerie (MIP) :*** *2, bd du Jeu-du-Ballon. ☎ 04-97-05-58-11. • museesdegrasse.com •* C'est le ***seul musée public du monde consacré à l'univers de la parfumerie.*** Ses 3 500 m^2 de surface d'exposition présentent 3 500 objets (le fonds en compte plus de 50 000) liés au parfum : flacons égyptiens, grecs, romains… et quelques pièces célèbres comme le coffret de voyage de Marie-Antoinette. Ces superbes espaces, installés dans un ancien hôtel particulier du XVIIIe s, évoquent toute l'histoire de la parfumerie, des bains romains au marketing moderne en passant par la révolution hygiéniste anglaise du XVIIIe s, et par tout l'aspect local de ce qui est aujourd'hui devenu une véritable industrie. L'histoire côtoie la modernité, la technicité et le rêve se lient au savoir-faire et au luxe.
Et si vous vous demandez, un peu jaloux, comment la dynastie des parfumeurs Fragonard dépense les sous que vous lui avez laissés à la boutique, sachez que vous pouvez même en profiter à nouveau ! En effet, ils alimentent le ***musée Fragonard – Collection Hélène et Jean-François Costa*** *(14-16, rue Jean-Ossola. ☎ 04-93-36-02-07),* musée privé sis dans le magnifique hôtel de Villeneuve, une demeure grassoise restaurée dans le style Grand Siècle, qui expose une quinzaine d'œuvres du peintre et deux peintres de la génération suivante, Jean-Baptiste Mallet et Marguerite Gérard, également nés à Grasse.
Label : Destination Entreprise, Qualité Tourisme, Musée de France.

Toutes les informations concernant la région sont à retrouver sur le site :
• entrepriseetdecouverte.fr •

Parfumerie Fragonard – Fabrique de fleurs : *Les Quatre-Chemins, 17, route de Cannes, 06130* ***GRASSE.*** *☎ 04-93-77-94-30. • fragonard.com • Visite guidée slt. Mi-fév-mi-nov et vac scol : tlj 9h-18h. Le reste de l'année : tlj 9h-12h30 et 14h-18h. Visite de groupe sur rdv, jusqu'à 50 pers. Résa au ☎ 04-93-36-44-66. Tarif : gratuit. ♿ Durée de la visite : 30-45 mn.* ***Boutique :*** *mi-fév-mi-nov et vac scol, tlj 9h-18h ; mi-nov-mi-fév, tlj 9h-12h30 et 14h-18h.*

Dédiée à la parfumerie et aux plantes aromatiques, la Fabrique des fleurs est entourée d'un superbe jardin de plantes à parfums. Aux portes de Grasse, cette usine contemporaine, inaugurée en 1986, est équipée de machines très modernes destinées à la ***fabrication et au conditionnement des produits Fragonard.*** Visiter ces installations, c'est véritablement pénétrer les secrets du savoir-faire de ce parfumeur, dans un environnement alliant méthodes artisanales et techniques de fabrication modernes. On découvre ainsi le laboratoire, la chaîne de conditionnement des produits, ainsi que la plus importante unité de savonnerie de la maison. À la fin, on saura tout des méthodes d'extraction et de traitement des matières premières.

Dès le printemps, la visite se termine dans le ***jardin de fleurs,*** où poussent les principales essences utilisées dans la parfumerie grassoise : rose de mai, lavande, genêt, seringa, chèvrefeuille. Une explosion de couleurs et de fragrances, qui émaille tout le pays de Grasse. Car celui-ci s'étend bien au delà des limites historiques de la cité des parfums, et même des rives qui sentent bon la violette. Un pays qui embaume et égaye, tout en collines douces et en villages provençaux.

Label : Destination Entreprise, Qualité Tourisme.

Parfumerie Fragonard – L'usine laboratoire : *158, av. de Verdun, 06360* ***ÈZE.*** *☎ 04-93-41-05-05. • fragonard.com • À partir de 6 ans. Visite guidée slt. Tlj 9h-18h. Visite de groupe sur rdv, jusqu'à 50 pers. Résa au ☎ 04-93-36-44-66. Tarif : gratuit. ♿ Durée de la visite : 30-45 mn.* ***Boutique :*** *tlj 9h-18h.*

C'est au Moyen Âge que la population du village est venue se réfugier en haut du rocher, pour mieux se protéger, sur ce remarquable nid d'aigle perché à 429 m au-dessus de la mer. Une vue magnifique, un superbe village médiéval, des ruines de fortifications… L'usine Fragonard jouit d'une situation privilégiée : elle est installée au pied du rocher, en aplomb de la mer, entre Nice et Monaco. Ce site-ci est essentiellement destiné à la ***fabrication des produits de soin et de toilette de la marque.*** Équipé de moyens modernes de production, le laboratoire fournit l'ensemble des crèmes, laits, lotions et gels douche Fragonard. L'intégralité du processus de fabrication est visible, et selon le planning de production, on assiste à la fabrication d'une crème ou bien à celle d'un gel douche. Une visite intéressante, menée par un personnel charmant. Pour en profiter, on trouve une boutique à la sortie, avec tous les produits à prix d'usine. Le bonheur pour les amateurs de cosmétique et de savonnerie.

Label : Destination Entreprise, Qualité Tourisme.

Parfumerie Galimard – Grasse : *73, route de Cannes, 06130* ***GRASSE.*** *☎ 04-93-09-20-00. • galimard.com • Visite guidée slt. Avr-oct : tlj 9h-18h30. Nov-mars : tlj 9h-12h et 14h-18h. Visite de groupe sur rdv. Tarif : gratuit Durée de la visite : 1h.* ***Boutique :*** *avr-oct, tlj 9h-18h30 ; nov-mars, tlj 9h-12h et 14h-18h.*

QUAND GRASSE JETTE LE GANT ET SE MET AU PARFUM

Au XVIIe s, Catherine de Médicis rapporte d'Italie la mode des gants parfumés. Une aubaine pour les nombreux tanneurs grassois, habitués à embaumer les gants pour en cacher l'odeur. Et comme le climat se prêtait à la culture du jasmin et de la rose centifolia, les gantiers locaux devinrent aussi parfumeurs. Peu à peu, la parfumerie détrôna les métiers du cuir.

Venez-vous initier aux secrets des parfums à Grasse, capitale mondiale de la parfumerie ! La visite de cette maison fondée en 1747 et restée plutôt familiale se fait à un rythme très agréable. Elle débute par un ***musée*** reproduisant les techniques de fabrication à l'ancienne (des corps gras captaient les odeurs des fleurs). À travers les ***laboratoires*** et les ***salles de conditionnement,*** les origines de la parfumerie et les méthodes d'extraction des matières premières se dessinent. On découvre une superbe ***collection de machines anciennes,*** ainsi que l'orgue du « compositeur » de parfums que l'on appelle le ***« nez ».*** En avançant dans le temps jusqu'à nos jours, ce sont près de 2 000 senteurs différentes qui s'assemblent. Tout y passe : mousses, écorces, épices, algues… On termine bien sûr en explorant la vaste gamme des ***produits maison,*** proposés à prix de fabrique.

Le + : Animation : atelier de création de parfum Studio des Fragrances Galimard *(5, route de Pégomas. À 3 km du centre, direction Cannes).* Prévoir 2h pour élaborer le parfum de ses rêves. 45 €/pers (eau de parfum 100 ml incluse), 35 pers maximum par atelier, sur réservation préalable.

Label : Destination Entreprise, Qualité Tourisme.

Parfumerie Galimard – Èze : *pl du Général-de-Gaulle, 06360 ÈZE. ☎ 04-93-41-10-70. • galimard.com • Visite guidée slt. Avr-oct : tlj 9h-17h45. Nov-mars : tlj 9h-11h15 et 14h-17h15. Visite de groupe sur rdv. Tarif : gratuit. ♿ Durée de la visite : 1h.* ***Boutique :*** *avr-oct, tlj 9h-18h30 ; nov-mars, tlj 9h-18h.*

La visite d'Èze-Village, localité idéalement située entre Nice et Monaco, est un moment magique. Dans ce superbe village médiéval, le ***musée Galimard*** est un établissement plein de charme, où l'on plonge allègrement dans la nostalgie d'un passé idéalisé, par l'exposition de superbes flacons anciens. On y découvre aussi les origines de la parfumerie, les méthodes d'extraction des matières premières et l'orgue du « compositeur » de parfums appelé le « nez ». Au passage, on apprend la différence entre l'eau de toilette, l'eau de parfum et le parfum ; entre le nez (qui peut travailler dans l'agroalimentaire par exemple), le parfumeur (nez très affûté qui crée les fragrances), les parfumeries (qui fabriquent les parfums) et les grandes maisons de mode qui apportent leur nom… C'est aussi le royaume du ***shopping*** à prix d'usine : extraits de parfum, eaux de parfum, eaux de toilette, lignes pour le bain et pour la maison, idées cadeaux originales… On peut également y participer à un ***atelier de création*** de parfum ou, plus modeste, d'un flacon de 15 ml d'eau de Cologne.

Les + :

- Animation.
- Ateliers privés de Haute-Parfumerie avec le parfumeur maison :
  - création d'eau de Cologne : tlj 9h-16h30, selon disponibilité, 10 € ;
  - studio n°1 Initiation Grisante 200 € ;
  - studio n°2 Découverte Étourdissante 500 € ;
  - studio n°3 Composition Enivrante 800 € ;

Label : Destination Entreprise, Qualité Tourisme.

Moulin d'Opio : *2, route de Châteauneuf, 06650* ***OPIO.*** *☎ 04-93-77-23-03. • moulin-dopio.com • Lun-ven 9h-12h et 14h-17h30. Tarif : gratuit. Visite guidée et visite de groupe sur rdv, jusqu'à 50 pers. Tarif : gratuit. Avec dégustation : 4 €/pers. Durée de la visite : 1h.* ***Boutique :*** *hiver, lun-sam 9h-12h30 et 14h-18h30 (sf lun mat) ; été, lun-sam 9h30-13h et 14h30-19h.*

Dans un petit village provençal perché sur une douce colline et spécialisé dans la culture des fleurs à parfum (on est en plein pays de Grasse) et de l'olive, le moulin d'Opio est avant tout un ***moulin à huile.*** 700 à 1 000 tonnes d'olives y sont ainsi broyées chaque année.

C'est aussi une histoire de famille, le moulin se transmettant depuis 1848 sur sept générations. Aux traditions de fabrication léguées depuis cette époque se sont ajoutés des procédés plus modernes, permettant un meilleur rendement. En période d'activité, de novembre à février, on peut assister aux différentes étapes de la ***fabrication de l'huile d'olive.*** Hors saison, des panneaux et une vidéo complètent les explications qui vous sont fournies par la famille Michel. La boutique, où a lieu la dégustation, est installée dans le vieux moulin du XVe s, où l'on peut voir les anciennes presses en pierres taillées, ainsi que les vieilles meules entraînées par des engrenages en bois, jadis mues par les eaux de la Brague. On y trouve, outre une grande variété d'huiles d'olive (AOP Nice, bio, douces, aromatisées), d'olives et de tapenades, des vinaigres et des herbes à marier avec l'huile, une gamme de cosmétiques autour de l'huile d'olive, ainsi que différents produits provençaux à base de fruits et de lavande. Une modernisation de la tradition réussie.

Label : Destination Entreprise, Qualité Tourisme.

Verrerie de Biot : *chemin des Combes, 06410* ***BIOT****. ☎ 04-93-65-03-00. • verreriebiot.com • Visite libre gratuite. Été : lun-sam 9h30-20h, dim et j. fériés 10h30-13h30 et 14h30-19h30. Hiver: lun-sam 9h30-18h30, dim et j. fériés 10h30-13h30 et 14h30-18h30. Visite guidée : lun-ven à 16h et sur résa par tél les sam et dim. Juil-août : tlj 11h30, 15h30 et 17h. Tarifs : 6 €/pers ; - 15 ans : 3 €/pers. Visite de groupe sur rdv (sf 2e quinzaine de janv), pour 10-22 pers. Tarif : 3 €/pers. ♿ Durée de la visite : 35 mn.* ***Boutique :*** *mêmes horaires que les visites.*

La ***verrerie de Biot***, avec son ***écomusée***, emploie environ 40 personnes, dont les souffleurs que l'on observe dès l'entrée. L'écomusée présente l'histoire et les techniques de fabrication. Évidemment, la boutique présente du verre sous toutes ses formes, mais on peut aussi juste visiter la galerie où sont exposées les œuvres de quantité d'artistes contemporains de renommée internationale… Comme Novaro, pur produit de la verrerie de Biot : entré comme apprenti à 14 ans, « chef de la halle » dès 20 ans, il inventa entre autres un verre qui absorbe la lumière pour mieux la restituer dans l'obscurité, créa une technique particulière de soufflage pendant ses heures de « bousillage » – c'est-à-dire son temps libre, en jargon de verrier… Il compte tant de *beautiful people* parmi ses clients qu'on a même donné son nom à un trophée de golf ! Très célèbre dans les années 1960-1970, il a fortement contribué au renouveau du verre en tant qu'art. Une visite aussi intéressante que séduisante.

Le + : animation : stages d'initiation au soufflage de verre (souffler sa pièce : 48 € min).

Label : Entreprise du Patrimoine Vivant, Destination Entreprise, Qualité Tourisme.

BOUCHES-DU-RHÔNE (13)

La Boule bleue : *ZI la Valentine, 57, montée de Saint-Menet, 13000* ***MARSEILLE****. ☎ 04-91-43-27-20. • laboulebleue.fr • Visite guidée slt. Visite de groupe sur rdv (sf août), pour 5-15 pers. Mar et mer. Tarif : 5 €. Durée de la visite : 1h.* ***Boutique :*** *été, lun-ven 9h-18h (17h ven) ; hiver, horaires variables.*

Elle roule au creux de la main le week-end, c'est la grande compagne des vacances et du pastis… la pétanque, vous aimez y jouer, mais savez-vous comment sont fabriquées vos fameuses ***boules de pétanque*** ? La Boule bleue vous invite à découvrir dans ses ateliers toute la technicité nécessaire à leur fabrication. Gravure, striage, poinçonnage, traitements thermiques, polissage et pour finir contrôle qualité sont les étapes nécessaires pour réaliser des boules de pétanque en conformité avec la réglementation de la Fédération internationale de pétanque et du jeu provençal.

Dernière fabrique artisanale de Marseille qui commercialisa les premières boules de bois cloutées pour créer, en 1947, la fameuse boule en acier bleuté, cette entreprise familiale fait du sur mesure et grave à votre nom (sur commande, 1 semaine à l'avance) la triplette de vos rêves : de compétition, haut de gamme en inox (ne rouillent pas !) ou en acier au carbone. Dans la petite boutique-musée, on peut même s'entraîner à pointer. Pas de carreau ! Vous risqueriez de casser celui de l'écran vidéo qui présente cette saga commencée en 1904.

Label : Entreprise du Patrimoine Vivant, Destination Entreprise, Qualité Tourisme.

LE JEU LE PLUS POPULAIRE DU MIDI

La pétanque se joue par équipe de deux (doublette) ou de trois (triplette). On utilise des boules métalliques mesurant de 7,5 à 8 cm de diamètre et pesant entre 620 et 800 g. Le jeu consiste à « pointer », c'est-à-dire à expédier sa boule le plus près possible d'une grosse bille en bois appelée « cochonnet ». En principe, on joue les pieds immobiles sur une distance d'environ 10 m. En Provence, cette distance peut être supérieure à 10 m et les joueurs sont autorisés à bouger : c'est la « longue ». Si l'on a trop bien « pointé », l'adversaire doit alors « tirer », c'est-à-dire chasser, en la frappant, la boule trop bien placée.

Château Virant : *CD10, 13680* ***LANÇON-PROVENCE.*** *☎ 04-90-42-44-47.• chateau-virant.com • Lun-sam 8h-12h et 14h-18h30, dim 8h30-12h et 14h30-18h30. Visite libre gratuite. Visite de groupe sur rdv, pour 15-40 pers. Tarif : 5 €/pers. ♿ Durée de la visite : 1h30 avec dégustation de vins et d'huiles d'olive.* ***Boutique :*** *lun-sam 8h-12h et 14h-18h30, dim 8h30-12h et 14h30-18h30.*

Château Virant vous propose de découvrir son domaine, et sa double production d'huiles d'olive et de vins. Le ***moulin à huile***, implanté dans une région oléicole ancienne, utilise les méthodes et les équipements les plus modernes dans la profession. Il fournit des huiles d'olive de très haute qualité, distribuées en France et à l'étranger. L'entreprise détient un savoir-faire d'excellence en production d'huile d'olive, mis en œuvre à chaque étape : sélection des olives, appréciation de la pâte dans sa structure et dans son aspect visuel, ce qui détermine le réglage de la vitesse d'absorption du décanteur, le réglage des machines de clarification, la maîtrise des arômes. Sa production est déclinée en quatre produits aux atouts organoleptiques différents.

La ***cave***, quant à elle, est composée d'une partie souterraine construite en 1632, et d'une partie centrale édifiée en 1897. Le bâtiment qui accueille les salles d'embouteillage et le moulin à huile a été construit en 1996 dans le respect architectural de l'existant. La salle de réception de 200 m² n'est autre que l'ancienne bergerie du domaine. Les voûtes tricentenaires (XVIIe) ont été rénovées, en conservant le charme naturel du lieu. Des réceptions, des cours de cuisine et des séminaires d'analyses sensorielles y sont organisés.

Label : Entreprise du Patrimoine Vivant, Vigneron indépendant.

Chocolaterie de Puyricard : *La Plantation, av. Georges-de-Fabry, 13540* ***PUYRICARD.*** *☎ 04-42-28-18-14. • puyricard.fr • À partir de 10 ans. Visite guidée slt. Résa sur site internet. Lun-jeu à 9h30 et à 14h. Tarif : 10 €/pers. ♿ Durée de la visite : 2h.* ***Boutique :*** *lun-sam 9h-18h ; vente à la fin des visites.*

La ***chocolaterie de Puyricard,*** c'est avant tout une histoire de famille. Même les chocolats portent les prénoms des membres de la famille ainsi que de certains salariés ! C'est au Congo belge que le couple fondateur se rencontre en 1960. Marie-Anne se forme chez un artisan chocolatier belge. Avec Jean-Guy, ils créent leur propre chocolaterie et les chocolats deviennent un cadeau de luxe que les diplomates offrent à leurs hôtes étrangers. En 1967, contraints de quitter le pays, ils s'installent dans la région d'Aix-en-Provence, dans le village de Puyricard.

Aujourd'hui, Tanguy, leur fils, maître chocolatier, a pris le relais à la tête de l'entreprise familiale, qui a ouvert pas moins de 19 boutiques. La maison Puyricard travaille exclusivement avec des ***produits naturels et frais*** tels que le beurre de Charentes, la vanille en gousse de Tahiti ou encore les amandes de Provence… Elle s'est aussi diversifiée dans la fabrication de ***calissons, de macarons, de guimauves et même de glaces…*** L'atelier de fabrication reste le lieu parfait pour découvrir les techniques du moulage, de l'enrobage du chocolat, de la confiserie. C'est l'occasion de déguster les gourmandises maison, voire de mettre la main à la pâte… de cacao.

Les + :
– Dégustation au programme.
– Animation : atelier de fabrication et découverte (janv-oct, ven et sam, 30-100 €/pers selon la formule choisie).
Label : Entreprise du Patrimoine Vivant.

Ciergerie des Prémontrés : *20, rue des Charpentiers, ZAC du Roubian, 13150* ***TARASCON.*** *☎ 04-90-99-59-34. • ciergerie.fr • Visite guidée slt. Lun-ven 9h-12h et 13h30-17h. Visite de groupe sur rdv (sf de mi-août à mi-sept), pour 5-50 pers. Tarif : gratuit. Durée de la visite : 30 mn.* ***Boutique :*** *lun-ven 9h-12h et 13h30-17h.*
La ***ciergerie des Prémontrés*** perpétue au sein de ses ateliers un savoir-faire acquis depuis le XVe s, celui des Pères Blancs des Prémontrés de l'abbaye Saint-Michel-de-Frigolet. Depuis 1904, cette entreprise fournit les cierges de nombreuses églises. À la louche ou à la plongée, les bougies se forment devant vous, tout droit sorties des cuves de cire liquide. Suspendues au-dessus de vous, elles attendent la touche finale de cire avant de rejoindre les étals de la boutique. Ce sont ainsi 70 à 80 tonnes de cire qui sont exploitées chaque année dans ces ateliers pour se transformer en ***cierges et bougies*** déclinés en des dizaines de formes et couleurs.
Label : Entreprise du Patrimoine Vivant, Destination Entreprise, Qualité Tourisme.

Nouvelle compagnie des détergents et du savon de Marseille : *Savonnerie Fer à Cheval, 66, chemin de Sainte-Marthe, 13014* ***MARSEILLE.*** *☎ 04-91-10-30-80. • savon-de-marseille-boutique.com • Visite guidée slt. Mer à 14h. Visite de groupe sur rdv (sf août) le jeu. Tarif : 3 €/pers. Durée de la visite : 1h.* ***Boutique :*** *lun-ven 10h-12h et 14h-17h.*

LE SAVON DE MARSEILLE

La première savonnerie date de 1370. Le procédé nous est venu d'Alep (Syrie) par le biais des croisades. Colbert en réglementa la fabrication : il doit être composé à 72 % de matières huileuses végétales.

Au cours du XIXe s, à Marseille, des dizaines de petites fabriques font de leur savon une véritable spécialité. C'est parmi celles-ci, que naît, en 1856, dans ce qu'on appelle actuellement les quartiers Nord, la savonnerie ***Fer à Cheval.*** Aujourd'hui, la plupart de ces fabriques ont disparu, mais cette savonnerie continue d'exister et de prospérer. Elle est ainsi aujourd'hui la plus grande et la plus ancienne ***usine de savon de Marseille*** de la ville ! On y perpétue, de générations en générations, une ***saponification en chaudrons,*** en respectant toujours les cinq étapes du procédé marseillais :
– ***1re étape : l'empâtage***
dans un chaudron, de nos jours métallique, on charge successivement les huiles ou acides gras sous chauffage modéré et la lessive de soude ; le tout est porté à ébullition et la masse se transforme en émulsion ;
– ***2e étape : le relargage***
le savon étant insoluble dans l'eau salée, cette opération consiste en l'adjonction de sel marin permettant d'entraîner par le fond les lessives glycérineuses et salées ; le savon va ainsi se séparer d'une partie de l'eau qu'il contient ;
– ***3e étape : la cuisson***
cette opération caractérise la saponification et permet la complète transformation en savon des corps gras mis en œuvre ;
– ***4e étape : le lavage***
c'est un affinage de la pâte de savon effectué par une lessive de lavage permettant d'entraîner le glycérol, les impuretés et les acides gras non saponifiés ;
– ***5e étape : la liquidation***
cette opération permet d'assurer la transition de la structure cristalline du savon vers sa phase lisse par ajout d'eau.
Ces différentes opérations prennent environ une semaine à 10 jours.

La visite de la savonnerie permet de pénétrer dans les coulisses de la fabrication de ce cube mythique, de la ***salle des chaudrons*** à l'***atelier de moulage*** en passant pas les caves. Les chaudrons datent de la fin du XIXe s et il y règne encore l'atmosphère particulière de cette époque. La visite parcourt l'ensemble de la fabrication, depuis les immenses chaudrons bouillonnants jusqu'à l'ultime étape de l'estampillage du fameux cube sur ses six faces. Plongeon garanti dans l'ambiance de la grande époque de cette industrie marseillaise qui a tout son avenir devant elle.

Le + : Atelier de sculpture sur savon (tarifs sur demande).

Label : Qualité Tourisme, Entreprise du Patrimoine Vivant, Savon de Marseille Garanti de l'UPSM (Union des professionnels du savon de Marseille).

Confiserie Léonard Parli : *95, rue Famille-Laurens, Pôle d'activité des Milles, 13090* ***AIX-EN-PROVENCE.*** *☎ 04-42-52-19-20. • leonard-parli.com • À partir de 6 ans. Visite de groupe slt, sur rdv (sf août), jusqu'à 50 pers avec des groupes de 10-25 pers. Tarifs : adulte : 5 € (en bon d'achat déductible en fin de visite à la boutique de l'usine) ; - 16 ans : gratuit. ♿ Durée de la visite : 45 mn.* ***Boutique :*** *lun-ven 9h-16h.*

La boutique historique de la maison Parli est une délicieuse bonbonnière qui mérite déjà le détour. Mais c'est en visitant la fabrique que l'on découvre le secret de ses délicieux ***calissons, nougats et fruits confits :*** un savoir-faire resté intact depuis la création de la confiserie en 1874, par un de ces nombreux immigrés d'au-delà des Alpes qui ont contribué à la prospérité provençale. Car jusqu'au début du XXe s, les Suisses ont souvent quitté leurs montagnes, trop pauvres pour subvenir à leurs besoins. Après l'effondrement de l'Empire napoléonien, les vallées des Grisons ont été frappées par la très grande misère qui touchait tout le pays. Les immigrés helvétiques excellaient dans de nombreux domaines comme l'horlogerie ou le négoce, mais aussi dans la confiserie. Les confiseurs suisses des Grisons se sont établis à Marseille au XVIIIe s ; puis à Aix au début du XIXe s. Léonard Parli s'installe de façon stratégique près de la gare SNCF et à côté d'une casserie d'amandes. Autre coup de génie : vers 1910, il construit la « nouvelle usine », qui doit « par l'originalité de ses lignes, attirer l'œil et frapper le souvenir ». C'est toujours le cas aujourd'hui. Outre sa spécialisation dans le calisson, il créé ses propres gourmandises : la confiture de melon cantaloup au kirsch, les pastilles Peppermint et surtout, le ***Kirschbescue,*** un pudding à la mode russe, avec des fruits confits provençaux et du kirsch suisse. Une belle histoire de migration gourmande, dont on déguste le résultat à la sortie de la visite.

Label : Destination Entreprise, Qualité Tourisme, Entreprise du Patrimoine Vivant.

Confiserie du Roy René : *5380, route d'Avignon, 13090* ***AIX-EN-PROVENCE.*** *☎ 04-42-39-29-82. • calisson.com • Visite libre gratuite. Lun-sam 9h30-12h et 13h30-18h. Visite guidée et visite de groupe sur rdv, à partir de 10 pers. Résa par tél et par mail : • visites@calisson.com • Tarifs : 5 €/pers ; 10-18 ans : 3 €/pers. ♿ Durée de la visite : 1h.* ***Boutique :*** *lun-sam 9h30-12h30 et 13h30-19h.*

Aix-en-Provence est une ville jeune et cosmopolite, irriguée par une forte population étudiante. Une ville bourgeoise, jusqu'au bout de ses trottoirs policés, de ses façades léchées, de ses terrasses où l'on se montre, mais qui a su casser son image de belle endormie au pied de la montagne Sainte-Victoire. Rien d'étonnant à ce que ce soit aussi une ville gourmande, avec ses diverses douceurs et en particulier ses ***inimitables calissons.*** Cette subtile, moelleuse et coûteuse confiserie en forme d'œil de chat, à la robe de glace royale, au cœur d'amande et de melon confit, révèle les parfums et les saveurs de tout le pays d'Aix. Pour se faire pardonner de vous pousser à la gourmandise, elle est assise sur un fond… d'hostie. Son nom viendrait (mais il y a d'autres versions) du provençal *di calin soun,* qui signifie « ce sont des câlins ». Une ***feuille de pain azyme*** (dessous) et un ***glaçage royal*** (dessus) protègent un incomparable mélange de ***pâte d'amandes*** (de Provence), de ***sirop de sucre*** et de ***fruits confits*** (melon de Cavaillon, écorce d'orange confite à Apt). Une alliance qui fait fondre de plaisir en fondant sur la langue…

Le patriarche de la lignée était en effet un artisan nougatier reconnu, et c'est la « nougaterie du Roy René » qu'il acheta en 1920. C'est son fils René, homonyme du « bon roi » René Ier d'Anjou (XVe s), qui s'orienta plus spécifiquement vers le calisson à partir de 1947. La génération suivante continue à allier tradition et modernité pour améliorer et diversifier les produits. Tout un symbole : le bâtiment très contemporain de la fabrique et du musée est réalisé avec des blocs de pierres issues du pont du Gard.
Pour faire plus ample connaissance encore avec cette précieuse friandise, on peut explorer la ***fabrique de calissons du Roy René.*** On y découvre un musée offrant un parcours culturel, ludique et interactif qui ravira les petits comme les grands. Implanté dans la fabrique même de calissons, et d'une conception très moderne, ce musée permet de pénétrer les arcanes de cette petite merveille du palais, sans pour autant en donner toutes les recettes. L'amande, le miel, l'histoire, les processus de fabrication, tout est conté, avec en prime, à travers des reconstitutions, des photos d'archives et de vieux outils employés jadis pour le façonner. En contraste, on voit par une large baie vitrée la jeune génération d'***impressionnants robots*** qui alimentent la chaîne située en contrebas, complétés par les gestes précis des ***calissoneuses*** et de l'***artisan nougatier.*** Car les 350 m^2 du ***musée du Calisson*** surplombent en mezzanine l'espace de production. Les machines anciennes, les documents d'archive, les vidéos, les jeux interactifs, les odeurs, les sons et le goût font écho à la vie animée des ateliers de la fabrique. Une plongée au cœur des douceurs provençales, car le calisson se trouve ici en bonne compagnie : orangettes et olivettes, mais aussi nougat provençal.
Label : Entreprise du Patrimoine Vivant.

RECETTE

Selon la tradition, le nougat noir est préparé avec des amandes torréfiées et du miel cuit dans un chaudron, tandis que le nougat blanc est un mélange de miel, de blancs d'œufs et de sucre qu'on étale ensuite sur des moules et que l'on découpe en barre ou petits dominos.

Domaine Terre de Mistral : *chemin du Pavillon, route de Peynier, 13790* ***ROUSSET.*** *☎ 04-42-29-14-84. • terre-de-mistral.com • Visites guidées slt. 2 possibilités : Mistral Attitude, visite des caves et du moulin à huile avec dégustation, 9 €/pers ; Mistral Privilège, atelier de création et embouteillage du vin en plus, 65 €/pers (dégressif suivant le nombre de pers) ; - 14 ans : gratuit. Mistral Privilège : 55 €/pers, à partir de 10 pers. Casino des vins (jeux sur la viticulture et sur l'oléiculture) : 29,90 €/pers, à partir de 10 pers. Tarifs dégressifs ttes les 10 pers. ♿ (appeler avant).* ***Boutique :*** *lun 15h-19h, mar-sam 9h30-12h et 15h-19h.*
Tout commence par la rencontre de deux familles, les Gueury et les Davico, qui partagent deux passions distinctes, mais que leur amour de la Provence a réuni. La famille Gueury produit de l'***huile d'olive,*** selon une culture raisonnée et respectueuse de l'environnement. L'oliveraie s'étend sur plus de 12 ha avec 3 000 oliviers plantés, et le moulin permet d'assurer la transformation des olives en huile. La famille Davico élabore son ***vin*** à partir de plusieurs cépages cultivés sur plus de 50 ha du terroir de la Sainte-Victoire, cet incroyable massif calcaire qui s'étire sur 18 km, pointe à 1 011 m d'altitude avant de s'effondrer presque subitement. Des visites commentées et des ***ateliers viticoles et oléicoles*** sont proposés, suivis d'une initiation à la dégustation sous forme de jeux interactifs avec les produits du domaine. Dans la ferme-auberge sise au sein du vignoble, les deux chefs cuisinent des produits frais de qualité. Produits du domaine dans la boutique.
Le + : animations pour les groupes et les individuels.
Label : Destination Entreprise, Qualité Tourisme, Vigneron indépendant, AB, Bienvenue à la Ferme, Vignoble et Découverte.

EDF – Centrale thermique de Martigues, cycle combiné au gaz naturel : *route des Laurons, 13117* ***LAVERA.*** *☎ 04-42-35-56-00. • edf.fr/martigues • « Villa Lotti », Centre d'information du public : visite guidée de l'exposition sur résa par tél ou mail : • centrale-martigues@edf.fr • Visite de la centrale : visite guidée de groupe sur rdv. Inscription par tél ou mail. Tarif : gratuit. ♿ Durée de la visite : 1h30.*

***À SAVOIR :** visite de la centrale à partir de 12 ans. Le jour de la visite, présenter une pièce d'identité (carte nationale d'identité ou passeport) en cours de validité. Porter un pantalon, des vêtements à manches longues, ainsi que des chaussures plates et fermées.*

À proximité de Marseille, en bordure de Méditerranée sur la commune de Martigues, la centrale thermique compte deux unités de production, mises en service en 2012 et 2013. Elles ont une puissance totale de 930 mégawatts et fonctionnent avec du gaz naturel. C'est la plus puissante et la plus moderne des centrales de type cycle combiné gaz en France : en gros, on brûle d'abord le gaz naturel dans la turbine à gaz, puis on utilise les fumées encore très chaudes résultant de cette combustion pour actionner une turbine à vapeur : le sommet de l'art du recyclage… On obtient ainsi un haut rendement énergétique et de faibles émissions de CO_2.
Capable de démarrer en quelques heures et indispensable à l'équilibre du réseau, cette centrale répond aux variations de la demande d'électricité en couvrant les pointes de consommation et les pics de demande liés aux vagues de froid ou de forte chaleur. Par ailleurs, elle accompagne le développement des énergies renouvelables en prenant le relais en l'absence de vent ou de soleil.
À la « Villa Lotti », le Centre d'information du public de la centrale de Martigues situé sur le site, on peut découvrir de manière ludique et interactive les enjeux de l'énergie, les moyens de production d'électricité et les métiers qui y concourent. Un guide-conférencier accompagne le parcours pédagogique et explique au travers de maquettes et de films le rôle et le fonctionnement d'une centrale thermique.
Les + : animations et journées à thème à l'occasion de la Fête de la nature, des Journées européennes du patrimoine, de la Semaine de l'industrie, de la Fête de la science. Infos sur le site internet.

Moulin du Calanquet : *Vieux-Chemin d'Arles, 13210* ***SAINT-RÉMY-DE-PROVENCE.*** *☎ 04-32-60-09-50. • moulinducalanquet.fr • Visite guidée slt. Pâques-Toussaint : lun-sam 9h-12h et 14h-19h, dim 10h-12h et 15h-18h. Reste de l'année : lun-sam 9h-12h et 14h-18h30. Tarif : gratuit. ♿ Visite de groupe sur rdv, pour 10-100 pers. Tarif : 6 €/pers. Durée de la visite : 1h.* ***Boutique :*** *Pâques-Toussaint, lun-sam 9h-12h et 14h-19h, dim 10h-12h et 15h-18h ; reste de l'année, lun-sam 9h-12h et 14h-18h30.*
Sur près de 6 300 ha, entre la chaîne des Alpilles au nord et la Crau au sud, la vallée des Baux présente la plus grande densité d'oliviers du sud de la France. Anne et Gilles Brun, installés sur le domaine agricole familial depuis 5 générations, s'inscrivent au cœur de ce patrimoine agricole : ils ont relancé l'activité oléicole sur Saint-Rémy-de-Provence, où les derniers moulins avaient disparu en 1956. Ils possèdent 9 000 oliviers, uniquement des 5 variétés traditionnelles des Alpilles. Dès le départ, ils ont doté l'entreprise d'un matériel d'avant-garde. Les techniques les plus avancées sont ainsi mises au service de la tradition et du respect du terroir, pour garantir une préservation optimale des arômes, le tout dans une optique de développement durable.
Ils produisent des ***huiles d'olive pures et naturelles*** de qualité vierge extra, extraites à froid, au goût fruité vert très marqué. Leur marque de fabrique : ils

Toutes les informations concernant la région sont à retrouver sur le site : • entrepriseetdecouverte.fr •

proposent 5 huiles monovariétales, mais aussi un assemblage de ces 5 variétés. Ils fabriquent également toute une gamme de ***produits gastronomiques,*** réalisés avec des matières premières naturelles et de qualité : tapenades, biscuits apéritifs, ratatouille, confitures... Accueil sympathique, visite instructive et belle dégustation.
Le + : animations culinaires.
Label : Destination Entreprise, Qualité Tourisme.

Les Olivades : *5, av. du Docteur-Barberin, 13103* ***SAINT-ÉTIENNE-DU-GRÈS.*** *☎ 04-90-49-18-04. • olivades.fr • Visite de groupe slt, sur rdv (sf période des fêtes de fin d'année), pour 10-30 pers. Lun-ven jusqu'à 15h. Tarif : 4 €/pers. ♿ Durée de la visite : 1h.* ***Boutique :*** *avr-oct, lun-sam 9h30-18h30 ; nov-mars, lun-sam 10h-12h30 et 13h30-18h.*
Il faut remonter jusqu'au milieu du XVIIe s pour trouver les origines du ***tissu provençal.*** La naissance de l'industrie cotonnière moderne date en réalité de la création de la Compagnie des Indes en 1664. Les toiles aux imprimés de couleurs vives arrivaient alors à Marseille, par voie de mer en provenance des Indes. Ces « indiennes » connurent un franc succès en Provence. Vu leur prix très élevé, l'industrie textile française ne tarda pas à créer ses propres ateliers de fabrication. Parmi les tissus les plus typiques, il faut accorder une place particulière aux *boutis*, ces tissus capitonnés aux motifs piqués que les femmes confectionnaient jadis pendant de longs mois. D'abord destinées à l'ameublement, ces étoffes de coton piquées servaient aussi à fabriquer les robes du dimanche. La Provence a su conserver la tradition à travers le travail des étoffes. Aujourd'hui imprimées à la main, au pochoir (qui a pris le relais de la planche de bois) ou par de gros rouleaux de cuivre, les productions s'inspirent de dessins imaginés par des artisans il y a plus de 200 ans et puisent dans d'authentiques documents anciens des trésors de motifs toujours renouvelés.
L'atelier de Saint-Étienne-du-Grès, dernière usine de la région à imprimer ses textiles, conçoit et produit d'***authentiques tissus provençaux*** depuis 1818. En le visitant, on découvre les 10 étapes qui permettent de transformer le tissu brut en « indiennes », nom donné aux tissus imprimés. Le magasin d'usine présente un choix assez large : vêtements, tissus au mètre, foulards, nappes et objets décoratifs, le tout un peu moins cher que chez les détaillants.
Label : Entreprise du Patrimoine Vivant.

Le Port de Marseille Fos : *23, pl de la Joliette, CS 81964, 13000* ***MARSEILLE.*** *☎ 04-91-39-53-24. • marseille-port.fr • Visite de groupe slt, en bus ou en bateau, sur rdv, pour 10-60 pers. Les groupes doivent venir avec leur propre car. Résa : sur site internet, au moins 2 sem avant la date souhaitée, avec la liste nominative des visiteurs et une copie de leurs pièces d'identité, y compris celle du chauffeur. Présenter une pièce d'identité à la visite. Tarif : gratuit. Durée de la visite : 1h30 à 4h selon la visite choisie.*
Premier port de France et 3e port pétrolier du monde, le port de Marseille Fos est la porte d'entrée naturelle du sud de l'Europe. Il est constitué de deux bassins : les « bassins Est », localisés dans la ville de Marseille sur 400 ha, et les « bassins Ouest », situés à Fos (70 km de Marseille). Sur une zone aussi étendue que la ville de Paris, ses espaces et ses infrastructures lui permettent d'accueillir à la fois des activités maritimes, logistiques et industrielles. Il traite tous types de marchandises : hydrocarbures et vracs liquides (pétrole, gaz et produits chimiques), marchandises diverses (conteneurs et autres conditionnements), vracs solides (minerais et céréales).
Sur deux zones logistiques à proximité des terminaux à conteneurs de Fos, il accueille des entrepôts et des industries (raffineries, sidérurgie, industrie chimique). Pour assurer des ***réparations navales,*** le port dispose de 9 formes de radoub, dont la plus grande de Méditerranée, la « forme 10 ». C'est aussi le ***premier port de croisières de France :*** plus de 2 millions de voyageurs y transitent chaque année. La visite permet de découvrir ses installations, ses différentes activités, ses projets et ses métiers.
Pour compléter votre visite par une partie historique, aller voir ***La Bourse et le musée de la Marine et de l'Économie*** : *9, La Canebière, 13001. ☎ 0-810-*

La Qualité p

ZOOM

VISITEUR

Toutes les visites d'entreprise sur
www.entrepriseetdecouverte.fr

TERRE de SEL
Le Sel de Guérande
Le Guérandais
Boutique des producteurs
&
Découverte des marais salants
Toutes nos visites sur www.terredesel.com

VISITE DE L'
Fragonard
Riviera
Une visite gratuite et guidée pour découvrir les secrets de la création des parfums dans nos usines de Grasse et de Eze-Village.
L'USINE HISTORIQUE
20, bd Fragonard • 06130 Grasse • T. +33 (0)4 93 36 44 65
LA FABRIQUE DES FLEURS
17, route de Cannes • 06130 Grasse • T. +33 (0)4 93 77 94 30
L'USINE LABORATOIRE
158, avenue de Verdun • 06360 Eze-Village • T. +33 (0)4 93 41 05 05
BILLET DOUX
Fragonard
Paris
TOURISME@FRAGONARD.COM • WWW.FRAGONARD.COM
Fragonard
Parfumerie Fragonard

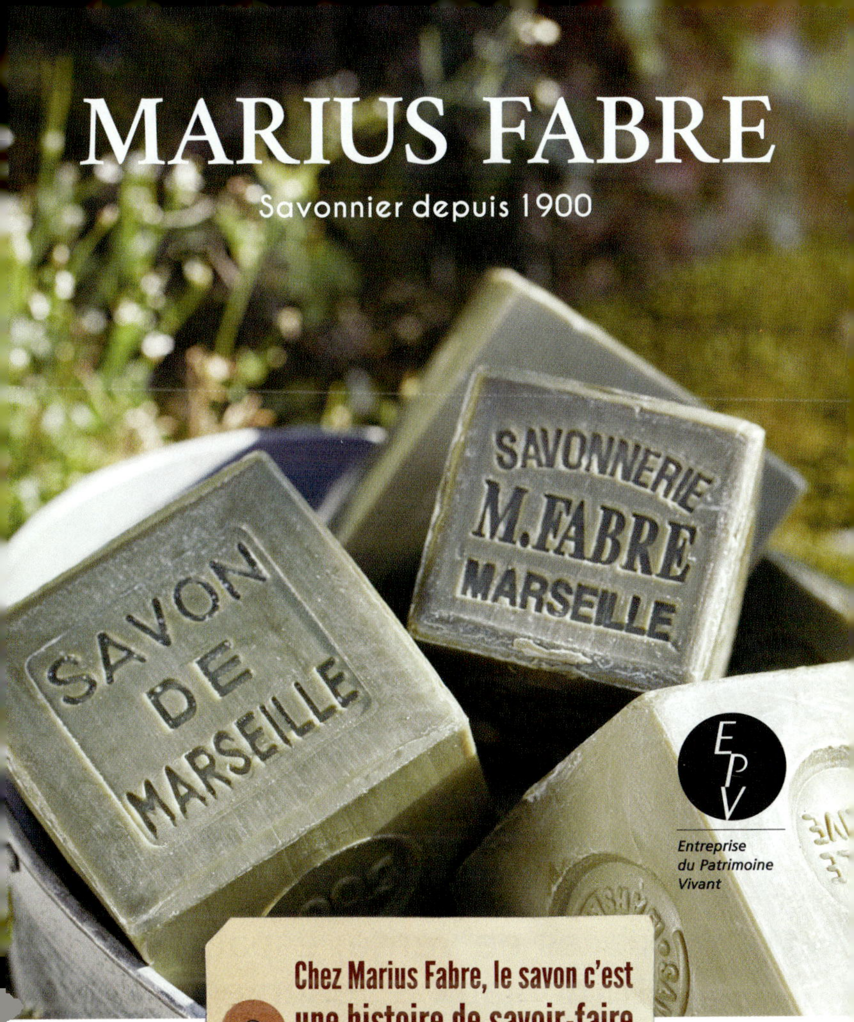
MARIUS FABRE
Savonnier depuis 1900
SAVONNERIE
M.FABRE
MARSEILLE
SAVON
DE
MARSEILLE
EPV
Entreprise du Patrimoine Vivant
Chez Marius Fabre, le savon c'est
une histoire de savoir-faire,
mais surtout de famille

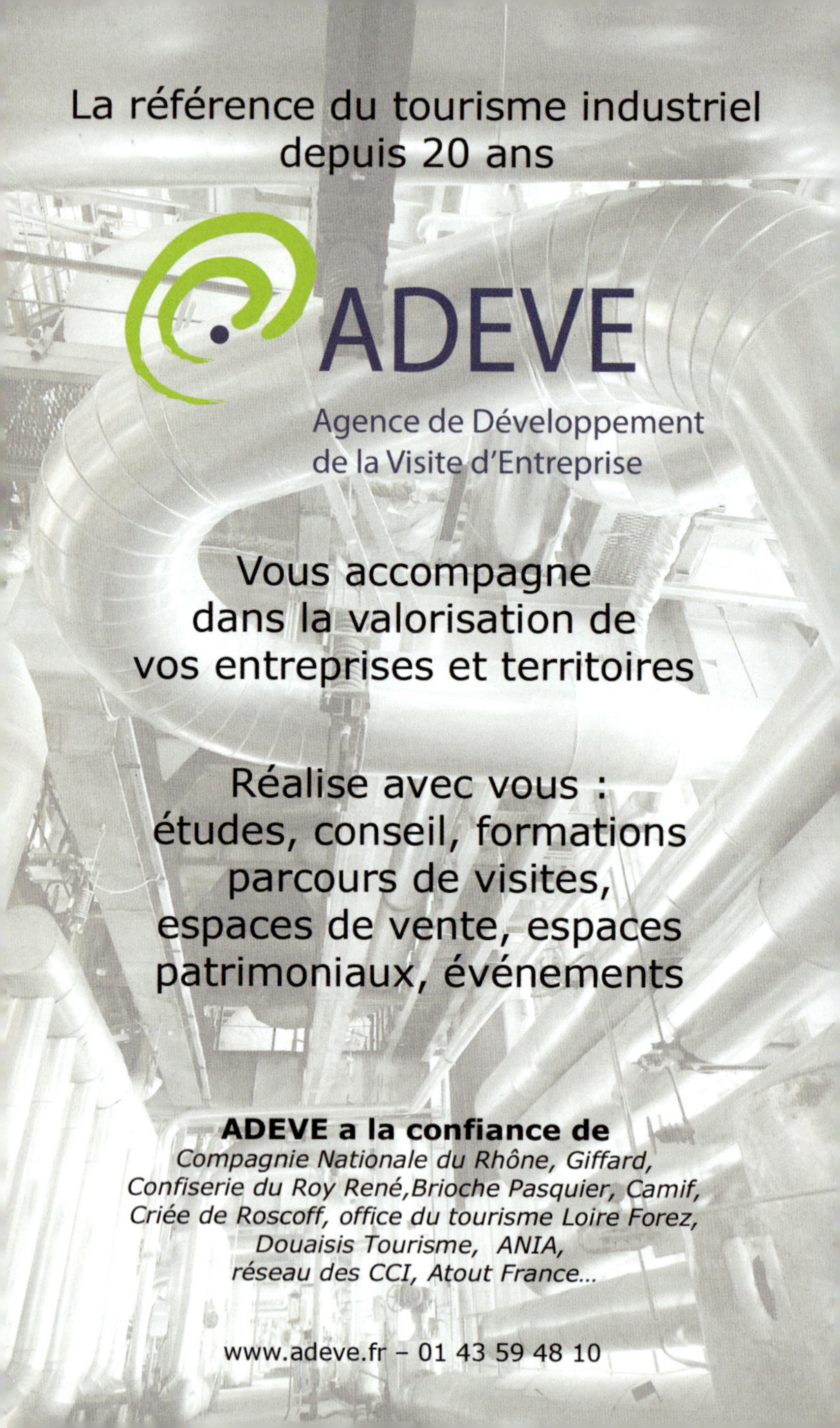
La référence du tourisme industriel
depuis 20 ans
ADEVE
Agence de Développement
de la Visite d'Entreprise
Vous accompagne
dans la valorisation de
vos entreprises et territoires
Réalise avec vous :
études, conseil, formations
parcours de visites,
espaces de vente, espaces
patrimoniaux, événements
ADEVE a la confiance de
Compagnie Nationale du Rhône, Giffard,
Confiserie du Roy René,Brioche Pasquier, Camif,
Criée de Roscoff, office du tourisme Loire Forez,
Douaisis Tourisme, ANIA,
réseau des CCI, Atout France...
www.adeve.fr - 01 43 59 48 10

113-113 (0,06 €/mn). Créé en 1599, ce bâtiment abrite la plus ancienne chambre de commerce et d'industrie du pays et même du monde paraît-il. Notez les noms des comptoirs gravés dans la pierre du hall principal. Fleuron du style architectural Second Empire à Marseille, ce beau musée expose des collections racontant l'histoire du port et de son commerce. Nombreuses peintures, superbes maquettes de paquebots du XIXe s. Superbes affiches anciennes, présentées par roulement. Galerie de peinture où les marines classiques se mêlent aux toiles plus « sociales ». Petite librairie spécialisée.

Poterie Ravel : *8, av. des Goums, 13400* ***AUBAGNE.*** *☎ 04-42-82-42-00. • poterie-ravel.com • Visite guidée slt. Jeu à 10h30. Visite de groupe sur rdv (sf août et dernière sem de déc), pour 6-20 pers. Tarif : gratuit. ♿ Durée de la visite : 45 mn.* ***Boutique :*** *sept-mi-avr, lun-sam 9h30-12h15 et 14h-18h30 ; mi-avr-août, lun-sam 9h30-12h30 et 14h-19h ; avr-juin, ouv dim mat aussi.*
Avant d'être la patrie de Marcel Pagnol, ***Aubagne est la capitale de l'argile.*** Carreaux et tuiles ne sortent plus des usines, mais les artisans ont repris le flambeau. En se glissant dans les vieilles ruelles de la cité, on y trouvera plus de 40 ateliers de céramistes, potiers ou santonniers, à découvrir lors des grandes manifestations ou mieux encore avec le guide distribué gratuitement par l'office de tourisme.
Manufacture familiale installée ici depuis 1837, la ***poterie Ravel*** ouvre les portes de son atelier pour présenter son savoir-faire. Ici, toute la chaîne de production est maîtrisée, du début à la fin : la poterie possède ses propres carrières d'argile, d'où elle extrait la précieuse matière première, transformée au sein de ses ateliers. Ensuite, place aux opérations de moulage, tournage, et cuisson, dans l'un des quatre fours à gaz que compte la manufacture. Dernière étape, les finitions – dont l'émaillage – qui permettent aux pièces de se parer des différentes couleurs des collections, et de recevoir l'estampille de la maison. ***Vases, jarres, cache-pots les plus variés*** et les plus volumineux pour jardins élégants, autant de pièces en terre cuite façonnées dans la tradition provençale.
La ***poterie Ravel*** se lance également dans des collaborations pour des ***créations haut de gamme,*** comme celle réalisée avec le designer Jean-Marie Massaud ou Christian Lacroix, afin de diversifier sa production et s'ouvrir vers l'avenir.
Label : Entreprise du Patrimoine Vivant.

Santons Fouque : *65, cours Gambetta, 13090* ***AIX-EN-PROVENCE.*** *☎ 04-42-26-33-38. • santons-fouque.com • À partir de 7 ans. Visite libre et gratuite. Lun-sam 9h-12h et 14h-18h. Visite de groupe sur rdv, à partir de 20 pers. Résa par tél. Tarif : 2 €/pers. ♿ (appeler avant). Durée de la visite : 30 mn.* ***Boutique :*** *lun-sam 9h-12h et 14h-18h.*

SANTONS RÉVOLUTIONNAIRES

C'est la Révolution française qui popularisa involontairement les santons (de santoun, « petit saint » en provençal) en fermant les églises. Un fabricant de statues de Marseille eut alors l'idée de fabriquer en série des santons bon marché pour que les gens puissent installer des crèches chez eux. À côté des figurines classiques (Sainte Famille, bergers, Rois mages, etc.), on trouve tous les personnages de la vie villageoise et du folklore de Provence : le paysan, le joueur de tambourin, le rémouleur, le marchand de gallines (de poules), le pêcheur… et même Fernandel ou Raimu.

Pierres calcaires de couleur miel, toitures en tuiles romaines patinées par les âges, nobles façades… Grâce à sa rare unité architecturale, la ville de Paul Cézanne a conservé au fil des siècles une élégance nourrie d'influences baroques italiennes. Un cadre des plus approprié pour les charmantes figurines que sont les ***santons Fouque***, création d'une maison fondée en 1934, où se sont déjà succédé quatre générations. On y découvre une ***crèche d'anthologie,*** où semblent s'affairer des santons de toutes tailles (pour augmenter le sentiment de perspective) parmi quelque 1 800 modèles de santons en argile. La star de ce petit monde : « Le coup de Mistral », création exclusive, un berger dont le pantalon est reprisé au genou par un tissu provençal du même motif que la robe de sa maîtresse, figure emblématique créée par l'aïeul de la maison. En visitant l'atelier, on observe certaines étapes de la ***fabrication des santons,*** comme le façonnage, le séchage, la cuisson et la mise en peinture, mais aussi les collections de santons, les pièces uniques et les expositions temporaires. Ces figurines de terre cuite sont même devenues une source d'inspiration. À partir de Noël et durant tout le mois de janvier, un peu partout en Provence se jouent des pastorales. Dans ces pièces de théâtre populaire en provençal, en partie chantées, qui mettent en scène la naissance du Christ vue de façon naïve, les acteurs sont vêtus comme les santons !

Label : Entreprise du Patrimoine Vivant, Destination Entreprise, Ateliers d'art de France, Qualité Tourisme.

Savonnerie marseillaise de la Licorne : *34, cours Julien, 13006* ***MARSEILLE.*** *☎ 04-96-12-00-91. • savon-de-marseille-licorne.com • Visite guidée slt. Lun-sam à 11h, 15h et 16h. Visite de groupe sur rdv, pour 10-50 pers. Tarif : gratuit. Durée de la visite : 30 mn.* ***Boutique :*** *lun-ven 9h-19h, sam 10h-19h.*

La savonnerie marseillaise de la Licorne fabrique toujours ses savons avec ses machines centenaires, ainsi que des ***parfums et des colorants naturels*** C'est la dernière savonnerie qui fonctionne à l'intérieur même de Marseille. La visite des ateliers permet de découvrir les ***différentes étapes de la production*** du célèbre savon. En plus de sa gamme traditionnelle, solide ou liquide, parfumée à toutes sortes de fragrances provençales, la savonnerie propose des formes et des senteurs originales, comme le savon sardine – qui risquerait de boucher le port de Marseille –, le savon en forme de boule de pétanque… parfumé au pastis, le savon en forme de ballon de foot (pour les supporters de l'OM ?). Les savons d'Alep et au lait de jument évoquent plutôt les rituels de beauté du Proche-Orient. On y trouve même des paillettes de lessive, pour nettoyer son linge comme nos grands-mères !

Label : Qualité Tourisme, Destination Entreprise, Entreprise du Patrimoine Vivant.

Savonnerie Marius Fabre : *148, av. Paul-Bourret, 13300* ***SALON-DE-PROVENCE.*** *☎ 04-90-53-24-77. • marius-fabre.com • Visite guidée slt. Résa au ☎ 04-90-53-82-75. Juil-août : lun-ven à 10h30 et 14h30. Sept-juin : mar et jeu à 10h30, mer à 14h30. Vac scol de février, Pâques et Toussaint (ttes zones confondues) : lun-ven à 10h30 et mer 14h30. Tarif : gratuit. Visite de groupe sur rdv. Tarif et résa sur • boutique@marius-fabre.fr • Durée de la visite : 40 mn.* ***Boutique :*** *lun-sam 9h30-12h30 et 14h-19h (18h oct-mars).*

Patrie de Nostradamus et base de la Patrouille de France, Salon est une charmante ville à échelle humaine, dotée d'un petit centre historique fort joliment rénové. De fontaines en hôtels particuliers, de délicieuses ruelles en allées arborées, on se plaît à déambuler le nez en l'air avant d'aller prendre un verre autour de l'étonnante fontaine moussue de la place Crousillat.

La ville située à proximité d'Arles, d'Avignon, de Marseille, était au XIXe s un ***carrefour commercial*** important. On y produisait de l'huile d'olive, du savon de Marseille et du foin de la Crau (AOC depuis 1997) ; la ville s'était bâti une solide réputation dont témoigne un riche patrimoine. Un important marché d'huile d'olive et de savon de Marseille s'y tenait, la première entrant dans la composition du second. De cette grande époque, Salon a conservé les (beaux) restes de villas aux faux airs de châteaux baroques construites par les riches savonniers, et une petite merveille de savonnerie, la ***savonnerie Marius Fabre*** et le ***musée du Savon de Marseille.***

Cette fabrique à l'atmosphère typique fut créée en 1900 par un jeune homme entreprenant : Marius Fabre. Succès aidant, la savonnerie s'installe dans des locaux

plus importants, à deux pas de la voie ferrée, un avantage précieux. Au cours d'une visite interactive, on découvre les procédés de fabrication quasiment inchangés depuis l'édit de Louis XIV qui fixe les règles strictes de fabrication du savon de Marseille en 1688. L'accueil se fait sur le ***quai de l'usine,*** là où l'aventure Marius Fabre a débuté. Place ensuite à la ***salle des chaudrons,*** où les 5 chaudrons d'époque sont toujours utilisés. Le chaudron de 20 tonnes permet de « cuisiner » le savon à l'huile d'olive en respectant un procédé de fabrication hérité des prédécesseurs : le procédé marseillais. Puis, direction la ***salle de séchage*** et ensuite la ***salle de découpage et de marquage,*** pour admirer la coupeuse à retour d'équerre détailler les blocs de savon en barres et petits cubes. Des vertus du savon de Marseille en passant par sa composition, on devient incollable sur le sujet !
Le ***musée,*** installé dans une ancienne salle de séchage, expose une foule d'objets joliment présentés : tampons en buis gravés, premières mouleuses à savon, pochoirs pour caisses d'expédition, vieux emballages, papiers à en-tête… Il a été inauguré pour le centenaire de cette savonnerie dans la même famille depuis quatre générations. Belle boutique, qui propose ces savons à base d'huiles 100 % végétales, biodégradables et sans colorants.
Label : Qualité Tourisme, Destination Entreprise, Entreprise du Patrimoine Vivant, Savon de Marseille Garanti.

Savonnerie Le Sérail : *50, bd Anatole-de-la-Forge, 13000 **MARSEILLE.** ☎ 04-91-98-28-25. • savon-leserail.com • Visite guidée slt. Ven 14h15-16h15. Visite de groupe sur rdv (sf fêtes de fin d'année), pour 5-25 pers. Tarif : gratuit. ♿ Durée de la visite : 30 mn. **Boutique :** lun-ven 8h30-11h45 et 14h-17h.*
On est ici dans les « quartiers Nord » de Marseille, au paysage urbain bien particulier. Entre usines, logements sociaux, villas bourgeoises et anciennes terres des bastides, une urbanisation totalement chaotique, au pittoresque spécifique, s'est développée. Ces quartiers possèdent aussi leur propre histoire, des lieux culturels bien vivants et des dizaines de milliers d'habitants fiers et heureux d'y vivre.
Aux Aygalades, la ***savonnerie du Sérail,*** créée en 1949 par Vincent Boetto, a conservé toute son authenticité et son caractère. La ***fabrication artisanale du savon de Marseille*** y est réalisée entièrement en chaudron, à l'ancienne. Cette méthode traditionnelle nécessite exactement 72 % d'huile (d'olive pour le savon vert et végétale pour le savon blanc), puis près de 20 étapes et manipulations pour arriver à un produit fini irréprochable. La visite vous emmène vers les chaudrons où l'huile se transforme en savon puis, après un détour par les bassins de séchage, on assiste à l'estampillage, ainsi qu'aux divers processus de séchage du savon. Ces étapes de fabrication sont réalisées par des machines qui fonctionnent depuis plus d'un siècle ! Une visite familiale, au cœur des savonneries marseillaises d'autrefois, où la fabrication n'a pas changée depuis plusieurs générations.
Pour découvrir la fabrication traditionnelle du savon de Marseille, on peut suivre la ***route du Savon*** proposée par un groupe de savonneries toujours en activité dans les 14e et 15e arrondissements.
Label : Qualité Tourisme, Destination Entreprise, Entreprise du Patrimoine Vivant, Savon de Marseille Garanti.

HAUTES-ALPES (05)

EDF – Centrale hydraulique et barrage de Serre-Ponçon : *RD3, 05190 **ROUSSET.** ☎ 04-92-54-58-11. • edf.fr/durance-verdon • Visite de la Maison de l'eau et des énergies, entrée libre et gratuite. Juil-août : lun-ven (hors j. fériés), 9h-12h et 13h30-16h30. Sept-juin : sur résa de groupe slt. ♿ Visite de la salle des machines de la centrale : sur inscription préalable par tél slt, sous réserve de disponibilité. Tarifs : gratuit. Durée de la visite : entre 1h et 2h.*

***À SAVOIR :** la centrale est un site industriel soumis à certaines conditions d'accès :*
– visite à partir de 12 ans,
– le jour de la visite, présenter une pièce d'identité (carte nationale d'identité ou passeport) en cours de validité,
– porter des chaussures plates et fermées.

Une visite unique au pied de l'un des plus grands barrages d'Europe (123 m de haut et 600 m de large), au cœur d'un grand site industriel EDF. La Maison de l'eau et des énergies de Serre-Ponçon vous propose quatre expériences de visite :
L'espace multimédia de 200 m² dédié à toute la famille : à travers des modules interactifs, vidéos et visite virtuelle, vous ferez connaissance avec l'hydroélectricité, première source d'énergie renouvelable et son fonctionnement. Vous découvrirez comment est gérée la ressource en eau sur la région Provence-Alpes-Côte d'Azur et revivrez l'aventure de la construction du barrage de Serre-Ponçon, l'un des plus grands barrages en terre d'Europe.
La visite de la salle des machines de la centrale (inscription préalable obligatoire) : accompagné d'un guide-conférencier, vous découvrirez les coulisses du fonctionnement de cette véritable cathédrale électrique souterraine. C'est la centrale la plus puissante de la région produisant l'énergie nécessaire à plus de 290 000 personnes ! ***Le sentier extérieur :*** lors d'une promenade, vous observerez la biodiversité locale et les paysages environnants. Des panneaux rythment cette balade en pleine nature, offrant une vue surprenante sur ce cadre naturel exceptionnel. Ces paysages sont remarquables car ils sont constitués de chaînons plissés de calcaire, en avant du massif alpin et donc logiquement appelés « Préalpes ».
Le belvédère : une vue à couper le souffle. Terminez votre visite par cet espace aménagé spécialement pour offrir l'un des plus beaux points de vue sur le barrage et le lac de Serre-Ponçon, le plus important lac artificiel de France. Le belvédère est en accès libre toute l'année.
Construits à partir de 1955 et mis en eau en 1960, le barrage et la centrale hydroélectrique EDF de Serre-Ponçon sont situés à la confluence des rivières de l'Ubaye et de la Durance.
Dès sa conception, le barrage de Serre-Ponçon prévoit de capter et stocker la ressource en eau pour la partager entre tous les besoins : production d'énergie renouvelable, lutte contre les crues dévastatrices de la Durance, irrigation des terres agricoles, alimentation en eau potable et industrielle. Le barrage participe également à l'attractivité du territoire, grâce aux activités touristiques autour du lac de 28 km² de superficie, et d'une profondeur maximale de 90 m, plus grand que le lac d'Annecy !
Ouvrage unique en France, le barrage sécurise la gestion régionale de l'eau pour toute la Provence.
Le + : la Maison de l'eau et des énergies adaptée aux visiteurs handicapés.

Filature du Valgaudemar : *Le Moulin, 05800* ***SAINT-FIRMIN.*** *☎ 04-92-55-20-07. • filatureduvalgaudemar.com • Visite guidée slt. Juin-août : mer à 14h. Visite de groupe sur rdv, pour 8-20 pers. Tarifs : 4 €/pers ; enfant : 3 €/pers ; - 6 ans : gratuit. Durée de la visite : 1h30.* ***Boutique :*** *lun-jeu 10h-16h30, ven 9h-11h ; juil-août, lun-ven 14h-19h.*
Se rendre dans cette filature, c'est déjà s'accorder une échappée dans le superbe paysage de la ***vallée du Valgaudemar,*** en bordure du parc national des Écrins. La filature du Valgaudemar, fondée en 1830, est implantée à Saint-Firmin depuis 1870. Elle travaillait à l'origine la laine des moutons de la vallée : les éleveurs apportaient leurs toisons brutes et repartaient avec l'équivalent en ***fils à tricoter.*** Après la Seconde Guerre mondiale, les ventes des pelotes de laine se développent sous la marque « laines de La Salette », s'étendent aux grands magasins parisiens et au tricotage industriel de chaussettes et de pullovers. Les célèbres expéditions vers les sommets himalayens (Annapurna, Makalu...) sont l'occasion de concevoir avec les tricoteurs des produits spé-

cifiques dont la filature a fourni le fil. Dans les années 1980, la filature réalise plus de la moitié de son chiffre d'affaires outre-Atlantique. Un succès dû à la ***qualité des produits, des fibres naturelles et nobles comme l'angora, le chameau, l'alpaga, le mérinos, la soie, le mohair...*** l'usage de colorants certifiés Oeko-Tex et écolabellisés. Sur place, on assiste à la transformation, la teinture et la finition des toisons brutes. Et on craque pour les douces pelotes ou les kits déco à base de feutrine en vente dans la boutique.

Le + : les enfants repartent avec un petit pochon de laine !

Label : Destination Entreprise, Qualité Tourisme.

Fromagerie de la Durance : *Le Villard, 05600* ***GUILLESTRE.***

☎ 04-92-45-06-93. • fromageriedeladurance.fr • Visite guidée slt, à partir de 8 pers (lun, mer et ven fabrication le matin). Résa par tél : 06-74-39-91-70. Tarifs : 5 €/pers ; - 4 ans : gratuit. Visite de groupe pour 8-25 pers. Tarifs : 5 €/pers. 1 gratuité pour 20 entrées payantes ; scolaires : 4 €/pers (visite + atelier moulage ou dégustation). Durée de la visite : 1h. ***Boutique :*** *lun-sam 9h-12h et 15h-18h ; juil-août, lun-sam 9h-12h30 et 14h30-19h, dim 9h-12h et 15h-18h.*

Au *Routard,* on a eu un coup de foudre pour le ***Queyras,*** ses petits villages typés, sa montagne intacte, sa flore et sa faune. Car le Queyras, c'est d'abord un espace naturel constitué d'une vallée principale longue d'une trentaine de kilomètres (celle du Guil) et de trois vallées annexes plus courtes : les vallées du Cristillan, des Aigues et de l'Izoard. Tout autour, des pics, des sommets de 3 000 m d'altitude, avec en point d'orgue l'Italie et le mont Viso (3 841 m, bonjour là-haut !), classé Réserve de biosphère par l'Unesco. C'est ***l'une des régions habitées les plus élevées des Alpes*** et un formidable domaine pour le ski alpin, le ski de fond, la randonnée (y compris en raquettes). On y accède en passant par le pays du Guillestrois, un petit territoire situé au confluent du Guil et de la Durance.

Petite ville de passage animée toute l'année, ***Guillestre*** est le bourg le plus important du secteur et la dernière étape avant le Queyras. Ancienne cité fortifiée, elle a gardé quelques portes, tours et remparts moyenâgeux. Plus tard, Vauban l'a flanquée d'une citadelle inexpugnable, Mont-Dauphin (classée au Patrimoine mondial de l'Unesco), qui défendait Provence et Dauphiné en verrouillant l'accès à la vallée de la Durance depuis l'Italie.

C'est ici qu'est née la fromagerie de la Durance. Elle fabrique des ***fromages au lait cru de vache, de chèvre et de brebis*** qui paissent dans le cadre idyllique des vallées du Queyras bien sûr, mais aussi du Champsaur, de l'Avance, sur l'Embrunais-Savinois. Elle transforme ce lait frais et parfumé en pâtes cuites (*fontu*), pâtes pressées (tomes, raclettes, *extravache*), pâtes molles (*vachette, chevrette, agnelle*...) pâtes persillées (bleus) et pâtes lactiques (fromages frais). Ces pâtes sont déclinées en savoureuses inventions maison, comme la raclette aux trois poivres ou le frais de chèvre poivron-moutarde. De bons produits locaux sont là pour les accompagner : miels, tartes, confitures, sirops, pain d'épices, croquettes du Queyras, vins des Hautes-Alpes, jus de fruits, saucissons...

Une visite guidée permet de découvrir les méthodes de la fabrication artisanale de ces fromages aux différents laits crus. On assiste à la fabrication du fromage, on visite les caves d'affinage, on voit et on se lance dans des jeux pédagogiques pour finir avec un film sur le métier d'artisan fromager. Et on termine par un atelier moulage ou une dégustation.

Label : Qualité Tourisme.

Les Jouets du Queyras : *lieu-dit La Chalp, 05350* ***ARVIEUX.***

☎ 04-92-46-73-86. • lesjouetsduqueyras.fr • À partir de 3 ans. Visite guidée slt. Mar à 17h (pdt vac scol : ven 17h) ; autres possibilités : sur résa par tél. Visite de groupe sur rdv, pour 5-28 pers. Tarif : gratuit. Durée de la visite : 30 mn. ***Boutique :*** *janv-mars et juin-sept, lun-sam 10h-12h30 et 14h-18h, dim 14h-18h30.*

Montagnes enneigées, saupoudrées de sapins, avec leurs chalets de bois en contrebas... La vallée de l'Izoard est une carte postale de la France des sports d'hiver. La visite retrace le ***circuit de confection du jouet en bois,*** depuis son état originel : l'arbre, jusqu'au produit fini. Après une petite histoire de la société coopérative de production (qui va bientôt fêter ses 100 ans), on visite l'atelier de menuiserie, où l'on découvre le fonctionnement de la « scie à chatourner », machine ancestrale utilisée pour donner vie et forme aux jouets. On assiste également à une démonstration de ponçage des produits grâce aux tonneaux ponceurs. Et on fait provision de jouets colorés, durables et sécures à la boutique, pour tous les bambins de son entourage !

VAR (83)

Conserverie Au Bec Fin : *2, av. de Valensole RD98, BP 31, 83310* ***COGOLIN.*** *☎ 04-94-55-74-43. • au-bec-fin.com • Lun-sam 10h-12h et 14h30-16h30. Visite guidée. Lun-ven à 10h30 et à 11h30. Visite de groupe sur rdv, pour 5-30 pers. Tarif : gratuit. ♿ Durée de la visite : 30 mn.* ***Boutique :*** *lun-sam 9h-12h30 et 14h30-18h30 ; juil-août jusqu'à 19h.*
Cette conserverie dans la fleur de l'âge – 25 ans en 1996 ! – a le vent en poupe. Proposant une gamme complète de ***spécialités provençales,*** elle travaille les produits locaux, entretenant des relations étroites avec les pêcheurs du golfe de Saint-Tropez et les agriculteurs régionaux. La qualité de ses produits est le fruit d'une fabrication entièrement artisanale, basée sur l'utilisation de produits frais, sans ajout d'aucun liant ni conservateur et respectant la saisonnalité des matières premières (légumes, campagne de pêche, basilic, figues).
Label : Destination Entreprise, Qualité Tourisme.

Moulin à huile du Partégal : *159, chemin des Laures, 83210* ***LA FARLÈDE.*** *☎ 04-94-48-48-85. • moulindupartegal.fr • À partir de 10 ans. Visite guidée : avr-sept, mar, jeu, ven et sam à 11h15, 15h15 et 16h15. Vac scol ttes zones : visites supplémentaires à 10h15 et 17h15. Mi-juil-mi-août : visites supplémentaires à 11h15 et 15h15 les lun et mer. Mi-oct-mi-janv : se renseigner. Nov : assistez à la fabrication de la meule. Tarif : gratuit. Visites de groupe sur rdv, pour 20-50 pers. Résa par mail : • moulindupartegal@wanadoo.fr • Tarif : 4 €/pers ; 6-18 ans : 2 €/pers ; gratuit pour les accompagnateurs et le chauffeur. Durée de la visite : 1h15.*
Boutique : *avr-mai et 2e quinzaine sept : 10h-12h et 14h-18h, fermé mer et dim. Juin-1re quinzaine sept : 9h-12h et 15h-18h, fermé dim. Fév-mars et 1re quinzaine d'oct : mar, jeu et ven 14h30-17h ; sam 10h-12h et 14h30-17h, fermé dim, lun et mer.*
Visiter le moulin du Partégal, c'est d'abord découvrir les extérieurs où se trouvent un aqueduc gallo-romain, une roue à augets en fer forgé de 8,50 m de diamètre, puis voir à l'intérieur du moulin le pressoir, sa meule en grès et ses engrenages en bois, les chapelles en pierre de taille et les vis sans fin. C'est aussi différencier les ***huiles d'olive issues des méthodes ancestrales*** (artisanale à la meule, à l'ancienne : « la pression à froid ») et celles obtenues avec les nouvelles technologies, conforme aux normes européennes « chaîne continue » dans une dégustation à l'aveugle. Les codes d'étiquetage des huiles des moulins et de l'industrie ainsi que la traçabilité sont également expliqués. La quatrième génération des mouliniers vous emmène ainsi dans une exploration complète de l'univers oléicole, couronné par une médaille d'or au concours agricole de Paris 2014-2015.
Label : Destination Entreprise, Qualité Tourisme.

Les Péchés Gourmands : *149, rue d'Ollioules, ZAC la Millonne, 83140* ***SIX-FOURS-LES-PLAGES.*** *☎ 04-94-10-11-11. • peches-gourmands.fr • Lun-sam 9h-12h30 et 14h-18h. Visite guidée, sur résa par tél ou sur le site internet. Tte l'année mer 10h30 ; juil-août, lun-ven 10h30. Tarif : gratuit. ♿ Visite de groupe sur rdv, pour 8-50 pers. Tarifs sur demande. Durée de la visite : 45 mn.* ***Boutique :*** *mêmes horaires que les visites.*
La ***biscuiterie Péchés Gourmands,*** c'est une belle histoire tricolore. Une famille d'artisans et de commerçants, qui courait les salons et autres événements dans les années 1990 pour proposer des ***douceurs typiquement proven-***

çales, lance en 2005 son réseau de franchise de distributeurs. Dix ans après, une vingtaine de points de vente ont déjà ouvert ! On entre ici dans le saint des saints, l'usine qui va alimenter ces boutiques. On voit fabriquer, sous notre nez émoustillé par ces odeurs de sucré, les biscuits et confiseries qui font le succès de l'enseigne. Le ***sablé*** pur beurre en forme de fleur, produit emblématique, s'incruste du classique chocolat jusqu'aux plus recherchés citrons confits de Provence ou oranges confites de Corse. La ***navette,*** conçue en l'honneur d'une statue de la Vierge retrouvée dans une barque dans l'ancien port de Marseille au XIIIe siècle, au délicat parfum de fleur d'oranger, se décline aussi, entre autres, au miel ou à la cannelle. Les ***croquants*** sont préparés suivants une recette ancestrale qui remonte à 1848 ! Et les mantecaos apportent leur touche ibérique à ces gourmandises. Les propositions se sont étendues vers la ***confiserie :*** calissons, nougats, berlingots, fruits confits sont au rendez-vous, de même qu'une gamme de chocolats. Tous ces produits sont labellisés « Origine France garantie », signe de qualité et de traçabilité des ingrédients. L'entreprise cherche également à minimiser son impact sur l'environnement (packagings biodégradables ou recyclables, véhicules hybrides...). Dégustation en bout de chaîne. Une visite 2 en 1, plaisir et bonne conscience à l'unisson.

Label : Destination Entreprise, Qualité Tourisme, Origine France Garantie.

Quai Sud – L'Épicerie de Provence : *Zone d'Entreprise de Signes, av. de Madrid, 83870* ***SIGNES.*** *☎ 04-94-00-60-20. • quaisud.com • Visite guidée de groupe slt, sur rdv, jusqu'à 19 pers. Lun-ven (sf période des fêtes de fin d'année). Tarif : gratuit. ♿ Durée de la visite : 30-40 mn.* ***Boutique :*** *lun-ven 9h-17h.*

Cette entreprise propose à la fois tout ce qui rend la vie plus agréable : thés, cafés, chocolats, sucres et sels aromatisés... et tout ce qui la rend plus facile : des préparations de desserts, de cocktails. On mélange, on infuse, on sert et on récolte les compliments ! Les enfants ne sont pas oubliés, avec une belle gamme d'aides pâtissières et de décorations comestibles qui assurent le succès des anniversaires. De l'***épicerie fine astucieuse et colorée*** reposant sur un savoir-faire artisanal et des processus de fabrication dont on découvre tous les secrets dans un joli village provençal. Inspirées par l'air du temps, les traditions culinaires et les terroirs du monde, les recettes sont inventées, élaborées et testées sur place. Au cours de la visite, on découvre les ***ateliers de production*** et on participe à un ***jeu de dégustation*** sensoriel qui amène à deviner les saveurs originales d'une sélection de produits.

Label : Qualité Tourisme.

VAUCLUSE (84)

Les Agnels – distillerie de lavande : *route de Buoux, RD113, 84400* ***APT.*** *☎ 04-90-04-77-00. • lesagnels.com • Avr-sept : tlj 10h-19h. Oct-mars : lun-sam 10h-17h30. Visite guidée : tlj à 11h et 16h. Tarif : 6 €/pers ; - 15 ans avec parents : gratuit. Visite de groupe sur rdv, à partir de 10 pers. Tarif : 6 €/pers. Circuit Découverte : présentation de la société et visionnage d'un film sur l'histoire de la distillation (gratuit, 15 mn). Circuit Initiation : mini-distillation, découverte olfactive et dégustation d'eaux florales (1h, sur résa, 6 €/pers, 5 €/pers pour groupes). Circuit Immersion : parcours découverte complet autour de la distillation et démonstration dans les champs de coupe de lavande (2h, sur résa, 20 juin-20 août slt, 15 €/pers). Réduc pour groupes de plus de 10 pers. Scolaires : se renseigner. Durée de la visite : de 15 mn à 2h selon la formule choisie.*

Pour trouver cette entreprise familiale, on aura le plaisir de se laisser guider par un parfum de fleurs plus encore que par une carte routière. En grimpant depuis Apt par la D 113, on voit apparaître la distillerie de lavande Les Agnels, à la fois traditionnelle et à la pointe des tendances, avec un virage vers le bio.

En 1895, l'arrière-grand-père de Raymond Agnel, le propriétaire actuel, installe un premier alambic afin de distiller les fleurs de lavande sauvage. Aujourd'hui l'objec-

tif de la distillerie est de faire connaître et perdurer la ***tradition de la culture de la lavande*** et de sa ***distillation.*** Depuis 2004, la fabrication industrielle a été abandonnée au profit de l'extraction à la vapeur d'eau de lavandes, lavandins et autres plantes de la région. On peut assister à la distillation, découvrir la ***gamme d'huiles essentielles bio,*** déguster les eaux florales bio, flâner et bénéficier de conseils dans leur boutique spécialisée… Des initiations à la coupe de la lavande et des ateliers thématiques, olfactifs, aromatiques sont aussi proposés.
Le + : les ateliers
Label : AB, Destination Entreprise, Qualité Tourisme.

LE MARCHÉ DU SAMEDI MATIN À APT

Il s'étend dans tout le centre-ville et toute la région se retrouve autour des couleurs et des senteurs de Provence. De temps immémoriaux, le marché a toujours été essentiel à la vie de tout le pays d'Apt, étroitement lié par le jeu des saisons, de la tradition, des coutumes et de l'habitude. Pour son ambiance et son authenticité, le marché d'Apt est labellisé « Marché d'exception ».

Aptunion : *quartier Salignan, RD900, 84400* ***APT.*** *☎ 04-90-76-31-31. • aptunion.com • Visite guidée slt. Juil : lun-ven à 14h30. Août : lun-ven à 10h30 et 14h30. Avr-oct : mar et jeu à 14h30. Visite de groupe sur rdv (sf janv-mars), pour 18-150 pers. Tarif : gratuit. ♿ Durée de la visite : 1h.* ***Boutique :*** *lun-sam 9h-12h et 13h30-18h30 ; déc ouv dim également.*
Mme de Sévigné, en son temps, comparait la région d'Apt à un « vaste chaudron à confiture ». Classée « Site remarquable du goût », la ville reste aujourd'hui la ***capitale mondiale du fruit confit.*** En réalité, c'est grâce au péché mignon des souverains pontifes que naît la production des fruits confits, dès le XIVe s. Le principe ? Remplacer l'eau des fruits par une solution sucrée. Le p'tit secret ? On les imbibe d'un gaz qui rend leur chair perméable au sucre et hop, on les plonge dans un liquide sucré.
Plus grande usine de fruits confits du monde, ***Aptunion*** élabore depuis 1964 des ***produits à base de fruits, des fruits confits*** bien sûr, mais aussi des ***fruits infusés séchés ou encore des pépites aux fruits*** sur son site de 65 ha. La visite guidée des ateliers et un film documentaire permettent de découvrir les techniques de confisage dans la pure tradition artésienne. À la sortie, fruits confits en vente directe ; également des marrons glacés, des fruits à l'alcool ou des cerises au marasquin. De quoi ravir les becs sucrés !
Label : Destination Entreprise, Qualité Tourisme.

CNR – Aménagement hydroélectrique et fluvial de Bollène : *Centrale André Blondel, 84500* ***BOLLÈNE.*** *☎ 04-72-00-61-58. • lescircuitsdelenergie@cnr.tm.fr • Visite guidée slt, pour groupes à partir de 10 pers, lun-sam, sur rdv. Résa par mail. Tarif : 5 €/pers. Étudiants et personnes au RSA : gratuit. Durée de la visite : 1h30. Ouverture de la visite en fév 2017.*
Le site du CNR de Bollène comprend une centrale hydroélectrique inaugurée en 1952, la plus productive d'Europe à l'époque, et une écluse, la plus grande du monde à l'époque. La majestueuse façade de l'ensemble est classée Monument historique. On y trouve aussi un parc éolien et deux parcs photovoltaïques. La centrale produit aujourd'hui l'équivalent de la consommation électrique de 815 000 foyers.
Au CNR, le visiteur plongera dans l'histoire hors norme de cet aménagement. Il découvrira son gigantisme et la haute technicité des installations ainsi que la compétence des hommes et des femmes qui assurent la production tout en garantissant la sureté hydraulique des populations riveraines. Le visiteur pourra ainsi comprendre comment se fabrique l'électricité et s'approcher au plus près des éoliennes et de la centrale photovoltaïques.
Le programme de la visite comprend un parcours extérieur avec vue sur la centrale hydroélectrique, le parc éolien et le parc photovoltaïque. Il permet aussi de

découvrir le fonctionnement de l'écluse et ses portes monumentales en arc de cercle. Un parcours intérieur détaille l'histoire du CNR et du site avec des photos et des maquettes dans une salle de médiation… ainsi qu'une galerie scientifique qui explique de façon pédagogique la fabrication de l'hydroélectricité. Il se termine par une vue plongeante sur l'imposante salle des machines tandis qu'un jeu de son et lumières dans l'ancienne salle des commandes permet une immersion complète dans la vie de la centrale.

Le + : l'accès exceptionnel au bord de l'écluse.

Confiserie du Mont Ventoux : *1184, av. D.-Eisenhower, 84200 **CARPENTRAS.** ☎ 04-90-63-05-25. • berlingots.net • Visite guidée slt. Mar-sam (mat de préférence) 9h-12h et 14h-18h45. Visite de groupe sur rdv, pour 5-50 pers. Tarif : gratuit. ♿ Durée de la visite : 1h. **Boutique :** mar-sam 9h-12h et 14h-18h45.*

Une légende raconte que c'est Clément V, premier pape d'Avignon, qui créa en 1310 le ***berlingot de Carpentras***… Légende ou pas, ce berlingot, d'abord concocté par les apothicaires pour un usage médicinal, fait bien partie de l'histoire de la confiserie locale. Les figures tutélaires de cette confiserie, les familles Eysséric et Long, en ont écrit les pages dès le début du XIXe s. Gustave Eysséric, en particulier, lui donna son identité particulière en le parfumant à la menthe poivrée, et rationalisa la production en utilisant la « berlingotière Letang ».
La ***Confiserie du Mont Ventoux***, dernière ***fabrique artisanale de berlingots,*** s'inscrit toujours dans cette tradition. Thierry Vial, fils de confiseurs, perpétue la fabrication de ce petit bonbon à base de sirop de fruits confits, fier symbole de la cité : le fameux tétraèdre strié de blanc, de couleur rouge, jaune, verte, brune ou orange, selon son parfum. Le meilleur pour la fin : la visite de l'atelier de fabrication se termine par une dégustation multicolore.

Label : Destination Entreprise, Qualité Tourisme.

Distillerie Manguin : *784, chemin des Poiriers, 84000 **AVIGNON.** ☎ 04-90-82-62-29. • manguin.com • Visite guidée slt. Sam à 11h. Tarif : gratuit. Visite de groupe sur rdv, pour 10-40 pers. Tarifs : sur demande. ♿ (sf w-c) Durée de la visite : 45 mn. **Boutique :** lun-sam 10h-12h et 14h-17h, sam ap-m 15h-18h.*

Entre le palais des Papes et la chartreuse de Villeneuve-lez-Avignon, dans le Rhône même, émerge l'île de la Barthelasse. Avec son terroir de sable et de limons, balayé par le mistral, c'est l'une des plus grandes îles fluviales d'Europe. Elle réunit des conditions propices à la culture d'une ***poire Williams*** d'exception, gorgée du soleil de Provence. C'est ici que Manguin fait pousser ses poires enserrées dans des écrins de verre, produit phare d'une distillerie dont la gamme s'étend à bien d'autres ***fruits déclinés en eaux-de-vie, liqueurs et autres créations,*** dont une récente distillation d'olives, unique, un pastis et des apéritifs originaux fruités. La visite débute par le verger, voisin de la distillerie, dans lequel on peut admirer le spectacle des bouteilles et carafes accrochées (poires prisonnières) dans les poiriers, de mai à juillet. On y évoque l'histoire et les différentes étapes du procédé, qui seront développées par la suite dans l'atelier près des alambics, et se termine par une dégustation, dont celle de la fameuse ***Poire Manguin.***

Le + : animation : journées thématiques « Printemps des liqueurs ».

Label : Destination Entreprise, Qualité Tourisme, Entreprise du Patrimoine Vivant.

Silvain Frères : *route de Venasque, 84210 **SAINT-DIDIER.** ☎ 04-90-66-09-57. • nougats-silvain.fr • À partir de 8 ans. Visites guidées slt. Juil-août : mar et jeu à 10h15. Le reste de l'année : mer à 10h15. Visite de groupe sur rdv (sf janv-début fév), pour 20-60 pers. Résa par tél, au moins 2 mois avant la date souhaitée. Tarif : gratuit. ♿ Durée de la visite : 1h. **Boutique :** fév-mai, mar-dim 10h-12h et 14h-18h ; juin et sept-déc, 10h-12h et 14h-18h ; juil-août, tlj 10h-12h et 15h-19h.*

Dans une charmante bourgade entre Pernes et Venasque, Pierre et Philippe, sixième génération d'agriculteurs, fabriquent ***nougats et autres confiseries*** à

partir du ***miel de leurs ruches, des amandes et des fruits de leurs vergers.*** Ils cultivent 30 ha d'amandiers et produisent autour de 10 tonnes d'amandes par an. Pour le miel, ils possèdent environ 400 ruches qui transhument dans la Drôme pour le miel d'acacia, en Ardèche pour le miel de châtaignier. Leur miel de fleurs est un ***miel de garrigue*** auquel thyms, romarins et autres fleurs mellifères des paysages provençaux viennent s'ajouter.
Cette petite entreprise familiale fabrique le meilleur nougat du pays, inspiré des recettes de leur grand-mère Henriette. Avec cette envie de transmettre leur amour de la campagne, de l'agriculture et du terroir, les frères Silvain ont construit un espace convivial où ils vous invitent à partager l'histoire de leurs amandiers, de leurs miels et de leurs nougats (un des treize desserts du Noël provençal !). Les paysans et nougatiers vous font découvrir le parcours de leurs produits jusqu'à leur transformation en gourmandises, qu'on peut déguster dans leur ***salon de thé.***
Label : Destination Entreprise, Qualité Tourisme, Bienvenue à la Ferme.

Toutes les informations concernant la région sont à retrouver sur le site :
• entrepriseetdecouverte.fr •

AUVERGNE-RHÔNE-ALPES

RHÔNE-ALPES

Le patrimoine économique vivant constitue ici une filière touristique à part entière. Le secteur de l'alimentaire domine. Le sucré l'emporte sur le salé, la cité du chocolat Valrhona sur la Coopérative laitière du Beaufortain, premier producteur national de Beaufort. On peut découvrir les grandes marques d'eaux minérales régionales, notamment Badoit.
Le secteur des vins et spiritueux est également important, conformément à la moyenne nationale. Il inclut quelques champions de la visite d'entreprise, comme la distillerie Jean Gauthier, 8e entreprise la plus visitée de France et première de la région, et la distillerie de la Chartreuse, qui possède les plus grandes caves à liqueurs du monde.
Autre champion mondial localisé dans cette zone géographique : le CERN, plus grand laboratoire de physique des particules du monde. En matière de technologie, le secteur «énergie et environnement» est bien présent avec de nombreuses centrales hydrauliques et 5 centrales nucléaires d'EDF, dont une en déconstruction, celle de Creys-Malville.

BONS PLANS : *la chambre de commerce et d'industrie de Nord Isère permet d'accéder à un grand nombre d'entreprises ouvertes à titre exceptionnel. • ccinordisere.fr •*
La chambre de commerce et d'industrie Lyon Métropole Saint-Étienne-Roanne réalise une journée portes ouvertes avec plus de 40 entreprises. • jpo.roanne.cci.fr •
La communauté de communes des Hauts du Lyonnais propose également une opération de visite d'entreprises. • cc-hauts-du-lyonnais.fr •

AUVERGNE

Dans ses visites d'entreprises, la région joue la carte de la qualité en ouvrant des sites emblématiques de son environnement préservé et de son terroir : les sources Volvic (champion régional), les célèbres pastilles de Vichy, la Maison de la fourme d'Ambert et la cave de Salers (le fromage), la Maison de la gentiane... Deux secteurs arrivent en tête : les secteur de l'alimentaire et de l'artisanat.
La région sait aussi surprendre, avec des visites d'entreprise uniques, comme celle des Fontaines pétrifiantes de Saint-Nectaire, exploitation économique d'un phénomène géologique aussi fascinant qu'inattendu, et celle du Moulin Richard de Bas, imprimeur du texte de la Constitution française de la Ve République, qui se classent respectivement 2e et 3e de la région en nombre de visiteurs.

BONS PLANS : *la communauté de communes de Thiers organise, en partenariat avec la chambre de commerce et d'industrie et la ville de Thiers, les journées portes ouvertes du Bassin thiernois. • ville-thiers.fr •*
Et l'office de tourisme de la vallée de Montluçon propose, de mai à octobre, des visites gratuites destinées aux individuels dans le cadre de l'opération Les Coulisses des Métiers.

AIN (01)

CERN – Organisation européene pour la recherche nucléaire : *385, route de Meyrin, 1217* ***MEYRIN.*** *☎ 41-22-76-77-676.*

• home.cern • Visite libre des deux expositions permanentes du CERN : Lun-sam 9h-17h. Visite guidée pour groupe de moins de 11 pers : résa sur le site internet, onglet « Visites », au moins 2 sem à l'avance. Sur le site du CERN de Genève, à quelques km de la frontière franco-suisse. Groupe 12-48 pers : idem, mais résa 3 mois à l'avance. Tarif : gratuit. ♿ Durée de la visite : 3h. ***Boutique :*** *lun-sam 9h-17h.*

Créé en 1954 pour redonner du souffle à la science européenne, le CERN a pour objectif de donner des ***outils pour comprendre l'infiniment petit.*** C'est devenu depuis le lieu de tous les superlatifs – le ***plus important laboratoire de physique du monde,*** géré par 20 États membres, accueillant sur l'année près de 12 000 scientifiques venant de 110 pays, sans compter toutes les prouesses technologiques qui vous seront présentées lors de la visite du site, qui servent à accélérer, refroidir, détecter les particules élémentaires traquées par les scientifiques.

Microcosme

Située dans le bâtiment d'accueil du CERN, cette ***exposition*** propose de découvrir les ***secrets de la matière*** dans une scénographie classique mais aussi ludique. Découvrez l'Univers du CERN, ses expériences hors normes et son monumental accélérateur : ***le Grand collisionneur de hadrons LHC.*** Rencontrez les scientifiques qui construisent et pilotent ces extraordinaires machines. Suivez la piste des particules dans le réseau d'accélérateurs, depuis une simple bouteille d'hydrogène jusqu'aux collisions qui s'effectuent au cœur de gigantesques expériences. Bien utile pour comprendre l'objet de toute l'activité déployée ici, et certainement complémentaire de la visite elle-même. Arrêtez-vous également dans le couloir qui vous ramène à l'accueil pour découvrir des objets historiques du CERN, belle saga d'une coopération internationale réussie.

Univers de particules

De l'autre côté de la route, vous aurez aperçu ***le Globe,*** belle sphère de bois qui culmine à 27 m de haut, créée pour l'Exposition universelle de Hanovre où elle symbolisait le développement durable, et devenue maintenant ***l'emblème du CERN.*** Elle abrite, au rez-de-chaussée, une réalisation passionnante, résolument moderne, où images et son, vidéos et bornes interactives, se conjuguent pour relier dans le cadre d'une ***exposition les mondes infiniment petit et grand.*** Une curiosité dans une des bornes : la réplique du premier accélérateur circulaire construit par Lawrence en 1930, qui vous permettra de mesurer le chemin parcouru depuis. Dans une autre borne, le serveur original sur lequel a été écrite la première page web du monde, car le Web est né au CERN !

L'accélérateur de particules : un périphérique qui encourage les collisions

Cent mètres sous terre, ***entre la Suisse et la France, niche le plus grand collisionneur de particules de la planète.*** Au départ, une banale bouteille d'hydrogène sous pression, dont les atomes sont extraits, dépouillés de leur unique électron pour livrer des particules nommée « protons ». Ceux-ci sont alors accélérés, presque à la vitesse de la lumière, d'abord en ligne droite, puis dans deux anneaux, pour être enfin injectés dans notre ***périphérique de 27 km.*** Mais cette fois-ci les particules sont scindées en deux faisceaux, dans deux tubes proches, où elles circulent en sens inverse et toujours en accélérant. Les deux voies sont échangées à quatre reprises, rendant possibles des collisions entre protons. Une collision donne lieu à des cascades de réactions avec création de nouvelles particules (souvent éphémères) et échanges d'énergie. Ces collisions sont à chaque fois rares, mais comme les particules font 1 245 tours par seconde (eh oui, quand même … !), cela finit par faire beaucoup d'événements à capturer, mesurer et analyser. Les détecteurs placés en ces quatre lieux de croisement sont à la démesure du lieu : le plus grand, d'une masse comparable à la tour Eiffel, est installé dans une caverne qui pourrait contenir la cathédrale de Genève.

CNR – Barrage-centrale de Génissiat : *Centrale Léon Perrier, rue Marcel-Paul, 01200* ***INJOUX-GÉNISSIAT.*** *☎ 04-26-10-63-21. • cnr.tm.fr • Visite guidée slt. Visite guidée pour les groupes, pour 10-30 pers, sur résa par mail : • lescircuitsdelenergie@cnr.tm.fr • Tarif : 5 € ; étudiants, moins de 18 ans, scolaires, bénéficiaires du RSA : gratuit. Durée de la visite : 1h30. ♿ Ouverture en février 2017.*

À cheval entre l'Ain et la Haute-Savoie, à 120 km de Lyon et à 40 km de Genève, voici un bastion industriel exceptionnel par son caractère monumental et son rôle dans l'histoire énergétique française de l'après-guerre.

À son inauguration en 1948, après 11 ans d'un chantier titanesque, c'est le plus grand barrage hydroélectrique d'Europe. Il alimente Paris en électricité et installe la Compagnie nationale du Rhône parmi les grands aménageurs de fleuve. Aujourd'hui, il assure une production d'énergie annuelle qui représente 10 % de la production totale du Rhône et la consommation électrique de 700 000 foyers. On découvre le fleuve Rhône depuis sa source en Suisse jusqu'à son passage à Génissiat grace à un film immersif en suivant le parcours d'une goutte d'eau jusqu'aux entrailles du barrage.

La visite permet d'observer le fonctionnement de l'ouvrage et de la centrale, ainsi que le travail des hommes et femmes qui l'entretiennent, le modernisent et l'exploitent pour produire de l'électricité 100 % renouvelable à partir de l'eau. Le visiteur comprendra comment se fabrique l'électricité en s'approchant au plus près des turbines, des alternateurs et de la salle de commande.

Dans la grande galerie d'exposition, l'histoire de Génissiat depuis sa construction à son activité est expliquée et permet de comprendre l'équilibre entre l'activité industrielle et le respect de l'environnement.

Le + : le parcours extérieur libre pour apprécier la biodiversité locale.

EDF – Centrale nucléaire du Bugey : *RD20 (entre Loyettes et Saint-Vulbas), 01150* ***SAINT-VULBAS.*** *☎ 04-74-34-30-09. • edf.fr/bugey • Centre d'information du public, mer et sam 9h-12h30 et 13h30-18h. Entrée libre et gratuite. Visite guidée sur demande. ♿ Tarif : gratuit.*

La centrale du Bugey produit chaque année l'équivalent de 40 % de la consommation d'électricité de la région Rhône-Alpes. Elle se compose de 4 réacteurs de 900 mégawatts de puissance chacun. Les unités n°s 2 et 3, dont la partie non-nucléaire est refroidie directement par l'eau du Rhône, ont démarré en 1978. Les unités n°s 4 et 5 sont quant à elles refroidies par des tours aéroréfrigérantes en forme de diabolo de 128 m de hauteur et ont démarré en 1979. Vous pourrez comprendre le fonctionnement d'une centrale nucléaire grâce à une conférence et aux modules pédagogiques et interactifs du Centre d'information du public. Cet espace vous accueille dans ses 200 m² dédiés à l'énergie. Des thèmes variés sont présentés à travers un parcours ludique, pédagogique et interactif.

Les + :

– Ateliers pédagogiques proposés aux enfants pour leur faire découvrir toutes les facettes de l'énergie (modes de production d'électricité, préservation des ressources…).

– Animations et conférences gratuites tout au long de l'année. Se renseigner par tél ou mail : • *bugey-cip@edf.fr* •

– La centrale du Bugey participe aux Journées européennes du patrimoine et aux « Journées de l'industrie électrique d'EDF », des moments exceptionnels où le grand public peut entrer dans la centrale et découvrir les coulisses de la production d'électricité et un patrimoine industriel unique. Pour plus d'informations : • *edf.fr/bugey* •

Fromagerie de l'Abbaye : *route Confort, 01200* ***CHÉZERY-FORENS.*** *☎ 04-50-56-91-67. • fromagerie-abbaye.fr • Tlj 9h-10h30. Tarif : gratuit. Visite de groupe sur rdv, pour 15-50 pers. Tarif : 1,70 €/pers. Durée de la visite : 30 mn.* ***Boutique :*** *tlj 8h-12h et 15h-19h.*

Le bleu de Gex remonte au XIVe s, époque de l'installation des moines du Dauphiné, inventeurs de ce fromage à pâte persillée. Aujourd'hui encore, toutes les étapes de fabrication du bleu de Gex sont réalisées manuellement par les fromagers. À travers une galerie, on observe cette fabrication, ainsi que les caves d'affinage. Une vidéo permet de comprendre le processus de production. Des panneaux expliquent le cheminement de la vache au fromage, et Barbara, vache ludo-pédagogique, explique aux petits et aux grands comment elle produit son lait.

La fromagerie de l'Abbaye produit également du ***comté et de la tomme.*** Le comté, une pâte pressée cuite, se présente en grandes meules de 63 cm de diamètre et de 40 kg environ. Sa maturation en cave d'affinage est au minimum de 4 mois, mais elle est souvent de 8 mois en moyenne, voire plus. Seules les vaches de races montbéliarde et simmental française sont autorisées pour la production du lait à comté. Quant à la tomme de vache montbéliarde, c'est un fromage à pâte pressée semi-cuite, pesant environ 4,5 kg. L'affinage dure environ 2 mois en caves traditionnelles, avec des retournements pour que la croûte fleurie se développe. La pâte fond dans la bouche et développe un goût de noisette. Les tommes fabriquées avec du lait d'été sont plus parfumées.

ALLIER (03)

Brasserie Blondel : *34, av. de l'Europe, 03100* ***MONTLUÇON.*** *☎ 04-70-51-43-38. • brasserieblondel.fr • Visite guidée slt. Sam à 10h30. Visite de groupe sur rdv, jusqu'à 35 pers. Tarifs : 2 € ; - 18 ans : gratuit. ♿ Durée de la visite : 1h.* ***Boutique :*** *mer, ven et sam 14h-19h.*

La jeune ***Brasserie Blondel,*** installée depuis 2011 à Montluçon, renoue avec une tradition française de fabrication artisanale de la deuxième boisson la plus consommée dans le monde. Elle associe les connaissances scientifiques actuelles au choix d'***ingrédients issus de l'agriculture biologique.*** Lors de la visite, ces ingrédients sont présentés et le processus de production est détaillé, du choix des matières premières à l'embouteillage, en passant par les différentes étapes du brassage. La brasserie produit ainsi par exemple la Lubie, une bière de fermentation haute, refermentée en bouteilles, non filtrée et non pasteurisée. Une blanche, une blonde et une ambrée, ainsi que des bières de saison, complètent la gamme. Dégustation à la clé.

Les Pastilles de Vichy : *94, allée des Ailes, Établissement de Vichy, 03200* ***VICHY.*** *☎ 04-70-30-94-70. • pastille-vichy.fr • À partir de 8 ans. Mi-avr-mi-nov (sf fin juil-mi-août) : lun-jeu 9h-12h et 13h30-15h. Visite de groupe sur rdv, 10-45 pers (sf autour de l'Ascension). Tarif : gratuit. Durée de la visite : 1h.* ***Boutique :*** *lun-ven 9h-12h et 13h30-17h (15h le ven).*

Quand on dit Vichy, on pense tissu à carreaux, eaux et thermes mais aussi pastilles. Dès l'Antiquité romaine, *Vici Aqua Calidis* (« village des eaux chaudes ») fonde sa notoriété sur ses eaux aux vertus curatives. Elles sont riches en bicarbonate de soude, en gaz carbonique, en lithium, et permettent le traitement efficace des rhumatismes et des affections hépatiques. C'est la quintessence des vertus de ces eaux qu'on trouve dans les fameuses pastilles. Car depuis 1973, le site fabrique la véritable pastille de Vichy à partir d'un mélange subtil de différents ingrédients, dont les sels minéraux extraits des sources de la ville. Les pastilles de Vichy allient les plaisirs d'un ***arôme naturel*** (menthe ou citron) aux ***vertus digestives*** de ces sels minéraux.

On découvre ici les ***ateliers de conditionnement,*** ainsi que l'***histoire de la fabrication*** de ces rafraîchissants octogones, perpétuée depuis 1825, année où M. Darcet crée les premières pastilles, moulées et découpées à la main. Ce n'est qu'en 1856 qu'elle adopte sa forme géométrique caractéristique. Très appréciées par l'impératrice Eugénie, femme de Napoléon III, les pastilles de Vichy deviennent rapidement un produit très prisé par l'aristocratie française et en 1862, la forme de la pastille de Vichy est reconnue comme « originale » par un décret impérial. Les pastilles sont comprimées de façon mécanique à partir de 1954 seulement. Et si vous avez peur pour votre ligne, sachez qu'il existe depuis 1990 une formule sans sucre, « Vichy sans sucre ». À déguster sans modération.

ARDÈCHE (07)

Ardelaine : *07190 **SAINT-PIERREVILLE.** ☎ 04-75-66-66-11. • ardelaine.fr • Visite guidée tlj. Tarifs : 7,50 € ; 5-16 ans : 5,50 € ; - 5 ans : gratuit. Visite de groupe sur rdv, pour 10-100 pers. Tarifs : sur demande. Durée de la visite : 1h30. **Boutique :** tlj 10h-18h, 19h en juil-août.*
Le mouton est un animal à poil laineux, ça, tout le monde le sait. Mais on sait moins que d'une race à une autre, l'animal sera plus apprécié pour sa laine, pour sa viande ou pour son lait – de brebis, bien sûr ! C'est ce qu'on apprend ici, car ***Ardelaine*** tond près de 50 000 moutons tous les ans.
Ardelaine, c'est d'abord la ***découverte de la filière laine,*** grâce à une visite très instructive, dans un musée bien vivant. L'équipe très dynamique présente, selon la visite choisie, plusieurs races d'ovins et leur élevage. Un parcours au cœur des ateliers de production vous fait suivre ***toute la chaîne de la laine,*** de la matière première brute au produit fini, depuis le secteur « amont » avec les machines à carder et filer, jusqu'aux ateliers de fabrication de matelas, couettes, oreillers, ou encore les processus qui ont amené la mécanisation du travail de la laine. Tonte, lavage, cardage, filage n'auront plus de secret pour vous. Mais Ardelaine, c'est aussi la ***découverte d'une entreprise organisée en coopérative,*** qui a choisi de placer l'humain au cœur de son projet économique et de participer à la revitalisation du tissu économique local.
Les articles en laine produits sur place sont vendus sur place dans la boutique. Et comme rien ne se perd, rien ne crée, tout se transforme, on peut également déguster ces attendrissantes bestioles au restaurant *La Cerise sur l'Agneau,* qui propose une cuisine locale de qualité à base de produits frais.
Les + : animations, ateliers.
Label : Entreprise du Patrimoine Vivant.

Distillerie Jean Gauthier : *600, route de la Syrah, 07340 **SAINT-DÉSIRAT.** ☎ 04-75-34-23-11. • jeangauthier.com • Lun-ven 8h-12h et 14h-18h, sam et dim 10h-12h et 14h-18h30 (sf dim mat hors été). Tarif : gratuit. Visite de groupe sur rdv, à partir de 20 pers. Tarif : 2,50 €/pers (mignonnette offerte) ; scolaires : gratuit. ♿ (sf partie inférieure de la visite). Durée de la visite : 1h. **Boutique :** lun-ven 9h-12h et 14h-18h, sam et dim 10h-12h et 14h-18h30 (sf dim mat hors été).*
Jadis célèbre pour ses potiers, le village de Saint-Désirat est aujourd'hui connu pour ses vignobles qui produisent l'un des meilleurs crus des côtes-du-rhône septentrionaux : le saint-joseph. Arrêt obligatoire à la ***distillerie Jean Gauthier,*** où se trouve un très joli ***musée*** pour petits et grands, avec personnages grandeur nature et scènes de la vie quotidienne reconstituée : le ***musée de l'Alambic,*** un vrai musée des arts et traditions populaires. Il en émane tout le charme d'une histoire rurale aujourd'hui disparue, celle des ***« bouilleurs ambulants ».*** Au début du XXe s, l'Ardèche comptait encore plus de 1 000 bouilleurs itinérants qui officiaient dans les cours des fermes, les caves ou sur les places de village. Cent ans plus tard, il n'en reste plus qu'une petite vingtaine à perpétuer cette tradition, qui consiste à transformer des marcs ou des fruits en alcool.
Sur 1 400 m^2 d'exposition, de superbes appareils en cuivre provenant des quatre coins de France, une collection de matériel, ustensiles et outils anciens, reconstituent en trente tableaux commentés et animés la mémoire d'une partie du patrimoine rural hexagonal. L'atelier de distillation, la chaîne d'embouteillage, l'un des chais de vieillissement et tout le processus de fabrication sont présentés. La visite inclut un diaporama sur le processus de distillation et un film sur les bouilleurs de cru. À la fin, dégustation gratuite.
La ***distillerie*** elle-même a été fondée par Jean Gauthier, père de Denis Gauthier, l'actuel P.-D.G. de la distillerie, en 1968. Grâce à sa situation privilégiée au cœur de la vallée du Rhône, celle-ci excelle dans la ***production d'eaux-de-vie de fruit, et plus particulièrement de poire Williams.*** Réception des fruits, contrôle de la maturité, broyage, fermentation, distillation, stockage, assem-

blage et vieillissement, mise au degré, filtration et mise en bouteille : chaque étape du processus fait l'objet d'un contrôle rigoureux et d'une traçabilité de toute la filière. Marc de raisin, vieille prune, abricot ne sont pas oubliés, et les liqueurs présentent un éventail encore plus large : châtaigne, melon, vanille ou citron, mais aussi génépi traditionnel, pomme verte à l'espagnole ou litchi exotique… dans d'élégantes bouteilles longilignes. Les crèmes de fruits sont à marier à un autre ingrédient au gré de ses envies. Une visite qui émoustille les yeux et les papilles.

EDF – Centrale nucléaire de Cruas-Meysse : *CNPE de Cruas-Meysse, La Plaine, 07350 **CRUAS.** ☎ 04-75-39-30-46. • edf.fr/cruas-meysse • Centre d'information du public, entrée libre et gratuite. Lun-ven 9h-12h30 et 13h30-17h. Visite guidée de l'espace d'exposition à la demande, sur place. Tarif : gratuit.* ♿

La centrale de Cruas-Meysse comporte 4 réacteurs nucléaires de 900 mégawatts chacun, mis en service en 1984 et 1985 ainsi que deux éoliennes de 3 mégawatts chacune. La production de la centrale représente environ 5 % de la consommation française annuelle, ou 40 % des besoins de la région Rhône-Alpes. Ses réacteurs sont refroidis par l'eau du Rhône et par 4 tours aéroréfrigérantes en forme de diabolo. Sur l'une d'elles a été réalisée, en 1991, une fresque murale de 13 500 m² et 155 m de hauteur, sur le thème de l'écologie. Le Centre d'information du public propose des modules et des maquettes interactives présentant la production d'électricité et son histoire, la protection de l'environnement et les économies d'énergie. Des conférenciers sont disponibles pour vous guider dans un parcours ludique sur l'énergie.

Les + :

– Animations et conférences tout au long de l'année.

– Animations gratuites pour les enfants et des circuits à vélo autour du site, pendant les vacances scolaires. Se renseigner par tél ou par mail : • *cruas-com-visites@edf.fr* •

– La centrale de Cruas-Meysse participe aux « Journées de l'industrie électrique d'EDF », un des moments exceptionnels où le grand public peut entrer dans la centrale et découvrir les coulisses de la production d'électricité bas carbone et un patrimoine industriel unique. Pour plus d'informations : • *edf.fr/cruas-meysse* •

Melvita : *La Fontaine-du-Cade, 07150 **LAGORCE.** ☎ 04-75-88-78-00. • melvita.fr • Visite guidée slt, horaires : appeler avant. Visite de groupe sur rdv jusqu'à 19 pers. Résa par tél ou par mail : • visites@melvita.com • Tarif : gratuit. ♿ (appeler avant). Durée de la visite : 45 mn. **Boutique :** hte saison : lun-sam 10h-18h30 ; basse saison, lun et sam 10h-12h et 13h30-18h, mar-ven 10h-18h30.*

Amoureux des grands espaces sauvages, Bernard Chevilliat et son frère s'installent en Ardèche, dans une ferme isolée en pleine nature, en 1977, après des études de biologie. L'apiculture transhumante devient très vite leur activité principale et ils « conduisent » plus de 500 ruches. Bientôt rejoints par Nûriël, l'épouse de Bernard, ils se diversifient en 1983, créent Melvita et développent une première ***gamme cosmétique autour des produits de la ruche.*** Le premier de leurs produits est l'emblématique savon hexagonal. Les shampooings, bains, laits et crèmes à base d'ingrédients naturels, les eaux florales et les huiles de soin suivent, et sont diffusés dans les magasins de produits naturels et bio. Aujourd'hui, ils sont aussi distribués à l'international.

Le site de production de La Fontaine-du-Cade s'étend sur plus de 2 ha. Il se situe dans le village de Lagorce, perché au-dessus d'un doux vallon sauvage, mignon comme tout avec ses maisons rurales de caractère et les ruines de son château féodal. Bien intégré à la nature environnante, le bâtiment écoconçu bénéficie d'un système original de traitement de ses effluents. Des laboratoires à la production, en passant par les « salles propres », on découvre les coulisses de la création des produits de soin.

Le + : animation : ruche pédagogique (sur résa).

Label : Cosmebio.

CANTAL (15)

Cave de Salers : *Les Prés-de-la-Faure, 15140 **SALERS.** ☎ 04-71-69-10-48. • cavedesalers.com • Visite libre ou visite guidée (selon les arrivées). Mai-juin et sept-oct : lun-sam 9h-12h 14h-17h30 sf sam ap-m. Juil-août : tlj 9h-19h (visite guidée à 11h et 16h). Nov-mars : lun-sam 9h-12h. Tarif : gratuit. Dégustation : 2 €/ardoise. Visite de groupe sur rdv, pour 20-25 pers. Tarif : gratuit. ♿ Durée de la visite : 30 mn. **Boutique :** mêmes horaires que les visites.*

Si sa forme et sa recette ressemblent au cantal, le ***salers (AOP)*** est un fromage spécifique fabriqué uniquement à la ferme et au lait cru, du 15 avril au 15 novembre. Affiné 3 mois au minimum, il offre un goût singulier, épicé et fruité.

La visite commence au sous-sol, au cœur de la ***cave d'affinage,*** où les fromages salers, à différents stades de maturation, sont essuyés et retournés par le maître-affineur. Dans cet espace de 120 m², ce sont environ 1 000 pièces de salers qui sont élevées dans la plus pure tradition. Ensuite, dans l'***espace d'exposition,*** on découvre les 10 producteurs de la cave à travers une galerie de portraits et de films. Des bornes interactives complètent de manière ludique la visite, avant de terminer par une ***dégustation.***

Label : AOP, la Route des Fromages.

L'AUVERGNE EST UN PLATEAU DE FROMAGES

L'Auvergne peut s'enorgueillir de compter cinq appellations d'origine protégée. Dès 800 m d'altitude, les monts d'Auvergne se couvrent de narcisses, de crocus, de giroflées... Près de la moitié de la flore française ! C'est ainsi qu'on fait du bon lait... Les Sherlock Holmes du fromage devinent au « bouquet » la pente où les vaches ont pâturé. Élémentaire, mon cher Fernand !

Maison de la gentiane : *5, rue de la Gentiane, 15400 **RIOM-ÈS-MONTAGNES.** ☎ 04-71-78-03-04. • aveze.com • Visite guidée slt. Mi-juin-mi-sept : tlj 10h-12h et 15h-19h. Hors saison : sur demande. Visite de groupe sur rdv, pour 10-50 pers. Tarif : gratuit. ♿ Durée de la visite : 1h. **Boutique :** mi-juin-mi-sept, tlj 10h-12h et 15h-19h ; hors saison, mar-ven. Appeler avant de se déplacer.*

Chaque été, les propriétaires des terrains d'estive appellent les « gentianaires » pour déraciner cette « mauvaise herbe » – en réalité, une fleur haute et magnifique, aux racines incommensurablement longues – qui parasite leurs pâturages d'altitude. Ce n'est pas une mince affaire : une équipe de gentianaires étant composée de 7 à 8 personnes, un gentianaire arrache de 150 à 250 kg par jour ; un enlèvement représente 1 500 à 1 700 kg de racine !

En 1928-1929, le fondateur de la marque, Émile Refouvelet entreprend ses premiers essais d'élaboration d'un ***apéritif*** en s'inspirant des éléments qui l'entourent. L'apéritif actuel a pour base la ***gentiane jaune,*** exclusivement en provenance du parc naturel des volcans d'Auvergne. Les racines pour ***Avèze*** sont extraites à partir de la fin de l'été, période à laquelle la plante entre en sommeil et ne produit plus de parties aériennes. Ces rhizomes de l'automne sont donc particulièrement riches en principes actifs. Après une très longue macération, le soutirage permet d'obtenir un alcool extrêmement amer, dont on atténue le goût par l'adjonction de sucre.

Un espace dédié (avec diaporama sur écran) permet de tout savoir de la marque Avèze à partir de panneaux explicatifs, maquettes, vidéo. On accède également à la salle de conditionnement. En fin de visite, dégustation d'Avèze 15 % vol, 15 % vol Cassis, 16 % et/ou 18 % vol.

DRÔME (26)

Brioche Pasquier Étoile : *475, route de Portes-lès-Valence, 26800 ÉTOILE-SUR-RHÔNE. ☎ 04-75-57-65-01. • pasquier.fr • Scolaires : à partir du lycée. Visite de groupe slt, sur rdv, 15-45 pers. Jeu 14h-16h. Tarif : gratuit. Avant d'entrer dans l'usine, on retire tous ses bijoux et piercings. Durée de la visite : 2h.* ***Boutique :*** *mar, mer, ven 9h-12h30 et 14h30-18h30, jeu 10h-18h30, sam 9h-12h.*
On découvre ici les petits secrets de fabrication qui donnent leur moelleux aux produits Brioche Pasquier ; On observe ici la production d'une ***ligne de produits briochés, des pains au lait*** en l'occurrence (peut-être agrémentés de pépites de chocolat, miam...). Un des collaborateurs du groupe présente celui-ci, à l'aide d'un petit film. Puis, paré d'une blouse et d'une charlotte, on entre dans l'usine pour suivre le parcours d'un produit, de la réception de ses matières premières jusqu'à son expédition, en passant par le pétrissage, le façonnage, la cuisson et l'emballage. Dégustation à la clé.

Cave Jaillance : *av. de la Clairette, 26150* ***DIE.*** *☎ 04-75-22-30-15. • jaillance.com • Visite guidée slt. Appeler avant. Mi-juil-mi-août : tlj 9h-18h. Tarif : gratuit. Visite de groupe sur rdv, pour 10-50 pers. Tarif : gratuit. ♿ Durée de la visite : 1h.* ***Boutique :*** *mi-juil-mi-août, 9h-19h ; le reste de l'année, tlj 9h30-12h30 et 14h-18h30 ;*
La ***vallée de la Drôme,*** qui allie beauté alpine et douceur méditerranéenne, recèle bien des trésors : merveilles de paysages, superbes petits villages accrochés aux flancs des montagnes, vallons magnifiques parcourus de sauvages rivières, un soleil éclatant 300 jours par an, une lumière et des paysages entre montagne et Provence... Au cœur de cette vallée, ***Die,*** dominée par les imposantes falaises du Glandasse (ce dernier éperon du Vercors), est une ville plaisante, au caractère méridional prononcé. On y produit un vin fruité et naturellement effervescent : la ***clairette de Die.*** À découvrir également à la ***cave de Die Jaillance,*** le crémant et les vins de Châtillon-en-Diois. La visite commence par une présentation de la cave et de son histoire et se poursuit dans les ***nouvelles installations de production.*** Une vue panoramique exceptionnelle de la ville permet de présenter le terroir du Diois. La visite se poursuit ensuite dans les salles de « prise de mousse » pour percer le secret de la lente élaboration de la clairette de Die et revenir enfin au ***bar à bulles,*** déguster les cuvées et emporter un peu de leurs arômes généreux.

LA CLAIRETTE, CE VIN QUI VENAIT DU FROID

Au Ier s de notre ère, Pline l'Ancien vantait déjà, dans son Histoire naturelle, *un vin naturellement mousseux fabriqué par le peuple des Voconces. Des viticulteurs gallo-romains avaient trouvé un procédé qui donna naissance à « l'aigleucos », l'ancêtre de la clairette de Die : les jarres, plongées dans l'eau froide des torrents, produisaient un breuvage plutôt bourru mais déjà effervescent. Aujourd'hui, la clairette est produite sur plus de 1 400 ha de part et d'autre de la Drôme, entre Aouste-sur-Sye et Luc-en-Diois. Ce vignoble, l'un des plus hauts de France (600-700 m), se répartit sur de petites parcelles à flanc de coteaux, bénéficiant à la fois d'un climat alpin et d'un ensoleillement méridional de 300 jours par an.*

La ***clairette de Die***, qui bénéficie d'une AOC depuis 1942, provient de deux cépages : le muscat blanc à petits grains, très aromatique et sucré, et la clairette blanche, cépage méridional aux grains oblongs aux notes de pomme verte. La méthode dioise ancestrale consiste à unir ces deux cépages (75 % de muscat minimum). Après pressurage, les moûts sont filtrés puis refroidis afin d'obtenir une fermentation lente qui permet de conserver un taux de sucre

naturel important. Ce moût mi-fermenté est ensuite mis en bouteilles, où la fermentation naturelle et la prise de mousse se poursuit durant 4 à 10 mois. Ce vin ne connaît donc aucune addition de liqueur de tirage, ni de liqueur d'expédition. Ce procédé donne un vin aromatique, fruité et léger en alcool (7-8°). Cette clairette « tradition », à servir très fraîche (6-8 °C), est agréable à boire en apéritif ou avec un dessert.
Le ***crémant de Die*** est un vin blanc brut effervescent, vinifié à l'origine à partir du seul cépage clairette. Aujourd'hui, l'ajout d'aligoté et de muscat lui confère des arômes de fruits verts. AOC depuis 1993, il s'élabore grâce à la méthode traditionnelle, avec une première fermentation en cuve et une seconde en bouteille. Idéal à l'apéritif ou au cours du repas.
Enfin, la région produit également des vins tranquilles (sans bulles) sous l'appellation ***châtillon-en-diois*** (AOC depuis 1975). Les rouges et rosés associent le gamay, la syrah et le pinot noir qui donnent des vins assez fruités. Les blancs sont des vins frais et légers élaborés à partir des cépages chardonnay et aligoté.

La Cité du chocolat Valrhona : *12, av. du Président-Roosevelt, 26600* ***TAIN-L'HERMITAGE.*** *☎ 04-75-09-27-27. • citeduchocolat.com • Lun-sam 9h-19h, dim 10h-18h. Dernières entrées 1h avant la fermeture. Visites de groupe sur rdv, pour 20-80 pers. Tarifs : attention, le prix change à midi ! Adulte : 9 € (avt 12h), 10,50 € (après 12h) ; enfant - 13 ans : 7,50 € (avt 12h), 8,50 € (après 12h) ; - 5 ans : gratuit ; famille (2 adultes + 2 enfants - 18 ans) : 31 € (avt 12h), 33 € (après 12h) et 7 €/enfant supplémentaire ; réduit (étudiant et demandeur d'emploi sur présentation de justificatif ou à partir de 10 entrées payantes) : 8,50€ (avt 12h), 9 € (après 12h). ♿ Durée de la visite : 1h30.* ***Boutique :*** *lun 10h-19h, mar-sam 9h-19h, dim et j. fériés (****boutique*** *souvenirs slt) 10h-18h.*
Un lieu pour explorer, déguster et découvrir les ***secrets du chocolat,*** de façon ludique, pédagogique et gourmande. Une sorte de voyage initiatique et d'immersion multisensorielle au cœur de la matière. Les gourmets, au fur et à mesure du parcours, découvrent le goût, le geste et l'ingrédient, à l'aide de nombreux dispositifs interactifs.
La Cité se décline en ***sept pôles :*** immersion (sentir, toucher, goûter), recettes, ingrédients, provenance et importance des gestes et du terroir, fabrication, puis un pôle où l'on peut reproduire, à l'aide de tablettes tactiles (pas de chocolat !), sous forme de jeux interactifs, les gestes et tours de main du pâtissier-chocolatier. Les ***enfants*** ne sont pas en reste puisqu'un petit livret leur est remis à l'entrée afin qu'ils suivent les deux mascottes, Lili et Zoco, et répondent aux questions/jeux du livret. Toutes les bornes interactives ont une fonction spéciale pour eux ! Un espace est aussi dédié à des artistes du chocolat, avec des expositions temporaires. Enfin, tout au long du parcours, une ***multitude de dégustations*** permettent d'approfondir l'apprentissage des différents goûts. Saviez-vous qu'il existe 50 goûts élémentaires de chocolat ? Non ? Alors il est temps de visiter la Cité !
Le + : mini-atelier en boutique (30-45 mn, 1 €/pers).

Confiserie Arnaud Soubeyran : *ZC Sud, av de Gournier, BP 148, 26200* ***MONTÉLIMAR.*** *☎ 04-75-51-01-35. • nougatsoubeyran.com • Lun-sam 9h-19h, dim 10h-12h et 14h30-18h30. Venez de préférence le matin pour assister à la cuisson. Visite guidée : lun-ven à 9h30, 11h, 14h 15h, 16h, 17h. Tarif : gratuit. Visites de groupe sur rdv, à partir de 10 pers. Résa par tél, au moins 1 mois à l'avance pour les w-e. Tarif : 3 €/pers. ♿ Durée de la visite : 1h.* ***Boutique :*** *lun-sam 9h-19h, dim 10h-12h et 14h30-18h30. Salon de thé : lun-sam 9h-18h. Restaurant : lun-ven midi, sur résa.*
Dès l'Antiquité, on fabriquait déjà du nougat dans le Bassin méditerranéen. Les Romains l'avaient baptisé *nux gatum* (gâteau de noix). Composé de noix et de miel essentiellement (deux ingrédients abondants dans la région), le nougat de l'époque avait peu de choses à voir avec celui d'aujourd'hui. On pense que la recette resta locale à cause de la faible conservation de la noix, qui avait tendance à rancir rapidement. C'est Olivier de Serres qui, vers 1650, en acclimatant l'amandier en Provence, permit le remplacement de la noix par

l'amande. Différents ingrédients ajoutés par la suite, dont du blanc d'œuf et des pistaches, lui donnèrent sa consistance et son goût définitifs. La première fabrique fut créée en 1760, suivie de bien d'autres. Le ***nougat*** fut promu par Émile Loubet, maire de Montélimar puis président de la République en 1899. En 1914, grâce à son VRP à l'Élysée, la production atteignit 100 t. Aujourd'hui, elle est de 2 000 t.

La confiserie Arnaud Soubeyran, avec sa devanture à l'ancienne, reste la plus vieille maison artisanale de Montélimar fabriquant encore du nougat (1837). Dans ce lieu aussi ludique que didactique, les différentes ***salles du musée et de la fabrique*** s'entrecroisent habilement pour faire passer le visiteur de la théorie à la pratique. Muséographie très scénarisée, avec le monde de la ferme en premier acte, et un musée vivant, instructif et savoureux. De la torréfaction des amandes à la découpe, en passant par la cuisson de la pâte, du sucre, l'adjonction des fruits secs, cette nougaterie n'utilise que des ingrédients du terroir et conserve le mode de cuisson ancestral, en chaudron de cuivre et au bain-marie. On y trouve aussi de la ***guimauve*** (l'autre spécialité de la maison), des calissons, des fruits secs…

C'EST PAS DU NOUGAT !

S'il n'existe pas d'AOC, le « nougat DE Montélimar » répond néanmoins à une charte. Pour mériter ce titre, la friandise doit contenir obligatoirement 30 % d'amandes (ou 28 % d'amandes et 2 % de pistaches) et 25 % de miel.

Distillerie Bleu Provence : *58, promenade de la Digue, 26110* ***NYONS.*** *☎ 04-75-26-10-42. • distillerie-bleu-provence.com • Visite guidée slt. Avr-sept : lun-sam 11h et 15h. Juil-août : visite supplémentaire à 17h. Tarifs : 5,50 €. Pass Famille (2 adultes + 2 enfants) : 15 € ; 8-18 ans : 4 € ; - 8 ans : gratuit. Visites de groupe sur rdv (sf janv), pour 10-50 pers. Tarifs : 4 €/pers ; scolaires : 3 €/pers. ♿ Durée de la visite : 1h.* ***Boutique :*** *tte l'année, tlj 9h30-12h30 et 14h-18h30 (19h en juil-août et 18h en nov-mars).*

Enserrée dans un cirque de collines, les pieds trempant dans l'Eygues, Nyons semble épargnée par le mistral. Les montagnes bloquent sa course et l'ensoleillement y est équivalent à celui de la Côte d'Azur. Nyons, l'*ensouleiado tou l'an*, comme aiment à l'appeler les gens du pays. Tout le monde veut profiter des 2 800 heures d'ensoleillement annuel (parfois plus, même). L'écrivain René Barjavel, originaire de la ville, dit à son sujet que « la seule différence qu'il y ait entre Nyons et le Paradis, c'est qu'à Nyons, on est bien vivant ! » Avec une telle lumière, la ville et ses alentours regorgent de bons produits comme les fruits frais (abricots, pêches, cerises…) et la lavande. Justement, la distillerie Bleu Provence est dédiée à la ***lavande*** et aux ***plantes aromatiques.*** Cet espace de découverte présente les paysages, la botanique, la culture, l'histoire et la distillation de ces plantes provençales. Des visites vous initient aux secrets de la lavande, de la plante à l'huile essentielle. Dégustation tactile et olfactive à la clé. Même hors récolte, la visite de cette distillerie artisanale de parfums demeure intéressante grâce à sa boutique, certes, mais surtout… à son salon de thé ! À la ***Pause Bleu Thé*** (ouv avr-sept), vous pourrez goûter aux glaces artisanales à la lavande, au thym, au romarin, à la sarriette, au géranium (hum !) avant de finir par celle à la menthe mentholée. Dégustation des 6 parfums à partager en famille (15 €).

Pour amplifier cet enchantement olfactif, rendez-vous au ***jardin des Arômes,*** sur la promenade de la Digue, au bord de l'Eygues, reconnaissable à son vieil alambic bleu. On y hume 200 variétés de plantes à huiles essentielles et de plantes aromatiques. Période la plus favorable, bien sûr : de mai à septembre.

Le + : atelier savon pour les 6/12 ans : juil-août, tous les mer à 10h sur réservation ; hors saison : sur demande (2h, 9 €/pers).

Domaine Eyguebelle : *3, chemin de la Méjeonne, 26230 **VALAURIE.** ☎ 04-75-98-03-80. • eyguebelle.fr • Sept-mars : tlj 10h-18h. Avr-août : tlj 10h-19h. Visite de groupe sur rdv, à partir de 15 pers. Résa 2 sem avant par tél ou par mail : • domaine@eyguebelle.com • Tarif : gratuit. ♿ Durée de la visite : 1h10. **Boutique :** sept-mars, tlj 10h-18h ; avr-août, tlj 10h-19h.*
À l'abbaye d'Aiguebelle, les moines cisterciens inventèrent autrefois différentes recettes de liqueurs de plantes et de fruits, comme l'Élixir de vie élaboré en 1239 par Benedictus de Nuraies à l'abbatiale de Villeneuve-de-Berg, ou les liqueurs de Coiron et Raphaëlle. Ce patrimoine constitue un héritage séculaire que la marque Eyguebelle a recueilli à son tour en 1996. Au-delà des recettes, c'est tout un ***savoir-faire artisanal spécifique en herboristerie*** qu'il a fallu acquérir : choix des assemblages, infusion, distillation… La marque utilise encore un herbier de plus de 100 plantes médicinales et aromatiques qu'elle enrichit régulièrement. Les recettes peuvent contenir plus de 55 variétés de plantes, certaines très connues, comme la menthe, la camomille, le thym, la lavande, et d'autres plus rares comme l'aigremoine, la vulnéraire, l'angélique et le myrte.
Ponctué par une scénographie, le parcours s'organise en deux parties. La première pour s'immerger dans l'univers de la marque au fil des ans. La seconde, plus concrète, vous emmène par un couloir vitré au-dessus de l'activité quotidienne de l'usine, à la découverte du métier de fabricant de sirops et distillateur de liqueurs. Fabrication, choix des ingrédients, savoir-faire, recette et embouteillage final pour les ***sirops.*** Alambic, herboriste et art du vieillissement en cave pour les ***liqueurs.*** Dégustation en fin de parcours.

EDF – Centrale nucléaire du Tricastin : *Chemin des Agriculteurs, 26130 **SAINT-PAUL-TROIS-CHÂTEAUX.** ☎ 04-75-50-37-10. • edf.fr/tricastin • Espace d'information du public, entrée libre et gratuite. Lun-ven (sf jeu) 13h-17h tte l'année. Visite libre ou guidée, au choix. Tarif : gratuit. ♿*
La centrale nucléaire du Tricastin est située dans la commune de Saint-Paul-Trois-Châteaux dans la Drôme. Elle est composée de 4 réacteurs de 900 mégawatts chacun, mis en service en 1980 et 1981. Avec une production annuelle de 25 térawattheures, la centrale satisfait l'équivalent de la consommation électrique d'environ 3,5 millions d'habitants, ce qui correspond à près de la moitié des besoins énergiques de la région Rhône-Alpes.
D'une superficie de 55 ha, la centrale est implantée sur le site industriel du Tricastin qui accueille également des installations d'Areva liées à l'enrichissement de l'uranium, ce qui en fait un site nucléaire unique en Europe.
L'Espace d'information du public, accessible à tous sans rendez-vous, dispose d'une scénographie interactive, ludique et pédagogique, dédiée à l'énergie, de la naissance de la fée électricité à ses différents modes de production, en passant par la surveillance de l'environnement ou les économies d'énergie. Un bon moyen de découvrir comment l'électricité est produite, quels sont les métiers qui y concourent et quelles sont les exigences de sûreté de la centrale.
Les + :
– Visite des installations industrielles, animations et conférences organisées tout au long de l'année.
– Animations gratuites pour les enfants autour du monde de l'électricité : vac scol Rhône-Alpes et PACA, mer 13h-17h. Goûter offert.
– Conférences gratuites pour adultes, l'été mer 15h.
– La centrale du Tricastin participe aux « Journées de l'industrie électrique d'EDF », un des moments exceptionnels où le grand public peut entrer dans la centrale et découvrir les coulisses de la production d'électricité et un patrimoine industriel unique.
Se renseigner par tél ou par mail : • *tricastin-eip@edf.fr* • ou sur • *edf.fr/tricastin* •

IMPORTANT : pensez toujours à prévenir l'entreprise et à réserver votre visite, en individuel ou en groupe, par téléphone ou par mail.

L'Essentiel de Lavande : *1554, chemin de la Suquée, Les Homais, 26130 **CLANSAYES.** 06-62-86-64-12. • essentiel-de-lavande.com • Visite guidée slt. Hors saison : résa par tél. Juil-août : tlj à 11h, avec démonstration et distillation, puis ttes les heures jusqu'à 18h. Tarif : 3 € pour la visite de 11h. Visite de groupe sur rdv (sf déc), jusqu'à 50 pers. Résa par tél. Tarif : 3 €/pers. Durée de la visite : 40 mn. **Boutique :** juil-août, tlj 10h-19h ; hors saison, appeler avant.*

En pleine Drôme provençale, ***L'Essentiel de Lavande*** cultive ses champs de lavande et de lavandin à Clansayes, vieux village en amphithéâtre perché sur un piton rocheux autrefois fortifié. C'est en juin qu'ils prennent une délicate couleur bleutée, pour virer au violet courant juillet et devenir légèrement gris à l'heure de la coupe, début août. Après la récolte, les rangées impeccablement coupées deviennent des lignes géométriques qui apportent une touche graphique à une végétation luxuriante.

La visite démarre par un test olfactif : comment distinguer les lavandes et le lavandin ? Dans un champ, le parcours cultural de la plante est développé. Puis, dans une truffière, on découvre la cohabitation de la lavande avec les chênes truffiers… Enfin, la coupe et la distillation sont présentées en images. Et, pour bien comprendre le ***processus d'extraction de l'huile essentielle,*** on peut suivre par transparence, à l'aide d'un alambic en verre, la distillation par entraînement à la vapeur. La visite se termine par quelques idées d'utilisation des lavandes dans le quotidien.

Le + : démonstration de distillation.

La Scourtinerie : *36, la Maladrerie, 26110 **NYONS.** ☎ 04-75-26-33-52. • scourtinerie.com • Lun-sam 9h30-12h et 14h30-18h (19h en juil-août). Tarif : gratuit. Visite de groupe sur rdv, pour 10-50 pers. Tarifs : 3 €/pers ; scolaire : 2 €/pers. Durée de la visite : 45 mn. **Boutique :** lun-sam 9h30-12h et 14h30-18h (19h en juil-août).*

Qu'est-ce qu'un ***scourtin*** ? Une poche, ou plutôt un filtre dans lequel on entasse la pâte d'olive qui sera pressée. Vers 1890, les moulins abandonnèrent l'antique système à vis pour la presse hydraulique, qui permettait d'obtenir beaucoup plus d'huile en première presse. Mais les vieux modèles de scourtins ne résistaient pas au choc. C'est là qu'intervint Ferdinand Fert. Bricoleur de génie, il eut l'idée de tisser le scourtin et d'utiliser pour sa confection de la fibre de noix de coco. En 1892, il inventa une machine à tisser révolutionnaire qui fit le succès de la maison jusqu'en 1956, année noire durant laquelle le gel détruisit la moitié des oliviers. Depuis, dans l'atelier où cliquettent inlassablement les machines d'antan (tisseuses et tireuses), on fabrique encore quelques ***scourtins, filtres à huile ou à vin,*** mais on tisse principalement des objets de forme, couleur et format variés, du dessous-de-plat (25 cm) au tapis de 2,5 m. Ses héritiers ont eu l'idée de créer un ***petit musée du scourtin*** afin de faire revivre l'histoire d'une maison unique en son genre et l'évolution des méthodes de fabrication à travers chaque génération.

OLIVES VERTES OU OLIVES NOIRES ?

D'abord, sachez que c'est bien un seul et même fruit, provenant d'un même arbre. La verte est cueillie avant d'arriver à maturité, en novembre, et est ensuite conservée dans la saumure. La noire, en revanche, est récoltée plus tard, en décembre ou janvier, lorsqu'elle est parfaitement mûre. On la pique, on la plonge dans le sel (ou une saumure) et occasionnellement on l'agrémente d'une lichée d'huile ou d'herbes. Simple question de goût, donc !

On peut continuer à explorer le monde de l'olive, dont Nyons est l'un des hauts lieux (ses olives ont obtenu l'AOC en 1994) au ***musée de l'Olivier*** *(pl. Olivier-de-Serres. ☎ 04-75-26-95-00. • vignolis.fr •)* Il y a de fortes chances pour que vous tombiez sur un guide passionné, qui vous parlera avec émotion des techniques, mais aussi des arbres, des hommes et du temps… Belle collection de jarres en terre cuite, huiliers, amphores romaines, étiquettes anciennes, pho-

tos du temps où les ouvriers étaient payés en part d'huile, scourtins, presses, échalassons (échelle pour la cueillette du XVIIe s), etc. Quelques pièces insolites, comme ce pressoir à noix clandestin ou la plus ancienne meule trouvée à Nyons (Ier s). Et demandez à votre guide de vous indiquer où se trouve l'olivier vieux de 800 ans – mais chut ! il ne faut pas trop le déranger…
Label : Entreprise du Patrimoine Vivant.

HAUTE-LOIRE (43)

Espace Pagès – Maison de Verveine du Velay : *29, pl Breuil, 43000* ***LE PUY-EN-VELAY.*** *☎ 04-71-03-04-11. • verveine.com • Visite guidée slt. Juin-sept : mar-sam. Tarifs : 5,50 € ; - 12 ans : 2 €. Visite de groupe sur rdv, pour 20-100 pers. Tarif : 4 €/pers. ♿ Durée de la visite : 1h.* ***Boutique.***
Créée en 1859 par Joseph Rumillet-Charretier, la Verveine du Velay est devenue l'un des emblèmes gastronomiques du terroir auvergnat. Sa recette toujours inchangée et toujours secrète ne comporte pas moins de 32 plantes. Elle a pour particularité une couleur vert fluo, mais qui est tout ce qu'il y a de plus naturel !
La ***distillerie Pagès,*** qui doit son nom à un aïeul du même nom (Victor Pagès, qui prit la direction de la distillerie en 1886), produit elle-même une grande partie des plants de verveine, qui sont récoltés et séchés sous la houlette du maître-distillateur des lieux.
L'***espace muséographique*** explique les principes de distillation et le processus d'élaboration de la verveine, depuis la culture de la plante jusqu'à l'embouteillage. Documents, affiches, objets anciens dont un magnifique alambic de cuivre, et film de 6 mn retraçant ses 150 ans d'histoire. Également espace de dégustation et boutique.
– ***La distillerie de la Verveine du Velay-Pagès*** *(☎ 04-71-03-04-11. • verveine.com • ♿ Située dans la Z.I. Laprade, à Saint-Germain-Laprade, à l'est de la ville. Visites guidées : juil-août, tlj sf dim à 10h30, 14h30, 15h30 et 16h30 ; juin-sept, mar-sam sur résa slt ; le reste de l'année pour les groupes slt. Entrée : 6,20 €. Compter 45 mn de visite.* ***Boutique :*** *10h-12h30 et 14h-18h30).*
Un parcours suit le ***processus de distillation et de vieillissement en fûts*** de chêne, où la ***liqueur*** va se bonifier et acquérir son moelleux et sa finesse. Vous serez incollable ensuite sur les trois verveines du Velay (la verte, l'extra et la jaune). Belle salle d'alambics anciens en cuivre, toujours utilisés. Au terme de la visite, exposition d'objets anciens retraçant l'histoire de la verveine du Velay.
Label : Entreprise du Patrimoine Vivant, Site remarquable du goût, Tourisme et Handicap.

SARL Helpac : *La Baraque, 43390* ***SAINT-HILAIRE.*** *☎ 04-71-76-13-81. • de-sainthilaire.com • Visite guidée slt. Lun-ven 9h-12h et 13h-17h30, sam 10h30-12h et 14h-18h ; juil-août aussi le dim 14h30-18h. Visite de groupe sur rdv, jusqu'à 20 pers. Tarif : gratuit. ♿ (sf 1er étage). Durée de la visite : 30 mn.* ***Boutique :*** *mêmes horaires que les visites.*
C'est au cœur de l'Auvergne, région abritant une nature préservée et une grande diversité florale, que la distillerie de Saint-Hilaire a choisi de s'installer, il y a plus de 25 ans. La distillation à basse pression de plantes médicinales et aromatiques, cultivées en agriculture bio ou récoltées à l'état sauvage, permet de produire des ***huiles essentielles biologiques*** de très grande qualité.
Cette distillerie développe tout particulièrement une gamme de gemmothérapie, qui reste accessible à tous. En effet, le mot latin « *gemmae* » signifie aussi bien « pierre précieuse » que « bourgeon ». Ce dernier terme a été retenu pour définir cette ***forme de phytothérapie*** qui utilise les tissus embryonnaires des arbres, arbustes et autres plantes : bourgeons, radicelles, jeunes pousses. Le bourgeon portant en lui tout le potentiel de développement de la future plante,

Toutes les informations concernant la région sont à retrouver sur le site :
• entrepriseetdecouverte.fr •

c'est un véritable concentré d'actifs. Eaux florales, huiles essentielles, plantes en vrac, tout peut s'infuser ou se diffuser pour améliorer son bien–être. Ludique : le kit pour fabriquer soi-même ses cosmétiques !
Lors de la visite, on découvre l'histoire de la société, les principes de la distillation, les différentes activités autour de la plante, la fabrication des produits cosmétiques... Et la boutique permet de retrouver tous ces produits en vente directe.
Label : AB, Ecocert.

HAUTE-SAVOIE (74)

Fonderie Paccard : *215, route du Piron, 74320* ***SÉVRIER.*** *☎ 04-50-52-47-11. • paccard.com • Visite guidée slt Mi-avr-mi-oct, ven-dim 14h30-18h, sam 10h-12h. Derniers départs : 11h et 17h. Tarifs : 10 € ; enfant : 7 €. Visite de groupe sur rdv, à partir de 10 pers. Tarifs : 9 €/pers ; scolaires : 6,50 €/pers. ♿. Durée de la visite : 40 mn. Possibilité d'assister à la coulée des cloches jeu sur résa.* ***Boutique :*** *tlj 10h-12h et 14h30-18h30 (sf dim mat et j. fériés ap-m).*

UNE VOLÉE DE RECORDS

La fonderie Paccard, *c'est un peu* Le Livre des records *à elle toute seule : une des plus anciennes entreprises françaises (elle a été créée en 1796 par Antoine Paccard). Elle a fondu la plus grosse cloche de France (18 835 kg, dite « la Savoyarde » et installée au Sacré-Cœur à Montmartre), et la plus imposante cloche à la volée du monde (33 t) pour le monument du Millénaire édifié en 1999 à Newport dans le Kentucky...*

Sévrier, avec son arrière-pays plutôt campagne, s'étend sur les rives du lac d'Annecy, le plus pur d'Europe, cerné par la montagne. Pas si grand que ça (14,6 km de long sur au maximum 3,2 km de large), alimenté par tout un réseau d'eaux de ruissellement et une surprenante source sous-lacustre qui jaillit à 82 m de profondeur, avec des eaux toujours bleues : voici le superbe paysage au sein duquel se dessine la ***Fonderie Paccard,*** aujourd'hui la référence mondiale en matière de cloches d'églises et de carillons. Au total, ce sont plus de 120 000 cloches Paccard qui rythment le quotidien de villes et de villages à travers le monde entier. Sans les connaître, on les a entendues sonner un peu partout, au clocher de la cathédrale de New York comme à celui de la cathédrale de Vienne. Le carillon du *Taft Memorial* de Washington comme la cloche de la Paix d'Hiroshima sont aussi signés Paccard. **Paccard** bat également la mesure dans des vignobles de prestige : le château Angelus, le cru Petrus et le château Smith Haut Lafitte lui ont confié leur clocher. Elle a même une vocation œcuménique : si elle est fréquemment appelée à la rescousse pour des restaurations de monuments catholiques, comme la restauration du carillon de la cathédrale de Rouen, on trouve aussi une de ses cloches dans un monastère bouddhiste dans le Jura. Et elle se lance dans la création d'œuvres d'art, telle la sculpture musicale *Flamme* de Jean-Marc Bonnard dans le village de Morzine.
L'histoire de l'entreprise est bien sûr évoquée dans le passionnant ***musée*** créé par la famille Paccard. On y découvre toutes les ***étapes de la fabrication d'une cloche*** (film de 25 mn sur la coulée), l'histoire très ancienne de l'instrument (les Chinois en fabriquaient déjà au IIe millénaire av. J.-C.) et une large collection de cloches de toutes les matières (du cristal de Daum au... chocolat bien sûr), de toutes les époques et de tous les pays (clochettes tibétaines offertes à la famille Paccard par le panchen-lama).
Sept générations de fondeurs se sont succédé à la direction de l'entreprise. Pour la découvrir, rien de tel qu'une visite guidée des ateliers, avec un concert « Chant et Carillon ». On assistera peut-être à la coulée des cloches hebdomadaire le jeudi...
Label : Entreprise du Patrimoine Vivant.

ISÈRE (38)

Brioche Pasquier Charancieu : *ZI Les Éplagnes, 38490 **CHARANCIEU.** ☎ 04-76-32-68-00. • pasquier.fr • Visite de groupe slt, sur rdv, pour 15-40 pers. Résa par tél. ou par mail : • bpa.boutique@pasquier.fr • Tarif : gratuit. Durée de la visite : 1h30. **Boutique :** lun 10h30-19h, mar-jeu 8h30-12h et 14h-19h, ven 8h30-19h, sam 9h-19h.*
Pour découvrir les petits secrets de fabrication qui donnent leur moelleux aux produits Brioche Pasquier. On observe ici la production d'une ligne de produits briochés. Un des collaborateurs du groupe présente celui-ci, à l'aide d'un petit film. Puis, paré d'une blouse et d'une charlotte, on entre dans l'usine pour suivre le parcours d'un produit, de la réception de ses matières premières jusqu'à son expédition, en passant par le pétrissage, le façonnage, la cuisson et l'emballage. Dégustation à la clé.

Caves et distillerie de la Chartreuse : *10, bd Edgar-Kofler, BP 102, 38500 **VOIRON.** ☎ 04-76-05-81-77. • chartreuse.fr • Visite guidée slt. Avr-nov : tlj 9h30-11h et 14h-18h. Nov-mars : lun-ven 9h30-11h et 14h-17h30. Visite de groupe sur rdv, pour 15-70 pers. Résa par tél ou par mail : • chartreuse@chartreuse.fr • Tarif : gratuit. ♿ (sf descente cave). Durée de la visite : 1h30. **Boutique :** nov-mars, lun-ven 9h30-12h et 14h-18h ; le reste de l'année, tlj 9h30-12h et 14h-19h.*
Les plus grandes caves à liqueur du monde, rien que ça ! Et plus de 400 ans d'histoire, depuis ce jour de 1605 où le maréchal d'Estrées remit aux moines un manuscrit révélant la formule d'un «élixir» dont nul ne connaît l'origine… La célèbre liqueur répond à une alchimie subtile et compliquée : pas moins de ***130 plantes*** entrent dans sa composition, mise au point par les chartreux apothicaires, codifiée depuis 1737 et titrant 69°. La chartreuse verte fait 55°. En 1840, invention de la liqueur jaune à 40°. Bien entendu, les tentatives d'imitation abondèrent, mais échouèrent toujours.
Intéressante visite guidée des ***caves*** et de la ***distillerie.*** Pour la petite histoire, c'est ici qu'eut lieu le dîner de gala des J.O. de Grenoble en 1968. Pour compléter la visite, ***exposition permanente*** à l'étage : « 400 ans d'histoire retrouvée ». Un plongeon dans quatre siècles d'histoire du fameux élixir pour tout connaître de l'histoire de la route des épices, des premières expériences d'apothicaires et du succès des célèbres liqueurs. De nos jours, 1 million de bouteilles sortent chaque année de la distillerie. Projection d'un film en 3D avec commentaires de Robert Hossein sur les travaux des chartreux depuis 1084. Et pour finir, dégustation.
Label : Entreprise du Patrimoine Vivant.

EDF – Centrale nucléaire en déconstruction de Creys-Malville : *hameau de Malville, 38510 **CREYS-MÉPIEU.** ☎ 04-74-33-34-81. • edf.fr/creys-malville • Centre d'information du public (CIP), entrée libre et gratuite. Mer et sam visites de la centrale sur rdv, 13h30-17h. Animations enfants à 14h. Fermeture en août et vac de Noël. Tarif : gratuit. ♿*
Le site nucléaire EDF de Creys-Malville abrite le réacteur Superphénix, mis à l'arrêt définitif en 1998, et actuellement en cours de déconstruction.
Cette centrale était le plus grand prototype du monde de « centrale à neutrons rapides », refroidie aux sodiums, dits surgénérateurs. Avec une puissance 1 250 mégawatts, ce type de centrale devait permettre de produire 50 fois plus d'électricité qu'un réacteur classique pour une même quantité d'uranium utilisée. Aujourd'hui, les quelques 300 personnes qui y œuvrent au quotidien à la déconstruction du site continuent d'écrire l'histoire de Creys-Malville, dont le premier couplage au réseau remonte à janvier 1985.
Le CIP vous propose de découvrir, de manière ludique et interactive, les enjeux de l'énergie, les grandes inventions, les moyens de production d'électricité et les métiers qui y concourent. Cet espace propose un parcours pédagogique qui explique au travers de maquettes, d'écrans tactiles, de films le site de Creys-Malville. Des conférenciers le complètent en commentant une animation.

Les + :
– Animations ludiques et pédagogiques pour enfants.
– Le site de Creys-Malville participe aux « Journées de l'industrie électrique d'EDF », à la Fête de la science, ainsi qu'aux Journées européennes du patrimoine, des moments exceptionnels où le grand public peut entrer dans la centrale et découvrir les coulisses de la production d'électricité et un patrimoine industriel unique. Pour plus d'informations : • *edf.fr/creys-malville* •

EDF – Centrale nucléaire de Saint-Alban / Saint-Maurice : *38550* ***SAINT-MAURICE-L'EXIL.*** *☎ 04-74-41-33-66. • edf.fr/saint-alban • Centre d'information du public (CIP), entrée libre et gratuite. Lun et mer 13h-17h ; sam, sur résa. Visite guidée de l'exposition : sur résa par tél. Tarif : gratuit.* ♿
Située sur la rive gauche du Rhône, à 50 km au sud de Lyon et à 17 km au sud de Vienne, la centrale nucléaire de Saint-Alban / Saint-Maurice possède deux réacteurs de 1 300 mégawatts chacun. Elle produit chaque année près de 30 % des besoins en électricité de la région Rhône-Alpes.
Le CIP de la centrale, à l'entrée du site, offre l'occasion de découvrir de manière ludique et interactive les enjeux de l'énergie, les grandes inventions, les moyens de production d'électricité et les métiers qui y concourent. Cet espace propose un parcours pédagogique qui explique au travers de maquettes, d'écrans tactiles, de films et d'expériences le fonctionnement d'une centrale nucléaire.

Les + :
– Animations et conférences gratuites tout au long de l'année.
– La centrale de Saint-Alban / Saint-Maurice participe aux « Journées de l'industrie électrique d'EDF », un des moments exceptionnels où le grand public peut entrer dans la centrale et découvrir les coulisses de la production d'électricité et un patrimoine industriel unique. Equipé d'un casque, d'écouteurs et de chaussures de sécurité, vous serez sans doute impressionné par le gigantisme du groupe turbo-alternateur ! Infos sur le site internet.

LOIRE (42)

Les Bonbons de Julien : *48, bd d'Almandet, 42220* ***BOURG-ARGENTAL.*** *☎ 04-77-51-55-88. • bonbons-julien.fr • Sept-juin : mar-dim (sf dim mat) 10h-12h 14h-19h. Juil-août : tlj 10h-12h 14h-19h. Visite guidée ts les dim, j. fériés et vac scol zone A. Tarif : gratuit. Visite de groupe sur rdv, pour 30-60 pers. Visite enfant à partir de 40 enfants. Tarifs adulte : 1 €/pers à partir de 30 pers ; enfant : 4 €/enfant (jusqu'à 12 ans), une sucette offerte.* ♿ *Durée de la visite : 1h.* ***Boutique :*** *sept-juin, mar-dim (sf dim mat) 10h-12h et 14h-19h ; juil-août, tlj 10h-12h et 14h-19h.*
On entre ici dans une ***confiserie traditionnelle et artisanale de bonbons.*** Couleurs franches et acidulées, formes géométriques variées, parfums échappés des ateliers… Tout concourt à réveiller les souvenirs de l'enfance et de ses douceurs. Le parcours démarre dans un ***espace musée*** qui détaille les ingrédients. Puis, dans un amphithéâtre, on assiste à la fabrication artisanale de berlingots et de sucettes. Le sucre encore en ébullition est parfumé et coloré à base de produits naturels : rose betterave, marron caramel, vert épinard ou chlorophylle… Le sucre cuit est ensuite versé sur la table afin d'être refroidi puis travaillé. La pâte à bonbons est en partie étirée au crochet ce qui permet de la décorer de fines rayures. Il ne reste plus qu'à torsader le gros bonbon pour que celui-ci soit découpé en petits berlingots ou modelé en sucettes plus originales les unes que les autres.
On suit enfin un couloir vitré décoré de photos de toutes les fabrications, et donnant sur l'autre atelier où sont fabriqués guimauves, nougatines, pâtes de fruits, chichis… On observe aussi l'emballage jusqu'à l'arrivée dans la boutique ; les gourmands y trouveront plusieurs dizaines de confiseries différentes : berlingots, sucettes, nougats, pâtes de fruits, guimauves, nougatines… garanties sans gluten. À déguster encore tout chaud.

Verrerie OI Manufacturing (fabrication de bouteilles en verre) : *2, rue Abbé-Delorme, 42340* ***VEAUCHE.*** *☎ 04-77-54-02-01 (office du tourisme du Pays de Saint-Galmier). • paysdesaintgalmier.fr • À partir de 14 ans. Visite guidée slt (sf juil-août). Tarifs : 4 €. Tarif réduit (14-18 ans, étudiants, demandeurs d'emploi, familles nombreuses) : 2,50 €. Visite de groupe sur rdv (sf juil-août), pour 8-20 pers. Résa par mail : • visites@paysdesaintgalmier.fr • Tarifs : sur demande ; scolaires : gratuit. Durée de la visite : 2h.*
La verrerie de Veauche naît à la fin de 1882, lorsque deux des principaux actionnaires de la source voisine, Saint-Galmier-Badoit, décident de pourvoir à leur propre approvisionnement en bouteilles en s'associant à deux maîtres verriers. La mise à feu du premier four a lieu un an plus tard, signe du démarrage de la production. Ayant surmonté bien des péripéties, la verrerie s'oriente désormais vers le haut de gamme. Elle fabrique des ***conditionnements*** principalement ***pour les marchés de la bière, des boissons non alcoolisées, du vin, des distillateurs et du cognac.*** Au cours de la visite, on apprend tout ce qu'il faut savoir sur la fabrication d'une bouteille en verre en assistant à toutes les étapes du processus, des matières premières aux fours et à la palettisation.

Source Badoit : *av. de la Coise, 42330* ***SAINT-GALMIER.*** *☎ 04-77-54-02-01 (office du tourisme de Saint-Galmier). • badoit.fr • paysdesaintgalmier.fr • À partir de 8 ans. Visite guidée slt. Résa par tél ou par mail : • visites@paysdesaintgalmier.fr • Programmation sur le site internet. Tarifs : 6 €. Tarif réduit (enfants de 8-18 ans, étudiants, demandeurs d'emploi et familles nombreuses) : 4 €. Visite de groupe sur rdv (sf entre Noël et le Jour de l'an), jusqu'à 50 pers. 1 guide pour 25 pers. Tarifs : sur devis. Durée de la visite : 1h45.* ***Boutique :*** *ouv au moment des visites.*
C'est au cours de son long voyage dans le sous-sol granitique que Badoit acquiert naturellement sa pétillance, son équilibre et sa minéralité unique. L'eau de pluie infiltrée dans le sous-sol rencontre du gaz carbonique remontant du manteau terrestre, et se charge ainsi des fines bulles qui la caractérisent. Ainsi jaillit-elle à la source microbiologiquement saine et naturellement pure. Badoit répond aux critères de classification de l'***eau minérale naturelle,*** notamment par la constance de sa composition en minéraux au cours du temps. La composition de cette eau témoigne de la générosité de son terroir géologique : du magnésium (80 mg/l), du calcium (153 mg/l), du fluor et des bicarbonates (1 250 mg/l). Ces attributs valaient à l'eau de Saint-Galmier d'être vantée dès le XVIIIe s pour ses vertus « apéritives, digestives et exhilarantes ». L'eau minérale naturelle Badoit a été reconnue d'intérêt public en 1897 par l'Académie de médecine.
À Saint-Galmier, on plonge au cœur même de la source, grâce à une cuve recouverte de hublots. Le guide dévoile toutes les étapes d'embouteillage de ce produit de renommée internationale. On assiste à la fabrication des bouteilles en plastique, à leur remplissage, au conditionnement dans les chaînes de production, au suivi qualité et à l'expédition des produits. La visite se finit avec une dégustation… naturellement pétillante !

Source Parot : *La Source, 42610* ***SAINT-ROMAIN-LE-PUY.*** *☎ 04-77-52-05-14 (office de tourisme Loire Forez). • visitesloireforez.com • À partir de 8 ans. Visite guidée slt. Rdv sur le parking visiteurs, à gauche à l'entrée de l'entreprise. Photos interdites. Tarifs : 4 € ; plus de 65 ans et 12-18 ans : 3,50 € ; demandeurs d'emploi, étudiants, personnes handicapées : 3 €. 8-12 ans : gratuit. Visite de groupe sur rdv, 10-50 pers. Tarifs : sur demande. Durée de la visite : 1h30.*
La source Parot, avec les sources Fontfort et Puits-Saint-Georges, est exploitée de façon indépendante et familiale depuis 1899. La visite permet de suivre le cheminement de cette ***eau minérale naturellement gazeuse*** de son captage à sa mise en bouteille. La présentation historique se prolonge par un parcours à travers l'entreprise, au plus près des installations. On découvre ainsi le principe du forage des trois sources exploitées, leur origine et leurs caractéristiques géologiques, le soufflage des bouteilles en plastique, la déferrisation de l'eau, le nettoyage des bouteilles en verre consignées, l'embouteillage et le conditionnement. La visite se termine par une dégustation.

Verrerie de Saint-Just : *allée Saint-Laurent, ZI de la Verrerie, 42170 **SAINT-JUST-SAINT-RAMBERT.** ☎ 04-77-52-05-14. • visitesloireforez.com • À partir de 12 ans. Visite guidée slt. Mar 8h30 pendant vac scol sf août (autres dates : infos par tél). Tarifs : 7 €; plus de 65 ans et 12-18 ans : 6 €; demandeurs d'emploi, étudiants, personnes handicapées : 5,50 €. Possibilité de coupler la visite avec l'Atelier du vitrail à 10h30. Pass Atelier du vitrail : 10 €. Plus de 65 ans et 12-18 ans : 7,50 €. Demandeurs d'emploi, étudiants, personnes handicapées : 5,50 €. ♿ (appeler avant). Durée de la visite : 2h.*

> *Porter des pantalons, des manches longues ainsi que des chaussures plates et fermées, à bout rond.*

Ce site perpétue la ***fabrication traditionnelle de verre plat soufflé à la bouche.*** Charles X, roi de France, crée en 1826 cette verrerie par une ordonnance royale. Les créations de verreries sont alors rares, car soumises depuis des siècles à une autorisation particulière. À Saint-Just-sur-Loire, la verrerie bénéficie ainsi d'une situation privilégiée : elle utilise le sable de la Loire comme matériau, le charbon des mines voisines de Saint-Étienne pour les fours de fusion. En 1865, Mathias André Pelletier en devient propriétaire. Il fait la synthèse de l'art du verre soufflé de France, de Suisse et de Bohème, et il spécialise la verrerie dans le verre de couleur soufflé à la bouche. Par ses recherches, il ressuscite la splendeur des rouges et bleus exceptionnels des vitraux du Moyen Âge et crée de nouvelles gammes de couleurs. La verrerie devient ainsi la référence pour les restaurations de vitraux de cathédrales et de châteaux dans toute l'Europe. À sa mort en 1885, ses fils poursuivent l'aventure.
Dès 1926, un partenariat avec Saint-Gobain consolide la position de la verrerie, lui permettant de continuer à produire et à innover. Ainsi, en 1937, l'artiste Auguste Labouret présente en collaboration avec la verrerie la première dalle de verre couleur. Elle produit également le verre des vitraux de Matisse, Chagall, Rouault, Miró ou Fernand Léger. Aujourd'hui, les collaborations de prestige continuent : restauration du château de Versailles, de l'hôtel Matignon, habillage du showroom Baccarat sous la houlette de Philippe Starck, de la boutique Louis Vuitton à Shanghaï avec Peter Marino… Ses solutions techniques permettent de concilier sécurité, environnement, économies d'énergie, efficacité et esthétique.
La visite débute par une présentation historique des utilisations du verre (restauration, architecture, vitrail…), puis se poursuit par la visite du site de production, avec la découverte du processus de fabrication – point fort de la visite –, un passage par le magasin pour présenter les différents types de verres, et enfin une présentation audiovisuelle rappelant le processus de fabrication et l'utilisation du verre de Saint-Just à travers le monde.
Le + : l'Atelier du vitrail diffuse les œuvres de la verrerie de Saint-Just.
Label : Entreprise du Patrimoine Vivant.

PUY-DE-DÔME (63)

Fontaines pétrifiantes de Saint-Nectaire : *Les Sources, 1, av. du Docteur-Roux, 63710 **SAINT-NECTAIRE.** ☎ 04-73-88-50-80. • fontaines-petrifiantes.fr • Visite libre possible. Horaires sur site internet. Visite guidée en juil-août. Résa obligatoire à partir de 20 pers. Un départ ttes les 10 mn. Tarifs : 6 €; 7-15 ans : 3 €; moins de 7 ans : gratuit. Visite de groupe sur rdv (sf mi-nov-mi-déc), pour 20-55 pers. Tarifs : 5 €/pers; 7-15 ans : 2,50 €/pers; scolaires : 1 enseignant gratuit pour 10 élèves payants. ♿ Durée de la visite : 45 mn. **Boutique :** horaires sur site internet.*
Bienvenue dans un atelier pas comme les autres. Dans la première moitié du XIXe s, Jean Serre et Michel Papon réussirent à capter des sources d'eau chaude naturellement riches en calcaire, afin de procéder à la ***pétrification de***

végétaux et de toutes sortes d'objets. Avec le temps, leurs descendants ont affiné les techniques.
L'espace de géologie et la grotte dans laquelle jaillissent les sources livrent les clés de leur origine volcanique – car c'est bien dans les profondeurs du massif du Sancy que se cristallisent les précieuses ***eaux thermales*** (à l'origine du tourisme de cure dès le XIXe s à La Bourboule et au Mont-Dore). Les ateliers de fabrication permettent de percer les secrets d'un métier d'art rare, exercé ici depuis 2 siècles. Enfin, la fontaine pétrifiante et sa surprenante chute d'eau de 14 m dévoilent le principe physico-chimique du dépôt calcaire, et les échelles de pétrification qui permettent aux eaux, débarrassées de l'oxyde de fer, de s'écouler sur les moulages en déposant peu à peu les particules de calcaire. Il faut un an pour obtenir un résultat satisfaisant !

Label : Entreprise du Patrimoine Vivant, Maître Artisan.

Maison de la fourme d'Ambert : *29, rue des Chazeaux, 63600* ***AMBERT.*** *☎ 04-73-82-49-23. • maison-fourme-ambert.fr • Visite guidée slt. Ouv vac scol de Pâques-vac scol de Toussaint, mar-sam 10h-12h30 et 14h-18h30. Juil-août, tlj. Tarifs : 6 €; 6-16 ans : 4,50 €; - 6 ans : gratuit. Visite de groupe sur rdv, 15-50 pers. Tarifs : 5 €/pers; 1 gratuité pour 15 entrées payantes; scolaires : 4 €/pers. Durée de la visite : 1h.* ***Boutique :*** *ouv vac scol de Pâques-vac scol de Toussaint, mar-sam 10h-12h30 et 14h-18h30; juil-août, tlj.*

NE PAS CONFONDRE

Turenne, qui s'y connaissait en odeurs de bivouac, disait : « Dieu est avec les gros bataillons, surtout quand ses soldats ont un morceau de fourme dans leur gibecière ! » Produite depuis le VIIe s dans les monts du Forez, cette pâte persillée diffère du roquefort par sa douceur fruitée, car elle est constituée de lait de vache alors que le roquefort est au lait de brebis, plus acidulé.

Il faut être à Ambert le jeudi matin, quand ses arcades abritent un vrai marché de petits producteurs, où l'on trouve à coup sûr sa fameuse fourme. Pour tout savoir sur ce délicieux ***fromage,*** on se rend à la ***Maison de la fourme d'Ambert,*** installée dans une jolie maison du XIVe s. La visite commence par un petit film vidéo, qui retrace son origine. Puis les ***salles d'expositions*** présentent la fabrication dans les « jasseries » (fermes d'estive dans les montagnes) et montrent des objets anciens. On apprend tout ensuite sur les différentes étapes de fabrication : traite, écrémage, caillage, égouttage, salage, formage, piquage et séchage. Visite de la ***cave d'affinage*** (toujours à 10-12 °C et 90 % d'humidité). Les enfants apprécieront la compagnie de la vache Myrtille tout au long de la visite.

Les + :
– Dégustation (3,50 €/pers)
– Animation : fabrication de fromages (pour adultes et enfants) : juil-août, mer 14h30-16h, 4-8 pers, 12 €/pers, résa au moins 3 sem à l'avance.

Moulin Richard de Bas : *Richard-de-Bas, 63600* ***AMBERT.*** *☎ 04-73-82-03-11. • richarddebas.fr • À partir de 6 ans. Visite guidée slt. Tlj 9h30-12h30 et 14h-18h (exceptions : voir site internet); vac d'été 9h30-19h. Dernier départ 1h avant la fermeture. Tarifs : 7,50 €; 6-17 ans : 5,10 €; - 6 ans : gratuit. Visite de groupe sur rdv, 15-30 pers (sf autour de l'Ascension). Tarifs : 7 €/pers; enfant jusqu'à 17 ans : 4,90 €/pers. Durée de la visite : 1h.* ***Boutique :*** *tlj 9h30-12h30 et 14h-18h; vac d'été, 9h30-19h.*
Une visite qui a le charme d'un pèlerinage. Le moulin, inscrit aux Monuments historiques, fonctionne depuis 1326. Avec la même mécanique de bois et les mêmes gestes ancestraux, il perpétue la tradition en utilisant les chiffons blancs usagés de lin et de coton (et non de cellulose). Une poignée d'artisans fabriquent encore 400 à 500 feuilles par jour.

Le moulin abrite le ***musée du Papier,*** créé en 1943 par la famille toujours propriétaire du site, et rassemble tous les souvenirs de l'industrie papetière. On y trouve d'innombrables documents historiques, du matériel, des reconstitutions d'un appartement-témoin et des objets retraçant toute cette histoire qui a fait la richesse et la renommée de la région pendant des années. Vous saurez tout sur les techniques de fabrication, vous assisterez à la naissance d'une feuille de papier fabriquée à la main et séchée selon les techniques des maîtres papetiers du Moyen Âge. En été : inclusions florales dans la pâte à papier.
Le moulin est situé sur le ***sentier des papetiers*** *(*départ du village de Valeyre). Compter 2h30, balisage jaune. Une des nombreuses randonnées possibles dans le coin : entre les monts du Livradois et ceux du Forez, Ambert est la petite capitale d'un pays agricole qui fut longtemps le point de passage des muletiers, colporteurs et autres éleveurs descendus de leurs montagnes pour faire des affaires. Alors parcourez les merveilleuses estives encore fréquentées par quelques bergers, découvrez les jasseries et les hameaux isolés dans des pâturages sans limites. Et ne quittez pas la ville sans avoir visité sa jolie mairie ronde, la seule de ce style en France, et même en Europe.
Les + : Animations (sur résa) :
– Fabrication de sa propre feuille de papier.
– Atelier Papier pour les groupes scolaires toute l'année, pour les enfants individuels pendant les vacances scolaires.

L'HISTOIRE DU PAPIER

La technique du papier était connue des Chinois dès le Ier s. Elle fut reprise par les Arabes après la victoire de Samarkand en 751. Le papier se répand alors avec l'islam en Afrique du Nord, en Espagne, en Italie, puis... en France au XIIe s seulement. Il semble que la sphère auvergnate ait été l'une des toutes premières à fabriquer du papier en France. Dès le XIVe s, le filigrane ambertois est très répandu et bientôt recherché par les premières imprimeries lyonnaises. L'activité papetière devient dès lors typiquement ambertoise et échappe à une trop rude concurrence grâce à la rareté et à la spécificité du produit. Au XVe s, c'est une industrie carrément florissante.
L'apogée de la papeterie ambertoise se situe à la fin du XVIe s. Ambert comptera plus de 300 moulins à papier. C'est peut-être là que le calvinisme prit un certain élan. C'est sur des feuilles faites « à la main » à Ambert que l'on imprima presque entièrement, au XVIIIe s, l'Encyclopédie. *Plus tard, la révolution industrielle donnera un coup de grâce fatal à la production du papier à Ambert.*

Société des eaux de Volvic : *Espace d'information Volvic, rue des Sources, 63530* ***VOLVIC.*** *☎ 04-73-64-51-24. • espaceinfo.volvic.fr • Visite libre (Espace d'information slt). Avr-oct : lun-ven 10h-12h15 et 14h-18h, w-e et j. fériés : 14h30-18h. Juil-août : lun-ven 10h-18h45, w-e et j. fériés : 14h-18h30. Oct : lun-ven 14h-18h. Prévoir 1h15 de visite. Visite guidée du site, sur résa par tél au moins 4 j. avant la date souhaitée. Avr-juin et sept-oct : ts les mar. Juil-août (sf sem 15 août) : lun-ven. Visite de groupe sur rdv (sf de mi-nov à mi-mars). Durée de la visite : 1h30. Résa par mail : • eivolvic@danone.com • Scolaires : appeler pour connaître les différentes prestations pédagogiques. Tarif : gratuit. ♿* ***Boutique :*** *avr-juin et sept, 9h-12h et 14h-18h, w-e et j. fériés 14h30-18h ; juil-août, lun-ven 10h-18h30, w-e et j. fériés 14h-18h.*
Volvic a deux amours : l'eau et la pierre. Or blanc et or noir (la trachyandésite), tous deux issus des volcans qui ont apporté à la ville richesse et renommée bien au-delà des frontières de l'Auvergne. Pour ce qui est de l'eau, la vallée de Volvic constitue un filtre naturel tout à fait unique, formé d'épaisses couches de cendres volcaniques, de basalte et de trachyandésite. Le site qui alimente

la source s'étend sur 3 800 ha de forêts et de landes. ***L'eau*** qui émerge après un long trajet est d'une ***pureté exceptionnelle, peu minéralisée et très équilibrée.***
Les richesses hydrologiques de Volvic ne furent découvertes qu'au XXe s. De 1922 à 1929, le maire de la ville poursuivit les travaux de Legay-Chevalier sur la source du Goulot. En 1963, on découvrit et on classa la source Clairvic (captée à 90 m sous terre) comme eau minérale naturelle.

ATTENTION : la visite de l'usine d'embouteillage est interdite aux enfants de moins de 7 ans et déconseillée aux personnes se déplaçant avec difficulté. La visite de groupe ne passe pas par l'usine d'embouteillage. Il faut prendre connaissance du règlement en vigueur, pour des raisons de sécurité.

L'Espace d'information de la société des eaux de Volvic, créé il y a une cinquantaine d'années, présente l'histoire de l'eau minérale naturelle de Volvic. Entre musée publicitaire et musée géologique, ce petit espace bien conçu et pédagogique dévoile les secrets de cette eau unique, et insiste évidemment sur l'importance d'une hydratation saine et naturelle au quotidien. Dans une salle de cinéma, on plonge à la découverte de l'Auvergne, de ses volcans et de la mise en bouteille de l'eau de Volvic. Vous allez craquer pour les premières pubs de Volvic, qui paraissent aujourd'hui kitschissimes ! Dégustation d'eau en fin de visite.
Autour, sentiers de découverte, parcours d'orientation, randonnées. Des balades sont proposées toute l'année sur l'impluvium Volvic, territoire préservé de 38 km^2.
L'Espace d'information Volvic propose aussi des activités pour enfants comme le « Théâtre de la Forêt » (questionnaires à retirer), ou des cartes pour des courses d'orientation avec 4 niveaux de difficulté différents (à acheter). Sans compter, en été, les gestes du sourcier, les chasses aux trésors…
Pour faire le tour de la question, on peut également visiter ***l'usine d'embouteillage de Volvic*** *(usine du Chancet, route de Riom (D 986). Visites guidées gratuites mar en juin, lun-ven juil-août. Inscription à l'avance obligatoire auprès de l'Espace d'information Volvic).* La visite guidée détaille tous les aspects historiques et géologiques, avant de s'intéresser à l'activité de l'usine, de la fabrication de la bouteille au conditionnement. On suit toute la chaîne de protection de la qualité de l'eau de Volvic, de la préservation de l'écosystème des volcans jusqu'à la mise en bouteilles et l'expédition dans plus de 60 pays. Intéressant.
Attention, la visite de groupe ne passe pas par l'usine d'embouteillage.
Le + : animations l'été

RHÔNE (69)

L'Atelier de Soierie : *33, rue Romarin, 69000* ***LYON.*** *☎ 04-72-07-97-83. • ateliersdesoierie.com • Visite guidée. Lun-ven 9h30-13h et 14h-18h30, sam 9h-13h et 14h-18h. Derniers départs : 11h et 17h. Tarif : gratuit. Visite de groupe sur rdv, pour 10-50 pers. Tarif : 4 €/pers. ♿ (sf 1er étage). Durée de la visite : 45 mn.* ***Boutique :*** *mêmes horaires que les visites.*

À Lyon, la soie a dicté jusqu'à l'architecture de la ville. Au XIXe s, le quartier de la Croix-Rousse se caractérise par un habitat particulier : les immeubles de canuts, destinés à accueillir les nouveaux métiers Jacquard qui nécessitent plus de 4 m sous plafond, et des traboules (passages) pour raccourcir les trajets à travers les immeubles tout en protégeant les rouleaux de soie.
L'Atelier de Soierie reste le dernier atelier d'impression à la lyonnaise, une ***impression au cadre plat.*** Cette technique mise à la mode dans les années 1920 est présentée dans son ensemble, depuis la préparation des couleurs jusqu'à la réalisation d'un carré. La soie blanche est tendue sur une table. L'imprimeur place de la couleur dans le cadre préalablement posé sur

la soie et, avec l'aide d'une racle, l'étend sur toute la surface. La couleur traverse les mailles de gaze du cadre : c'est la technique du pochoir. Le motif apparaît sous vos yeux. À l'étage, atelier de peinture à la main sur velours, mousseline ou soie, et point de vente.

ESPIONNAGE INDUSTRIEL ET MONDIALISATION DE L'ANTIQUITÉ

Si la culture du ver à soie remonte à la nuit des temps, la soie elle-même n'arrive en Europe qu'à partir du VIe s. Un début de marché s'installe, passant par Serique, région de l'Inde qui, par déformation, donnera le mot soie. Les Chinois perdent le secret de la fabrication vers le IVe s, date à laquelle Indiens et Perses tissent leur propre soie. Les procédés de fabrication se répandent très vite jusqu'à Constantinople où l'empereur Justinien développe la culture du mûrier. La soie arrive alors en Italie. Les papes, qui adorent, l'adoptent pour se vêtir. Au début du XIVe s, le pape Clément V, qui en a assez des Italiens, transfère le siège de la papauté en Avignon. Ainsi naissent les premières manufactures en France. Mais c'est sous Louis XI que la sériciculture et les manufactures prendront leur véritable essor. François Ier, en 1536, répond favorablement à la demande de Lyon, qui sollicite des privilèges, notamment celui permettant aux Italiens de venir habiter la ville pour travailler la soie.

Marché de gros Lyon Corbas : *69, rue Marcel-Mérieux, 69960* ***CORBAS.*** *☎ 04-72-50-69-53. • marchedegros-lyoncorbas.com • Visite guidée slt. Résa par tél au ☎ 04-37-25-30-96 ou par mail : • communication-mglc@marchedegros-lyoncorbas.fr • Individuels : 1er jeu du mois à 7h. Visite pour groupe, à partir de 15 pers. Lun-ven à 7h, 7h30 ou 8h. Le parcours passant par des endroits réfrigérés, prévoir un vêtement chaud. Tarifs : 5 € ; visite et mâchon : 22 € ; scolaires : gratuit. Durée de la visite : 1h30. Mâchon : 1h.*

Voilà rien moins que le ***premier marché de gros privé français en fruits et légumes.*** Plus de 300 000 tonnes de marchandises y transitent chaque année. Chaque jour, de 5h à 12h, 80 opérateurs environ y desservent plus de 2 000 clients. Deux bâtiments totalisant 32 000 m² sont dédiés à l'activité grossiste, et 2 600 m² sont réservés à un carreau des producteurs. Dans l'enceinte du marché, un centre de tri valorise plus de 85 % des déchets. Les grossistes qui travaillent ici se sont engagés dans différentes démarches qualité, qui montrent leur professionnalisme et leur savoir-faire.

Le + : Possibilité de s'inscrire pour le mâchon, casse-croûte matinal typiquement lyonnais, à base de cochonnaille ou de tripes et de saint-marcellin.

Le Progrès : *103, av. du Progrès, 69680* ***CHASSIEU.*** *Visite guidée de groupe slt, sur rdv, jusqu'à 40 pers. Résa par mail : • lprvisiteimprimerie@leprogres.fr • 22h30-minuit. ♿ Tarif : forfait groupe 180 €. Durée de la visite : 1h30.*

Le Progrès, fondé en 1859 et tirant à plus de 200 000 exemplaires, est un des piliers de la ***presse quotidienne régionale française.*** Si son siège est à Lyon depuis la fondation, il est imprimé à Chassieu depuis 1966. Pour que le journal soit disponible en kiosque en même temps que les croissants au petit matin, l'impression se fait de nuit. On commence la visite de l'imprimerie par le stock de papier et d'encre. Puis on comprend comment une bobine finissante peut être changée sans que s'interrompe le travail de la rotative. On suit ensuite les étapes de fabrication du journal : la production des 1 500 plaques qui permettent l'impression, leur mise en place sur la rotative, et pour finir l'impression sur la rotative.

La fabrication du *Progrès,* dans une ambiance de 92 décibels, représente

20 journaux imprimés chaque seconde, le papier qui défile à 55 km/h en vitesse linéaire, le routage de 6 000 paquets et l'expédition des journaux par 100 camions qui partent de Chassieu.

Le + : On peut également comprendre comment s'écrit le journal par une visite à Lyon, « Interview d'un journaliste » (même contact pour plus d'infos).

SAVOIE (73)

Coopérative laitière du Beaufortain : *av. du Capitaine-Bulle, 73270 **BEAUFORT.** ☎ 04-79-38-33-62. • cooperative-de-beaufort.com • **Boutique et visite :** nov-avr, tlj (sf dim nov-déc) 8h-12h et 14h-18h. À partir des vac de fév, fermeture à 18h30. Pendant les vac scol, ouv dim tte la journée. Tlj : mai-fin juin et sept-oct 8h-12h et 14h-18h30 ; fin juin-mi-juil, 8h-12h30 et 14h-19h ; mi-juil-fin août, non stop 8h-19h. Circuit de visite libre et gratuit via une approche sensorielle. Possibilité de voir la fabrication, le mat 9h-12h uniquement. Pour les groupes, tte l'année sur résa. Projection du film et visite guidée des caves : 2,50 €/pers. Projection du film et dégustation de beaufort et vin de Savoie : 3 €/pers. Visite guidée des caves et dégustation : 3,50 €/pers. Projection du film, visite guidée des caves et dégustation : 4 €/pers. Ateliers pédagogiques : 5 €/enfant. Pour les individuels, en juil-août et lun, mer et ven ap-m pendant les vac scol : visite guidée des caves : 2 €/pers, projection du film : 1 €/pers.*

Le **Beaufortain** a été baptisé « le pays des mille chalets » par Roger Frison-Roche, alpiniste écrivain qui y a passé ses vacances lorsqu'il était enfant. Beaufort-sur-Doron, gros bourg animé au confluent des torrents de l'Argentine et du Doron a, avec son proche voisin Arêches (qui fait partie de la même commune, Arêches-Beaufort), créé une petite station de sports d'hiver où se côtoient tourisme et agriculture. On a su ici préserver plus qu'ailleurs une ***vraie culture montagnarde,*** tant au niveau architectural qu'agricole, et on ne se lasse pas, l'été, de voir ces prés d'altitude encore fauchés à la main et ces bidons de lait déposés au bord de la route, juste après la traite… Car la grosse affaire reste bien ici la ***fabrication du... beaufort.***

Quand sont tombées les indemnités d'EDF (plusieurs barrages ont noyé certains alpages), les paysans ont investi dans le fromage, avec la mise en place d'une coopérative et le choix de la qualité plus que de la quantité. Ils ont ainsi réinstallé sur son trône le ***beaufort, « prince des gruyères »*** selon Brillat-Savarin.

LE BEAUFORT, « PRINCE DES GRUYÈRES »

Le beaufort est reconnu AOC depuis 1968. Il ne peut provenir que des vastes alpages des vallées du Beaufortain/Val d'Arly, de Tarentaise et de Maurienne. Les vaches tarentaises (ou tarines) et l'Abondance Herbe n'ont droit qu'à la pâture et au foin, et leur production est limitée à 5 000 kg de lait par vache et par an. L'affinage doit durer au moins 5 mois, dans un cercle de bois caractéristique de cette production. Une meule pèse environ 30-40 kg et fait 35 à 75 cm de diamètre. Une plaque de caséine garantit la traçabilité de chaque produit. Classé Site remarquable du goût, Arêches-Beaufort organise chaque automne le plus important salon en la matière.

Créée en 1957, la coopérative laitière du Beaufortain est la première coopérative de Beaufort. Elle a participé à la mise en place de la première machine à traire mobile, avec la coopération de l'INRA. Elle n'en continue pas moins d'utiliser les outils traditionnels : cercle en bois, toile de lin, cuve en cuivre. On y visite la ***galerie d'exposition,*** organisée autour de 9 thèmes (la géologie, le chemin du lait, le beaufort…) et on aperçoit derrière la grande baie vitrée ***l'atelier moderne.*** La visite, grâce à une approche sensorielle et ludique, est adaptée aux 4 handicaps. Les caves, où mûrit le fromage, sont restées traditionnelles. 30 000 meules, soit 1 300 t de beaufort, en sortent chaque année. La coopérative produit exclusivement du beaufort. Le beaufort d'été a le bon goût des alpages ; le beaufort d'hiver a un goût moins prononcé car les vaches sont, à cette période, nourries au foin. Mais on trouve aussi à la boutique du reblochon (laitier ou fermier), de la tomme de Savoie, raclette au lait cru et de l'épicerie fine.

EDF – Centrale hydraulique de La Bâthie : *73540 **LA BÂTHIE.** • edf.fr/pays-de-savoie • Centre d'information du public : visite slt sur rdv. Résa par mail : • visites-upa@edf.fr • ♿ Tarif : gratuit.*
Située dans les Alpes, près d'Albertville, à proximité de la frontière de l'Italie et de la Suisse, la centrale hydraulique de La Bâthie collecte les eaux d'une trentaine de torrents, et en particulier celles retenues par le barrage principal de Roselend, considéré par beaucoup comme « le plus beau des barrages ».
La réalisation de cet ensemble a débuté en 1955 et il est entré en production en 1961. Il combine deux techniques de barrage : un barrage à contreforts et un barrage voûte, le tout à près de 1 600 m d'altitude.
Depuis Roselend, l'eau du barrage circule dans une galerie souterraine pour déboucher vers une conduite forcée de 1 200 m de chute dans la centrale de La Bâthie, ce qui la dote d'une puissance de 550 mégawatts.
Sur place, le Centre d'information du public de la centrale de La Bâthie, accueille les groupes et les scolaires pour les emmener à la découverte du monde de l'hydroélectricité au travers d'animations 3D, multimédias et maquettes. Un parcours pédagogique pour mieux comprendre le fonctionnement d'une centrale hydraulique. La visite de l'exposition de cet espace se fait en compagnie d'un guide-conférencier spécialisé dans l'énergie.
Le + : la centrale de La Bâthie propose des animations pendant les Journées européennes du patrimoine et lors des « Journées de l'industrie électrique d'EDF ». Infos sur le site internet.

Filature Arpin : *2, rue de la Fabrique, 73700 **SEEZ.** ☎ 04-79-07-28-79. • arpin1817.com • Lun-ven (sf ven ap-m et juil-août) : 9h30-12h et 14h-17h. Tarifs livret explicatif adulte : 4,50 €/pers ; enfant : 2,50 €. Visite guidée juil-août : lun-ven à 10h30, 13h30, 14h45 et 16h (mat slt le ven). Tarifs : 5 € ; enfant : 3 €. Visite de groupe sur rdv (sf 2 sem en mai et en juil-août), jusqu'à 25 pers. Résa au ☎ 04-79-41-00-15. Tarifs : sur demande. Durée de la visite : 1h. **Boutique :** lun-sam 9h30-12h et 14h-18h30.*
On pénètre ici au cœur de la ***Tarentaise, classée Pays d'art et d'histoire.*** La haute vallée de l'Isère (la rivière…) évoque certes les domaines skiables géants, mais aussi les églises et les chapelles aux précieux décors baroques, les tarines, ces vaches brunes aux grands yeux doux, les villages cernés de vergers et le parc de la Vanoise. Séez, petit bourg de montagne tout en longueur, carrefour des routes du col de l'Iseran et du Petit-Saint-Bernard, veille à conserver certaines traditions locales, dont celles du drap de Bonneval – car c'est un colporteur de Bonneval qui a assuré sa renommée.
Le ***drap de Bonneval*** est à la filature Arpin ce que le jean 501 est à Levi's : un mythe. ***Un tissu 100 % pure laine vierge de mouton d'alpage,*** épais, imperméable et increvable dans lequel étaient taillés fuseaux, knickers… Le grand explorateur des pôles Paul-Émile Victor y était fidèle. La filature s'est installée en 1817 au bord d'un torrent assez puissant pour faire tourner les métiers mécaniques, classés au Patrimoine historique. Durant la visite, on suit toutes les étapes en « -age » de la fabrication (battage, ourdissage, foulonnage, cardage…) sur des machines hors d'âge, comme une cardeuse (si si, avec des chardons, c'est de là que vient son nom), une cuve en bois pour fouler la laine. À la boutique, le drap de Bonneval est décliné en tissu d'ameublement ou en vêtements, dans des coupes somptueuses.
Label : Entreprise du Patrimoine Vivant.

L'Herbier de la Clappe : *Chef-lieu, 73340 **LE NOYER.** ☎ 04-79-63-49-94. 📱 06-86-82-51-53 • lherbierdelaclappe.com • Prévoir des chaussures adaptées. Mai-sept : visite libre du jardin pédagogique, avec prêt d'un livre* *explicatif sur les plantes. Appeler avant. Tarif : gratuit. Juillet-août : visite guidée ts les mer à 16h. Tarif : 4,50 € ; - 12 ans : gratuit. Visite de groupe sur rdv, pour 10-50 pers. Tarif : 4,50 € (avec dégustation de sirops et liqueurs produits sur place). Durée de la visite : 1h30.* ***Boutique :*** *téléphoner avant.*

On est ici dans les ***Préalpes, en plein cœur du massif de Bauges.*** Pas de sommets vertigineux (l'Arcalod culmine à 2 217 m), mais des vallées ouvertes, un grand plateau aux faux airs de Vercors, où, l'hiver, s'enroulent de superbes pistes de ski de fond, une faune et une flore protégées depuis 1995 par un statut de parc naturel régional. Un cadre parfait pour cette ***exploitation de plantes aromatiques et médicinales.*** Une petite trentaine de plantes (verveine, thym, origan…) poussent en agriculture biologique sur un terrain de 3 000 m². Quelques plantes telles que la gentiane ou le sureau sont récoltées en cueillette sauvage aux alentours. Après un séchage adapté, ces plantes sont transformées en ***infusions, simples ou composées, et en apéritifs*** (anciennement vins médicinaux). Les histoires et les vertus de ces plantes sont racontées durant la visite, ainsi que leur séchage, leur conservation et leur transformation. Elle se termine par une dégustation des apéritifs ou tisanes.

Le + : animations : stages pour adultes sur les plantes médicinales.

Label : Bienvenue à la Ferme, AB.

Toutes les informations concernant la région sont à retrouver sur le site :
• entrepriseetdecouverte.fr •

INDEX GÉNÉRAL

A

B

C

D

E

F

G-H

I-J-K

L

M

N-O

P

Q-R

S

T-V

W-Z

INDEX THÉMATIQUE

A

B

C

E

F-I

Fromagerie et laitage

Huiles et moutarde

Industries technologiques

M

P-T

V

Édité par Hachette-Livre
58, rue Jean Bleuzen, CS 70007, 92178 Vanves Cedex
Achevé d'imprimer en Italie par LEGO SPA Plant Lavis
Dépôt légal : octobre 2016
ISBN : 978-2-01-323703-1
79/0425/0